淨土論註

まえがき

早島鏡正

仏教は万人が仏に成ることを説く。そのために、諸仏出現の必然性と諸仏一貫の道を語ることによって、仏とは何であるかを明らかにしようとする。そして、「仏教は念仏である」という把握に立ったのが、念仏思想である。

念仏思想のうちで、阿弥陀仏の浄土に生まれて仏と成るという浄土教は、インド・中国・朝鮮そして日本に伝播するなかで、それぞれ地域的に特異な性格をもつ仏教を形成した。このような浄土教の展開史を通じて興味あることは、例えば阿弥陀仏とその浄土の実在、あるいは往生の主体といった課題究明の根拠や、種々なる浄土教の誤解をとく鍵を『浄土論註』が与えてきたということである。このことは、将来においても続けられるであろう。

『浄土論註』は内容と文体のいずれにおいても難しい。これまで刊行されている注釈・解説・和訳などの書物は、総じて専門書として難解であるか、あるいは啓蒙書として簡明すぎるものであるか、そのいずれかであった。本書はこの欠点を補うべく、難からず易からず、現代の仏教研究の成果をもふまえつつ、広く一般読者の方々に読まれるように努力した。

本書の執筆は十五、六年前に溯《さかのぼ》る。当時、学生として東京大学大学院人文科学研究科印度哲学専門課程に在学中の大谷光真門主と分担を決め、原文の読み下し、語注、文献案内といった基礎的作業を御門主が、またそれに基づいて現代語訳と解説を筆者が書くということにした。しかしながら、筆者の周辺の事情と怠慢のため、総仕上げが今日まで遅延したことは、まことに申訳ない極みである。なお、両者の分担を決めながら、語注などに筆者が加筆して、全体の統一を図ったから、執筆や編集に関する責任はすべて筆者に在ることはいうまでもない。読者諸賢のご教示を乞い、ご教導を仰ぐ次第である。

最後に、多年にわたってわれわれの執筆活動を支え力づけて下さった大蔵出版の編集長・武本武憲氏にたいして、厚く感謝の意を表したい。

昭和六十二年二月　入涅槃の日

まえがき

大谷光真

曇鸞の『浄土論註』は、中国・日本の浄土教の歴史のうえで甚だ重要なものであり、注釈や研究は数多く残されている。しかし、本書の内容を隅ずみまでとらえることはむずかしい。それは曇鸞の経歴からわかるように、中観系の仏教学的知識、浄土教、そして中国固有の思想等の多方面の知識を必要とするからであり、そして根本には、曇鸞が仏教の基本にのっとり、凡夫が仏になるという浄土教の本来の姿を明らかにしようとしたからである。この面は日本仏教の中でも、特に親鸞によってうけつがれている。

近年、インド唯識の大成者としての世親の著として、『浄土論』をとらえようとする研究が進んでいるが、この度は、先学の注釈を参照しつつ、『浄土論』の立場、『浄土論註』の立場を考察し、親鸞の解釈にも触れ、読み下しと語句の解説につとめた。

なお、読み下し文の作成、語句の解説から、文献目録の作成にいたるまで、種智院大学の中川英尚氏をはじめ、多くの方々の協力を得たことを記して、謝意を表したい。

昭和六十二年二月

浄土論註　目次

題字　谷村憙齋

序論

一　曇鸞の生涯と著作

曇鸞《どんらん》（四七六―五四二?）は山西省五台山に近い雁門に生まれた（迦才の『浄土論』は并《へい》州汶水の人と記す）。五台山は文殊菩薩の住みたもう聖地とされ、また、インドから初めて中国に仏教を伝えた迦葉《かしょう》摩《ま》騰《とう》と竺法蘭《じくほうらん》が草庵を結んだ霊峰でもある。『続高僧伝』（大正五十巻四七〇上―下）に載せる曇鸞伝によれば、かれは五台山の聖蹟を見て心悦び、出家したという。

曇鸞の生まれた五世紀の北魏時代は、仏教が隆盛を極めたが、他方また、その弊害をただすために廃仏も行なわれ、さらに神仙方術をとり入れた道教も教団組織を整えて飛躍的に発展を遂げた。曇鸞の青年時代は雲崗、ついで龍門の石窟が造営され出したから、かれの仏教研究は恵まれた環境の中にあったといえよう。

曇鸞はまず「四論仏性《しろんぶっしょう》」を研究したという。そのうち「四論」とは、龍樹《りゅうじゅ》の偈《げ》と青目《しょうもく》釈を合わせた『中論』、龍樹の『十二門論』、龍樹の弟子提婆《だいば》の『百論』に婆藪《ばそ》釈を付したところの『百論』の三部を羅什《らじゅう》が漢訳したものを三論といい、これに龍樹が『大品般若』に注釈した羅什訳『大智度論』を加えたものを四論という。羅什（三四四―四一三、または三五〇―四〇九）の訳出したこれらの論書は、インド中観学派の空思想を伝えるもので、羅什門下の四哲のうち、道生と僧叡は三論を江南に弘め、僧肇《そうじょう》と道融は関中にこれを弘めた。これはのちに南地三論と北地四論に分かれる基となった。すなわち、南地三論は隋の吉蔵《きちぞう》によって三論宗として大成し、北地四論は曇鸞によって四論《しろん》宗となる。曇鸞は四論宗の祖というわけである。

また、曇鸞が「仏性」を研究したというのは、直接的には大乗涅槃経類の伝訳があったことによるからである。法顕《ほっけん》訳『泥洹《ないおん》経』六巻につづいて、曇無讖《むしん》訳『涅槃経』四十巻が訳出され（四一四―四二六）、北地に弘まり研究されたので、これを北本という。この北本が東晋の都、建康に伝わり、四三六年、改訂されて三十六巻となったものを南本といい、江南の地に弘まることとなった。涅槃経が「一切衆生悉有仏性」と説くのは有名であり、この経に基づいて涅槃宗が開かれた。

道士陶隠居《とういんきょ》（陶弘景）を訪ねる前に、曇鸞は『大集経《だいじっきょう》』六十巻を読んだが、難解であるため、それにたいする注釈を試みている途中で病気となった。これが機縁となって、不老神仙の術を学ぼうと思い、陶隠居の許に赴いた。そこで『仙経』十巻を授けられ、洛陽に帰ってから、曇鸞は菩提流支《ぼだいるし》（Bodhi-ruci ?―五二七）と出会った。菩提流支は北インドの僧で、『金剛般若経』『入楞伽経《にゅうりょうがきょう》』を初め、世《せ》親《しん》の『浄土論』を訳出している。曇鸞はかれに向かってたずねた、「この中国の仙経に勝るほどの長生不死の法が、仏典中にありますか」と。流支は大地に唾して答えていうのに、「とんでもないことをいわれる。到底、比べられるものではない」と。そこで曇鸞に『観無量寿経』を授けて、「この経は大仙（ブッダ）の法である。これによって修行すれば生死を解脱することができよう」といった。ただちにこれをおし頂き、所持していた『仙経』を焼き捨てて浄土門に帰した。ときに、曇鸞五十四、五歳ころであったという（神子上恵龍『往生論註解説』七頁）。

魏《ぎ》の天子（東魏の孝静帝）は曇鸞を敬い、「神鸞」と号した（『続高僧伝』）とも、また梁《りょう》の天子蕭《しょう》王は、つねに北方に向かって鸞菩薩と礼拝された（迦才『浄土論』）ともいう。

かれは帝の命により、幷州大巌寺に住持し、晩年には汾《ふん》州北山、石壁の玄中寺に移り、東魏の興和四年、平遥山寺《びょうようせんじ》において入寂。春秋六十有七（神子上恵龍氏の前掲書によれば、金石碑銘の研究により、北斉の天保五年＝五六四年まで生存したと見られるから、八十歳近くまで生存したとも考えられる）。汾西秦陵文谷に勅葬され、塼塔《せんとう》と碑が建てられた。

曇鸞と浄土教との直接的な出会いは、陶隠居の許を去った曇鸞が菩提流支から『観無量寿経』を授けられたことであるが、それは梁の武帝の大通年間（五二七年または五二八年）であった。また曇鸞が注解を施した『浄土論』は、北魏の永安二年（五二九年）、菩提流支によって訳出されているから（『貞元録』）、菩提流支との出会いは曇鸞の浄土教研究に強烈な影響を与えたと思われる。

龍樹（Nāgārjuna　一五〇―二五〇ころ）は中観学派の祖であり、空の立場に立つ。これをうけながら有の立場を貫くのが、世親（Vasubandhu　旧訳では天親。四〇〇―四八〇ころ）の瑜《ゆ》伽《が》唯識《ゆいしき》学派である。空思想を説く四論宗の曇鸞が、有の立場から浄土教を論じた世親の『浄土論』を、訳者菩提流支から直接授けられたのは、恐らく、訳出と同時ころではなかったろうか。

かれの浄土教関係の著作として、『浄土論』の注釈である『浄土論註』（『往生論註』あるいは『論註』ともいう）、『讃阿弥陀仏偈』および『略論安楽浄土義』の三部がある。そのうち『浄土論註』はあとで説くとして、『讃阿弥陀仏偈』は『無量寿経』に基づいて作られた偈讃で、讃一百九十五、礼五十一拝から成る。恐らく龍樹の「易行品」に範を得て作られたものであろう。また『略論安楽浄土義』は、『浄土論註』を著わしたあとに作られ、①浄土の三界の摂・不摂、②三厳二十九種の荘厳、③三輩往生、④疑惑往生、⑤十念相続などについて略説する。すなわち、かれは仏智疑惑を誡め、十念念仏して、正定聚《しょうじょうじゅ》に至ることをすすめている。

なお、上記の三部の外に、神仙方術に関する著作『服気法』や『調気論』などのあったことが伝えられている。現に、偽作ではあろうが、『曇鸞法師服気法』が道蔵『雲笈七讖』巻五十九に収録されているという（鎌田茂雄『中国仏教史』一三三頁、岩波全書）。

二　浄土教展開史上の曇鸞

『論註』に引用された経論のうち、注釈の対象となっている世親『浄土論』も含めて、訳者別に列挙してみると、左の如くとなる。数字は大正蔵第四〇巻（八二六上〜八四四中）のページ数であり、趣意を引く場合は「意」とした。

(イ)『論註』に引用された経論

支婁迦讖訳『平等覚経』　八三〇a意　八三八a意

康僧鎧訳『無量寿経』　八二九c意　八三〇c　八三三a意　八三三c　八三四a意　八三七b　八三七c×2　八四〇b　八四四a×3

羅什訳『大品般若』　八三四a意

羅什訳『法華経』　八三〇b意　八三〇c意　八三一a意　八三三a　八四三b

羅什訳『維摩経』　八二九a　八三〇a　八三一b意　八四一a
羅什訳『阿弥陀経』　八二七b×2
羅什訳『首楞厳経』　八三四c意
羅什訳『十二門論』　八二七c
羅什訳『大智度論』　八三〇a意　八三〇c意
羅什訳『十住毘婆沙論』　八二六a　八二七a　八三〇c
僧肇撰『注維摩』　八四一a意
仏駄跋陀羅訳（晋訳）『華厳経』　八二八b　八四三c意
曇無讖訳『大般涅槃経』　八三一b意
曇無讖訳『大集経』　八三三a意
畺良耶舎訳『観無量寿経』　八三一b　八三一c　八三二a　八三三c　八三四a　八三四b
吉迦夜・曇曜共訳『付法蔵経』　八二七c
菩提流支等訳『十地経論』　八四〇b
菩提流支訳『不増不減経』　八三一b
菩提流支訳『浄土論』　全文が引用、注釈対象となっている。
菩提流支訳『大宝積経』　八三七a意

右の引用経論中、いわゆる浄土三部経に関していえば、『阿弥陀経』が二回、また、曇鸞が菩提流支から授かった『観無量寿経』の引用が六回であるのにたいして、『無量寿経』の引用はそれの倍に達している。もちろん、これは『浄土論』に説く極楽浄土の三厳・二十九種荘厳が『無量寿経』に基づいているためであろう。当時、中国において仏教の実修として、禅観経典が広く用いられており、その一つである観仏や念仏を明かす『観無量寿経』も、浄土教という狭い枠を超えて修せられていた。そうした風潮の中で、曇鸞は「有」の思想に立つ世親の浄土教を、龍樹に立ち戻って「空」の思想から把え直そうとした。これが世親の『浄土論』を注解した曇鸞の『論註』である。『論註』は龍樹・天親の二菩薩の意をうけて、大乗菩薩道の実現は、往生浄土を説く浄土教以外にないということを明かすもので、曇鸞の仏教観、ここに極まるといってよいであろう。

親鸞が曇鸞の『論註』に学んだのは、ただに加点本を残したに留まるものではない。世親の『浄土論』に注釈を付している曇鸞の『論註』は、インド大乗仏教の二大潮流たる中観と唯識の教理が往生浄土の一実践行に収まることを説くものである、と把えたことである。親鸞が主著『教行信証』に引く『論註』の文は、きわめて数多い。このことは何を意味するか。それは『教行信証』が『無量寿経』に依拠して、浄土真宗（浄土真実の宗要）を明らかにしようとしているから、龍樹・天親二菩薩の無量寿経観を説き示す曇鸞の『論註』は、親鸞にとって不可欠のものだったからである。

しかしながら、親鸞は『論註』を著者・曇鸞の意図を超えて、ときにかれ独自の訓点を付し読み代えを行なっている。このことは曇鸞を無視したのではなく、親鸞の無量寿経観の帰結からすれば、「そのように読まねばならなかった」のである。「そのように読まねばならなかった」というのは、浄土に往生せんとする求道者（浄土願生の菩薩）は、だれでも、礼拝などの五種の実践（五念門）を修めねばならないことを曇鸞は詳説しているのに、親鸞は「五種の実践はすでに法蔵菩薩がわれわれに代わって修せられたもの」と解し、求道者とは法蔵菩薩のことであるとした。法蔵菩薩の願行は自利・利他の完成を目指すものであり、法蔵菩薩はわれわれも含めて、あらゆる浄土願生の菩薩たちの先達でもあるから、『論註』の中で、法蔵菩薩であると解した個所の「菩薩」には、「何々をしたもう」「みそなわす」といったように、親鸞は敬語を付して読んでいる。この点については、本文解説の中で、随時ふれることにしたい。

ちなみに、親鸞が『教行信証』に引用した『論註』の文とその所在個所を左記の如く列挙してみると、行巻、信巻、証巻、真仏土巻にまたがっている。これを往生業に関して（行巻と信巻を合わせ）十四、浄土に関して（証巻と真仏土巻を合わせ）十の個所とまとめてみることもできるであろう。

(ロ)『論註』の文（大正大蔵経第40巻頁数）	本書の目次	引文所在の『教行信証』
謹案龍樹菩薩……傍經作願生偈（八二六上末2行～同中16行）	第一章第一節(イ)～(ニ)	行巻大行釈
夫菩薩歸佛……函蓋相稱也（八二七上9行～同下末2行）	第二章第二節～第六節	行巻大行釈と偈前序説（八ヶ所省略）
正道大慈悲……曰出世善根（八二八中20行～同下19行）	第二章第七節(イ)の(3)	真仏土巻真仏土釈（一ヶ所省略）
問曰尋法藏……不可思議之至也（八三一上末7行～同中3行）	第二章第七節(イ)の(16)	真仏土巻真仏土釈

是心作佛者……即爲火也
（八三二上末6行〜末3行）
第二章第七節(ロ)の(2)　信巻一念転釈

海者言佛……不可傾動也
（八三二中末6行〜末3行）
第二章第七節(ロ)の(5)　行巻一乗海釈

問曰無量壽經……不得題之筆點
（八三四上14行〜同下末2行）
第二章第八節(ロ)　信巻逆謗摂取釈

稱彼如來名……言我一心
（八三五中14行〜同下2行）
第三章第二節(ロ)の(2)　信巻大信釈
同　信楽釈（一部）

云何廻向……得成就大悲心故
（八三六上末12行〜末3行）
第三章第二節(ロ)の(5)　行巻大行釈
信巻法義釈欲生釈
証巻還相廻向釈

不可思議力者……善住持力所攝
（八三六中5行〜13行）
第三章第三節(イ)の(1)　真仏土巻真仏土釈

莊嚴清淨功德……得涅槃分焉可思議
（八三六下末12行〜末9行）
第三章第三節(イ)の(1)の①　証巻大証釈
真仏土巻真仏土釈

莊嚴妙聲功德……眷屬無量焉可思議
（八三八上13行〜同中5行）
第三章第三節(イ)の(1)の⑪〜⑬　証巻大証釈

示現自利利他者……能神者神之耳
（八三八下2行〜8行）
第三章第三節(ロ)の(1)の⑧〜同第十節　（引用文中の省略、部分引用あり）
行巻大行釈他力釈

同　一乗海釈
信巻法義釈欲生釈
同　菩提心釈
同　一念転釈
真仏土巻真仏土釈
信巻法義釈信楽釈

經始稱……爲能入（八四四上末1行）

結び

三　願生偈とその構成

〔一心願生〕
①世尊我一心　世尊よ、我れ一心に
（礼拝門）（讃嘆門）
歸命盡十方　尽十方無碍光如来に
無礙光如來　帰命したてまつり、
（作願門）
願生安樂國　安楽国に生ぜんと願ず。

帰敬偈

〔成上起下〕
②我依修多羅　我れ、修多羅の
眞實功德相　真実功徳相に依って、
說願偈總持　願偈を説きて総持して、
與佛教相應　仏教と相応せん。

発起序

一、序分

（観察門）
③觀彼世界相　彼の世界《器世間》の相を観ずるに、（仏国土荘厳十七種）
勝過三界道　三界の道に勝過《しょうが》せり。（清浄功徳）
究竟如虛空　究竟して虚空の如く、

廣大無邊際　広大にして辺際なし。(量功徳)

④正道大慈悲　正道の大慈悲なる、
出世善根生　出世の善根より生ず。(性功徳)
淨光明滿足　浄光明の満足せること、
如鏡日月輪　鏡と日月輪との如し。(形相功徳)

⑤備諸珍寶性　諸の珍宝の性を備えて、
具足妙莊嚴　妙荘厳を具足す。(種々事功徳)
無垢光炎熾　無垢の光炎熾(さかん)にして、
明淨曜世間　明浄にして世間に曜《かがや》く。(妙色功徳)

⑥寶性功德草　宝性功徳の草、
柔軟左右旋　柔軟にして左右に旋《めぐ》れり。
觸者生勝樂　触るる者、勝楽を生ずること、
過迦旃隣陀　迦旃隣陀《かせんりんだ》に過ぎたり。(触功徳)

⑦寶華千萬種
彌覆池流泉
微風動華葉
交錯光亂轉

⑧宮殿諸樓閣
觀十方無礙
雜樹異光色
寶欄遍圍繞

⑨無量寶交絡
羅網遍虛空
種種鈴發響
宣吐妙法音

宝華千万種にして、
池流泉に弥《み》覆《ふ》せり。
微風華葉を動かすに、
交錯して光乱転す。(水功德)

宮殿諸楼閣、
十方を観ること無碍なり。
雑樹に異の光色あり、
宝欄遍《あまね》く囲《い》繞《にょう》せり。(地功德)

無量の宝交絡《きょうらく》して、
羅《ら》網《もう》虚空《こくう》に遍《あま》ねし。
種種の鈴響《ひびき》を発して、
妙法の音を宣吐《せんと》す。(虚空功德)

⑩雨華衣莊嚴
無量香普薫
佛慧明淨日
除世癡闇冥
⑪梵聲悟深遠
微妙聞十方
正覺阿彌陀
法王善住持
⑫如來淨華衆
正覺華化生
愛樂佛法味
禪三昧爲食
⑬永離身心惱

華衣を雨《あめふ》らして荘厳し、
無量の香普《あまね》く薫《くん》ず。（雨 功 徳）
仏慧、明浄なること日のごとく、
世の癡《ち》闇冥《あんみょう》を除く。（光明功徳）
梵声《ぼんじょう》の悟らしむること深遠《じんのん》、
微妙にして十方に聞こゆ。（妙声功徳）
正覚の阿弥陀法王、
善く住持したまえり。（主 功 徳）
如来浄華《じょうけ》の衆は、
正覚《しょうがく》の華《はな》より化生《けしょう》す。（眷属功徳）
仏法の味を愛楽《あいぎょう》し、
禅三昧を食《じき》となす。（受用功徳）
永く身心の悩を離れて、

依報

受樂常無間
楽を受くること常にして間《ひま》なし。（無諸難功徳）

大乘善根界
大乗善根の界は、

等無譏嫌名
等しくして譏《き》嫌《げん》の名なし。

⑭女人及根缺
女人と及び根欠と

二乘種不生
二乗との種、生ぜず。（大義門功徳）

衆生所願樂
衆生の願楽《がんぎょう》するところ、

一切能滿足
一切能く満足す。（一切所求満足功徳）

⑮是*故願生彼
是の故に、彼の

阿彌陀佛國
阿弥陀仏国に生ぜんと願ず。（器世間清浄を結ぶ）

無量大寶王
無量の大宝王たる、衆生世間（仏荘厳八種）

微妙淨華臺
微妙《みみょう》の浄華台《じょうけだい》あり。（座功徳）

⑯相好光一尋
相好《そうごう》の光、一尋《じん》にして、

色像超群生
色像《しきぞう》、群生《ぐんじょう》に超えたり。（身業功徳）

一二、正宗分

*「是故願生彼」の代りに「故我願往生」とする版（大正蔵二十六巻二三一上）もある。

如來微妙聲
梵響聞十方
⑰同地水火風
虛空無分別
天人不動衆
清淨智海生
⑱如須彌山王
勝妙無過者
天人丈夫衆
恭敬繞瞻仰
⑲觀佛本願力
遇無空過者
能令速滿足

如来微妙の声、
梵響《ぼんこう》して十方に聞こゆ。(口業功徳)
地水火風虚空に同じくして、
分別することなし。(心業功徳)
天人不動の衆、
清浄の智海より生ず。(大衆功徳)
須弥《しゅみ》山王《せんのう》の如く、
勝妙にして過ぎたる者なし。(上首功徳)
天人丈夫の衆、
恭敬《くぎょう》し、繞《めぐ》りて瞻仰《せんごう》す。(主功徳)
仏の本願力を観ずるに、
遇うて空しく過ぐる者なし。
能く速《すみや》かに功徳の

功徳大寶海

⑳安樂國清淨

常轉無垢輪

化佛菩薩日

如須彌住持

㉑無垢莊嚴光

一念及一時

普照諸佛會

利益諸群生

㉒雨天樂華衣

妙香等供養

讚諸佛功德

無有分別心

大宝海を満足せしむ。（不虚作住持功徳）

衆生世間 安楽国は清浄にして、（菩薩荘厳四種）

常に無垢輪《むくりん》を転ず。

化仏菩薩の日は、

須弥《しゅみ》の住持するが如し。（不動応化功徳）

無垢の荘厳《しょうごん》の光、

一念及び一時に

普《あまね》く諸の仏の会《え》を照らし、

諸の群生《ぐんじょう》を利益《りやく》す。（一念遍至功徳）

天の楽《がく》と華《はな》と衣と

妙香《みょうこう》等を雨《あめふ》らし供養して、

諸仏の功徳を讃えんに、

分別の心あることなし。（無余供養功徳）

正報

㉓何等世界無　何等の世界なりとも、
佛法功德寶　仏法功徳の宝なからんには、
我*願皆往生　我れ、皆な往生して
示佛法如佛　仏法を示すこと仏の如くならんと願ず。（示法如仏功徳）

*「我願皆往生」の代りに「我皆願往生」とするのもある（前掲二三一中）。

㉔我作論説偈（廻向門）　我れ、論を作り偈を説く。
願見彌陀佛　願くは弥陀仏を見たてまつり、
普共諸衆生　普《あまね》く諸の衆生と共に
往生安樂國　安楽国に往生せん。

三、流通分

『浄土論』は右の願生偈（五言四句より成る偈頌の形式）につづいて、散文（長行の形式）による解釈の部分が加わっている。曇鸞は前者を「総説分」、後者を「解義分」として、それぞれ『浄土論註』の上巻および下巻に配している。

ところで、一般に経論の構成を三分科から把えて解釈するのが通例であるように、願生偈も序分と正宗分と流通分の三分に分け、さらに序分を帰敬偈と発起序、正宗分を依報と正報に分けてみることができる。もともと著者天親の意図も三分科に基づくものであったと思われるし、曇鸞も承知していたと思われる。

曇鸞は『浄土論』に説く「五念門」を用いて、「解義分」の注解を行なっていて、このことと願生偈全体にたいする五念門配釈とを合わせ考えると、曇鸞の実践面にたいする強い関心がうかがわれる。五念門配釈とはいま挙げた願生偈の原文右肩にカッコ（）で、礼拝門、讃嘆門、作願門、観察門、廻向門と記したのがそれである。これは天親の願生偈が、安楽浄土を観察して浄土に往生することを目的とし、その目的完成の実践行として五念門を説くと述べていることをうけているからである。この五念門配釈は曇鸞の発揮である。

そして、もと三分科の形式をとる願生偈にたいして、曇鸞が天親のこころを汲んで、このように願生偈を五念門に配釈し、「世尊我一心」の「一心」をもって願生偈を貫くものと見たことは、のちに親鸞をして天親の浄土教展開史に果した役割が「顕示一心」であるといわしめることになった。

四　解義分のあらまし

曇鸞は『浄土論』の後半、「解義分」に相当する部分を左の十節に分けて、逐次「解義分」の内容説明を行なっている。十節に分け、各節の題名をつけたのは、かれの独創である。まず、天親の文の要旨をまとめ、ついで、曇鸞の注解の特色を若干挙げてみよう。

第一節　願偈大意

願生偈の大意は、安楽浄土の依報（仏国土）と正報（仏と菩薩）を観察して、安楽浄土に生まれたいと願う信心、すなわち一心を起こすことを明らかにする。

第二節　起観生信

第一節の趣旨を実践行で示す。すなわち、浄土に生まれて阿弥陀仏を見たてまつるために、五念門（礼拝門・讃嘆門・作願門・観察門・廻向門）を修することを明かす。

第三節　観察体相

五念門のうち、第四の観察門を詳説する。すなわち、依報（仏国土荘厳十七種）と正報（仏荘厳八種と菩薩荘厳四種）を合わせて三厳二十九種の荘厳を挙げる。曇鸞はそれらの荘厳がすべて阿弥陀仏の本願力によるしつらいであり、真実・清浄のさとりの世界の現われに外ならないと述べる。

第四節　浄入願心

「浄入願心」とは、三厳二十九種の清浄荘厳をてだてとして、如来の願心に摂入せしめるの意。三厳二十九種の荘厳は阿弥陀仏の願心に基づくもので、われわれをして真実の世界に入らしめんがためのものである。

そこで、自利・利他の完成を目指して菩薩行を実践する者は、広（二十九種荘厳）と略（一法句＝清浄句＝真実智慧・無為法身）の相入の道理を修めることであるとする。

第五節　善巧摂化

これまでは五念門の前四を修めて自利の功徳をうることを明かしたから、ついで第五節から

第八節までの四節において、第五の廻向門を修めて利他の功徳をうることを明かす。まず本節は廻向の意義を明かす。善巧摂化とは、五念門を修めた功徳をもって衆生を摂取し教化するために、めぐらし施す巧みな利他行をいう。

第六節　障菩提門

廻向門を円かに修するために、善巧摂化する利他心が大切であるから、さとりをさまたげる心を斥けて、さとりにかなう心を具備すべきである。本節は、前者のさとりをさまたげる心を斥けるために、智慧門によって貪著自身心を、慈悲門によって無安衆生心を、方便門によって恭敬自身心を遠離する。

第七節　順菩提門

障菩提門を修めることによって、おのずから得られるもので、智慧門によって無染清浄心、慈悲門によって安清浄心、方便門によって楽清浄心が得られるとする。

第八節　名義摂対

智慧と慈悲と方便の三門は般若（智慧）と方便におさまり、貪著自身心と無安衆生心と恭敬自身心の三つの遠離心は無障心におさまり、無染清浄心と安清浄心と楽清浄心の三清浄心は妙楽勝真心に帰する。これ、菩薩の廻向心の極まりである。

第九節　願事成就

名義摂対に明かす般若（智慧）心、方便心、無障心、妙楽勝真心の四心が妙楽勝真心の一心におさまり、廻向利他の行が全うされたから、これによって五念門行が成就しおわり、浄土往生の願いの果されたことを述べる。

第十節　利行満足

五念門の修行により、自利・利他円満の成仏道たる大乗菩薩道が完成することを、五念門行のもたらす功徳の面から明らかにする。すなわち、因の五念門にたいして果の五功徳門を挙げる。

その第一の近門とは、浄土に入るすがたで、正定聚の位につくことである。第二の大会衆門と名づけるわけは、浄土に生まれた者は如来の大会衆の仲間に入るからである。第三の宅門とは、如来の大会衆の仲間に入れば、禅定生活に入るからである。第四の屋門とは、禅定修行の宅に入れば種々の真理観を修める空住生活に入り、法味を楽しむからである。第五の園林遊戯地門とは、自利行が完成すると衆生を利他教化する働きに従事することになる。これは生死の園林に入って衆生を救うことをみずからの楽しみとするから、そのようにいう。

五念門と五功徳門の関係を表示すると、左のごとくになる。

	五念門		五功徳門			
因	第一 礼拝門	……	第一 近門	入門	自利	果
	第二 讃嘆門	……	第二 大会衆門			
	第三 作願門	……	第三 宅門			
	第四 観察門	……	第四 屋門			
	第五 廻向門	……	第五 園林遊戯地門	出門	利他	

以上、曇鸞は『浄土論』の注解を通して、著者天親の幽意を顕わすに努めた。

第一に、往生浄土の五念門行が大乗菩薩道の自利・利他行を究め尽すとともに、速やかに仏果を獲るものであるが、すべてそれは阿弥陀仏の本願他力によるとした。しかも、観察の対象たる仏や仏国土の荘厳も法蔵因位の願心のあらわれであるから、われわれの成仏道は「他力」に乗托する「一心」の信心によることになる。後にこの点を親鸞は曇鸞の発揮とうけとめ、高く評価している。

第二に、曇鸞は浄土の本質を明かすとともに（第二章第七節(イ)の(3)）、往生に関して人びとに抱かれている種々の疑念を晴らすべく、無自性空の面からこれを明らかにし、浄土の生まれは「無生《むしょう》の生《しょう》」であるとして、氷上燃火《ひょうじょうねんか》の喩（第三章第三節(イ)の(3)）を説く。また罪悪の衆生も往生できるのかどうかなどを論じて、「八番問答」（第二章第八節(ロ)）の一段を設けて答えている。

第三に、天親が五念門の実修を重視し、讃嘆門（称名）・作願門（奢摩他《しゃまた》）・観察門（毘婆舎那《びばしゃな》）は「如実修行」のものであるとしたのをうけて、曇鸞は願生者の五念門実修が仏の願心にもよおされてなされると解したことである。例えば、讃嘆門の口業すなわち称名を明かして、名号に破闇満願《はあんまんがん》の力用あることを述べた「称名破満釈」や「三不《さんぷ》三信《さんしん》釈」によく示されている。

曇鸞の後半生は『往生論註』の注解態度からも知られるように、念仏生活のそれであったと思われる。かれはこのようにいう、「豈《あ》に是れ如来、本願を満たしたまえるにあらずや。仏願に乗ずるを我が命《いのち》となす」（第三章解義分第三節⑭）と。また、注解を終えるにあたって「愚なるかな後の学者、他力の乗ずべきを聞かば、当に信心を生ずべし。自ら局分《きょくぶん》すること勿《なか》れ」（同第十節(ホ)）と述べている。

源信は『往生要集』を撰し、これを十門に分けたなかで、第四門「正修念仏」は「世親菩薩の往生論に云うが如し」と述べ、天親の『浄土論』に明かす五念門行をその内容とし、龍樹・道綽・善導の諸師の論を引いている。だが、曇鸞の『浄土論註』にはまったく触れていないのである。

ところで、「偏依《へんね》善導《ぜんどう》一師《いっし》」（『選択集』結勧）と称した源空は、龍樹以後の諸師に教えを仰ぎつつ、曇鸞の『浄土論註』も引いている。親鸞が中国・日本の浄土教展開のなかで、なぜ『浄土論註』に注目し、その趣旨をどのようにみずからのうちに生かそうとするに至ったか、問題となるであろう。このことは親鸞が主著『教行信証』のなかで『浄土論註』を引用し、どのように把えようとしたかの態度を知ることによってわかると思う。いまは、これに関説しない。

思うに、曇鸞によって親鸞の「信心為本」が生まれ、親鸞によって曇鸞の「本願他力」が明らかになったといってよいであろう。うべなるかな、天親と曇鸞の両者から一字ずつ得て、法名となした親鸞こそ、『往生論註』を生涯、学びつづけた人といえるであろう。

本文解説

無量寿経優婆提舎願生偈

婆藪槃頭菩薩造 并 註巻上

沙門曇鸞註解

第一章　大乗菩薩道と『浄土論』

第一節 『浄土論』の本旨

(イ) 龍樹の仏道観

謹案龍樹菩薩十住毘婆沙云。菩薩求阿毘跋致有二種道。一者難行道。二者易行道。

謹んで龍樹菩薩《りゅうじゅぼさつ》の十住毘婆沙《じゅうじゅうびばしゃ》を案ずるに云わく。菩薩、阿毘跋致《あびばっち》を求むるに二種の道あり。一には難行道《なんぎょうどう》、二には易行道《いぎょうどう》なり。

《**龍樹菩薩**》龍樹は Nāgārjuna の訳。龍猛とも訳す。(西歴一五〇頃〜二五〇頃)南インドのバラモンの出身。出家して部派仏教を学んだが、後に大乗仏教に帰し、空の思想を宣揚した。主著に『中論頌』『大智度論』等がある。インド中観学派の祖。八宗の祖師とたたえられる。親鸞は浄土教を宣揚した高僧を三国の七高僧と仰ぎ、その筆頭に龍樹を置いた。菩薩は下の解説を見よ。《**十住毘婆沙**》正しくは『十住毘婆沙論』龍樹の著。『華厳経』十地品の註釈書(大正二十六巻二〇上—一二二中)。難行・易行について、龍樹は『十住毘婆沙論』の「易行品」の中で、「佛法有無量門、如世間道有難有易、陸道歩行則苦、水道乗船則樂。菩薩道亦如是或有勤行精進、或有以信方便易行疾至阿惟越致地者。」(大正二十六巻四一上)と述べているのを、曇鸞が書き改め、難行道と易行道の二つがあるとした。これについては、山口益『世親の浄土論』（三一―四三頁）及び長谷岡一也『龍樹の浄土教思想』参照。《菩薩》Bodhisattva の音写。覚有情、大士、開士などと訳す。悟りを求めて修行する人。求道者。《阿毘跋致》avinivartaniya 又は avaivartika の音写。不退転、無退、必定と訳す。仏道修行の過程において既に得た悟りや功徳、地位から退かないこと（不退転）。ここでは退かないことに決まった修行の階位。菩薩の階位のうち、十地の最初の初地（第一地）、あるいは第七地を指すといわれ、『十住毘婆沙論』（大正二十六巻二〇上～一二二中）は（十地のことを十住と呼ぶ）、初地における正定聚・不退転を説いている。

〔訳〕　謹んで龍樹菩薩の著『十住毘婆沙論』の一章「易行品」のこころを窺うと、そこでは「菩薩（求道者）が正定聚・不退転の位を求めるのに、二種の道があり、一には難行道、二には易行道である」と述べている。

右の難易二道は、中国浄土教いらい、浄土教の立場から仏教を二つに分けて論ずる教判として使われてきた。難行道は自力でさとりを開く教えであり、易行道は阿弥陀仏の仏力すなわち他力によってさとりをうる教えとされた。その根拠はここにとりあげた曇鸞のことばに基づくのである。

いま、曇鸞が龍樹のことばによって、不退をうる道に難易二道があると大雑把に紹介しているけれども、直接『十住毘婆沙論』の「易行品」の文に当たってみると、易行道の語はあるが、難行道という語は見当たらない。ただ、難行の語が使われているのみである。しかも、その難行とは、菩薩が仏果を目指して菩薩道を歩みつつ、阿惟越致地《あゆいおっち》（不退転地）に至る行が難行そのものに外ならないという意味である。「易行品」では、「阿惟越致地に至る者は、諸の難行を行じ、久しうして乃ち得べきも、或は声聞、辟支仏《びゃくしぶつ》地に堕せん。若し爾《しか》らば是れ大衰患なり。助道法の中に説くが如し」とあり、不退転地をうるところの難行とは「応《まさ》に身命を惜しまず、昼夜精進して、頭燃《ずねん》を救《はら》ふが如くすべし」といい、それはまた「三千大千世界を挙ぐるよりも重し」と龍樹は説いている。

およそ、菩薩が発心、発願して仏道を成ずるために、菩薩道を行ずるが、その修行の過程において、仏果をうる身と決定し、それから退転しない位につくこと、つまり不退転地をうることが、難行を修める菩薩にとって仏果をうる身としての保証となるものである。こうして、不退転地に達しさえすれば、仏果はおのずから得られるのである。およそ菩薩道は行として難行なのである。かかる菩薩道の修行の中で、不退転地がえられれば、仏果にまさしく至ることができるから、不退転地は難中之難のものといってよかろう。かかる難中之難の不退転地をうる方法が「信方便の易行」であると、龍樹は説く。なぜに「信方便の易行」というのか。およそ「難行」とは、不退転地の獲得に代表される菩薩行のすべてが、菩薩にとって行ない難いものという意味で、かかる難行の不退転地に至るのには、「信方便の易行」しかないと確信したのが龍樹であった。「信心をてだてとしてわれわれに仏果をえしめる仏願力」というのが「信方便の易行」の語義であろう。「易行」とは仏の側においていわれるもので、「仏行」のことに外ならない。

「難行」（duṣkara, dukkara）の語は原始仏教以来、精励努力する正しい実践を指し、道（paṭipadā）を修める在り方を表わすのに使われている。ちなみに、tapas が苦行と訳されるが、原始仏典では釈尊が否定した苦行のことではなく、仏道修行を熱心に精励する意味として、しばしば使われる。龍樹は「阿惟越致相品」において、不退転の菩薩とは五法すなわち、①衆生を等心する（わけへだてない心で衆生を教化する）、②他の利養を嫉せず（他人が布施などをうけているのをみて、ねたまない）、③法師の過《とが》を説かず、④深妙の法を信楽《しんぎょう》す、⑤恭敬を貪らず（世間の人びとから敬われるのを貪らない）を具えているとする。他方、退転する菩薩とは、これらの一つも守れない者であるとする。また、退転する菩薩に二種類があって、まず、どんなにしても不退転地が得られない敗壊《はいえ》の菩薩。これは求道者として使命観がなく、下劣の法を願い、名聞利養にとらわれ、心が正直でなく、人が尊敬されているのをねたみ、空性の法を学ぼうとせず、ことばだけで実行に欠けている者をいう。つぎに、退転の菩薩であっても次第に修行し、やがて不退転地に達することのできる菩薩。これは、①自我の執われを離れている。②他人にたいしても我をみとめない。③一切法は二にして不二であると信ずる。④空をさとっているから、さとりにも執着しない。⑤かたちある仏を見ず無相とみる。このように、一見して、不退の菩薩が修める行は容易なものとうけとられようが、空性の体得を深めていく点からすると、まさしく至難の行といえよう。

(ロ)　難行道

難行道者。謂於二五濁之世一於二無佛時一。求二阿毘跋致一爲レ難。此難乃有二多途一。粗言二五三一以示二義意一。一者外道相修褩反善亂二菩薩法一。二者聲聞自利障二大慈悲一。三者無顧惡人破二他勝德一。

四者顚倒善果能壞二梵行一。五者唯是自力無二他力持一。如レ斯等事觸レ目皆是。譬如二陸路步行則苦一。

難行道とは謂わく、五濁《じょく》の世において、無仏の時において、阿毘跋致《あびばっち》を求むるを難とす。此の難に乃《すなわ》ち多くの途《みち》あり。粗《ほ》ぼ五三を言いて以て義の意を示さん。一には外道《げどう》の相善は菩薩の法を乱《みだ》る。二には声聞の自利は大慈悲を障《さ》う。三には無顧《むこ》の悪人は他の勝徳を破す。四には顚倒《てんどう》の善果は能く梵行《ぼんぎょう》を壊《え》す。五には唯だ是れ自力にして他力の持なし。斯《か》の如き等の事、目に触るるに皆な是れなり。譬えば陸路《ろくろ》の歩行《ぶぎょう》は則ち苦しきが如し。

《五濁》pañca-kaṣāya の訳。悪世における汚《けが》れを五つに数えたもの。(1)劫濁。時代的なもので、社会に饑饉や疫病、戦争が起こること。(2)見濁。邪悪な思想・見解がさかえること。(3)煩悩濁。むさぼり・いかりなどの精神的な悪がはびこること。(4)衆生濁。人間の心身の質が低下すること。(5)命濁。人間の寿命が次第に短くなること。《外道》仏教の側から見て、仏教以外の諸宗教や思想を指していう言葉。《相善》有相の善根。相対的、差別的な善根で、絶対的、空の原理に基づく無相善に対する語。または、相似の善のこと。すなわち、善悪応報を説いているようであるが、実は道徳否定の立場をとるから、似て非なる善という意味に使う。「相」の字の発音を示すための割註「修漿《しゅしょう》の反《かえし》」は延べ書き文では、省くことにする。以下、同様である。ただし、意味を示すためのものについては、八番問答の(6)に出す割注(二一八頁)に限って、延べ書き文に入れることにする。《声聞》śrāvaka の訳。本来の意味は釈尊の肉声を聞いた仏弟子のこと。大乗仏教では自利を理想とする程度の低い仏道修行者、つまり部派仏教徒のことをいう。《自利》自分の功徳・利益をうるために努力修行すること。《梵行》brahma-caryā の訳。清らかな行為。婬欲を離れること、戒を守ることなどをいう。原始仏教では清らかな出家の生活を指した。ここでは一般に菩薩の修する仏道の行をいう。《他力》自分の力である自力に対して、仏力すなわち、仏の威神力をいう。自力他力の用語は世親の『十地経論』巻一をはじめ、菩提流支の訳したものに数ヶ所見られる。曇鸞は「仏力」とか「仏願力」とも表現し、阿弥陀仏の本願力のこととしている。

〔訳〕　難行道とは、五濁の世で、しかも仏の出現されていないときにおいて、菩薩が不退転地を求める道は難しい、ということをいう。このことがなぜ難であるかという理由は多いが、いま略して次の五点を挙げて説明しよう。

一には、有相の善を説く外道が菩薩の教えを乱す。

二には、声聞（縁覚を含む二乗）の教えは自利のみを説くから、利他の大慈悲を説く菩薩の教えをさまたげる。

三には、人のことを顧慮しない悪人は、菩薩のすぐれた徳目たる自利と利他の完成を破る。

四には、人天の果報を善とみる低次の教えに執われて、解脱への道たる清らかな仏道を破壊する。

五には、ただ自力のみをあてにし、阿弥陀仏の他力を受持することがない。

これらのことは、だれも目に見る通りである。この「難しい」ということを譬えていえば、人が陸路を徒歩で行くことは苦しい、というようなものである。

いまここで、曇鸞が難行道を説明するのに、五濁と無仏の時代における五難をもってしているが、これは龍樹も世親も述べていないことである。龍樹は「易行品」において、「世間の道に難あり易あり。陸道の歩行は則ち苦しく、水道の乗船は則ち楽しきがごとし。菩薩の道もまた是のごとし。或は勤行精進するあり、或は信方便の易行をもって、疾《と》く阿惟越致《あゆいおっち》に至る者あり」といい、曇鸞の用語たる「難行道」の語は見えない。しかも龍樹においては、菩薩が不退転地獲得を目指すことが難行であって、声聞・縁覚の二乗に堕することは「菩薩の死」と誡めて、昼夜精進すべき旨を説いているのみで、五濁かつ無仏という末法の時代的制約をもってきて難行の条件とはしていない。

つまり、龍樹は易行道の語を使っているが、易行道にたいして難行道という語を新しく作ってはいない。かれのいう易行道とは、難行そのものの菩薩道において、現生において不退転地をうる仏願力による信心の教え、すなわち三世十方の諸仏諸菩薩を憶念し、称名することであるとした。

したがって、従来、阿弥陀仏信仰の浄土教の中で「難易二道」の教判をたてて、仏教を浄土教とそれ以外の教えとに区別したのは、龍樹の仏教観をゆがめたものといえよう。けだし、龍樹によれば、現生における難行難得の不退転地は、「信方便の易行」たる称名念仏によって得られるとした。このことは、大乗菩薩道の実践は念仏にきわまるということを告げるものである。

(八) 易行道

易行道者。謂但以ニ信佛因縁一願レ生ニ浄土一。乗ニ佛願力一便得三往二生彼清浄土一。佛力住持即入ニ大乗正定之聚一。正定即是阿毘跋致。譬如ニ水路乗船則樂一。

易行道とは謂わく、但だ信仏の因縁を以て浄土に生ぜんと願ずれば、仏の願力に乗じて便《すなわ》ち彼《か》の清浄の土《ど》に往生することを得。仏力、住持《じゅうじ》して即ち大乗正定の聚《じゅ》に入る。正定は即ち是れ阿毘跋致《あびばっち》なり。譬えば水路の乗船は則ち楽しきが如し。

《願力》 菩薩が修行するに際して決意した誓願によって完成した力。本願力。ここでは阿弥陀仏の救済の力。

《往生することを得》 親鸞は『教行信証』行巻（真聖全二―p. 14）にこの部分を引いて「往生を得しむ」と使役の形に送り仮名を付している。それは往生させる主体が願力にあることを強調しているからであろう。

《正定の聚》 さとりを得る可能性について、衆生を三種に分類した中の一。修行につとめず、必ず悪道におちる邪定聚、修行をしても、途中で退くことがある不定聚に対して、必ずさとりを得るに決定し、それから退転しないものの類をいう。

これは、もと初期仏教における初歩のさとりを意味した。つまり、凡夫位から聖者位に入るところの預流向（有部では見道）は、初級のさとりを得た人を指し、悪趣に堕ちないから不堕法（avinipātadhamma）といい、また聖者位から退転せず聖者の最高位・阿羅漢のさとりに至ることが決定しているから正性決定（sammattaniyata）といい、かかる初級のさとりの人びとを正定の聚（sammattaniyata-rāsi）という。このさとりを得る方法に二種があり、一つには信心によるもの（随信行）で、仏法僧の三宝と聖戒の四つにたいして、金剛不壊の浄信（pasāda）を確立するという四不壊浄の教えである。二つには、理論的把握によるもので、四諦の観法などによって法眼をうる場合である。初期仏教で阿羅漢のさとりをうるために、まず正定聚不退転という初級のさとりの段階を設定していたのをうけて、龍樹が仏果に至るに決定した位として、この正定聚を大乗菩薩道の中に採り入れたことは卓見である。しかも、龍樹が部派仏教において見失われていた随信行を回復し、「信方便の易行」による正定聚不退転とした。したがって、現生におけるさとりが釈尊以来のすがたであったが、大乗仏教になると、『阿弥陀経』などのように、浄土に往生して正定聚をうるといった表現（彼土不退）も生まれた。のちに、親鸞が、正定聚は現生におけるもので、それは信心決定したときにうる利益としたのは、釈尊ついで龍樹を結ぶ「現生のさとり」という系譜の上に立ったからである。

〔訳〕　易行道とは、仏にたいする信心を因《たね》として浄土に生まれようと願えば、仏の本願力によって、ただちに、かの清浄の仏国土に生まれ、仏力に支えられて大乗正定聚の位につくことができる道である。正定聚とは阿毘跋致、すなわち仏果をうる地位から退かないという不退の位である。このような易行道を譬えていえば、水路を舟に乗って行くことは安楽であるようなものである。

すでにふれたように、曇鸞は龍樹の「信方便の易行」（信を方便とする易行）の語を、ここ『論註』では、「信仏の因縁」（信仏を因縁とする〔易行〕）と置きかえている。ところで、「信方便の易行」とは信方便＝易行の意味であり、「信仏の因縁」とは信仏の因縁＝易行の意味である。「信方便」も「信仏の因縁」も、ともに易行であるというのは、初地の菩薩をして不退転地をえさせる仏力・仏行のものだからである。難行を積む菩薩にとって、易行と呼ばれるものがあるならば、それは仏行を頂き、仏力を蒙ること以外にない。その易行の内容は、『十住毘婆沙論』によれば、弥陀も含めて諸仏の名を聞き、信じ、そして称えることである。菩薩にとって、仏にたいする信心ないし称名は不退転地をうる因であるが、そもそもかかる不退転地をえさせるのは仏力・仏行であるから、信心にせよ称名にせよ、すべて仏力・仏行が修行者へのてだてとして働く働きに外ならない。「易行」とは「信心を方便（てだて）とする」と龍樹が説くのは、方便（upāya）が真実の力用のことであり、方便の原意「近づいていくこと」とは、他のものをして真実のものたらしめるべく、真実がさまざまなてだてや方法をめぐらすことをいうのである。

㈡　正定聚不退転の道

此無量壽經優婆提舍。蓋上衍之極致。不退之風航者也。

此の無量寿経優婆提舎《うばだいしゃ》は、蓋《けだ》し上衍《じょうえん》の極致、不退の風航なる者なり。

《無量寿経》法蔵菩薩が大願をおこし、それを完成して阿弥陀仏となり、一切衆生を救済することを説く経典。本経には初期の形態から後期のそれへと発展・増広の跡を示している。それは本願の数の増加によって知られる。龍樹（約一五〇―二五〇年）の時代には、二十四願系の初期無量寿経類が流行し、世親（天親ともいう、約三二〇―四〇〇年ころ）の時代には、魏訳の無量寿経が中国に翻訳流布されているから、かれの出世した当時のインドでは、四十八願系の無量寿経類が成立していたと考えられる（岩波文庫『浄土三部経 上』の巻末解説を参照）。《優婆提舎》upadeśa の音写。経典の本旨をわかり易く説き明かしたもの。《上衍》衍は yāna の音写で、乗と訳す。大乗のこと。《風航》深励は順風に帆をあげた大船と解釈している。正定聚不退の位を得た者は、順風に帆を満たした船が目的地に向って快走するごとく、直ちに仏果に至りつくことを意味している。

〔訳〕 ここに註釈しようとする天親菩薩の著『無量寿経優婆提舎〔願生偈〕』（『浄土論』とも呼称する。以下、これを使う。）は、思うに、大乗仏教の極致を明かすものであり、菩薩が不退転の位をえて速やかに仏果に至る大船である。

天親菩薩は『浄土論』を著わすのに、まず二十四行の偈を作り、ついでそれが何を目的としているかの意義を解説する。そこで、曇鸞は天親菩薩の述作のこころを把えて、「不退の風航」たるものであるとしたわけは、龍樹から天親へと一貫して探求されてきた大乗菩薩道が願生浄土に在ることを示そうとしたからである。

山口益博士はその著『世親の浄土論』（昭和四十一年、法蔵館）において、世親の『浄土論』は梵本が現存しないが、題名を『無量寿経優婆提舎願生偈』と記していること、および世親自身の帰敬偈（第一偈と第二偈を指す。「世尊我一心」より「与仏教相応」まで）が付されていることなどによって、この書物が世親の根本論であり、かつ「大乗における仏道の本義が願生浄土という形態で、世親において開示せられた」（前掲書、四十八頁）ものという。

しかも、右の題名のうち「優婆提舎」の原語 upadeśa は、upadarśayati (upa-dṛś の caus.)〝近づいて説示する〟から作られた名詞であって、upadeśa の内容は何かというと、博士の表現によれば、『無量寿経』に明かす本願の生起本末のいわれにおいて究竟している、その『無量寿経』の趣旨を了解し易くさせるために、一切有情に近づけて説くことが『浄土論』の本旨であって、そのために帰敬偈で始まる願生偈（四句二十四行の偈）を掲げていると説明している。のちに親鸞が「仏教は念仏である」という把握の下に、三国七祖の浄土教伝承の系譜を明らかにしたのも、まことに所以《ゆえ》あるかなといってよいであろう。

第二節　『浄土論』の題名

(イ)「無量寿経」について

無量壽是安樂浄土如來別號。釋迦牟尼佛在㆓王舍城及舍衞國㆒。於㆓大衆之中㆒。説㆓無量壽佛莊嚴功德㆒。卽以㆓佛名號㆒爲㆓經體㆒。

無量寿は是れ安楽浄土の如来の別号なり。釈迦牟尼仏、王舎城《おうしゃじょう》及び舎衛国《しゃえこく》に在《ましま》して、大衆の中にして、無量寿仏の荘厳功徳《しょうごんくどく》を説きたもうに、即ち仏の名号を以て経の体となしたまえり。

《無量寿》 amita-āyus の訳。はかり知れないいのちという意味。《安楽浄土》サンスクリット語の su-khāvatī は「幸あるところ」という意味であり、中国では、極楽・安楽・安養などと訳された。浄土に対応する適切なサンスクリット語は見出されないが、「浄仏国土」（仏国土を浄める）という大乗仏教の菩薩思想にもとづいて、漢訳に際して、阿弥陀仏の国土たる極楽を表わすために用いられたと考えられる。《如来》tathāgata の訳。真理より来たもの（tathā-āgata）という意味。仏の尊称の一つ。また原語を如去（tathā-gata)と訳した訳語はほとんど使われなかった。《釈迦牟尼仏》Śākya-muni, Sakya-muni の音写。仏教の開祖である釈尊のこと。歴史上の人物としての個人名はゴータマ・ブッダと呼ばれることが多いが、出身の種族である釈迦族の名を用いて呼ばれてきた。牟尼は聖者のこと。故に釈迦牟尼とは釈迦族出身の聖者をいう。《王舎城》Rājagṛha, Rājagaha の訳。首都は城壁で囲まれているから、「城」が付加されている。中インドのマガダ国の首都であった。現在のラジギル（ビハール州)。『無量寿経』と『観無量寿経』は釈尊が王舎城において説法する形式になっている。《舎衛国》コーサラ国の首都 Śrāvastī, Sāvatthī の音写。となりに祇園精舎がある。いまは首都名で国を指している。『阿弥陀経』は釈尊が舎衛国で説法する形式になっている。《荘厳》うるわしいもので飾ること。美事なしつらい。《名号》nāmadheya の訳。名前のこと。《体》経典に説かれた内容の結論をなすもの。かなめとなるところ。

〔訳〕「無量寿」とは安楽浄土（極楽）に在《ましま》す阿弥陀如来の別名である。釈尊がマガダ国の首都王舎城（『無量寿経』と『観無量寿経』を説かれたところ）や、コーサラ国の首都舎衛城（『阿弥陀経』を説かれたところ）において、多数の会衆に向って、無量寿仏のすぐれたしつらいを説かれたが、そのことは、阿弥陀仏の名号が『無量寿経』の本体であることを説くものである。

この一段において、曇鸞が『無量寿経』と『観無量寿経』と『阿弥陀経』の三経を『無量寿経』の一経に集約し、『無量寿経』の宗致とし本体とするものは「南無阿弥陀仏」の名号であるとした。というのは、この経において説く浄土のすぐれたしつらいたる依正二報が、本願力によって成就したもの（願心荘厳）であり、しかもかかる浄土に往生するために称念する名号も本願力によって成就したものである。したがって、名号こそが往生浄土を本旨とする経の体とされるのである。のちに、親鸞は、「本願為宗、名号為体」（『教行信証』教巻）の旨を説いているのも所以《ゆえ》なしとしない。

(ロ)「優波提舎」について

後聖者婆藪槃頭菩薩。服二膺（一升反）如來大悲之教一。傍レ經作二願生偈一。復造二長行一重釋。梵言二優婆提舎一。此間無二正名相譯一。若擧二一隅一可二名爲レ論。所三以無レ正名譯一者。以二此間本無レ佛故。如二此間書一。就二孔子一而稱レ經。餘人製作皆名爲レ子。國史國紀之徒各別體例。然佛所説十二部經中有二論議經一名二優婆提舎一。若復佛諸弟子解二佛經教一與二佛義一相應者。佛亦許名二優婆提舎一。以レ入二佛法相一故。此間云レ論直是論議而已。豈得三正譯二彼名一耶。又如二女人一於レ子稱レ母於レ兄云レ妹。如レ是等事皆隨レ義各別。若但以二女名一汎談二母妹一。乃不レ失二女之大體一。豈含二尊卑之義一乎。此所レ云論亦復如レ是。是以仍（因而音）存二梵音一曰二優婆提舎一。

後の聖者婆藪槃頭《ばそはんど》菩薩、如来大悲の教を服膺《ふくよう》して、経に傍《そ》えて願生《がんしょう》の偈《げ》を作り、復《ま》た長行《じょうごう》を造りて重ねて釈せり。梵には優婆提舎と言う。此の間には正名、相い訳することなし。若し一隅を挙ぐれば名づけて論となすべし。正名、訳することなき所以《ゆえん》は、此の間にはもとより仏なきを以ての故なり。此の間の書の如きは、孔子に就いて経と称し、余人の製作は皆な名づけて子となす。国史国紀の徒《たぐい》、各別の体例なり。然るに仏所説の十二部経の中に論議経あり、優婆提舎と名づく。若し復《ま》た仏の諸の弟子、仏の経教を解して仏の義と相応するは、仏亦た許して優婆提舎と名づけたもう。仏法の相に入るを以ての故に。此の間に論と云うは直《た》だ是れ論議のみ。豈《あ》に正しく彼の名を訳することを得んや。又た女人の如きは子に於て母と称し、兄に於て妹と云う。是の如き等の事、皆義に随いて各別なり。若し但だ女の名を以て汎《ひろ》く母妹を談ぜば、乃ち女の大体を失せざれども、豈《あ》に尊卑の義を含まんや。此《ここ》に云う所の論も亦復《また》是の如し。是を以て仍《よ》って梵音を存して優婆提舎と曰う。

《婆藪槃頭菩薩》Vasubandhu の音写。「バソハンド」と読むのは織田『仏教大辞典』による。世親または天親と訳す。四世紀頃の人（三二〇—四〇〇）。初め上座部仏教を学んで『倶舎論』を造ったが、後に大乗仏教に転じ、瑜伽行派の基礎を築いた。《服膺》よくおぼえて片時も忘れぬこと。《偈》gāthā の音写。韻文で書かれた詩句。《長行》gadya の訳。経・律・論の散文の部分をいう。《梵》sanskṛt 語のこと。梵語のこと。インドの人為語で、哲学、文学、仏教などを表わすのに用いられた。《子》経・史・子・集の四部の一つ。諸子百家の人びとの書。《十二部経》経典を叙述の形式または内容から十二種に分類したもの。①修多羅、契経、経（sutta, sūtra）②祇夜、応頌（geyya, geya）③記別、授記（veyyākaraṇa, vyākaraṇa）④伽陀、偈（gāthā）⑤優陀那、諷頌、無問自説（udāna）⑥伊帝曰多伽、如是語（itivuttaka, ityuktaka, itivṛttaka）⑦闍多伽、本生、生経（jātaka）⑧毘仏略、方広、方等（vedalla, vaipulya）⑨阿浮陀達磨、未曾有（abbhutadhamma, adbhutadharma）⑩尼陀那、因縁（nidāna）⑪阿婆陀那、譬喩（apadāna, avadāna）⑫優婆提舎、説義、論義経（upadesa, upadeśa）。これに先行する分類として九分教がある。　《相応》相かなうこと。

〔訳〕仏滅後、インドの聖者天親菩薩（四世紀頃）が釈迦如来の大悲の教えを信奉し、『無量寿経』に基づいて浄土を願生する偈を作り、さらに説明する散文を作って重ねて偈《げ》の意味を解釈された。それで、この書を梵語で「優婆提舎」と呼ぶけれども、この中国では正しくそれに相当する訳名がない。もしその一部分の意味を挙げれば「論」と訳してよかろう。なぜ、それに相当する訳名がないかというと、この国にもともと仏が出世しなかったからである。

この国の書物についていいえば、孔子が述べたものを「経」と称し、孔子以外の人たちの書を「子」と呼び、国史・国紀のたぐいを「史」とするなど、それぞれ別の体系をもっている。ところで、釈尊の説かれた十二部経の中に、「論義経」があり、音写名を「優婆提舎」という。もし仏弟子たちが釈尊の教説を解釈し、それが教説のいわれにかなうならば、釈尊はまた「優婆提舎」と名づけることを許したもうている。仏法の本旨を体得することができるからである。

この国において「論」といえば、論義の意味だけであるから、どうして「優婆提舎」の名を正しく翻訳することができようか。たとえば女の場合、子にとっては母といい、兄にとっては妹と呼ぶようなもので、このようなことは、すべてもっている意義に従って呼称がちがってくる。もしも女という名で広く母とか妹を指すとするならば、女という全体をとらえそこなうことはないけれども、どうして尊卑の意味を含めることができようか。いまいう「論」の語にしても同様である。したがって、梵語を残して「優婆提舎」と音写していうのである。

曇鸞は右の文において、仏教の経典が釈尊金口《こんく》の説法のみならず、舎利弗などの仏弟子が釈尊の教説を敷衍《ふえん》し広説したものをも仏説としている点に基づき、これと中国の「経」が孔子自身の教えに限っているのと比較して、なぜ「優婆提舎」と題名をつけたかの由来を説明している。ちなみに、十二部経中の「優婆提舎」は、今日の研究によれば、「略説の sutta を〔仏や〕大弟子らが広分別する vibhaṅga 形式のものであると結論することができよう。upadeśa は内容的には vibhaṅga と異なるところがないが如くである」と解されている（前田恵学『原始仏教聖典の成立史研究』昭和三十九年、四七六頁）。仏の教説が簡明にして略説であるために、教説の意義を了解し易くするために詳しく説明するのが vibhaṅga（分別）である。それ故に、upadeśa を「論義」とか「論義経」と訳していても、それは「義を論ずる」こと、つまり vibhaṅga であるから、曇鸞が音写名にこだわる必要はないであろう。

ただし、前述のごとく、upadeśa は〝近づいて説示する〟という語義をもち、天親菩薩が『無量寿経』の趣旨たる本願の生起本末のいわれを、釈尊に代わってわれわれに近づけて説き明かそうとして、『無量寿経優婆提舎』という題名にした点からいえば、曇鸞の主張するように音写名を訳名としたことは、本書の性格を知る上に大切なことである。

(ハ) 総説分（偈）と解義分（長行）に大別する

此論始終凡有㆓二重㆒。一是總説分。二是解義分。總説分者前五言偈盡是。解義分者論曰已下長行盡是。所㆔以爲㆓二重㆒者有㆓二義㆒。偈以㆑誦㆑經爲㆓總攝㆒故。論以㆑釋㆑偈爲㆓解義㆒故。

此の論の始終に凡《およ》そ二重あり。一には是れ総説分《そうせつぶん》、二には是れ解義分《げぎぶん》なり。総説分とは前の五言の偈、尽《ことごと》く是れなり。解義分とは「論じて曰わく」已下《いげ》の長行《じょうごう》、尽く是れなり。二重となす所以は二義あり。偈は経を誦するを以て総摂となすが故に。論は偈を釈するを以て解義となすが故に。

〔訳〕以上で、この論の題名を説明したので、つぎに、この論の内容をみると、全体が二部からなり、まず総説分があり、ついで解義分である。

総説分とは、前半の、五字の句からなる二十四行の偈（詩句）のすべてである。解義分とは、「論じて曰く」より以下、長行（散文）の部分のすべてである。全体をこの二部としている理由に二つある。一つは、偈が経の内容を詩句の形で示して、経の全体をとらえるからであり、二つは、長行が偈を解釈することによって、経の意義を明らかにするからである。

(二)　重ねて『浄土論』の題名を釈する

無量壽者。言無量壽如來壽命長遠不㆑可㆓思量㆒也。經者常也。言安樂國土佛及菩薩清淨莊嚴功德國土清淨莊嚴功德。能與㆓衆生㆒作㆓大饒益㆒。可㆓常行㆒于㆑世。故名曰㆑經。優婆提舎是佛論議經名。願是欲樂義。生者天親菩薩願レ生二彼安樂淨土如來淨華中一生。故曰二願生一。偈是句數義。以二五言句一略誦二佛經一。故名爲レ偈。

「無量寿」とは、言わく、無量寿如来の寿命、長遠にして思量すべからざるなり。「経」とは常なり。言わく、安楽国土の仏及び菩薩の清浄荘厳功徳と国土の清浄荘厳功徳とは、能く衆生のために大饒益《だいにょうやく》を作《な》し、常に世に行わるべし。故に名づけて経と曰う。「優婆提舎」とは是れ仏の論議経の名なり。「願」とは是れ欲楽《よくぎょう》の義なり。「生」とは天親菩薩、彼の安楽浄土の如来浄華の中に生ぜんと願ずるの「生」なり。故に「願生」と曰う。「偈」は是れ句数の義なり。五言の句を以て略して仏経を誦す。故に名づけて偈となす。

《無量寿如来》無量寿は amitāyus の訳。はかることのできない寿命という意味。阿弥陀仏のこと。梵本においては阿弥陀仏の二特性たる無量寿と無量光（amitābha）の、いずれか一つで、この仏の名まえとしている。西方極楽世界の教主。《経》sūtra の訳。修多羅・素怛纜と音写する。原義は糸で、釈尊の教法を文章にまとめたものをいう。『雑阿毘曇心論』巻八には、修多羅の五義として、①生れ出る、②泉のように湧く、③顕示する、④大工のすみなわ（縄墨）、⑤首飾りの糸、の五つを出す。聖徳太子の『勝鬘経義疏』によれば、「経」が「法」であり、「常」であるとされるわけを説明して、「聖人の教は復《ま》た時移り俗易《かわ》ると雖も、其の是非を改むること能わず、故に常と云う。亦、物の軌則たり、故に法と称す」と述べている。つまり、「経」は常住不変の教えであり、真理の教えであるという。《欲楽》願い求めること。

〔訳〕「無量寿」というのは、阿弥陀仏の寿命がきわめて長く、われわれの思いはかることができないのをいう。「経」とは常、つまり常住不変の真理を説く教えである。そのわけは、『無量寿経』が安楽国土を建立した阿弥陀仏およびその国土に生まれた菩薩たちの清浄なしつらいと、国土自体の清浄をしつらいとを説いて、衆生に大いなる利益を与え、永遠にこの世に信奉される教えとなっている。それ故に「経」と呼ぶのである。「優婆提舎」とは、仏説としての論議経のことである。「願」とは、願い求める意味である。「生」とは天親菩薩が安楽浄土の阿弥陀如来の正覚の華のなかに生まれようと願うから、「願生」という。「偈」とは、句の数をきめて詩句としているものである。ここでは五字の句、四句を一行とする詩句をもって、経を要略して誦詠している。それ故に、「偈」と名づけるのである。

(ホ)『浄土論』の著者

譯二婆藪一云レ天。譯二槃頭一言レ親。此人字二天親一。事在二付法藏經一。菩薩者。若具存二梵音一。應レ言二菩提薩埵一。菩提者是佛道名。薩埵或云二衆生一或云二勇健一。求二佛道一衆生有二勇猛健志一故名二菩提薩埵一。今但言二菩薩一譯者略耳。造亦作也。庶二因レ人重一レ法故云二某造一。是故言二無量壽經優婆提舎願生偈婆藪槃頭菩薩造一。解二論名目一竟。

婆藪《ばそ》を訳して天と云い、槃頭《はんど》を訳して親と言う。此の人を天親と字《なづ》く。事、付法蔵経《ふほうぞうきょう》に在り。菩薩とは若し具《つぶ》さに梵音を存せば菩提薩埵《ぼだいさった》と言うべし。菩提とは是れ仏道の名なり。薩埵とは或は衆生と云い、或は勇健《ゆうこん》と云う。仏道を求むる衆生、勇猛の健志あるが故に菩提薩埵と名づく。今但《た》だ菩薩と言うは訳者の略せるのみ。造とは亦た作なり。人に因りて法を重んずることを庶《ねが》う故に某の造と云う。是の故に、無量寿経優婆提舎願生偈婆藪槃頭菩薩造と言う。論の名目を解し竟《おわ》んぬ。

《婆藪》Vasu の音写。神々を総称していう名前。天または世と訳す。《槃頭》bandhu の音写。親と訳す。親類とか朋友という意味。曇鸞は旧訳によって「天親」の呼称を使っているが、新訳では「世親」と訳す。《付法蔵経》『付法蔵伝』または『付法蔵因縁伝』とも呼ばれている。この書物は天親を「婆修槃陀」と呼んで記述する（大正五十巻三二一中）。伝記としては、本書より後に訳された真諦訳『婆藪槃豆法師伝』一巻（大正五十巻一八八上～一九一上）が詳しい。《菩提》bodhi の音写。覚または道と訳す。さとりの智慧のこと。《薩埵》sattva の音写。衆生または有情と訳す。一切の生命あるもののこと。

〔訳〕「婆藪」（Vasu）を訳して「天」といい、「槃頭」（bandhu）を訳して「親」という。それで、「天親」というのである。かれの事蹟は『付法蔵因縁伝』に記されている。「菩薩」とは、梵語で詳しく説明すると、「菩提薩埵」（bodhi-sattva）の音写名を略したものである。そのうち「菩提」とは、ほとけのさとりのことであり、「薩埵」とは「衆生」とか「勇健」と訳す。ほとけのさとりを求める衆生が、勇猛にして強い意志があるから「菩提薩埵」と名づける。いま、ここに「菩薩」としたのは、訳者が省略しただけである。「造」とは作るということで、作者が書かれてある教法を尊重しているから、「某の造」という。それ故に、『無量寿経優婆提舎願生偈　婆藪槃頭菩薩造』という。
以上で、『浄土論』の題名を解釈し終わった。

第二章　総説分

〔『浄土論』の偈を解説する〕

第一節　二十四行の偈を五念門に分ける

偈中分爲二五念門一。如二下長行所一レ釋。第一行四句相含有二三念門一。上三句是禮拜讃歎門。下一句是作願門。第二行論主自述下我依二佛經一造レ論與二佛教一相應所レ服有上レ宗。何故云レ此。爲レ成二優婆提舎名一故。亦是成二上三門一起二下二門一。所以次レ之説。從二第三行一盡二二十四行一是觀察門。末後一行是廻向門。分二偈章門一竟。

偈の中を分かちて五念門となす。下の長行に釈する所の如し。第一行の四句に相い含んで三念門あり。上の三句は是れ礼拝《らいはい》・讃歎門《さんだんもん》、下の一句は是れ作願門《さがん》なり。第二行は論主、自《みずか》ら、我れ仏経に依りて論を造り、仏教と相応し、服する所《ところ》、宗あることを述ぶ。何が故ぞ此に云う。優婆提舎の名を成ぜんが為の故に。亦た是れ上の三門を成じ、下の二門を起こす。所以《ゆえ》にこれに次いで説けり。第三行より二十四行を尽すまでは是れ観察門《かんざつ》なり。末後の一行は是れ廻向門《えこう》なり。偈の章門を分かち竟《おわ》んぬ。

《讃歎門》大正蔵のみ歎の字を用いる。他は嘆の字である。以下同じ。《論主》浄土論の著者、すなわち天親のこと。《二十四行》浄土論の偈は一行四句で、全部で二十四行あるから、観察門は第三行より第二十三行までである。二十三行の誤りであろうか。親鸞加点本では二十一行となっているから、「第三行よりことごとく二十一行は」と読めば意味は通じる。

〔訳〕　偈全体を五念門に配する。このことは、あとの散文による解釈と対応するからである。第一行の偈四句に三念門が含まれている。そのうち、上の三句は礼拝門と讃嘆門であり、下の一句は作願門である。第二行の偈は論主（天親菩薩をいう）みずから「わたしは仏の説きたもうた『無量寿経』に依ってこの論を作り、それが仏の教説にかない、人びとに信受される宗致を示している」ということを述べている。なぜ、このようにいうのかといえば、「優婆提舎」という題名をつけたわけを成立させるためである（『無量寿経』の本旨たる本願の生起本末を、われわれに近づけてわかり易く解明し、信受させようとするのが、「優婆提舎」の意味であるから）。また、第二行の偈は、五念門のうちの上（前）の三念門をうけて、下（後）の二念門を起こす（成上起下）ものである。それ故に、上ついで下が説かれたのである。第三行から第二十三行（原文二十四行とあるも誤り）までの偈は観察門である。最後の一行は廻向門である。以上で二十四行の偈を五念門に配し終わった。

総説分は『浄土論』の「願生偈」すなわち二十四行の偈を解説する部分である。解説するに当って、全体を礼拝・讃嘆・作願・観察・廻向という五種の行、すなわち「五念門」に配当している。なぜ曇鸞がかかる方法を採ったのか。それはすでに天親菩薩が願生偈を誦し終って、浄土往生の行には「五念門」を修すべきであると明言し、かつ解説していることに基づくからである。

天親菩薩はこのようにいう。「云何《いか》にして〔阿弥陀仏の安楽世界を〕観じ、〔阿弥陀仏への〕信心を生ずるかといえば、もしも善男子・善女人にして、五念門を修して、その行が成就すれば、必ず安楽国土に生まれて、彼の阿弥陀仏を見たてまつることができるからである」と。さて曇鸞は、天親菩薩が五念門の行をふまえて、二十四行の偈を誦したものと解したから、曇鸞はこのように述べる。

このことを左に略示してみよう。

- 願生偈
  - 帰敬序
    - 第一行　（一心願生）世尊我一心　（礼拝）（讃嘆）歸命盡十方　無礙光如来　（作願）願生安樂國
    - 第二行　（成上起下）我依修多羅　真實功德相　説願偈總持　與佛教相應
  - 第三行　（観察）觀彼世界相
  - 〜第二十三行
  - 第二十四行　（廻向）我作論説偈　願見彌陀佛　普共諸衆生　往生安樂國

第二節　一心願生（第一偈第一句）

世尊我一心　歸㆓命盡十方　無礙光如來㆒　願㆑生㆓安樂國㆒

世尊者諸佛通號。論レ智則義無レ不レ達。語レ斷則習氣無レ餘。智斷具足能利二世間一。爲二世尊重一故曰二世尊一。此言意歸二釋迦如來一。何以得レ知。下句言二我依二修多羅一。天親菩薩在二釋迦如來像法之中一。順二釋迦如來經教一。所以願レ生。願生有レ宗。故知。此言歸レ于二釋迦一。若謂二此意遍告二諸佛一亦復無レ嫌。夫菩薩歸レ佛。如下孝子之歸二父母一忠臣之歸二君后一。動靜非レ己。出沒必由中知レ恩報上レ德。理宜二先啓一。又所願不レ輕。若如來不レ加二威神一。將二何以達一。乞レ加二神力一。所以仰告。

我一心者。天親菩薩自督之詞。言念二無礙光如來一願レ生二安樂一。心心相續無二他想間雜一。問曰。佛法中無レ我。此中何以稱レ我。答曰。言レ我有二三根本一。一是邪見語。二是自大語。三是流布語。今言レ我者。天親菩薩自指之言。用二流布語一。非二邪見自大一也。

「世尊よ、我れ一心に、尽十方無碍光《むげこう》如来に帰命したてまつり、安楽国に生ぜんと願ず」（第一偈）

「世尊」とは諸仏の通号なり。智を論ずれば則ち義として達せざることなく、断を語れば則ち習気《じっけ》、余りなし。智断具足して能く世間を利す。世に尊重せらるるが故に世尊と曰う。此に言う意は釈迦如来に帰す。何を以てか知ることを得る。下の句に「我れ修多羅に依りて」と言う。天親菩薩、釈迦如来像法の中に在りて、釈迦如来の経教に順ず。所以《ゆえ》に生ぜんと願ず。願生に宗あり。故に知りぬ、此の言は釈迦に帰するなり。若《も》し此の意遍《あまね》く諸仏に告ぐると謂うも亦復《また》嫌うことなし。夫れ菩薩の仏に帰することは、孝子の父母に帰し、忠臣の君后に帰するに、動静己《おの》れにあらず、出没必ず恩を知りて徳を報ずるに由るが如し。理宜《よろ》しく先ず啓すべし。又た所願、軽からず、若し如来、威神を加したまわずば、まさに何を以てか達せん。神力を加することを乞う、所以に仰いで告ぐ。

「我れ一心に」とは天親菩薩自督《じとく》の詞《ことば》なり。言わく、無碍光如来を念じて安楽に生ぜんと願ず。心心相続して他想、間雑《けんぞう》することなし。問うて曰わく。仏法の中には我なし。此の中、何を以てか我と称するや。答えて曰わく。我と言うに三の根本あり。一には是れ邪見《じゃけん》語、二には是れ自大《じだい》語、三には是れ流布《るふ》語なり。今、我と言うは天親菩薩自《みずか》らを指すの言にして、流布語を用う。邪見と自大とにはあらざるなり。

《世尊》 bhagavat の訳。世の人々に尊敬される人という意味。バガヴァットの語は釈尊の出生以前から、インドで弟子が師に対して呼びかける言葉として用いられていた。如来の十号の一つ。**《無碍光如来》** 阿弥陀如来のこと。『無量寿経』巻上に「是故無量壽佛、號ニ無量光佛、無邊光佛、無礙光佛……」（大正十二巻二七〇頁上中）とある。**《断》** すべての煩悩を滅し尽すこと。**《習気》** vāsanā の訳。煩悩を起こすことによって心の中に植えつけられた習性、残気のこと。**《智断具足》** 北涼の曇無讖訳『菩薩地持経』巻三に「云何爲ニ菩提一。略説ニ二種斷、二種智一。是名ニ菩提一」（大正三十巻九〇一中）とあるのによったものか。**《像法》** 釈尊の滅後、次第に仏教が衰えていくことを正法・像法・末法の三時代に区分する末法思想の中の一時代。教えに従って修行する者はあるが、さとりを得る者はないと言われる。

《孝子》『大智度論』巻十に「復次菩薩常敬ニ重於佛一。如ニ人敬ニ重父母一。諸菩薩蒙ニ佛説法一。得ニ種種三昧種種陀羅尼種種神力一。知レ恩故廣供養。（大正二十五巻一三〇下）とある。**《忠臣》**『大智度論』巻七に「復次佛爲ニ法王一。菩薩爲ニ法將一。所レ尊所レ重唯佛世尊。是故應ニ常念一レ佛。復次常念レ佛得ニ種種功德利一。譬如下大臣特蒙ニ恩寵一常念中其主上。菩薩亦如レ是。知ニ種種功德無量智慧皆從レ佛得一。知ニ恩重一故常念レ佛」（大正二十五巻一〇九上〜中）とある。**《威神》** 威神力、神力ともいう。仏・菩薩の有する不可思議な力。**《自督》** 督は省察し思量し確証する意味があるから、自督とは自己の把握、自己の確信をいう。**《間雑》** まじわること。**《我》**『大智度論』巻一に、「復次世界語言有ニ三根本一。一者邪見。二者慢。三者名字。」（大正二十五巻六四上）とあるものに拠るか。《邪見語》我という実体があるとする誤った見解にとらわれた言葉。《自大語》自からおごり高ぶって、「われ」と尊大ぶる言葉。《流布語》世間一般に用いられている自他を区別する言葉。一人称単数の代名詞。

〔訳〕「世尊よ、わたしは一心に、あらゆるところを照らして何ものにも妨げられぬ光明（光明無量）と名づける如来に帰命したてまつって、その仏の安楽国土に生まれたいと願う」

「世尊」とは仏たちを讃える尊称である。真実をさとった智慧に関していえば完全であり、煩悩を断滅した点からいえば余習がまったくない。証理と断惑、すなわち智と断の二つが具わってよく世間を利益し、人びとから尊重されるから、「世尊」というのである。天親菩薩が述べる「世尊」とは釈迦如来を指している。なぜにといえば、下の句に「我れ修多羅に依りて」と述べているからである。天親菩薩は釈迦如来がなくなってから像法の時代に出現して、釈迦如来の遺された教法に信順している。教法に信順するが故に、菩薩は浄土に生まれようと願うのである。浄土の往生を願うのに、依りどころとなるものがある。それで、この「世尊」の語は釈迦如来のことである。またこの語は広く「諸仏」に呼びかけていると解しても、さしつかえない。およそ菩薩たちが仏に帰依することは、あたかも孝子が父母に従い、忠臣が主君に仕える場合、動静を自分勝手にせず、出所進退がすべて知恩・報徳のこころに基づいているごとくである。それで、道理として、まず仏に向って申し上げるべきものである。また、菩薩たちのたてる願いは軽々しいものではない。もしも仏がその威神力を加えたまわないならば、どうして願いを達成できようか。いま、如来の威神力の加被を乞うている。それで、仰いで世尊に告げて乞うのである。

「我れ一心に」とは、天親菩薩が自己の信心を述べたことばである。すなわち、無碍光如来を念じて安楽国に生まれようと願い、その心が止むことなく相続し、他のいかなる想いもまじわらない心相をいう。

問うていう。仏教では無我を説き、我をたてない。いま、この文の中で、なぜ「我れ」というのであるか。

答えていう。「我れ」という場合に三つの語義がある。第一は、我という実体をたてて執われるところの邪《よこ》しまなことば、第二は、みずからおごり高ぶっていう尊大のことば、第三は、世間で一般に使われる自他を区別することばである。いま「我れ」というのは天親菩薩自身を指すことばで、第三の流布語を用いており、第一の邪見語や第二の自大語としてではない。

二十四行よりなる願生偈の最初の二行、すなわち「世尊我一心」より「与仏教相応」までは、天親菩薩が阿弥陀仏に帰依の表明をなす帰敬序である。ところで、曇鸞は願生偈を五念門に配当するに当って、第一行の第二句「帰命尽十方」以下とし、第一句「世尊我一心」を除いている。このことは、願生偈全体を「我一心」の一句で収めとり、自利と利他を含む五念門の行を貫くものが信心であるということを示そうとしたからである。それ故に「我れ一心に」とは「天親菩薩自督の詞なり」と曇鸞は解釈するのである。

ちなみに、親鸞は『尊号真像銘文』において、右の句を説明してこういう。

「〝世尊我一心〟といふは〝世尊〟は釈迦如来なり。〝我〟といふは世親菩薩のわがみとのたまへるなり。〝一心〟といふは教主世尊のみことをふたごゝろなくうたがひなしとなり。すなはちこれまことの信心なり」

と。親鸞が「一心」とは、如来の真実心を領受した無疑にして無二なるところの、真実信心のことであるとしたのは、主著『教行信証』信巻に詳しい。親鸞は『無量寿経』の第十八願に出す至心・信楽・欲生の三信と、『観無量寿経』上品上生の文に出す至誠心・深心・廻向発願心の三心を、顕と隠の二方面から解釈し、三心は三信にして信楽の一つにおさまり、信楽は天親菩薩のいう「一心」のことで、それは他力廻向の「金剛の真心」であるとした。つまり、如来の一心（真実心）が天親菩薩を初めわれわれの一心（信心）となっているというのが親鸞の把握である。これは恐らく、天親菩薩の自督および曇鸞の意図を深く掘り下げたところに会得したものではなかろうか。

第三節　礼拝門（第一偈第二句の帰命）

歸二命盡十方無礙光如來一者。歸命卽是禮拜門。盡十方無礙光如來卽是讃歎門。何以知二歸命是禮拜一。龍樹菩薩造二阿彌陀如來讃一中。或言二稽首禮一、或言二我歸命一、或言二歸命禮一。此論長行中亦言レ修二五念門一。五念門中禮拜是一。天親菩薩既願二往生一、豈容レ不レ禮。故知歸命卽是禮拜。然禮拜但是恭敬。不二必歸命一。歸命必是禮拜。若以レ此推歸命爲レ重。偈申二己心。宜レ言二歸命一。論解二偈義一。汎談二禮拜一。彼此相成於レ義彌顯。

「尽十方無碍光如来に帰命《きみょう》したてまつる」とは、帰命は即ち是れ礼拝門、尽十方無碍光如来は即ち是れ讃歎門なり。何を以てか帰命は是れ礼拝なりと知る。龍樹菩薩、阿弥陀如来の讃を造る中に、或いは稽首礼《けいしゅらい》と言い、或いは我帰命と言い、或いは帰命礼と言えり。此の論の長行の中に、亦た五念門を修すと言えり。五念門の中、礼拝は是れ一なり。天親菩薩、既に往生を願ず、豈《あ》に礼せざるべけんや。故に知りぬ、帰命は即ち是れ礼拝なりと。然るに礼拝は但だ是れ恭敬《くぎょう》にして、必ずしも帰命ならず。帰命は必ず是れ礼拝なり。若し此を以て推せば帰命を重しとなす。偈は己心《こしん》を申《の》ぶ、宜《よろ》しく帰命と言うべし。論は偈の義を解す、汎《ひろ》く礼拝を談ず。彼此《ひし》相《あ》い成じて義に於ていよいよ顕《あきら》かなり。

《阿弥陀如来の讃》『十住毘婆沙論』易行品の偈を指す（大正二十六巻四十三上～下）。

〔訳〕　「尽十方無碍光如来に帰命したてまつる」というのは、「帰命」は五念門の第一の礼拝門であり、「尽十方無碍光如来」は第二の讃嘆門である。

なぜ「帰命」を礼拝門に配するかというと、龍樹菩薩が阿弥陀如来を讃える偈を詠んだなかに、「稽首して礼したてまつる」とか「帰命して礼したてまつる」とあるからである。また、この『浄土論』の偈の終った散文の部分に、「五念門を修める」といってこれを説明し、礼拝は五念門の一つに数えられている。天親菩薩はすでに往生を願っておられるのであるから、礼拝されないはずはない。それ故に、「帰命」は礼拝に外ならない。ところが、礼拝は尊敬をあらわすもので、必ずしも帰命のこころを示すとはいえない。ところが帰命は必ず礼拝をともなう。この点から考えれば、礼拝よりも帰命の意義が重いといえる。したがって、偈文において菩薩自身のこころを表明しているから、「帰命」と表現すべきである。散文の論釈では偈の意味を解釈するから、広く「礼拝」としたのである。こうして、偈文と散文の論釈とが互いにたすけあって、「帰命」の意味を明らかにしている。

第四節　讃嘆門（第一偈第二句の尽十方と第三句）

何以知盡十方無礙光如來是讚歎門。下長行中言。云何讚歎門。謂稱彼如來名。如彼如來光明智相。如彼名義。欲如實修行相應故。依舍衞國所說無量壽經。佛解阿彌陀如來名號。何故號阿彌陀。彼佛光明無量。照十方國無所障礙。是故號阿彌陀。又彼佛壽命及其人民無量無邊阿僧祇劫。故名阿彌陀。問曰。若言無礙光如來光明無量照十方國土無所障礙者。此間衆生何以不蒙光照。光有所不照。豈非有礙耶。答曰。礙屬衆生。非光礙也。譬如日光周四天下而盲者不見。非日光不周也。亦如密雲洪霔（灌。之句反）而頑石不潤。非雨不洽（霑。下恰反）也。若言一佛主領三千大千世界。是聲聞論中說。若言諸佛遍領十方無量無邊世界。是大乘論中說。天親菩薩今言盡十方無礙光如來。即是依彼如來名。如彼如來光明智相讚歎。故知此句是讚歎門。

何を以てか知る、尽十方無碍光如来とは是れ讃歎門なりと。下の長行の中に言わく、「云何《いか》んが讃歎門なる。謂わく彼の如来の名を称するに、彼の如来の光明智相の如く、彼の名義の如く、如実に修行し、相応せんと欲するが故に」と。舎衛国所説の無量寿経に依るに、仏、阿弥陀如来の名号を解したまわく、「何が故ぞ阿弥陀と号す。彼の仏の光明無量にして、十方の国を照らすに障礙《しょうげ》する所なし、是の故に阿弥陀と号す。又た彼の仏の寿命及び其の人民、無量無辺阿僧祇劫なり、故に阿弥陀と名づく」と。

問うて曰わく。若し無碍光如来の光明、無量にして十方の国土を照らすに障碍する所なしと言わば、此の間の衆生、何を以てか光照を蒙《こうむ》らざる。光、照らさざる所あらば、豈《あ》に碍《さわり》あるにあらずや。

答えて曰わく。碍は衆生に属す。光の碍にはあらざるなり。譬えば日光、四天下に周《あま》ねけれども盲者は見ざるが如し。日光、周ねからざるにはあらざるなり。亦た密雲、洪《おお》いに霔《そそ》ぐとも頑石は潤《うる》おわざるが如し。雨の洽《うる》おさざるにはあらざるなり。若し一仏、三千大千世界を主領すと言わば、是れ声聞論の中の説なり。若し諸仏、遍ねく十方無量無辺世界を領すと言わば、是れ大乗論の中の説なり。天親菩薩、今、尽十方無碍光如来と言うは、即ち是れ彼の如来の名に依りて、彼の如来の光明智相の如く讃歎す。故に知りぬ、此の句は是れ讃歎門なり。

《**光明智相**》阿弥陀如来の光明が衆生の無知の闇を破る智慧であるということ。《**名義**》尽十方無礙光如来という名前の持っている意味。《**舎衛国所説の無量寿経**》阿弥陀経のこと。（大正十二巻三四七上）《**阿僧祇劫**》阿僧祇は asaṃkhya または asaṃkhyeya の音写。数えることのできないという意味をもつ数の単位で、10^{140} をいう。劫は kalpa の音写。きわめて長い時間のこと。『阿弥陀経』の原文、及び大正蔵では「阿僧祇劫」であるが、義山本（浄全）及び親鸞加点本では「劫」が落ちている。《**頑石**》諸橋辞典には頑弄石、やくざ石という。《**三千大千世界**》古代インドの仏教的宇宙観によると、須弥山を中心とした一つの世界を一小世界とし、それの千を一小千世界、それの千を一中千世界、それの千を一大千世界といい、また三千大千世界ともいう。《声聞論》阿含経典の所説をいう。そこには、過去世および未来世に諸仏の出現を認めるが、現在世に二仏が並んで出現することを認めない。現在一仏の出現を説く。大乗経典は、十方世界のそれぞれに仏が出現する現在十方多仏を説く。

〔訳〕つぎに、なぜ「尽十方無碍光如来」が讃嘆門とされるのかといえば、天親菩薩が下の論釈に、「云何が讃嘆門なる。謂わく、彼の如来の名を称すること、彼の如来の光明智相の如く、彼の名義の如く、如実に修行し、相応せんと欲するが故なり」と述べているからである。舎衛城の隣りにある祇園精舎で説かれた『阿弥陀経』によれば、釈尊が阿弥陀如来の名まえを解釈して、「いかなるわけで阿弥陀と名づけるのか。それは、かの仏の光明がはかり知られず、しかも十方の国々を照らして何ものにも妨げられない。それ故に阿弥陀（無量光、amitābha）と呼ぶ。また、かの仏の寿命およびその国の人びとの寿命も、数えきれない年数を保っている。それ故に阿弥陀（無量寿、amitāyus）と名づける」と説かれている。それで、「尽十方無碍光如来」とは阿弥陀仏をいうのである。

問うていう。もし無碍光如来の光明がはかり知られず、しかも十方の国々を照らして何ものにも妨げられないならば、この世界の生けるものたちは、どうしてその光明に照らされないのか。光明の照らさないところがあるならば、光明に障害があるのではないか。

答えていう。障害は生けるものたちに属して、光明にあるのではない。譬えば、日光は全世界を照らすけれども、盲者には見えないようなものである。これは日光があまねく照らさないからではないのである。また密雲が大雨を降らしても、石ころに雨がしみこまないようなものである。これは雨にものをしめらす作用がないからではないのである。

もしも一仏のみが三千大千世界の主として出現するというならば、これは小乗論の説である。もしも諸仏があまねく十方の無量・無辺の世界にそれぞれ主として出現するというならば、これは大乗論の説である。いま天親菩薩が「尽十方無碍光如来」と呼んでいるのは、かの如来の名まえの意味により、如来の智慧の働きである光明のいわれにかなって讃えているのである。それ故に、この句は讃嘆門である。

第五節　作願門（第一偈第四句）

願生安樂國者。此一句是作願門。天親菩薩歸命之意也。其安樂義具在下觀察門中。問曰。大乘經論中處處說衆生畢竟無生如虛空。云何天親菩薩言願生耶。答曰。說衆生無生如虛空有二種。一者如凡夫所謂實衆生。如凡夫所見實生死。此所見事畢竟無所有。如龜毛如虛空。二者謂諸法因緣生故即是不生。無所有如虛空。天親菩薩所願生者是因緣義。因緣義故假名生。非如凡夫謂有實衆生實生死也。問曰。依何義說往生。答曰。於此間假名人中修五念門。前念與後念作因。穢土假名人浄土假名人。不得決定一。不得決定異。前心後心亦復如是。何以故。若一則無因果。若異則非相續。是義観一異門論中委曲。釋ニ第一行三念門一竟。

「安楽国に生ぜんと願ず」とは、此の一句は是れ作願門なり。天親菩薩の帰命の意なり。其の安楽の義、具《つぶ》さに下の観察門の中に在り。

問うて曰わく。大乗経論の中、処処に衆生畢竟、無生にして虚空の如しと説けり。云何《いか》んが天親菩薩、願生と言えるや。

答えて曰わく。衆生、無生にして虚空の如しと説くに二種あり。一には、凡夫の謂う所の実の衆生の如し。凡夫の見る所の実の生死の如し。此の所見の事、畢竟じて所有なきこと亀毛の如く、虚空の如し。二には、謂わく諸法は因縁生の故に即ち是れ不生なり。所有なきこと虚空の如し。天親菩薩の願ずる所の生は是れ因縁の義なり。因縁の義なるが故に仮りに生と名づく。凡夫の実の衆生、実の生死ありと謂うが如きにはあらざるなり。

問うて曰わく。何の義に依りてか往生と説くや。

答えて曰わく。此の間の仮名人の中に於て五念門を修するに、前念は後念のために因と作《な》る。穢土の仮名人と浄土の仮名人と、決定して一なることを得ず、決定して異なることを得ず。前心後心も亦復《また》是の如し。何を以ての故に。若し一ならば則ち因果なし。若し異ならば則ち相続にあらず。是の義は観一異門論の中に委曲なり。

第一行の三念門を釈し竟《おわ》んぬ。

《大乗経論》たとえば『大智度論』巻三十八、「問曰、是般若波羅蜜中衆生畢竟不可得……」（大正二十五巻三三六中）。《衆生無生》『大智度論』巻八に「若三如外道求ニ索實我一是不可得、但有ニ假名一。種種因縁和合而有。有ニ此名字一。譬如下幻人相殺レ人見ニ其死一。幻術令レ起レ人見中其生上。生死名字有而無レ實。世界法中實有ニ生死一。

實相法中無レ有ニ生死一。復次生死人有ニ生死一。不生死人無ニ生死一。何以故。不生死人以ニ大智慧一能破ニ生相一。（大正二十五巻二一七下）とあるものによって二種を区別したものか。　《因縁》因とは結果を生ぜしめる内的な直接の原因。縁とはこれを外から助ける間接の原因。ここでは縁起の道理のこと。　《観一異門論》龍樹著『十二門論』の第六「観一異門」（大正三十巻一六四上〜中）を指す。不一不異は『中論』に明かす八不の一つ。

〔訳〕「安楽国に生ぜんと願ず」という一句は、作願門である。天親菩薩の帰依心をあらわしている。「安楽国」の意義については、詳しく下の観察門のなかで説いているから、いま、「生ぜんと願ず」（願生）ということを論じてみよう。

　問うていう。大乗の経典や論釈書には、所々に「生けるものたちは、もともと無生にして虚空の如きものである」と説いている。それなのに、なぜ天親菩薩は「生ぜんと願ず」といわれたのか。

　答えていう。「生けるものたちは、無生にして虚空の如きものである」というのに、二種の説明がある。一つには、凡夫の考えているような実体としてとらえる生けるものたちのことである。凡夫はこの人間の生と死を実の生、実の死と把えている如きものである。そういうことは、もともとありえないことで、亀に毛のないごとく、虚空の空無なるがごときものである。二つには、あらゆることがらは因縁によって生じたものであるから、実の生でなく本来不生のものである。実体のないこと虚空の如きものである。天親菩薩が「生ぜんと願ず」といわれた「生」は、因縁による「生」の意味である。因縁生の意味であるから、仮りに「生」と名づけたのであって、凡夫の考えるように、実体をもつ生けるものたちがあって、実の生、実の死をとるというようなものではない。

問うていう。因縁生としての往生とは、どういうことか。

答えていう。この世の人が五念門を修めて往生する場合、前の一瞬に命終し、次の一瞬に生まれるが、そのときの前心（因）と後心（果）の関係は同一でもなく（不一）、異なっているものでもない（不異）。このことは、穢土の人と浄土に生まれた人との関係が同一でもなく、異なっているものでもないのと同様である。なぜかといえば、もしも同一であるなら、因果の別がないことになり、また異なっているなら、同一のものが相続するということはありえないからである。このことの意味については、『十二門論』の「観一異門」（一と異を考察する章）に詳しい。以上で、第一偈の三念門による解釈が終った。

右の問答で、浄土の往生が「生即無生」のものであるというのは、曇鸞が四論宗の学者として、龍樹の『中論』や『十二門論』などの所説をとり入れているからである。空観思想に基づいて、浄土教を考察している曇鸞の功績は多大である。本書の下巻、「観察体相」の中で、「氷上燃火の譬え」をもって「生即無生」を論じている。

なお、此土の人間が浄土に往生する場合、同一人がいかなる在り方をもって生まれるのかが問題となる。いま、曇鸞は不一不異の空性によって説明しようとしている。なぜに、曇鸞がかかる設問をしたかといえば、部派仏教以来、輪廻の主体が各部派の主要な論題となってきたからである。無我説を掲げる仏教が輪廻を説く限り、輪廻の主体を否定するわけにはいかない。無我説をそこなわずに輪廻の主体を認めるという点で、各部派は種々の輪廻の主体を説いた。犢子《とくし》部や正量《しょうりょう》部が非即非離蘊《ひそくひりうん》の我を立てたごとくである。紀元前二世紀の半ごろ、ギリシア王ミリンダと学僧ナーガセーナ長老との対論書『ミリンダ王の問い』は、このことをめぐって興味ある問答をくりかえしている。それによると、この世で死んだ者が同一の状態（あるいは同一の存在主体）を保って、次の世に再生するというのではなく、個人存在も因縁生のものとして実体的存在ではないから、事象の連続（dhammasantati）というべく、それ故に死んだ者と再生した者との関係も、灯火の譬えのごとく、「同一でもなく、また異なったものでもなく」不一不異のものとして、前念命終後念即生といわれるように、同時的に継続する。初更《しょこう》の焔と中更の焔と後更の焔とは同一でもなく別異でもなく、焔は同一の灯火に依存して、夜通し燃え続けるのである。つまり非連続の連続というべきものである。そして、それは最後の意識に摂せられるという。業報の識なるもの、すなわち業識がいわゆる輪廻の主体として考えられた。

また、輪廻の主体として、常恒不変の実体としての霊魂を否定したが、「名称・形態」（nāmarūpa）を認めた。これは五蘊のことである。この「名称・形態」がどのようにして輪廻するかといえば、現在のそれが来世のそれと自己同一を保っているかというと、そうではなく、さきの灯火の譬えの如く、「名称・形態」は燃える火のように、不一不異の主体の連続として輪廻し続けるという。

このような輪廻をめぐる主体論争は、やがて浄土教の興起にともなって、往生の主体論争を惹起した。しかしながら、両者の主体論争の大きな相違点は、輪廻転生は迷いの領域にかかわり、往生浄土は悟りの領域にかかわるということである。

第六節　顕真実としての願生偈（第二偈）

(イ) 成上起下

次成二優婆提舎名一。又成レ上起レ下偈。

我依二修多羅　眞實功德相一　說二願偈一總持　與二佛敎一相應

此一行云何成二優婆提舎名一。云何成二上三門一起二下二門一。偈言下我依二修多羅一與二佛敎一相應上。修多羅是佛經名。我論二佛經義一與レ經相應。以レ入二佛法相一故得レ名二優婆提舎一。名成竟。成二上三門一起二下二門一。何所依。何故依。云何依。何所依者。依二修多羅一。何故依者。以二如來即眞實功德相一故。云何依者。修二五念門一相應故。成レ上起レ下竟。

次に優婆提舎の名を成じ、又た上を成じ下を起こすの偈なり。

「我れ、修多羅《しゅたら》の真実功徳相に依って、願偈《がんげ》を説きて総持《そうじ》して、仏教と相応せん」（第二偈）

此の一行は云何《いか》んが優婆提舎の名を成じ、云何んが上の三門を成じ、下の二門を起こすや。偈に「我れ修多羅に依りて、仏教と相応せん」と言う。修多羅は是れ仏経の名なり。我れ仏経の義を論ずるに、経と相応すと。仏法の相に入るを以ての故に優婆提舎と名づくることを得。名を成じ竟《おわ》んぬ。

上の三門を成じ、下の二門を起こすとは、何の所にか依り、何の故にか依り、云何んが依るや。何の所にか依るとは、修多羅に依る。何の故にか依るとは、如来は即ち真実功徳相なるを以ての故に。云何んが依るとは、五念門を修して相応するが故に。上を成じ、下を起こし竟んぬ。

《修多羅》sūtra の音写。経と訳す。親鸞は浄土三部経という（『尊号真像銘文』）。《功徳》guṇa の訳語。本体のもつ属性で、われわれの知覚でとらえられる具体相をもつから、つぎの「相」と同じ。《相》lakṣaṇa の訳語。すがた。われわれの知覚の対象として具体的すがたをもつもの。真如・真実がかたちをもち、はたらきをもって、われわれの前にあらわれていること。親鸞は「真実功徳相といふは誓願の尊号なり」（右同）という。《総持》dhāraṇī（音写は陀羅尼）の訳語。仏の教法を心にとどめて忘れないこと、教えの要旨をあらわす神秘的な呪文、あるいは記憶術などの意味がある。親鸞は「総持といふは智慧なり、無碍光の智慧を総持とまふすなり」（右同）と釈している。山口益博士によれば、総持とは種々な法徳がそこに収蔵されている義蔵のことで、『浄土論』では願偈即総持（願生偈という総持）とする（『世親の浄土論』八五頁以下）。ここでは曇鸞の解釈に従って、動詞とみて、すべてのものごとを摂《おさ》め、たもって忘れないこと、と解する。

〔訳〕つぎに、「優婆提舎」と名づけるわけを明かし、かつ上の三念門をうけて下の二念門を起こす（成《じょう》レ上《じょう》起《き》レ下《げ》）ところの第二偈を掲げよう。

「わたしは無量寿経に説く真実の力用たる阿弥陀仏のすぐれた特相に基づいて、願生偈に述べる五念門を修め、もって仏教の本旨にあいかなうものとしよう」

この偈が、なぜ「優婆提舎」と名づけられるかのわけを明かし、またなぜ上の三念門をうけて下の二念門を起こす偈といわれるのかを説こう。偈に「我れ、修多羅〔……〕に依って〔……〕仏教と相応せん」といううち、「修多羅」とは仏の経典の名称である。天親菩薩は「わたしは『無量寿経』の本旨にかなって、そのいわれを論じた」と述べている。これによって人は真実の世界に入る身となるから、近づけて示すという意味の「優婆提舎」を論名としたのである。これで、論名を明かした。

つぎにこの偈には「上の三門を成じ、下の二門を起こす」という意義があるが、それは「依って」の語をみればよい。すなわち、どこに依るのか、なぜ依るのか、どのように依るのか。どこに依るかといえば、経（無量寿経）に依る。なぜ依るのかといえば、その経に説かれている如来が真実の力用としてわれわれの前にすがたをとった方便法身（報身）だからである。どのように依るのかといえば、五念門を修めることが仏教の本旨にあいかなうからである。これで、上の三念門をうけて下の二念門を起こすという意味を明かした。

(ロ)　第二偈の語義

修多羅者。十二部經中直說者名㆓修多羅㆒。謂四阿含三藏等。三藏外大乘諸經亦名㆓修多羅㆒。此中言㆑依㆓修多羅㆒者。是三藏外大乘修多羅。非㆓阿含等經㆒也。眞實功德相者。有㆓二種功德㆒。一者從㆓有漏心㆒生不㆑順㆓法性㆒。所謂凡夫人天諸善。人天果報。若因若果。皆是顚倒。皆是虛僞。是故名㆓不實功德㆒。二者從㆓菩薩智慧清淨業㆒起莊嚴佛事。依㆓法性㆒入㆓清淨相一。是法不二顛倒一不二虚偽一。名為二眞實功德一。云何不二顛倒一。依二法性一順二二諦一故。云何不二虚偽一。攝二衆生一入二畢竟淨一故。說二願偈一總持與二佛教一相應者。持名二不散不失一。總名二以レ少攝レ多。偈言五言句數。願名三欲二樂往生一。說謂レ說二諸偈論一。總而言レ之。說下所二願生一偈上總二持佛經一與二佛教一相應。相應者。譬如二函蓋相稱一也。

「修多羅」とは十二部経の中の直説の者を修多羅と名づく。謂わく四阿含《あごん》三蔵等なり。三蔵の外の大乗諸経も亦た修多羅と名づく。此の中に「修多羅に依る」と言うは、是れ三蔵の外の大乗の修多羅なり。阿含等の経にはあらざるなり。

「真実功徳相」とは二種の功徳あり。一には有漏《うろ》心より生じて法性に順ぜず。所謂《いわゆ》る凡夫人天の諸善、人天の果報、若しくは因、若しくは果、皆な是れ顛倒なり、皆な是れ虚偽《こぎ》なり。是の故に不実の功徳と名づく。二には菩薩の智慧清浄の業より起せる荘厳仏事は、法性に依りて清浄の相に入る。是の法、顛倒《てんどう》ならず、虚偽ならず、名づけて真実の功徳となす。云何《いか》んが顛倒ならざる、法性に依りて二諦に順ずるが故に。云何んが虚偽ならざる、衆生を摂して畢竟浄に入らしむるが故に。

「願偈を説きて総持して、仏教と相応せん」とは「持」は不散不失に名づけ、「総」は少を以て多を摂《せつ》するに名づく。「偈」の言は五言の句数なり。「願」とは往生を欲楽《よくぎょう》するに名づく。「説きて」とは諸の偈論を説くを謂う。総じてこれを言うに、願生する所の偈を説きて仏経を総持し仏教と相応す。「相応」とは、譬えば函蓋《かんがい》の相い称《かな》えるが如し。

《四阿含》阿含は āgama の音写。原始仏教の経典をいう。これに長・中・増一・雑の四種あるから四阿含という。《三蔵》tri-piṭaka の訳。仏教の聖典を経・律・論の三種に分類していうもの。中国では部派仏教を三蔵教という。《有漏心》漏は āsrava の訳。煩悩のこと。有漏心とは煩悩をともなった心。《仏事》仏の仕事。主に衆生教化をいう。《法性》dharmatā または dharmadhātu の訳。宇宙のすべての現象が有している真実不変な本性のこと。《二諦》真諦と俗諦。真諦とは絶対的立場での真理をいい、俗諦とは世間的、相対的立場での真理をいう。《相応》anulomayati 正しい方向にむける意。ここでは、『無量寿経』の本意を仏教に向け、仏教にかなうものとすることである。《函蓋》箱とそのふたのこと。『大智度論』巻三十六に「譬如下弟子随二順師敎一不レ違二師意一是名中相應上。如二般若波羅蜜相一。菩薩亦随二是相一。以二智慧観一能得能成就不増不減。是名二相應一。譬如二函蓋大小相稱一。」（大正二十五巻三二七上）とある。

以上で第二偈の大意が終わったので、以下、語義の説明に入る。

〔訳〕「修多羅」とは十二部経の一つで、釈尊の直説をいう。各部派が伝える四阿含や経・律・論の三蔵を初め、大乗の諸経典もまた「修多羅」と名づける。いま「修多羅に依る」という場合の「修多羅」は、小乗部派のものではなくて大乗の経典のことである。阿含などの経典ではない。

「真実功徳相」とは、功徳に二種がある。一つには、煩悩の汚れに染まった心から生じて、真実にかなっていないもので、いわゆる凡夫の積む人間界・天界に生まれる善とその報いである。これらは因も果もみな顛倒であり、虚偽のものである。それ故に不真実の功徳と名づける。二つには、菩薩の智慧による清浄な行から起こされるところの、仏となる種々の利他行は、真実にかなない、清浄に帰するもので、これは不顛倒であり不虚偽のものだから、真実の功徳と名づける。なぜ不顛倒であるかといえば、真実にかない、真俗二諦の道理に順《したが》っているからである。また、なぜ不虚偽であるかといえば、生けるものたちをおさめとって、絶対の清浄界に入らせるからである。

「願偈を説きて総持して、仏教と相応せん」といううち、「持」とは意義を把持して散失しないことをいい、「総」とは多くのことばであらわされた意義を少ないことばで示すことをいう。「偈」とは一句五字からなるものをいう。「願」とは往生を願うことをいう。「説」とは偈をもって説くのをいう。以上、まとめていえば、往生を願う偈を説くことによって『無量寿経』の本意を把えて、仏教にかなうものとしようということである。「相応」とは、譬えば函《はこ》と蓋《ふた》がぴたりとあいかなっているようなものである。

第七節　観察門

(イ)　器世間〔仏国土荘厳十七種〕

(1)　清浄功徳成就

〔器世間について〕

觀ニ彼世界相一　勝ニ過三界道一

此已下是第四觀察門。此門中分爲ニ二別一。一者觀ニ察器世間莊嚴成就一。二者觀ニ察衆生世間莊嚴成就一。此句已下至レ願レ生ニ彼阿彌陀佛國一。是觀ニ器世間一中復分爲ニ十七別一。至レ文當レ目。

「彼の世界の相を観ずるに、三界の道に勝過《しょうか》せり」（第三偈前半）

此れより已下は是れ第四の観察門なり。此の門の中を分かちて二の別となす。一には器世間《きせけん》荘厳成就を観察す。二には衆生世間荘厳成就を観察す。此の句より已下「彼の阿弥陀仏国に生ぜんと願ず」に至るまでは、是れ器世間荘厳成就を観ず。器世間を観ずる中、復《ま》た分かちて十七の別となす。文に至りてまさに目《なづ》くべし。

《三界》悟りの世界に対する迷いの世界を三段階に分けたもの。欲界（食欲、婬欲などを有する）、色界（欲を離れたものが住む）、無色界（物質を超えた世界）。九五頁以下参照。《器世間》生命あるものを住まわせている山河、大地などのこと。《衆生世間》生命あるものの世界のこと。ここではブッダと菩薩を指す。

〔訳〕「かの安楽世界の相を観察すると、これは迷いの世界である三界をはるかに超え勝れている」

この第三偈より以下は、五念門の第四である観察門である。この第四門を分けて二つとする。一つには器世間（仏国土）の円《まど》かなしつらいを観察する。二つには衆生世間（仏およびとりまきの菩薩たち）の円かなしつらいを観察する。この偈から以下「彼の阿弥陀仏国に生ぜんと願ず」までは、器世間の円かなしつらいを観察する。さらに、器世間を観察するなかを十七種に分けるが、その一々は偈の説明のときに名づけて示そう。

五念門の第四、観察門は、天親菩薩の分類による三厳・二十九種の浄土荘厳を観察の対象とする。それは仏国土荘厳十七種と、仏荘厳八種と、菩薩荘厳四種とである。荘厳とはしつらいのことで、曇鸞は法蔵菩薩の「願心荘厳」のものであると呼んでいる。ちなみに三厳・二十九種の荘厳は無着の『摂大乗論』に説く諸仏浄土の十八円浄をうけて、極楽浄土の荘厳として天親がまとめ上げたものといわれている。ところで、曇鸞は『浄土論註』上巻では各荘厳を因願に約して解釈しており、下巻では果上に約して解釈している。

この観察門は願生偈の第三偈から第二十三偈に及ぶ。このことは、五念門の中心が観察門であり、菩薩にとって般若（智慧）の完成を内容としているからである。つまり、大乗菩薩道の実現が観察門を中心とする五念門の行によって達成されるということである。さて、浄土荘厳を観察するには仏智の働きがいるが、実は浄土荘厳そのものが仏智のあらわれなのである。そして、観察をなすことによって仏智をうる身となるから、仏智をうるには仏智によらねばならぬことが知られる。観察門はこのことを教えている。

〔清浄の仏国土を建立したわけ〕

此二句卽是第一事。名爲二觀察莊嚴清淨功德成就一。此清淨是總相。佛本所三以起二此莊嚴清淨功德一者。見二三界一。是虛僞相。是輪轉相。是無窮相。如二蚇（尺音）蠖（屈伸蟲。一郭反）循環一。如二蠶（才含反）繭（蠶衣。公珍反）自縛一。哀哉衆生締二（結不レ解。帝音）此三界一。顚倒不淨。欲丙置下衆生於二不虛僞處一。於二不輪轉處一。於中不無窮處上。得乙畢竟安樂大清淨處甲。是故起二此清淨莊嚴功德一也。成就者。言此清淨不レ可二破壞一。不レ可二汚染一。非レ如二三界是汚染相是破壞相一也。

此の二句は即ち是れ第一の事なり。名づけて観察荘厳清浄功徳成就となす。此の清浄は是れ総相《そうそう》なり。仏もと此の荘厳清浄功徳を起こしたもう所以《ゆえん》は、三界を見るに、是れ虚偽の相、是れ輪転の相、是れ無窮の相にして、蚇蠖《しゃくかく》の循環するが如く、蚕繭《さんけん》の自縛するが如し。哀れなる哉、衆生、此の三界に締《しば》られて、顚倒不浄なり。衆生を不虚偽の処、不輪転の処、不無窮の処に置いて、畢竟安楽大清浄の処を得せしめんと欲す。是の故に此の清浄荘厳功徳を起こしたもうなり。

「成就」とは、言わく此の清浄は破壊すべからず、汚染すべからず、三界の是れ汚染の相、是れ破壊の相なるが如きにはあらざるなり。

《総相》総括的なすがた。『摂大乗論』の十八円浄の第四・処円浄は清浄功徳に相当するが、ここにいう浄土の全荘厳に共通する特相とはされていない。《蚇蠖》尺蠖とも書く。しゃくとり虫のこと。《蚕繭》かいこのまゆ。『大智度論』巻九十に「衆生顛倒因縁故起ニ諸煩悩一。作ニ悪罪業一輪ニ轉五道一受ニ生死苦一。譬如ニ蠶出レ絲自裹縛入ニ沸湯火炙一。凡夫衆生亦如レ是。」（大正二十五巻六九七上）とある。《成就》完全性あるいは完成という意味。おそらく sampad の訳であろう。

〔訳〕いま、この二句は仏国土荘厳の第一、観察荘厳清浄功徳成就（観察の対象たる清浄を特相とする円かなしつらい）と名づける。この清浄は二十九種の荘厳に共通する特相である。阿弥陀仏が因位の菩薩であったとき、この清浄という特相のしつらいを起こすことを願ったわけは、迷いの三界をみると、それは虚偽のすがた、流転のすがた、きわまりない迷いのすがたで、しゃくとり虫が円いもののへりをめぐるごとく、また蚕が口から糸を吐いて作った繭で自分を縛るごとくである。あわれにも、生けるものたちはこの三界の中に縛られて、顛倒し不浄にまみれている。因位の菩薩はこれらの生けるものたちを虚偽でない処、流転しない処、きわまりない迷のない処に置いて、安楽・清浄の大いなるさとりを得させようと願う。それ故に、この清浄という特相のしつらいを起こされたのである。

「成就」とは、浄土の清浄は破壊されず、汚されず、円かに具わっていて、この三界が汚染されたすがたであり、破壊されたすがたをしているようなものとはちがっている。

〔願心荘厳の浄土〕

觀者觀察也。彼者彼安樂國也。世界相者彼安樂世界清淨相也。其相別在レ下。勝二過三界道一。道者通也。以二如レ此因一得二如レ此果一。以二如レ此果一酬二如レ此因一。通レ因至レ果。通レ果酬レ因。故名爲レ道。三界者。一是欲界。所謂六欲天・四天下人・畜生・餓鬼・地獄等是也。二是色界。所謂初禪二禪三禪四禪天等是也。三是無色界。所謂空處・識處・無所有處・非想非非想處天等是也。此三界蓋是生死凡夫流轉之闇宅。雖二復苦樂小殊。脩短暫異一。統而觀レ之莫レ非二有漏一。倚伏相乘。循環無レ際。雜生觸受四倒長拘。且因且果虛僞相襲。安樂是菩薩慈悲正觀之由生。如來神力本願之所建。胎卵濕生縁レ玆高揖。業繫長維從レ此永斷。續括之權不レ待レ勸而彎レ弓。勞謙善讓齊二普賢一而同レ德。勝二過三界一抑是近言。

「観」とは観察なり。「彼」とは彼の安楽国なり。「世界相」とは彼の安楽世界の清浄の相なり。其の相、別して下に在り。「三界の道に勝過せり」とは、道とは通なり。此の如きの因を以て此の如きの果を得、此の如きの果を以て此の如きの因に酬《むく》う。因に通じて果に至り、果に通じて因に酬う。故に名づけて道となす。三界とは、一には是れ欲界、所謂六欲天《よくてん》・四天下の人・畜生・餓鬼・地獄等是れなり。二には是れ色界、所謂る初禅・二禅・三禅・四禅天等、是れなり。三には是れ無色界《むしきかい》、所謂る空処《くうしょ》・識処・無所有処《むしょうしょ》・非想非非想処《ひそうひひそうじょ》天等、是れなり。此の三界は蓋《けだ》し是れ生死の凡夫の流転《るてん》の闇宅《あんたく》なり。復た苦楽小《すこ》しく殊《こと》なり、修短《しゅうたん》暫く異なると雖も、統《す》べてこれを観るに有漏《うろ》にあらざることなし。倚伏《いふく》相い乗じ、循環際《きわ》なし。雑生の触受、四倒長く拘《かか》わる。且つ因、且つ果、虚偽相い襲う。安楽は是れ菩薩の慈悲正観の由生、如来の神力本願の所建なり。胎卵湿《たいらんしつ》の生玆《ここ》に縁《よ》りて高く揖《ゆう》し、業繫《ごうけ》の長き維《つな》、此に従って永く断ず。続括《ぞくかつ》の権《はかりごと》、勧を待たずして弓を彎《ひ》く。労謙善譲、普賢《ふげん》に斉《ひと》しくして徳を同じくす。「三界に勝過せり」とは抑《そもそ》も是れ近言なり。

《六欲天》欲界に属する六種の天（神々）。四王天・忉利天・夜摩天・兜率天・化楽天・他化自在天の六種。《四天下》古代インドの仏教的宇宙説によると、須弥山（世界の中心にある高山）の四方の海にある四つの洲（大陸）。東に勝身《しょうしん》洲、南に贍部《せんぶ》洲、西に牛貨《ごか》洲、北に倶盧《くる》洲がある。《四禅天》四種の禅定を修して生まれる色界の中の四つの天の住処。初禅天～四禅天がある。《空処～非想非非想処天》空無辺処・識無辺処・無所有処・非想非非想処の四種の禅定を修して生まれる無色界の中の四つの天の住処。《修短》長短のこと。ここでは寿命の長短をいう。《倚伏》禍福のこと。倚は依りそう。伏はかくれひそむ。『老子』第五十八章に「禍兮福之所レ倚。福兮禍之所レ伏。孰知二其極一。」（禍は福のよりそうところ、福は禍のひそむところ、誰にもそのとどのつまりは分らない）という有名な言葉がある。

《雑生の触受》生類はすべてけがれた行為によって、けがれた結果である接触、感受をうること。『大智度論』巻一（大正二十五巻六〇上）。《四倒》おろかな者は、無常・苦・無我・不浄なるものを誤って、常・楽・我・浄と考える四つの顚倒の見解。《正観》vipaśyanā を指すと思われる。止観の「観」で、智慧の働きをいう。《胎卵湿》生きものの出生の形態を四種に分類して、胎生（母胎から生まれる）・卵生（卵から生まれる）・湿生（湿気のあるところから生まれる）・化生（業の力によって生まれる）とした「四生」のはじめの三つで、一般の生物の生まれ方を指している。《高く揖す》揖は会釈する、ゆずる、進む、あつむ。いま深励は、遠くに去ってしまって、ないという意味に解釈している。《業繫》悪業、罪業にしばられること。《続括の権》括は矢はず（矢の端のつるにかけるところ）。権ははかりごと。つぎつぎと矢を射ること。『大智度論』巻十九に「譬如下仰射二空中一箭箭相柱不上レ令レ落レ地。菩薩摩訶薩亦如レ是。以二般若波羅蜜箭一。射二三解脱門空中一。復以二方便箭一射二般若箭一。令レ不レ堕二涅槃地一。」（大正二十五巻一九七下）とあり、同じく巻三十六（大正二十五巻三二三上）や、巻七十六（大正二十五巻五九二下）にもある。《労謙》骨折り努力しても、へりくだること。《普賢》Samantabhadra の訳。普賢菩薩のこと。一般に仏の理・定・行の徳を象徴しているといわれるが、浄土教では特に利他教化の行を普賢の徳としている。《近言》高尚なことを手近な言葉でいうこと。

〈参考〉山口益『世親の浄土論』（昭和四十一年、法蔵館）九九頁以下に、工藤成性『世親教学の体系的研究』に出すところの十八円浄と二十九種荘厳との対照表を掲げている。いま、この表を借用してつぎに示そう。

『摂大乗論』（十八円浄）	『浄土論』（二十九種荘厳）
第一　色相円浄	国土荘厳中、第四形相功徳・第五種種事功徳・第六妙色功徳
第二　形貌円浄	国土荘厳中、第七触功徳・第八三種功徳・第九雨功徳
第三　量円浄	国土荘厳中、第二量功徳
第四　処円浄	国土荘厳中、第一清浄功徳
第五　因円浄	国土荘厳中、第三性功徳
第六　果円浄	一法句
第七　主円浄	国土荘厳中、第十光明功徳・第十一妙声功徳・第十二主功徳荘厳八種功徳
第八　助円浄	菩薩荘厳四種功徳
第九　眷属円浄	国土荘厳中、第十三眷属功徳、仏荘厳功徳中、第五大衆功徳
第十　持円浄	国土荘厳中、第十四受用功徳

第十一　業円浄……………菩薩荘厳四種功徳中の教化利生
第十二　利益円浄…………国土荘厳中、第十五無諸難功徳・第十六大義門功徳
第十三　無怖円浄…………国土荘厳中、第十五無諸難功徳
第十四　住処円浄…………国土荘厳の総体
第十五　路円浄……………止観中心の五念門の入出二門
第十六　乗円浄……………五念門中、第三作願門・第四観察門
第十七　門円浄……………五念門・五功徳門
第十八　依止円浄…………五功徳門中、入第三門の「以下一心専念作三願生レ彼修中奢摩他寂静三昧行上故得レ入二蓮華蔵世界一」の文

〔訳〕　「観ず」とは観察することである。「彼の」とは阿弥陀仏の安楽浄土をいう。「世界の相」とは安楽浄土の清浄なすがたのことである。その種々のすがたは、下の説明の中にある。「三界の道に勝過せり」という中の「道」とは、通ずるもののことをいう。つまり、かくかくの因によって、かくかくの果を得、かくかくの果はかくかくの因に報いている。因を通して果に至り、果を通して因に報いている。因果の間が通じあっているから、「道」と名づける。

「三界」とは一つには、欲界で、いわゆる六欲天・四天下の人間・畜生・餓鬼・地獄などである。二つには色界で、いわゆる初禅天・二禅天・三禅天・四禅天などである。三つには無色界で、いわゆる空処・識処・無所有処・非想非非想処天などである。思うに、この三界は凡夫が流転輪廻する黒闇

の宅である。三界のそれぞれは苦と楽が少し異なり、寿命の長短のちがいもあるけれども、総じてみれば煩悩の汚れあるものに外ならない。禍福互いに生じ、しかも循環してはてることがない。雑多の生存をうけて、汚《けが》れた経験や感受の生活をし、四つの顚倒の考えに長くとらわれている。それで、因が果となり果が因となるように、虚偽が虚偽をつぎつぎと生じていく。しかるに、安楽浄土は法蔵菩薩の慈悲と智慧によって生じ、阿弥陀如来のすぐれた本願力によって建立されたものである。それ故に、迷いの生存をとる胎生・卵生・湿生などは、これによって遠く去り、悪業の繋縛《けばく》たる長い綱はこれによって永久に断たれる。弓術の名人がつぎつぎと矢を射るように、菩薩は諸仏の勧めを待つことなく、生けるものたちを救う働きに従事する。その精進と謙譲の美徳は、利他教化に励む普賢菩薩に等しいものである。ここに「三界〔の道〕に勝過せり」とあるのも、安楽浄土をわれわれ三界の生けるものたちに近づけて説明しているのである。

(2)　量功徳成就

究竟如二虛空一　廣大無二邊際一

此二句名二莊嚴量功德成就一。佛本所三以起二此莊嚴量功德一者。見二三界一。陜戸甲反小墮敗城阜。或垂反。陘山絶坎。形音陪重土一曰備。父才反陼。如渚者陼丘。之與反或宮觀迫伯音迮子格反或土田逼隘陋。巳賣反或志求路促。或山河隔塞。公厄反障。或國界分部。有二如レ此等種種擧急事一。是故菩薩興二此莊嚴量功德願一。願我國土如二虛空一廣大無際。如二虛空一者。言來生者雖レ衆猶若レ無也。廣大無レ際者。成下上如二虛空一義上。何故如二虛空一。以二廣大無一レ際故。成就者。言十方衆生往生者。若已生若今生若當レ生。雖二無量無邊一畢竟常如二虚空一。廣大無レ際終無二滿時一。是故言下究竟如二虚空一廣大無中邊際上。問曰。如二維摩方丈一苞容有レ餘。何必國界無貲（子支反）乃稱二廣大一。答曰。所レ言廣大非下必以二畦（五十畝。下圭反）晼一（三十畝。遠萬反）一爲上レ喩。但言レ如レ空。亦何累二方丈一。又方丈之所二苞容一在レ狹而廣。覈（實。下革反）論二果報一。豈若二在レ廣而廣一耶。

「究竟して虚空の如く、広大にして辺際なし」（第三偈後半）

此の二句は荘厳量功徳成就と名づく。仏もと此の荘厳量功徳を起こしたもう所以は、三界を見るに、陜小《きょうしょう》にして堕陘《だきょう》陪隖《ばいしょ》なり。或は宮観迫迮《はくさく》し、或は土田逼隘《ひつあい》し、或は志求するに路促《せま》く、或は山河隔障し、或は国界分部す。此の如き等の種種の挙急の事あり。是の故に菩薩は此の荘厳量功徳の願を興したまえり。願わくは我が国土、虚空の如く広大にして無際ならんと。「虚空の如し」とは、言わく来生する者衆《おお》しと雖も猶しなきが若《ごと》し。「広大にして際なし」とは、上の虚空の如しの義を成ず。何が故ぞ虚空の如くなる。広大にして際なきを以ての故に。「成就」とは、言わく十方の衆生の往生する者、若《も》しは已に生じ、若しは今生じ、若しはまさに生ぜん、無量無辺なりと雖も、畢竟じて常に虚空の如く、広大にして際なくして、終《つい》に満つる時なし。是の故に、「究竟して虚空の如く、広大にして辺際なし」と言う。

問うて曰わく。維摩《ゆいま》の方丈の如きは苞容《ほうよう》して余あり。何ぞ必ず国界無貲《むし》なるを乃ち広大と称するや。

答えて曰わく。言う所の広大は必ずしも畦畹《けいえん》を以て喩となすにあらず。但だ空の如しと言う。亦た何ぞ方丈を累《かさ》ねんや。又た方丈の苞容する所は狭に在りて広なり。覈《あきらか》に果報を論ずるに、豈《あ》に広に在りて広なるに若《し》かんや。

《堕陘》長くて狭い谷。《陪隖》土を盛り重ねた洲または島。《迫迮》せまる。《逼隘》せまい。《隔障》へだてふさぐ。《究竟》きわめつくしている意。《維摩の方丈》維摩居士がその方丈（一丈四方の部屋）に三万二千の獅子の座を入れたこと。『維摩詰所説経』に説く（大正十四巻五四六中）。《苞容》つつみ容れること。包容。《無貲》はかることができないこと。無限。《畦・畹》畦（五十畝）も畹（三十畝）も田地の広さを示す単位。

〔訳〕「はかりしれないこと虚空のごとく、広大で際限がない」

この二句は仏国土荘厳の第二、荘厳量功徳成就（無量を特相とする円かなしつらい）と名づける。なぜ仏が因位のとき、無量を特相とする円かなしつらいを起こされたかといえば、三界をみると、狭小で細長い谷、隆起したところがあり、立派な建物がたてこみ、土地がせまく、行こうとしても路がほそく、あるいは山河にさえぎられ、国の界《さかい》が分かれている。このような種々の困難なことがある。それ故に菩薩はこの円かなしつらいの願いを起こされ、「願わくは、わが国土は虚空のごとく広大ではてしないものでありたい」と願われた。「広大にしてはてしない」というのは、上の「虚空のごとし」という意味を成立させるものである。なぜ「虚空のごとし」といわれたのか。「広大にしてはてしない」からである。「成就」とは十方の生けるものたちにして、すでに浄土に生まれ、いま現に生まれ、ないし、やがて生まれる者がはかりしれないほどの数であっても、常に虚空のごとく、広大にしてはてしなく、ついに満ちるときがない。それ故に「究竟して虚空の如く、広大にして辺際なし」というのである。

問うていう。維摩居士の方丈はせまいけれども、沢山の獅子座をおさめて、なおかつ余裕があるという。そうであるならば、浄土が際限がないということだけで、どうして「広大」といえようか。

答えていう。「広大」ということは、必ずしも畦《あぜ》とか畹《はたけ》といった広さをもって喩えとしたのではない。ただ虚空のごときものであるといったのである。また、どうして維摩居士の方丈と同類であろうか。方丈が沢山の座をおさめるというのも、狭い所にいて広く使うということをいっているのである。厳密に因果の道理からいえば、広い所にいて広く使うにこしたことはないではないか。

(3) 性功徳成就

正道大慈悲　出世善根生

此二句。名莊嚴性功德成就。佛本何故起此莊嚴。見有國土。以愛欲故。則有欲界。以攀厭禪定故。則有色無色界。此三界。皆是有漏。邪道所生。長寢大夢。莫知悕出。是故興大悲心。願我成佛。以無上正見道。起清淨土。出于三界。性是本義。言此淨土。隨順法性。不乖法本。事同華嚴經寶王如來性起義。又言。積習成性。指法藏菩薩。集諸波羅蜜。積習所成。亦言性者。是聖種性。序法藏菩薩。於世自在王佛所。悟無生法忍。爾時位。名聖種性。於是性中。發四十八大願。修起此土。卽曰安樂淨土。是彼因所得。果中說因。故名爲性。又言。性是必然義。不改義。如海性一味。衆流入者。必爲一味。海味不隨彼改也。又如人身性不淨。故種種妙好色香美味入身。皆爲不淨。安樂淨土諸往生者。無不淨色。無不淨心。畢竟皆得清淨平等無爲法身。以安樂國土清淨性成就故。正道大慈悲。出世善根生者。平等大道也。平等道。所以名爲正道者。平等是諸法體相。以諸法平等。故發心等。發心等。故道等。道等故大慈悲等。大慈悲是佛道正因。故言正道大慈悲。慈悲有三緣。一者。衆生緣。是小悲。二者。法緣。是中悲。三者。無緣。是大悲。大悲卽出世善也。安樂浄土。従二此大悲一生故。故謂二此大悲一為二浄土之根一。故曰二出世善根生一。

「正道の大慈悲なる、出世の善根より生ず」（第四偈前半）

此の二句は荘厳性功徳成就と名づく。仏もと何が故ぞ此の荘厳を起こしたまえる。ある国土を見るに、愛欲を以ての故に則ち欲界あり。禅定を攀厭《はんえん》するを以ての故に則ち色・無色界あり。此の三界は皆な是れ有漏《うろ》邪道《じゃどう》の所生なり。長く大夢に寝《いね》て、出でんと悕《ねが》うことを知ることなし。是の故に大悲心を興したまえり。願わくは我れ成仏せんに、無上正見道を以て清浄の土を起こして三界を出でんと。

性は是れ本の義なり。言わく、此の浄土は法性に随順して法の本に乖《そむ》かず。事、華厳経の宝王如来性起の義に同じ。又た言わく、積習して性を成ず。法蔵菩薩、諸波羅蜜を集めて積習して成ずる所を指す。亦た性と言うは是れ聖種性なり。序《はじ》め法蔵菩薩、世自在王仏の所に於て無生法忍を悟りたまえり。その時の位を聖種性と名づく。是の性の中に於て四十八の大願を発して此の土を修起せり。即ち安楽浄土と曰う。是れ彼の因の所得なり。果の中に因を説くが故に名づけて性となす。又た言わく、性は是れ必然の義、不改の義なり。海性一味にして、衆流、入らば必ず一味となりて、海味の彼に随いて改まらざるが如し。又た人身の性、不浄なるが故に種種の妙好の色《しき》・香《こう》・美味、身に入らば皆な不浄となるが如し。安楽浄土の諸の往生する者、不浄の色なく、不浄の心なく、畢竟《ひっきょう》じて皆な清浄平等無為《むい》法身《ほっしん》を得。安楽国土の清浄の性、成就せるを以ての故に。

「正道の大慈悲なる出世の善根より生ず」とは平等の大道なり。平等の道を名づけて正道となす所以《ゆえん》は、平等は是れ諸法の体相なり。諸法平等なるを以ての故に発心等《ひと》し。発心等しきが故に道等し。道等しきが故に大慈悲等し。大慈悲は是れ仏道の正因なり。故に「正道の大慈悲」と言う。慈悲に三縁あり。一には衆生縁、是れ小悲。二には法縁、是れ中悲。三には無縁、是れ大悲なり。大悲は即ち出世の善なり。安楽浄土は此の大悲より生ずるが故に。故に此の大悲を謂《いい》て浄土の根となす。故に「出世の善根より生ず」と曰う。

《**正道の大慈悲なる**》親鸞は「正道の大慈悲は」と送り仮名を付しているが、『浄土論』及び『論註』の意味からは「正道の大慈悲」と「出世の善」は同じものを指す。《**禅定を攀厭する**》攀は、よじのぼる、すがる。厭は、いとう。『大乗義章』巻九（大正四十四巻六四二頁上）に「一有漏道。謂世八禅攀上厭下六行断結」とあり、四禅・四無色定の八禅地を観じて、下地を厭い上地を欣い、有漏智をもって下地の煩悩を断ずる六行観をいう。深励は凡夫・外道の修する有漏の六行観であるとする。《**法性**》すべてのものが持っている真実不変な本性のこと。《**宝王如来性起の義**》晋訳『華厳経』巻第三十三宝王如来性起品（大正九巻六一一中以下）に説かれている思想。如来性起とは真如である性（不変の真理の本性）がそのままあらゆるところに起っている、はたらいている、出現しているという考え方。唐代の賢首大師法蔵によってさらに哲学的に探求された。《**積習**》修行を積んで習い、本性にまですること。『大智度論』巻六十七（大正二十五巻五二八中）に「是相積習成レ性、譬如三人瞋日習不レ已則成二悪性一」とある。《**法蔵菩薩**》法蔵は原語 Dharmakara の訳で、真理の鉱脈という意味。阿弥陀仏が仏になる前、修行している段階、すなわち因位の菩薩としての名前。《**諸波羅蜜**》pāramitā の音写。到彼岸、度と訳す。菩薩がさとりの彼岸に到るために修する行のこと。六波羅蜜、十波羅蜜などがある。《**聖種性**》十地のさとりを開く種子となる素質のこと。いまは法蔵菩薩の位にあてはめている。『菩薩瓔珞本業経』巻上（大正二十四巻一〇一二中）に「性者。所謂習種性、性種性、道種性、聖種性、等覚性、妙覚性」とある。《**海性一味**》『華厳経』十地品（大正九巻五七五中）に大海の十の特徴の一つとして「一味」を挙げている。また『大智度論』巻第十九（大正二十五巻一九九上中）に「如下香美浄水随二百川流一既入二大海一變成中醎苦上」とある。海性が「不改」のものであるとは、海に「同一鹹味《かんみ》」の特性があることをいう。仏荘厳功徳の第五「大衆功徳成就」（第十七偈後半）の下に出す海性は「不宿死骸」の特性で、いずれも親鸞は『教行信証』行巻の一乗海釈のなかに引用している。早島鏡正著『親鸞入門』講談社　現代新書、八九頁以下を参照されたい。《人身の性》『大智度論』巻一九に「身所食噉種種美味好色好香細滑上饌、入腹海中變成不浄」（大正二十五巻一九九中）とある。《慈悲に三縁》『大智度論』巻四十に「慈悲心有三種。衆生縁、法縁、無縁。凡夫人衆生縁。聲聞辟支佛及菩薩初衆生縁後法縁。諸佛善修行畢竟空故名爲無縁」（大正二十五巻三五〇中）、同書巻二十に「無縁者是慈但諸佛有。何以故、諸佛心不住有爲無爲性中。不依止過去世未来現在世。知諸縁不實顚倒虚誑故。心無所縁。佛以衆生不知諸法實相。往来五道心著諸法分別取捨。以是諸法實相智慧。令衆生得之。是名無縁」（大正二十五巻二〇九下）とある。《浄土の根》『大智度論』巻二十七に「慈悲是佛道之根本」（大正二十五巻二五六下）とある。

〔訳〕　「安楽浄土は、正道の大慈悲心たる出世の善根から生起したものである」

この二句は仏国土荘厳の第三、荘厳性功徳成就（性を特相とする円かなしつらい）と名づける。なぜ仏が因位のとき、性を特相とする円かなしつらいを起こしたもうたかといえば、ある国土をみると、愛欲を因とするために欲界があり、有漏の智慧で煩悩を断ずるところの観法によって色界と無色界とがある。この三界はいずれも有漏の邪しまな修行によって生じたものであり、われわれは三界のなかで長夜にわたる迷いの夢をみて、出離を願うことを知らない。それで、仏は大悲心を起こして、「願わくは仏となり、この上ないさとりをもって清浄の国土を建立して、生けるものたちを三界から出離させよう」と願われたのである。

「性」とは、①根本の意味である。この浄土は真理の本性にかなない、真理の根本にそむいていない、ということである。このことは、『華厳経』の宝王如来性起品に説かれているのと同じである。また「性」とは、②因位において修める行の功徳によって、身に完成したものをいう。法蔵菩薩が波羅蜜の実践行を積みかさねて完成したものがこれである。また「性」とは、③聖種性をいう。法蔵菩薩が世自在王仏の下で無生法忍のさとりを得られたが、そのときの位を聖種性と名づける。この位において、菩薩は四十八の大願を起こし、多年の修行をなして、みずからの国土を完成した。すなわち安楽浄土である。この浄土は菩薩の本願が因となって得られた果であって、果の中にある因を説くのを指して「性」というのである。また「性」とは、④必然の意味である。あたかも人間の身体は不浄性のものであるから、種々の美事ないろ・かたちあるもの、香り、味などが身体に入ったならば、みなおのずと不浄のものとなってしまうように、安楽浄土に生まれたものは、すべて不浄の身体や心がなく、道理として清浄・平等のさとりである無為法身を得る。それは、安楽国土が清浄性をもって完成しているからである。また、⑤不改の意味がある。あたかも海水が同一の鹹味《かんみ》を保ち、どれほど多くの河水が流れ込んでも、みな同一の鹹味となし、河水によって自己の性を改変しないようなものである。

「正道の大慈悲なる出世の善根より生ず」といううち、「正道」とは平等の大道である。平等の大道が「正道」であるというわけは、平等はあらゆる事象の本体である。あらゆる事象が平等を本体としているから、法蔵菩薩の発願心も平等である。発願心が平等であるから、求めるさとり（道は菩提の訳語）も平等である。さとりが平等であるから、菩薩の行ずる大慈悲も平等である。大慈悲こそほとけのさとりを得る正因である。それ故に「正道の大慈悲」というのである。慈悲を起こす対象によって三種の慈悲がある。一には生けるものたちにたいして起こす凡夫の慈悲で、小悲という。二には無我の道理を知って起こす聖者や菩薩の慈悲で、中悲という。三には差別を離れた絶対平等の仏の慈悲で、大悲という。大悲は出世間の漏《けが》れなき善である。安楽浄土はかかる大悲から生じたものであるから、この大悲は浄土の根本である。それ故に、「出世の善根より生ず」といわれる。

本項は安楽浄土を「性」の面から把えたものである。器世間と衆生世間にわたる二十九種荘厳のうちで、この性功徳成就は、安楽浄土が阿弥陀仏の自利と利他の完成態であると同時に、衆生をして自利と利他の完成者たらしめる力用を具えた世界であることを告げている。浄土が大悲を根本としているというのも、法蔵菩薩の発願、修行、得果という自利行が利他行たる衆生の往生成仏をそのうちに含んでいるからである。浄土は法蔵菩薩の四十八願を挙げて、かれの願心荘厳のものであるとともに、さとりの世界、つまり涅槃界である。のちに、親鸞が浄土を真実・清浄を本性とする涅槃界であるとしているのも、さきの清浄功徳とこの性功徳の文とによるからであろう。

(4)　形相功徳成就

浄光明満足　如㆓鏡日月輪㆒

此二句名㆓荘嚴形相功德成就㆒。佛本所㆔以起㆓此荘嚴功德㆒者。見㆘日行㆓四域㆒。光不㆑周㆓三方㆒。庭燎《カ少反》在㆑宅明不㆑満㆓十仭㆒。以㆑是故起㆘満㆓淨光明㆒願㆖。如㆔日月光輪満㆓足自體㆒。彼安樂淨土雖㆓復廣大無㆑邊。清淨光明無㆑不㆓充塞㆒。故曰㆓淨光明満足如㆓鏡日月輪㆒。

「浄光明の満足せること、鏡と日月輪との如し」（第四偈後半）

此の二句は荘厳形相功徳成就と名づく。仏もと此の荘厳功徳を起こしたもう所以は、日の四域を行くに、光、三方に周《あま》ねからず、庭燎《ていりょう》、宅に在りて、明、十仞《じん》に満たざるを見る。是を以ての故に浄光明を満たす願を起こしたまえり。日月光輪の自体を満足するが如く、彼の安楽浄土も復《ま》た広大にして辺なしと雖も、清浄の光明、充塞《じゅうそく》せざるなし。故に「浄光明の満足せること、鏡と日月輪との如し」と曰う。

《四域》四洲のこと。古代インドの仏教的宇宙説によると、宇宙の中心をなす須弥山のまわりに海があり、海の中に東西南北それぞれに島（大陸）があると考えられていた。（九六頁の注、《四天下》参照）『大智度論』巻十に「須彌山在二四域之中一。日繞二須彌一照二四天下一。欝怛羅越日中。是弗婆提日出」（大正二十五巻一三三中）とある。《庭燎》庭でたくかがり火。《仞》長さの単位。七尺を一仞とする説もある。《充塞》みちふさがること。

〔訳〕「清浄な光明で満ちあふれ、照らすこと鏡、太陽、月のごとくである」

この二句は仏国土荘厳の第四、荘厳形相功徳成就（形相を特相とする円かなしつらい）と名づける。なぜ仏が因位のとき、この円かなしつらいを起こしたもうたかといえば、太陽が須弥山の四方をめぐるのに、その光りは一方を照らすだけで、他の三方にはゆきわたらない。庭のかがり火は、十仞《じん》の距離さえも照らさない。それ故に、照らすに充分な清浄な光明を完成したいという願いを起こされたのである。太陽や月の光りは、それ自体を充分に照らすように、かの安楽浄土は広大にして無辺であるけれども、清浄な光明の満ちあふれないところはない。それ故に、「浄光明の満足せること、鏡と日月輪との如し」というのである。

さきの量功徳も、いまの形相功徳も、浄土が形・量ともに無限のものであるというのである。量功徳が安楽浄土を無障碍にして、あらゆるものをつつみこんでいるというのは、寿命無量の世界であることをいうのであろうか。また、形相功徳が安楽浄土を清浄の光明自体であるとしているのは、さとりの智慧そのものであることをいわんとしているのであろう。

初期仏教において、涅槃の形態、位置、年数、分量を譬えにより、理由により、原因により、あるいは方法によって示すことはできないと考えられていた。『ミリンダ王の問い』のなかで、ナーガセーナ長老はそのような考えを出しながら、涅槃の特性に関しては、蓮花が汚泥に汚《けが》されないごとく煩悩に汚されないという特性をもつ、といった事物の特性をかりて示すことができるとして、詳述している（中村・早島共訳『ミリンダ王の問い』3　九四―一〇四頁。平凡社、東洋文庫）。

(5)　種種事功徳成就

備㆓諸珍寶性㆒　具㆓足妙荘嚴㆒

此二句。名㆓荘嚴種種事功德成就㆒。佛本何故起㆓此荘嚴㆒。見㆓有國土㆒。以㆓泥土㆒爲㆓宮飾㆒。以㆓木石㆒爲㆓華觀㆒。或彫㆑金鏤㆑玉。意願不㆑充。或營㆓備百千㆒。具受㆓辛苦㆒。以㆑此故。興㆓大悲心㆒。願我成佛。必使㆘珍寶具足。嚴麗自然。相㆓忘於有餘㆒。自得㆗於佛道㆖。此荘嚴事。縱使毘首羯磨。工稱㆓妙絶一。積レ思竭レ想。豈能取圖。性者。本義也。能生既淨。所生焉得ニ不淨一。故經言。隨ニ其心淨一則佛土淨。是故言下備ニ諸珍寶性一。具中足妙莊嚴上。

「諸の珍宝の性を備えて、妙荘厳を具足す」（第五偈前半）

此の二句は荘厳種種事功徳成就と名づく。仏もと何が故ぞ此の荘厳を起こしたまえる。ある国土を見るに、泥土を以て宮飾となし、木石を以て華観となす。或は金を彫り玉を鏤《ちりば》むれども、意願充《み》たず。或は百千を営備すれども、具《つぶ》さに辛苦を受く。此を以ての故に大悲心を興したもう。願わくは我れ成仏せんに、必ず珍宝具足し、厳麗自然にして、有余に相い忘れ、自《おのずか》ら仏道を得せしめんと。此の荘厳の事は縦使《たとい》、毘首羯磨《びしゅかつま》が工《たくみ》、妙絶と称すとも、思を積み想を竭《つく》すとも、豈に能く取りて図《はか》らんや。

「性」は本の義なり。能生既に浄し、所生焉《いずく》んぞ不浄なることを得ん。故に経に言わく。「其の心浄きに随いて則ち仏土浄し」と。是の故に「諸の珍宝の性を備えて、妙荘厳を具足す」と言う。

《華観》華麗な高殿。　《有余に相い忘れ》深励によると、『荘子』の大宗師篇・第六にある「水が干《か》れて苦しむ魚は、大河や湖の中に放つことによってすくわれるほかない（不レ如レ相ニ忘於江湖一……不レ如ニ兩忘而化ニ其道一）」という意味の言葉に基づいているという。有余は煩悩のけがれのことで、われわれの住む相対二元の世界を指す。ここでは、有余の存在を無余の涅槃界に忘れて、安楽浄土を願うことが仏果を得ることになるの意。　《毘首羯磨》Visvakarman の音写。インドの神で、建築や工作を司どる。　《性》この語については、(3)性功徳成就の項（一〇二頁以下）を参照。　《経に言わく》『維摩詰所説経』仏国品の文（大正十四巻五三八下）。

〔訳〕「もろもろの珍しい宝を浄土の本性となし、それによって浄土の妙なるしつらいが完全にととのっている」

この二句は仏国土荘厳の第五、荘厳種種事功徳成就（種々の事物を特相とする円かなしつらい）と名づける。なぜ仏が因位のとき、この円かなしつらいを起こしたもうたかといえば、ある国土を見ると、泥土で住居の飾りと、また木や石で立派な高殿を造っている。そこに金を彫り玉をちりばめようとも、わが心の願いは満たされない。それどころか、数多くの建物を新造しようとすれば、苦しみを生ずるだけである。そういうわけで、大慈悲心を起こして、このように願われた。「もしもわたしが仏となったならば、必ず珍宝を充分にそろえ、うるわしいしつらいが自然に整い、心苦をときはなして、おのずからさとりを得させよう」と。このようなしつらいは、たとい比類なき宇宙の造作主ヴィシュヴァカルマンが、いかほど思いに思いをかさねても、どうしてよくこのしつらいを写しとることができようか。

「性」とは真理の根本の意味である。それは清浄として示される。法蔵菩薩の願心（能生）が清浄である以上、願心によってしつらえられた浄土（所生）がどうして不浄でありえようか。それで『維摩経』仏国品に、「菩薩の心が清浄であるから、成就された仏国土も清浄である」と説かれている。したがって「諸の珍宝の性を備えて、妙荘厳を具足す」というのである。

いまの(5)種種事功徳成就と、このあとに述べる(7)触功徳成就、(8)三種（水・地・虚空）功徳成就、(9)雨功徳成就は、「十八円浄」の第二、形貌円浄に相当する。

(6) 妙色功徳成就

無垢光炎熾　明淨曜二世間一

此二句名二荘嚴妙色功德成就一。佛本何故起二此荘嚴一。見二有國土一。優劣不同。以二不同一故高下以形。高下既形是非以起。是非既起長淪二(音倫。没)三有一。是故興二大悲心一起二平等願一。願我國土光炎熾盛第一無比。不レ如三人天金色能有二奪者一。若爲相奪。如二明鏡一在二金邊一則不レ現。今日時中金比二佛在時金一則不レ現。佛在時金比二閻浮那金一則不レ現。閻浮那金比二大海中轉輪王道中金沙一則不レ現。轉輪王道中金沙比二金山一則不レ現。金山比二須彌山金一則不レ現。須彌山金比二三十三天瓔珞金一則不レ現。三十三天瓔珞金比二炎摩天金一則不レ現。炎摩天金比二兜率陀天金一則不レ現。兜率陀天金比二化自在天金一則不レ現。化自在天金比二他化自在天金一則不レ現。他化自在天金比二安樂國中光明一則不レ現。所以者何。彼土金光絶下從二垢業一生上故。清淨無レ不二成就一。故安樂淨土是無生忍菩薩淨業所起。阿彌陀如來法王所領。阿彌陀如來爲二增上縁一故。是故言二無垢光炎熾明淨曜二世間一。曜二世間一者。曜二二種世間一也。

「無垢の光炎熾《さかん》にして、明浄にして世間に曜《かがや》く」（第五偈後半）

此の二句は荘厳妙色《みょうしき》功徳成就と名づく。仏もと何が故ぞ此の荘厳を起こしたまえる。ある国土を見るに、優劣不同なり。不同なるを以ての故に、高下以て形《あら》わる。高下既に形わるれば、是非以て起こる。是非既に起これば、長く三有《さんぬ》に淪《しず》む。是の故に、大悲心を興《おこ》して平等の願を起こしたまえり。願わくは我が国土は光炎熾盛《しじょう》にして第一無比ならん。人天の金色の能く奪う者あるが如くならざらんと。いかんが相い奪う。明鏡の如きは、金辺に在れば則ち現ぜず。今日時中の金を仏在《ましま》すの時の金に比すれば、則ち現ぜず。仏在すの時の金を閻浮那《えんぶな》金《ごん》に比すれば、則ち現ぜず。閻浮那金を大海中の転輪王《てんりんおう》道中の金沙に比すれば、則ち現ぜず。転輪王道中の金沙を金山《こんせん》に比すれば、則ち現ぜず。金山を須弥《しゅみ》山《せん》の金に比すれば、則ち現ぜず。須弥山の金を三十三天の瓔珞《ようらく》の金に比すれば、則ち現ぜず。三十三天の瓔珞の金を炎摩《えんま》天の金に比すれば、則ち現ぜず。炎摩天の金を兜率《とそつ》陀《だ》天の金に比すれば、則ち現ぜず。兜率陀天を化自在《けじざい》天の金に比すれば、則ち現ぜず。化自在天の金を他化《たけ》自在《ざい》天の金に比すれば、則ち現ぜず。他化自在天の金を安楽国の中の光明に比すれば、則ち現ぜず。所以は何《いか》ん。彼の土の金光は垢業《くごう》より生ずることを絶するが故に、清浄にして成就せざることなし。故に安楽浄土は、是れ無生忍《むしょうにん》の菩薩の浄業の所起、阿弥陀如来法王の所領なり。阿弥陀如来を増上縁《ぞうじょうえん》となすが故に。是の故に、「無垢の光炎熾にして、明浄にして世間に曜《かがや》く」と言う。「世間に曜く」とは、二種の世間に曜くなり。

《**三有**》有はbhava の訳。有情としての存在のこと。三有は欲有・色有・無色有で、三界のこと。九二頁参照。《**明鏡**》以下、他化自在天の金までは、人天金色の譬えで『大智度論』（大正二十五巻九〇中下）による。ただし、明鏡は鉄となっている。《**閻浮那金**》jambūnada-suvarṇa の訳。閻浮樹林の間を流れる河から産出する砂金。《**転輪王**》cakravarti-rājan の訳。正法によって世界を統治すると考えられた、神話的な理想の王。《**金山**》須弥山をとりまく七重の金山。《**須弥山**》Sumeru の音写。妙高と訳す。古代インドの仏教的宇宙説にある世界の中心をなす高山。《**三十三天**》Trāyastriṃśa の訳。忉利天と音写する。欲界にある六天の第二番目で、須弥山の頂上にある神々の住処。《**瓔珞**》珠玉や貴金属を糸でつづって作った装身具。《**炎摩天**》Yama の音写。夜魔天とも写す。欲界にある天の第三番目。

《兜率陀天》Tuṣita の音写。欲界にある六天の第四番目。《化自在天》Nirmāṇarati の訳。化楽天とも訳す。六天の第五番目。《他化自在天》Paranirmitavaśavartin の訳。六天の第六番目。他のものの作り出した対象を自由自在にあじわって楽を受ける。《無生忍》anutpattika-dharma-kṣānti の訳。生即無生の道理をさとること。無生法忍ともいう。忍とは認許の意。《増上縁》他のもののはたらきを妨げず、そのはたらきを助長する縁。四縁（因縁・等無間縁・所縁縁・増上縁）の一つ。《二種の世間》器世間（依報）と衆生世間（正報）。九一〜二頁参照。

〔訳〕「けがれなき光が盛んに輝き、あかあかとして清らかに世間を照らす」

この二句は仏国土荘厳の第六、荘厳妙色功徳成就（妙なるものを特相とする円かなしつらい）と名づける。なぜ仏が因位のとき、この円かなしつらいを起こしたもうたかといえば、ある国土を見ると、すべてのものに優劣不同がある。ものに不同があるから上下の別が出てくる。上下の別が起こるから善い悪いの別が出てくる。善い悪いの別が起こるから、我執のために迷いの世界に沈むことになる。それ故に、大悲の心をおこし、優劣上下のない平等のものを完成しようとする願いをたてられ、「わが国土は光明の盛んに輝き、なにものにも比べるものなく第一のもので、あたかも人間や神々の世界の金色にとって、その輝きを奪ってより勝れたものがあるのと同じでないようにしたい」と願われた。どのように奪うかといえば、たとえば明鏡を金のそばに置くと、鏡も光りが現われない。今の金を釈尊在世時の金に比べると、その金も光が現われない。釈尊在世時の金を閻浮那《えんぶな》金《ごん》に比べると、金も輝かない。閻浮那金を大海中の転輪聖王の道中の金沙に比べると、閻浮那金も輝かない。転輪聖王の道中の金沙を金山に比べると、金沙も輝かない。金山を須弥山の金に比べると、金山も輝かない。須弥山の金を三十三天の装身具の金に比べると、須弥山の金も輝かない。三十三天の装身具の金を炎摩天の金に比べると、三十三天の装身具の金も輝かない。炎摩天の金を兜率天《とそつてん》の金に比べると、炎摩天の金も輝かない。兜率天の金を化自在天の金に比べると、兜率天の金も輝かない。化自在天の金を他化自在天の金に比べると、化自在天の金も輝かない。他化自在天の金を安楽浄土の光明に比べると、他化自在天の金も輝かない。そのわけは、かの安楽浄土の光明は、煩悩による行為から生起したものではないから、清浄を特性として完成している。それ故に、安楽浄土は無生法忍をさとった法蔵菩薩の清浄の行為によって完成されたものであり、法王たる阿弥陀如来の住したもう世界である。そこでは阿弥陀如来をすぐれた力とするからである。そういうわけで、「無垢の光炎熾《さか》んにして、明浄にして世間に曜《かがや》く」というのである。そのうち、「世間に曜く」とは、器世間（安楽浄土）と衆生世間（安楽浄土に住む如来と聖衆）との二種の世間に輝くという意味である。

(7)　触功徳成就

寶性功徳草　柔軟左右旋　觸者生㆓勝樂㆒　過㆓迦旃隣陀㆒

此四句。名㆓莊嚴觸功徳成就㆒。佛本何故起㆓此莊嚴㆒。見㆓有國土㆒。雖㆑寶㆓重金玉㆒。不㆑得㆑爲㆓衣服㆒。雖㆑珍㆓玩明鏡㆒。無㆑議㆓於敷具㆒。斯緣悅㆓於目㆒。不㆑便㆓於身㆒也。身眼二情。豈弗㆓鉾楯㆒乎。是故願言。使㆘我國土人天。六情和㆓於水乳㆒。卒去㆗楚越之勞㆖。所以七寶柔軟。悅㆑目便㆑身。迦旃隣陀者。天竺柔軟草名也。觸㆑之者。能生㆓樂受㆒。故以爲㆑喩。註者言。此間土石草木。各有㆓定體㆒。譯者。

何緣目㆓彼寶㆒為㆑草耶。當㆘以㆓其葻㆒（草得風貌。父蟲反）然䕨（草旋貌。一縈反）䕯㆒（細草曰䕯。亡小反）故。以㆑草目シテ之耳。余若參㆑譯。當㆓別有㆒㆑途。生㆓勝樂㆒者。觸㆓迦旃鄰陀㆒。生㆓染著樂㆒。觸㆓彼軟寶㆒。生㆓法喜樂㆒。二事相玄。非㆑勝如何。是故言㆘寶性功德草。柔軟左右旋。觸者生㆓勝樂㆒。過㆗迦旃鄰陀㆖。

〔訳〕「宝性功徳の草、柔軟《にゅうなん》にして左右に旋《めぐ》れり。触るる者、勝楽を生ずること、迦旃隣陀《かせんりんだ》に過ぎたり」（第六偈）

此の四句は荘厳触《そく》功徳成就と名づく。仏もと何が故ぞ此の荘厳を起こしたまえる。ある国土を見るに、金玉を宝重すと雖《いえど》も衣服となすことを得ず。明鏡を珍玩《ちんがん》すと雖も敷具に議することとなし。斯に縁《よ》りて目を悦ばしむるも、身に便ならず。身眼の二情、豈に鉾楯《むじゅん》にあらずや。是の故に願じて言わく。我が国土の人天をして六情、水乳に和して卒《にわか》に楚越《そえつ》の労を去らしめんと。所以《ゆえ》に七宝、柔軟にして目を悦ばしめ身に便あり。

「迦旃隣陀」とは天竺の柔軟草の名なり。これに触るる者は能く楽受を生ず。故に以て喩となす。註者の言わく、此の間の土石草木各《おのおの》定体あり。訳者、何に縁《よ》りてか彼の宝を目《なづ》けて草とするや。まさに其の葻然䕨䕯《ふうねんえいびょう》なるを以ての故に、草を以てこれに目《なづ》くべきのみ。余、若《も》し訳に参ぜば、まさに別に途《みち》あるべし。「勝楽を生ず」とは、迦旃隣陀に触るれば染著《ぜんちゃく》の楽を生じ、彼の軟宝に触るれば法喜の楽を生ず。二事相い玄《はる》かなり。勝にあらずば如何《いかん》。是の故に「宝性功徳の草、柔軟にして左右に旋れり。触るる者、勝楽を生ずること、迦旃隣陀に過ぎたり」と言う。

《迦旃隣陀》kācilindika の音写。水鳥の一種。その羽毛は柔らかである。曇鸞はこれを草の名前と考えた。この説は法集経巻二（大正一七巻六一八上）にもある。　《触》原語は sparśa, phassa で、六根（眼耳鼻舌身意）・六境（色声香味触法）・六識（眼識耳識鼻識舌識身識意識）の三者の和合をいう。例えば、眼根（視覚器官）と色境（視覚対象）と眼識（視覚認識主観）が和合して、物を見るという認識が成立する。これが触で、この認識（触）の直後に受、すなわち苦楽などの感受作用が成立する。ここでは視覚と触覚をとりあげ、総じて浄土における感覚・知覚の認識（触）が、すべて楽受を生ずることをいわんとしている。

《宝重》宝として大事にすること。《六情》六根のこと。眼耳鼻舌身意の六種の感官のこと。《水乳》水と乳はよくまじるので、よく和合するものを譬える。《楚越》楚と越の二国のことで、相い反していることを喩える。《七宝》(1)金、(2)銀、(3)琉璃《るり》（青色の玉）、(4)頗黎《はり》（水晶）、(5)車渠《しゃこ》（大蛤または白珊瑚）、(6)赤珠《しゃくしゅ》（赤色の玉）、(7)碼碯《めのう》（深緑色の玉）等の七種の宝石（他のものを入れて数える場合もある）。《葳然葉蕤》風になびいてまつわりつく茎の細い草のこと。（大正蔵では葉途となっているが、誤りと思われるので訂正した。）

〔訳〕「浄土の種々の宝は、草のごとくやわらかで、それらに触れると、真理の教えを悦ぶ楽しみをうる。あたかも、やわらかいカーチリンディカ草に触れるより、はるかにすぐれている」

この四句は仏国土荘厳の第七、荘厳触功徳成就（接触作用を特相とする円かなしつらい）と名づける。なぜ仏が因位のとき、この円かなしつらいを起こしたもうたかといえば、ある国土を見ると、金や玉を宝として大切にしても衣服に使えない。立派な鏡を珍重しても敷物に使えない。これらのものは見て眼を悦ばせるけれど、身体につけて使うのには役に立たない。そうすると、身体と眼とは、互いに矛盾するものではないのか。そのために、菩薩は「わが国土に生まれた人びとをして、六つの感官（眼・耳・鼻・舌・身・意）を水と乳のごとく和合せしめ、楚越両国の相反のごとき煩労をなくしよう」

と願った。それ故に、安楽浄土の七宝は柔らかで、人びとの眼を悦ばせると同時に、身につけて役に立つのである。

「迦旃隣陀《かせんりんだ》」とは、カーチリンディカの音写で、インドの柔らかな草の名まえである。これに触れると、人は楽受（楽の感受作用）を起こす。それ故にこれを喩えとしたのである。註解者（曇鸞）の考えを述べよう。この世では、土や石や草や木は、それぞれ定まった本体がある。翻訳者はなぜ安楽浄土の宝を草と名づけたのであろうか。これは風になびいてゆれ動く草の如くであるから、草と名づけただけである。もしもわたしが訳場に参加していたならば、別の翻訳を施したことであろう。

「勝楽を生ず」とは、カーチリンディカに触れると、執着の楽受を生じ、安楽浄土の柔らかな宝に触れると、教えを喜ぶ楽受を生ずる。これらの二つは、大いに相違している。それで、勝れているといわねばならない。したがって、「宝性功徳の草、柔軟にして左右に旋《めぐ》れり。触る者、勝楽を生ずること、迦旃隣陀に過ぎたり」というのである。

(8)　三種功徳成就

〔水功徳成就〕

寶華千萬種　彌二覆池流泉一　微風動二華葉一　交錯光亂轉

此四句名二莊嚴水功德成就一。佛本何故起二此願一。見二有國土一。或澐云音溺江水大波謂之澐溺洪濤大海波大窄反滓沫驚レ人。或凝澌流氷。上支反浹古卩反渫凍相著。大甲反蹙迫。子六反枷懍レ忒。失常。他則反向無二安悅之情一。背有二恐値之慮一。菩薩見レ此興二大悲心一。願我成佛所有流泉池沼池之小反與二宮殿一相稱。事出二經中一種種寶華布爲二水飾一。

微風徐扇映發有レ序。開レ神悅レ體無二一不一レ可。是故言下寶華千萬種彌二覆池流泉一微風動二華葉一交錯光亂轉上。

「宝華千万種にして、池流泉に弥覆《みふ》せり。微風華葉を動かすに、交錯して光乱転す」（第七偈）

此の四句は荘厳水功徳成就と名づく。仏もと何が故ぞ此の願を起こしたまえる。ある国土を見るに、或は澐溺《うんにゃく》洪濤《こうとう》として、滓沫《しまつ》人を驚かし、或は凝澌浹渫《ぎょうしきょうちょう》として、蹙枷怠《しゅくかたい》を懐く。向《さ》きには安悦の情なく、背《うし》ろには恐値《くち》の慮《おもんぱかり》あり。菩薩此れを見て大悲心を興《おこ》す。願わくは我れ成仏せんに、所有の流泉池沼《るせんちしょう》、宮殿と相い称《かな》い、種種の宝華布《し》きて水の飾となる。微風徐《よう》やく扇《あお》ぎ、映発するに序あり、神《しん》を開き体を悦ばしめ、一として可ならざることなからんと。是の故に「宝華千万種にして、池流泉に弥覆せり。微風華葉を動かすに、交錯して光乱転す」と言う。

《弥覆》あまねくおおうこと。《澐溺洪濤》大きな波のあがるさま。《滓沫》滓はにごった水。沫はあわ。《凝澌》氷或は流氷。《浹渫》こおりつくこと。《蹙枷》蹙はせまる、すぼめる。枷はくびかせ。深励は氷が身へひっついて苦しみ悩む姿という。《怠》深励は、氷に苦しめられて常とは違って気もみだれるくらいになることという。《序》前後の次第。順序正しいこと。《神》心のこと。

〔訳〕「千万種に及ぶ種々の宝の花が、池や泉や渓流にあまねく散り、覆っている。微風が花や葉の上を吹きわたるとゆれ動き、それらが美しく照り映えている」

この四句は仏国土荘厳の第八、三種（水・地・虚空）功徳成就の中の荘厳水功徳成就（水を特相とする円かなしつらい）と名づける。なぜ仏が因位のとき、この円かなしつらいを起こしたもうたかといえば、ある国土を見ると、海や川のさかまく大波がしぶきをあげて人びとを驚かし、流氷や凍結の責苦に会って人びとは心を乱す。前に安堵の心なく、後に恐怖の思いがある。法蔵菩薩はこうしたすがたを見て、大悲の心をおこして、「もしもわたしが仏となったならば、あらゆる流れ、泉、池、沼が宮殿とよく調和し、種々の宝の花が水面に布《し》かれて水飾りとなり、静かに微風が木々の花や葉に吹き渡ると、それらがつぎつぎと美しく照り映えて、人びとの心を開き身を悦ばせ、一つとしてよくないもののないように」と願われた。それ故に、「宝華千万種にして、池流泉に弥覆せり。微風華葉を動かすに、交錯して光乱転す」というのである。

〔地功徳成就〕

宮殿諸樓閣　觀十方無礙　雜樹異光色　寶欄遍圍繞

此四句名莊嚴地功德成就。佛本何故起此莊嚴。見有國土。嶕才消反嶢高貌。牛消反峻高。俊音嶺。枯木横岑。岝才白反峉山不齊。五百反[illegible]深山谷。亦山陗貌。形音嶙。深無崖。力人反莦悪草貌。消音茅道多草不可行。方交反盈壑。茫茫滄海爲絶目之川。葳廣澤爲無蹤之所。菩薩見此興大悲願。願我國土地平如掌。宮殿樓閣鏡納十方。的無所屬亦非不屬。寶樹寶欄互爲映飾。是故言宮殿諸樓閣觀十方無礙雜樹異光色寶欄遍圍繞。

「宮殿諸楼閣、十方を観ること無碍《むげ》なり。雑樹に異の光色あり、宝欄遍《あまね》く囲繞《いにょう》せり」（第八偈）

此の四句は荘厳地功徳成就と名づく。仏もと何が故ぞ此の荘厳を起こしたまえる。ある国土を見るに、嶕嶢《しょうぎょう》峻嶺《しゅんれい》にして枯木岑《みね》に横たわり、岝峉峌嶙《さくがくきょうりん》にして莦茅壑《しょうぼうたに》に盈《み》てり。茫茫《ぼうぼう》たる滄海《そうかい》、絶目《ぜつもく》の川たり。葻葻《らんらん》たる広沢、無蹤《むしょう》の所たり。菩薩此れを見て大悲の願を興したまえり。願わくは我が国土、地平らかなること掌《たなごころ》の如く、宮殿楼閣鏡のごとく十方を納め、的《あきらか》に属する所なく、亦た属せざるにあらず。宝樹宝欄互いに映飾とならんと。是の故に「宮殿諸楼閣、十方を観ること無碍なり。雑樹に異の光色あり、宝欄遍《あま》ねく囲繞せり」と言う。

《嶕嶢》山のいたって高いさま。《峻嶺》高いみね。《岝峉》山の高低あるさま。《峌嶙》谷のけわしいさま。《莦茅》莦は悪い草、乱れた草のさま。茅はかや。義山本は茀の字にする。茀は草が道をふさいで行かれぬこと。《壑》谷のこと。《茫茫》広大、はてしないさま。《絶目》見渡すかぎり。
《葻葻》草が風になびくさま。

〔訳〕「もろもろの宮殿や高層建築は、十方世界を何ものにも妨げられず、自由に見渡すことができる。
そして、種々の光を放つ樹々があり、七宝の欄干がこれらの建物をぐるりととりまいている」

この四句は仏国土荘厳の第八、三種（水・地・虚空）功徳成就の中の荘厳地功徳成就（地を特相とする円かなしつらい）と名づける。なぜ仏が因位のとき、この円かなしつらいを起こしたもうたかといえば、ある国土を見ると、高くけわしい山脈がつらなり、峰には枯木が横たわり、高低ある山々やけわしい谷間には、茅草が生《お》い茂っている。広大な青海は、見渡しきれぬ川のようである。風になびく草原の広い沢は、人跡の絶えたところである。法蔵菩薩はこうしたすがたを見て、大悲の心に基づく願いをおこし、「わたくしが完成する国土は、大地が掌のように平らかで、その上に建つ宮殿や高殿が鏡のように十方世界をうつしとり、しかも所有する執われを離れている。また、七宝で飾られた樹木や欄干が互いに照り映えて飾りとなるように」と願われた。その故に、「宮殿諸楼閣、十方を観ること無《む》碍《げ》なり。雑樹に異の光色あり、宝欄遍《あま》ねく囲繞《いにょう》せり」というのである。

右のうち「雑樹に異の光色あり」とは、種々様々の樹木は、それぞれの色を持っていて、青色の樹木は青光を放つという具合に、色に応じた色光を放っているという意味であろう。『阿弥陀経』には極楽浄土の八功徳水の池に咲く蓮華を説いて、「青色青光ないし白色白光」というのも、青蓮華は青光を、白蓮華は白光を放つということで、浄土が真実そのものの世界であることを譬えているのである。

〔虚空功徳成就〕

無量寶交絡　羅網遍㆓虚空㆒　種種鈴發㆑響　宣㆓吐妙法音㆒

此四句名㆓莊嚴虚空功德成就㆒。佛本何故起㆓此莊嚴㆒。見㆓有國土㆒。煙雲塵霧蔽㆓障太虚㆒。震烈霽雨聲。上林反霍大雨。下郭反從㆑上而墮。不祥烖天火。菑才反霓屈虹青赤。或白色陰気。五結反毎自㆑空來。憂慮百端爲㆑之毛竪。菩薩見㆑此興㆓大悲心㆒。願我國土寶網交絡羅遍㆓虚空㆒。鈴鐸大鈴。大各反宮商鳴宣㆓道法㆒。視㆑之無㆑厭懷㆑道見㆑德。是故言㆘無量寶交絡羅網遍㆓虚空㆒。種種鈴發㆑響宣㆗吐妙法音㆖。

「無量の宝交絡《きょうらく》して、羅網虚空《らもうこくう》に遍《あま》ねし。種種の鈴響《ひびき》を発して、妙法の音を宣吐《せんと》す」（第九偈）

此の四句は荘厳虚空功徳成就と名づく。仏もと何が故ぞ此の荘厳を起こしたまえる。ある国土を見るに、煙雲塵霧、太虚《たいこ》を蔽障《へいしょう》し、震烈《しんれつ》たる霫霍《しんかく》、上よりして堕《お》ち、不祥の烖霓《さいげい》毎《しばしば》空より来たる。憂慮百端にして、これがために毛竪《た》つ。菩薩此れを見て、大悲心を興したまえり。願わくは我が国土、宝網交絡して羅《ら》虚空に遍ねく、鈴鐸宮商《れいたくきゅうしょう》鳴りて、道法を宣《の》べん。これを視《み》て厭うことなく、道を懐きて徳を見《あら》わさんと。是の故に、「無量の宝交絡して、羅網虚空に遍ねし。種種の鈴響きを発して、妙法の音を宣吐す」と言う。

《羅網》網のこと。宝珠をつづって網として飾りにしたもの。《太虚》おおぞら。《震烈霫霍》震烈をはげしいこと、霫霍を雨の音と解釈して、震烈たる霫霍（はげしい雨の音）と読む説（藤堂恭俊氏）。震を雷が鳴ること、烈をいなびかり、霫を雨の音、霍を大雨と解釈して、震、烈、霫、霍と読む説（深励）などがある。《不祥》不吉。《烖》災の本字、わざわい。《霓》虹　《菩薩》法蔵菩薩のこと。《鈴鐸》鈴は小さいすず。鐸は大きいすず。《宮商》中国の音楽の用語で、五音階の階名に当たる。宮商角《きゅうしょうかく》徴《ち》羽はドレミソラに相当する。『無量寿経』巻上に「清風時發、出㆓五音聲㆒微妙宮商、自然相和」（大正十二巻二七一上）とある。

〔訳〕「無量の宝をちりばめて編んだ絹の網が、浄土の虚空を一杯に覆い、網に種々の鈴が垂れて鳴り響くが、それらはすぐれた真理の教えを説いているのである」

この四句は、仏国土荘厳の第八、三種（水・地・虚空）功徳成就の中の荘厳虚空功徳成就（虚空を特相とする円かなしつらい）と名づける。なぜ仏が因位のとき、この円かなしつらいを起こしたもうたかといえば、ある国土を見ると、煙、雲、塵、霧が大空をおおいさえぎり、はげしい雨が降り、不吉な虹が空にかかり、人びとはさまざまの憂いにふれて、そのために身の毛がよだつ。法蔵菩薩はこれを見、大悲の心を起こして、「わが仏国土は、宝珠の網をめぐらして大空をおおい、大小の鈴が種々の音を鳴らして真理の教えを説くであろう。人びとはこれを見てあくことなく、さとりを求めるこころをおこし、さとりを体得する者となろう」と願われた。それ故に、「無量の宝交絡して、羅網虚空に遍ねし。種々の鈴響を発して、妙法の音を宣吐《せんと》す」というのである。

(9) 雨功徳成就

雨㆓華衣㆒莊嚴　無量香普薫

此二句名㆓莊嚴雨功德成就㆒。佛本何故興㆓此莊嚴㆒。見㆓有國土㆒。欲㆘以㆓服飾㆒布㆑地延㆗請所㆖尊。而業貧感薄是事不㆑果。是故興㆓大悲願㆒。願我國土常雨㆓此物㆒滿㆓衆生意㆒。何故以㆑雨爲㆑言。恐取者云。若常雨㆓華衣㆒。亦應㆓塡‐塞虚空㆒。何緣不㆑妨。是故以㆑雨爲㆑喩。雨適㆑時則無㆓洪滔（水漫大。他高反）之患㆒。安樂報豈有㆓累情之物㆒乎。經言。日夜六時雨㆓寶衣㆒雨㆓寶華㆒。寶質柔軟履㆓‐踐其上㆒則下四寸。隨㆓擧㆑足時㆒還復如㆑故。用訖入㆓寶地㆒如㆓水入㆒㆑坎。是故言㆘雨㆓華衣㆒莊嚴無量香普薫㆖。

「華衣を雨《あめふ》らして荘厳し、無量の香普《あまね》く薫《くん》ず」（第十偈前半）

此の二句は荘厳雨功徳成就と名づく。仏もと何が故ぞ此の荘厳を興したまえる。ある国土を見るに、服飾を以て地に布《し》きて所尊を延請《えんしょう》せんと欲し、或は香華名宝《こうげみょうほう》を以て用いて恭敬《くぎょう》を表わさんと欲す。而《しか》も業《ごう》貧しく、感薄くして是の事果さず。是の故に、大悲の願を興したまえり。願わくは我が国土、常に此の物を雨《あめふ》らして、衆生の意を満たさんと。

何が故ぞ雨を以て言となすや。恐らくは取者云わん。若し常に華衣を雨らさば、亦たまさに虚空に塡塞《てんそく》すべし。何に縁《よ》りてか妨げざらんと。是の故に、雨を以て喩えとなすは、雨、時に適《かな》えば則ち洪滔《こうとう》の患《うれい》なし。安楽の報、豈に累情の物あらんや。経に言わく、「日夜六時に宝衣を雨《あめふ》らし、宝華を雨らす。宝質、柔軟にして其の上を履践《りせん》するに則ち下ること四寸、足を挙ぐる時に随いて還復《げんぷく》すること故《もと》の如し。用い訖《おわ》れば、宝地に入ること水の坎《あな》に入るが如し。」是の故に、「華衣を雨らして荘厳し、無量の香普く薫ず」と言う。

《所尊》尊敬するところ。仏や菩薩のこと。《延請》招くこと。《業》過去につくった善業のこと。
《感》業によって感ずる果報。《塡塞》いっぱいにふさがること。《洪滔》水が満ちあふれること。
《安楽の報》安楽浄土で受ける果報。《累情》情《こころ》をわずらわすもの。《経に言わく》『阿弥陀経』に「晝夜六時天（他本には而）雨曼陀羅華」（大正十二巻三四七上）『無量寿経』に「又風吹散華遍満佛土。隨色次第而不雑亂。柔輭光澤馨香芬烈。足履其上陥下四寸。隨挙足已還復如故。華用已訖地輙開裂」（大正十二巻二七二上）とある。

〔訳〕「香華・衣服のしつらいを雨ふらし、無量の花の香りが四方に芳香を放っている」

この二句は、仏国土荘厳の第九、荘厳雨功徳成就（「香華・衣服を」雨ふらすことを特相とする円かなしつらい）と名づける。なぜ仏が因位のとき、この円かなしつらいを起こしたもうたかといえば、ある国土を見ると、人は衣服を地上に敷いて尊い人をお招きしようと思い、あるいは香華や珍宝を捧げて敬意を表わそうと思うけれど、善業少なく、その果報が薄いために、それらのことを果たすことができない。それ故に、法蔵菩薩は大悲の心をおこして、「わが仏国土は、常にこのようなものを雨ふらして、生けるものたちのこころを満足させよう」と願われた。

ここで、なぜ「雨」の語を使ったのかといえば、恐らく、人びとのなかに誤解して、「もしも常に華や衣服が雨とふりそそぐならば、大空はそれらで埋めつくされるであろう。きっと、大空の妨げとなろう」と思うであろう。そこで、「雨」の語を使って譬えとなすわけは、雨がふさわしい時にふれば、大水の心配はない。まして、安楽浄土の果報たる衣服などが雨とふったとして、人びとのこころを煩わすことだろうか。『阿弥陀経』や『無量寿経』などに、このように説かれている。「一日に六回、浄土において宝華や宝衣が雨とふる。それらの質は柔軟で、その上を足でふむと四寸さがるが、足をあげると、またもと通りに戻る。そして使いおわると、宝珠よりなる大地に没入すること、あたかも水が穴の中に吸いこまれるようなものである」と。それで、「華衣を雨《あめふ》らして荘厳し、無量の香普《あまね》く薫《くん》ず」というのである。

親鸞は「雨華衣荘厳」を「華衣の荘厳を雨《あめふ》り」と読んでいる（加点本）。いまは「華衣を雨らして荘厳し」と読む。それは、第九の荘厳が「雨らすこと」を特相としているからである。この「雨らすこと」は、仏・世尊に敬意を表し、讃嘆し、供養するこころを示す行為なのである。例えば、前生の釈尊であるスメーダ少年がディーパンカラ仏を出迎えるために、大勢の人びとの中にまじって道路修理していたが、仏が近づいたとき、スメーダ少年は仏を尊敬するあまり、泥土に身を投げ、自分の背を踏まれていくようにした。そして、うつ伏したまま、心に誓願をたてたという（『ニダーナ・カター』）。「身を投げて、背をふまれるようにする」という行為の代りにするのが、わが衣服を大地に敷くということであろう。空中から香華が雨とふるという表現は仏典にきわめて多く、仏徳をたたえるのに使われる。

⑽　光明功徳成就

佛慧明淨日　除二世癡闇冥一

此二句名二莊嚴光明功德成就一。佛本何故興二此莊嚴一。見レ有二國土一。雖二復項背日光一。而爲二愚癡所一レ闇。是故願言。使下我國土所有光明能除二癡闇一入中佛智慧上不レ爲二無記之事一。亦云。安樂國土光明從二如來智慧報一起。故能除二世闇冥一。經言。或有二佛土一以二光明一爲二佛事一。卽是此也。故言二佛慧明淨日除二世癡闇冥一。

「仏慧、明浄なること日のごとく、世の癡闇冥《ちあんみょう》を除く」（第十偈後半）

此の二句は荘厳光明功徳成就と名づく。仏もと何が故ぞ此の荘厳を興したまえる。ある国土を見るに、復《ま》た項《こう》背《はい》に日光ありと雖も、愚癡《ぐち》の闇《くら》ます所となる。是の故に願じて言わく、我が国土の所有の光明をして能く癡闇《ちあん》を除き、仏の智慧に入りて無記《むき》の事をなさざらしめんと。亦た云わく、安楽国土の光明は如来の智慧の報より起こる。故に能く世の闇冥《あんみょう》を除く。経に言わく、或は仏土あり、光明を以て仏事をなすと。即ち是れ此れなり。

故に、「仏慧明浄なること日のごとく、世の癡《ち》闇冥《あんみょう》を除く」と言う。

《項背》項はうなじ、背はせなか。《愚癡》moha の訳。智慧がなく、ものごとに正しい判断が下せないこと。知的煩悩の根本である無知をいう。《無記》善でもなく不善でもないもの。ここでは有覆無記のごとく、聖道を妨げる染汚性のものを指すと思われる。《経に言わく》『維摩詰所説経』巻下菩薩行品に「有二佛土一以二佛光明一而作二佛事一」とある。（大正十四巻五五三下）

〔訳〕「仏の智慧の光明が明らかに輝いていること、あたかも太陽のそれのごとくであり、この世の人びとの無知の闇を除く」

この二句は仏国土荘厳の第十、荘厳光明功徳成就（光明を特相とする円かなしつらい）と名づける。なぜ仏が因位のとき、この円かなしつらいを起こしたもうたかといえば、ある国土を見ると、日光がうなじや背中を照らしても、人びとの愚癡《ぐち》の闇を晴らすことはできない。それ故に、法蔵菩薩は願をたてて、このように誓った。「わが完成する仏国土は、あらゆる光明をもって人びとの愚癡の黒闇を除き、仏の智慧の世界に入らせて、心の汚れを起こさせないであろう」と。また、安楽浄土の光明は阿弥陀如来の智慧の働きから現われ、その故にこの世間の煩悩の黒闇を除くことができるともいわれている。『維摩経』に「あるいは仏国土があって、光明をもって衆生救済の仏事をなす」と説かれているのは、このことである。それ故に、「仏慧明浄なること日のごとく、世の癡《ち》闇冥《あんみょう》を除く」というのである。

(11)　妙声功徳成就

梵聲悟深遠　微妙聞二十方一

此二句名二荘嚴妙聲功德成就一。佛本何故興二此願一。見二有國土一。雖レ有二善法一而名聲不レ遠。有二名聲一雖レ遠復不二微妙一。有二名聲一妙遠復不レ能レ悟レ物。是故起二此荘嚴一。天竺國稱二淨行一爲二梵行一。稱二妙辭一爲二梵言一。彼國貴二重梵天一多以レ梵爲レ讚。亦言。中國法與二梵天一通故也。聲者名也。名謂安樂土名。經言。若人但聞二安樂淨土之名一欲二願往生一。亦得レ如レ願。此名悟レ物之證也。釋論言。如レ斯淨土非二三界所攝一。何以言レ之。無レ欲故非二欲界一。地居故非二色界一。有レ色故非二無色界一。蓋菩薩別業所レ致耳。出レ有而有曰レ微。出有者謂出二三有一。而有者謂淨土有也。名能開悟曰レ妙。妙好也。以レ名能悟レ物故稱妙是故言二梵聲悟深遠微妙聞二十方一。

「梵声《ぼんじょう》の悟らしむること深遠、微妙《みみょう》にして十方に聞こゆ」（第十一偈前半）

此の二句は荘厳妙声《しょうごんみょうしょう》功徳成就と名づく。仏もと何が故ぞ此の願を興したまえる。ある国土を見るに、善法ありと雖も、名声遠からず。名声ありて遠しと雖も、復《ま》た微妙ならず。名声ありて妙遠なれども、復た物を悟らしむることあたわず。是の故に、此の荘厳を起こしたまえり。天竺《てんじく》国には浄行を称して梵行となす。妙辞を称して梵言となす。彼の国は梵天を貴重すれば、多く梵を以て讃となす。亦た言わく、中国の法、梵天と通ずるが故なり。「声」とは名なり。名は謂わく安楽土の名なり。経に言わく、「若し人、但だ安楽浄土の名を聞いて往生を欲願するに、亦た願の如くなることを得」と。此れ名の物を悟らしむるの証なり。釈論に言わく。「斯《かく》の如きの浄土は三界の所摂《しょしょう》にあらず。何を以てかこれを言う。欲なきが故に欲界にあらず。地に居するが故に色界にあらず。色あるが故に無色界にあらず。蓋《けだ》し菩薩の別業の致す所のみ。」有《う》を出でて有なるを微と曰《い》う。名能《よ》く開悟せしむるを妙と曰う。是の故に、「梵声の悟らしむること深遠、微妙にして十方に聞こゆ」と言う。

《梵行》brahmacariya　ブッダは出家修行者のなす正しい宗教的実践をこのようにいい、それをなす修行者を梵行者と呼んだ。　《梵天》brahmā　の音写。インドの神で万有の根源ブラフマンを神格化したもの。《中国》インドのこと。ガンジス河中流を中心にブッダの教化の及んだインド中部地方は、仏教の madhya-deśa（中国）と呼ばれた。　《経に言わく》例えば『無量寿経』の異訳である『平等覚経』に、「諸天人民蠕動之類、聞我名字皆悉踊躍、来生我国」とある（大正十二巻二八一中〜下）。「わが名字」すなわち阿弥陀仏の名まえとあるが、曇鸞の解するように、この仏を離れて安楽浄土はないから、「安楽浄土の名まえを聞く」としたのは正しい。　《釈論に言わく》『大智度論』巻三十八に「如㆑是世界在㆓地上㆒故不㆑名㆓色界㆒無㆑欲故不㆑名㆓欲界㆒有㆓形色㆒故不㆑名㆓無色界㆒。諸大菩薩福徳清浄業因縁故、別得㆓清浄㆒世界出㆓於三界㆒」とある（大正二十五巻三四〇上）。

〔訳〕「清らかな音声が生けるものたちをして悟入せしめるべく、深遠にして妙なる響きをもって、十方世界に聞こえる」

この二句は仏国土荘厳の第十一、荘厳妙声功徳成就（妙なる音声を特相とする円かなしつらい）と名づける。なぜ仏が因位のとき、この円かなしつらいを起こしたもうたかといえば、ある国土を見ると、正しい教えがあっても、その名声が遠方に伝わらず、名声が遠方に伝わっても、精妙なものではない。さらに名声があり精妙なものであっても、人びとをしてさとらしめることができない。それ故に、法蔵菩薩は妙なる音声というしつらいを起こされたのである。

インドでは清らかな行ないを「梵行」といい、善いことばを「梵言」という。インドでは梵天を最高神として尊重するから、多くの場合、「梵」の字をつけて、ほめことばとする。またインドのことがらは、すべて創造神たる梵天に基づき、梵天とあい通ずるからである。「声」とは名まえのこと、名まえとは安楽浄土の名まえである。

『平等覚経』や『大阿弥陀経』などに、「もしも人が、ただ安楽浄土の名まえを聞いて、往生しようと願うならば、願いの通り往生することができる」と説かれている。このことは、安楽浄土という名まえが人びとをしてさとらしめるということの証である。

『大智度論』には、「このような浄土は、迷いの三界に属するものではない。なぜかというと、浄土には欲望を求める者がないから、浄土は欲界ではない。浄土は大地の上にあるから、色界ではない。いろ・かたち（色）があるから、無色界ではない。思うに、浄土は法蔵菩薩がみずからすぐれた願をたてて、因位の修行を積んで完成したところの仏国土だからである」と述べている。

迷いの存在を超え出ているのが浄土という存在である、そのことを「微」といい、浄土の名まえが人びとをしてさとりを開かせる働きがある、そのことを「妙」という。それで、「梵声の悟らしむること深遠、微妙にして十方に聞こゆ」というのである。

親鸞は偈の二句を「言《ヘリト》二梵聲《ナ》悟《サトリ》深遠微妙聞十方《ノ》故《ニト》一」と読んでいる。「聲」の左訓に「ナ」すなわち安楽浄土の名まえであるとし、その名まえそのものが「さとり」を体としているという意味で、「梵聲悟」と読んだのであろう。名体不二と解したからである。

(12)　主功徳成就

正覺阿彌陀　法王善住持

此二句。名莊嚴主功德成就。佛本何故興此願。見有國土。羅刹爲君。則率土相噉。寶輪駐（立馬。長句反）殿。則四域無虞。譬之風靡。豈無本耶。是故興願。願我國土。常有法王。法王善力之所住持。住持者。如黃鵠持子安。千齡更起。魚母念持子。逕澩（夏有水冬無水曰澩。火岳反）不壞。安樂國爲正覺善持其國。豈有非正覺事耶。是故言正覺阿彌陀法王善住持。

「正覚の阿弥陀法王、善く住持したまえり」（第十一偈後半）

此の二句は荘厳主功徳成就と名づく。仏もと何が故ぞ此の願を興したまえる。ある国土を見るに、羅刹《らせつ》を君となさば、則ち率土《そつど》相い噉《くら》う。宝輪殿に駐《とどま》れば、則ち四域に虞《おそれ》なし。これを風の靡《なび》くに譬う。豈《あ》に本なからんや。是の故に願を興したまえり。願わくは我が国土、常に法王あり、法王の善力の住持する所ならんと。「住持」とは黄鵠《こうこく》、子安《しあん》を持すれば、千齢、更に起り、魚母、子を念持すれば、澩《かく》を逕《へ》て、壊《え》せざるが如し。安楽国は正覚のために善く其の国を持《じ》せらる。豈に正覚の事にあらざることあらんや。是の故に、「正覚の阿弥陀、法王善く住持したまえり」と言う。

《住持》保持すること。adhiṣṭhāna（加持）の訳か。　《羅刹》rākṣasa の音写。悪鬼で、人を魅し、食うといわれる。　《率土》天下のこと。国土全体をいう。　《宝輪》転輪聖王（インドで考えられた理想の帝王）の持っている宝輪。宝輪は今日の戦車のようなもの。《法王》仏法の王。仏陀のこと。《黄鵠》大鳥の名。黄色をおびた白鳥。鶴の一種か。『列異伝』によると、子安という者が鶴を助けて逃がしてやった。後、子安が死して、その墓の上で鶴が子安を呼ぶこと三年、これによって子安がよみがえったという。《魚母》『大智度論』巻三十七に「入㆓空無相無作㆒。以㆓佛念㆒故而不㆓墮落㆒。譬如㆓魚子母念故得㆑生不㆑念則壞㆒」（大正二十五巻三三三上）とある。《槩》たまり水の、夏には水をたたえ、冬にはかれるのをいう。

〔訳〕「安楽浄土は正しくさとった人・真理の王・阿弥陀如来によって、善く住持されているものである」

この二句は仏国土荘厳の第十二、荘厳主功徳成就（仏国土の主を特相とする円かなしつらい）と名づける。なぜ仏が因位のとき、この円かなしつらいを起こしたもうたかといえば、ある国土を見ると、羅刹を君主とする国土では、人民は互いに喰らいあう。また、転輪聖王が戦さから帰還して宝輪を御殿に駐《とど》めると、四方に平和がよみがえって人民に恐怖がなくなる。君主次第で人民がなびくから、これを風が吹いて万物がそれになびくのに譬える。すべて、ものには根本がある。

それ故に、法蔵菩薩は願いを起こして、「わが仏国土には常に真理の教えを説く仏すなわち法王がおり、その法王の功徳の力によって、仏国土が住持されているように」と願われた。「住持」というのは、鶴が亡くなった子安の墓石にとまって、かつて助けられた恩義を忘れず、子安の名を憶持し続けたので、子安に千年の寿命がよみがえったし、また、親魚が自分の産んだ卵を念持し続けると、冬になって水がかれるときを経ても、死滅しないようなものである。安楽浄土は阿弥陀如来のさとりによって善く住持されている。したがって、どうして安楽浄土が阿弥陀如来のさとりに関わらないものであろうか。それ故に、「正覚の阿弥陀、法王善く住持したまえり」というのである。

⒀ 眷属功徳成就

如來淨華衆　正覺華化生

此二句名二莊嚴眷屬功德成就一。佛本何故興二此願一。見二有國土一。或以二胞血一爲二身器一。或以二糞尿一爲二生元一。或槐棘高圻出二猜狂之子一。或豎子婢腹出二卓犖零角反之才一。譏誚才召反由レ之懐レ火。恥辱縁以抱レ氷。所以願言。使下我國土悉於二如來淨華中一生。眷屬平等與奪無上レ路。故言二如來淨華衆正覺華化生一。

「如来浄華《じょうけ》の衆は、正覚《しょうがく》の華《はな》より化生《けしょう》す」（第十二偈前半）

此の二句は荘厳眷属《けんぞく》功徳成就と名づく。仏もと何が故ぞ此の願を興したまえる。ある国土を見るに、或は胞血《ほうけつ》を以て身器となし、或は糞尿《ふんにょう》を以て生の元となし、或は槐棘《かいきょく》の高圻《こうき》より猜狂《せいきょう》の子を出し、或は豎子《じゅし》の婢腹《ひふく》より卓犖《たくらく》の才を出す。譏誚《きしょう》、これに由りて火を懐《いだ》き、恥辱、縁として以て氷を抱く。所以《ゆえ》に願じて言わく、我が国土には悉く如来浄華の中より生じて、眷属平等にして、与奪に路なからしめんと。故に、「如来浄華の衆は、正覚の華より化生す」と言う。

《眷属》親しく付きそうもの。ここでは仏に随う諸尊のこと。**《胞》**胞はえな（胎児をおおう膜）。**《槐棘》**えんじゅと、いばら。三公九卿のこと。位の高いこと。**《高圻》**高い岸。ここでは家柄の高いことを指す。

大正蔵では「折」となっているが「圻」と読む。《猜狂》猜はそねむ、うたがう。狂はくるう。《豎子》位の低いもの。《卓犖》超えすぐれていること。《譏誚》せめそしること。《与奪》与えることと奪うこと。深励は、ほめることとそしることと説明している。「与奪に路なからしめん」（「与」を添字とみて訳さない）とは、そしられることのないようにしようの意。「大義門功徳成就」の問い第三（一四九頁以下）を参照。

〔訳〕「阿弥陀如来をとりまく聖衆は、すべて如来の浄らな正しいさとりの花から化生した者たちである」

この二句は仏国土荘厳の第十三、荘厳眷属功徳成就（聖衆を特相とする円かなしつらい）と名づける。なぜ仏が因位のとき、この円かなしつらいを起こしたもうたかといえば、ある国土を見ると、ある者は胎生によって生まれ、ある者は糞尿から生まれ、また高貴の家柄なのに品性下劣の子を出し、身分の低い召使の身分なのにすぐれた才能の子を出す。そのために、人びとのそしりをうけて、火を懐く思いをし、あるいは恥かしめられて、氷を抱く思いをする。

それ故に、「わが仏国土においては、生まれる聖衆はすべて、仏のさとりをあらわす清浄の蓮華の中から生まれて、一味平等で、ただほめたたえられる者ばかりとしよう」と願われた。そこで、「如来浄華の衆は、正覚の華より化生す」というのである。

浄土に生まれる生まれ方を、ここで化生《けしょう》と呼んでいるのは、自己の業力《ごうりき》によって変化《へんげ》して身をあらわすという、生まれ方だからである。これとちがって、他のものに託して、それから生まれる生まれ方に、胎生（母胎から生まれる）、卵生（卵殻から生まれる）、湿生（湿気から生まれる）の三つがある。以上の四つの生まれ方を四生《ししょう》という。いま、曇鸞は仏教の四生をふまえて、蓮華化生を説明しているが、本書のあとのほうで、浄土の化生を哲学的に説明し、「生即無生《しょうそくむしょう》」のものとしている。

⒁ 受用功徳成就

愛樂佛法味　禪三昧爲食

此二句名莊嚴受用功德成就。佛本何故興此願。見有國土。或探巢破卵爲饛（盛食滿貌。亡公反）饒（飽也多也。人消反）之饍。或懸沙指帒爲相慰之方。嗚呼諸子實可痛心。是故興大悲願。願我國土以佛法以禪定以三昧爲食。永絶他食之勞。愛樂佛法味者。如日月燈明佛說法華經六十小劫。時會聽者亦坐一處六十小劫。謂如食頃。無有一人若身若心而生懈倦。以禪定爲食者。謂諸大菩薩常在三昧無他食也。三昧者。彼諸人天若須食時。百味嘉餚羅列在前。眼見色鼻聞香身受適悅自然飽足。訖已化去若須復現。其事在經。是故言愛樂佛法味禪三昧爲食。

「仏法の味を愛楽《あいぎょう》し、禅三昧を食《じき》となす」（第十二偈後半）

此の二句は荘厳受用《じゅゆう》功徳成就と名づく。仏もと何が故ぞ此の願を興したまえる。ある国土を見るに、或は巣を探り卵を破りて饛饒《もうにょう》の饍《ぜん》となし、或は沙《すな》を懸《か》け帒《ふくろ》を指して相い慰むるの方《ほう》となす。嗚呼《ああ》、諸子、実に痛心すべし。是の故に大悲の願を興したまえり。願わくは我が国土、仏法を以て、禅定を以て、三昧を以て、食となして、永く他食の労を絶たんと。「仏法の味を愛楽し」とは、日月灯明《にちがつとうみょう》仏、『法華経』を説きたもうこと、六十小劫、時会《じえ》の聴く者、亦た一処に坐すること、六十小劫なるを、食頃《じききょう》の如しと謂《い》い、一人として、もしは身もしは心に懈倦《けけん》を生ずることあることなきが如し。「禅定を以て食となす」とは、謂わく諸大菩薩、常に三昧に在りて他の食なきなり。「三昧」とは、彼の諸の人天、もし食を須《もち》いん時、百味の嘉餚《かこう》、羅列して前にあり、眼に色を見、鼻に香を聞き、身に適悦を受けて自然に飽足《ほうそく》す。訖《おわ》りぬれば已に化し去り、もし須いんとすれば、復た現ず。其の事、経にあり。是の故に「仏法の味を愛楽し、禅三昧を食となす」と言う。

《愛楽》仏法を願い求めて、楽しみ味わうこと。《禅》dhyāna の音写、禅那の略。静慮などと訳す。心を一つの対象に専注してつまびらかに思惟すること。三昧のうちの一種。《三昧》samādhi の音写。等持、定と訳す。心を一つの対象に専注して散乱させぬ精神作用及びその状態。《饛饒の饍》饛は食物のやま盛りのこと。饒はゆたかなこと。饍は膳と同じ。料理、食物のこと。《沙を懸け》僧肇の『注維摩経』巻二に、食に揣《し》食・願食・業食・試食の四食ありとし、そのうちの願食を説明して、「如㆖見㆓沙嚢㆒命不㆑絶。是願食也」（大正三十八巻三四八中）という。《方》方法、てだて。《日月灯明仏》Candra-sūrya-pradīpa の訳。『法華経』の序品にある（大正九巻三下～）。無量無辺阿僧祇劫の昔に出世し、『法華経』を説きたもうた。《小劫》劫は kalpa の音写。きわめて長い時間のこと。これにさらに大中小がある。《食頃》食事する位の短い時間。《懈倦》あきてなまけること。

《百味》『大智度論』巻九十三に「或有㆓菩薩㆒以㆓百味㆒供㆔養諸佛及僧㆒。有人言。能以㆓百種羹㆒供養。是名㆓百味㆒。有人言。好餠種數五百。其味有㆑百。晝名㆓百味㆒。有人言。百種藥草藥果作㆓歡喜丸㆒。是名㆓百味㆒。有人言。飲食羹餠総有㆓百味㆒。有人言。飲食種種備足故稱爲㆓百味㆒。人飲食故百味。天飲食則百千種味。菩薩福德生㆓果報

食一。及神通力變化食。則有二無量味一。能轉二人心一令二離欲清淨一。是四種食菩薩隨二因縁一供三養佛及僧一。是故国土中自然有二百味飲食一。」（大正二十五巻七一〇下）とある。《嘉餚》よいさかな。《飽足》満足する。《経にあり》『無量寿経』巻上に「若欲レ食時。七寶盋器自然在レ前。金銀瑠璃硨磲碼碯珊瑚琥珀明月眞珠。如レ是衆盋隨レ意而至。百味飲食自然盈滿。雖レ有二此食一實無二食者一。但見レ色聞レ香。意以爲レ食。自然飽足。身心柔軟無レ所二味著一。事已化去時至復現。」（大正十二巻二七一中～下）とある。浄土において受用する食を、ここでは三種とし、有漏の四食を離れている。三種のうち、仏法食は法喜食のことであり、禅定食は禅悦食のことであって、第三の三昧食は浄土教固有のものと思われる。

〔訳〕「仏法の味を愛楽《あいぎょう》し、禅定・三昧を食べ物とする」

この二句は仏国土荘厳の第十四、荘厳受用功徳成就（法味の受用を特相とする円かなしつらい）と名づける。なぜ仏が因位のとき、この円かなしつらいを起こしたもうたかといえば、ある国土を見ると、鳥の巣から卵をとって豊かな食膳の具とする者がいるかと思うと、砂袋を懸けて、それを指し見て飢えを凌《しの》ぎあうのを方法とする者がいる。ああ、なんと心痛むことではなかろうか。

それ故に、法蔵菩薩は大悲の願いを起こして、「わが仏国土においては、仏法が食であり、禅定が食であり、三昧が食であって、永久にこれら以外の食をとる煩労を絶たしめよう」と願われた。

「仏法味を愛楽し」というのは、例えば、このようなことである。日月灯明仏が『法華経』を説法されたのは六十小劫の年月であったが、そのときの説法の会座《えざ》に集まって聴聞した者は食事をするわずかな時間のように思い、だれ一人として身心の倦《う》み飽きる者はいなかった。聞法して歓喜することが食である。「禅定を以て食となす」というのは、浄土の菩薩たちは常に禅定三昧に住して、三昧力自体が食となっていて、他の食を摂《と》らないのである。「三昧〔を以て食となす〕」というのは、浄土の聖衆たちは三昧力によって思うままに食物を現出するから、食べようとすれば百味の飲食が目の前に並ぶ。眼でいろ・かたちを見、鼻で香りをかぎ、身体は悦びを感受して自然に満足する。満足すると、それらの食物はすがたを消し、また食べようと思うと、再び現われる。このことは『無量寿経』に説かれている通りである。それ故に、「仏法の味を愛楽し、禅三昧を食となす」というのである。

⒂　無諸難功徳成就

永離二身心惱一　受レ樂常無レ間

此二句名二莊嚴無諸難功德成就一。佛本何故興二此願一。見二有國土一。或朝預二袞寵一夕惶二斧鉞一。或幼捨二蓬藜一長列二方丈一。或鳴レ茄道出歷經催レ還。有二如レ是等種種違奪一。是故願言。使二我國土安樂相續畢竟無一レ間。身惱者。飢渴寒熱殺害等也。心惱者。是非得失三毒等也。是故言下永離二身心惱一受レ樂常無上レ間。

「永く身心の悩を離れて、楽を受くること常にして間《ひま》なし」（第十三偈前半）

此の二句は荘厳無諸難功徳成就と名づく。仏もと何が故ぞ此の願を興したまえる。ある国土を見るに、或は朝《あした》に袞寵《こんちょう》に預かり、夕《ゆうべ》に斧鉞《ふえつ》に惶《おのの》く。或は幼にして蓬藜《ほうれい》に捨てられ、長じては方丈を列《つら》ぬ。或は茄《か》を鳴らして道に出で、歴経《りやくきよう》〔麻絰〕して還《かえ》ることを催《もよお》す。是の如き等の種種の違《い》奪《だつ》あり。是の故に願じて言わく、我が国土をして安楽相続し、畢竟《ひっきょう》じて間《ひま》なからしめんと。「身悩」とは飢・渇・寒・熱・殺害等なり。「心悩」とは是非・得失・三毒等なり。是の故に「永く身心の悩を離れて、楽を受くること常に間《ひま》なし」と言う。

《永く》永遠に、完全に。《袞寵》袞は衮で天子の礼服。袞寵は天子の寵愛を受けること。《斧鉞》おのとまさかり。刑罰の道具。《蓬藜》よもぎとあかざ。草むらのこと。《方丈》一丈四方のこと。深励は、『孟子』尽心篇の「食前方丈、侍妾数百人」という文によって、尊貴な人が食物をたくさん並べていることという。禁庭を指すという説もある。《茄》茄は蓮の茎。親鸞加点本、義山本は笳に作る。笳はあしぶえ。高位の者が出かける時に先導の者が吹いた。親鸞は「鳴《ナラシテ》レ茄《カヲ》 遒《イフ》ニ出《テ》レ麻《ヲ》歴経《シ》催還《スト》ニ」と書き加えている。深励は「麻経催レ還」と読み、喪服を着て帰ることと解釈しているので、これを採る。《相続》持続すること。《三毒》善根に害毒を与える三つの煩悩、貪（むさぼり）・瞋（いかり）・痴（おろかさ）のこと。

〔訳〕「永久に身心の苦悩から離れて、つねに楽しみを受けていて絶えることがない」

この二句は仏国土荘厳の第十五、荘厳無諸難功徳成就（無苦難を特相とする円かなしつらい）と名づける。なぜ仏が因位のとき、この円かなしつらいを起こしたもうたかといえば、ある国土を見ると、朝には国王の寵愛をうけながら、夕には処刑の恐怖におののく者がある。あるいは幼い時に草むらに棄てられたが、長じて立派な食事をする身となる者がいる。あるいは家を出るとき先導の者が葦笛を吹いて賑やかに道に出ていったが、帰途は肉親の不幸のため喪服を着て戻る。このように、順当にいかないことが種々様々ある。それ故に、法蔵菩薩は「わが国土は楽しみが続いて、決してとぎれないように」と願われた。

「身悩」とは身体の感受する苦悩で、飢・渇・寒・熱・殺害などである。「心悩」とは心の感受する苦悩で、是非・得失・三毒の煩悩などである。それ故に、「永く身心の悩を離れて、楽を受くること常に間《ひま》なし」というのである。

「身心の悩を離れて」について、これは『阿弥陀経』の中で、なぜ阿弥陀仏の浄土を「極楽」(Sukhāvatī) と名づけるかの設問にたいして、釈尊は舎利弗に「其の国の衆生、衆苦あることなく、但、諸楽を受く。故に極楽と名づく」と説いているのに対応する。この個所に相当する梵本・チベット訳・玄奘訳は、すべて「身と心の苦しみ」がないからとだけ述べて、楽しみを受けるという表現はない。原始仏典いらい、阿羅漢(仏もふくめる)のさとりとは、身・心の感覚的苦しみがないことだとされている。その際、たとい心の苦しみを超えている阿羅漢たちに身体的苦痛が襲って悩ましても、それはかれらの心の苦しみとならないから、身・心の苦しみが滅していると表明する(実際は苦しみを超克している)。「滅」(nirodha) とは、煩悩が消滅してしまうのではなく、止滅すること、つまり煩悩があっても、その働きが停止し、働かなくなったところを指して「滅」という。あるいは煩悩にまどわされず、それを超克している状態をいうのである。

このように、浄土の仏・菩薩たちが身・心の苦しみを離れているといわれるのは、かれらがさとった人たちであるということであり、それはとりもなおさず、浄土がさとりの世界であることを示しているといえよう。

⒃　大義門功徳成就

〔浄土は一味平等のさとりの世界〕

大乘善根界　等無ニ譏嫌名一　女人及根缺　二乘種不レ生

此四句名ニ莊嚴大義門功德成就一。門者通ニ大義一之門也。大義者大乘所以也。如ニ人造レ城得レ門則入一。若人得レ生ニ安樂一者。是則成ニ就大乘之門一也。佛本何故興ニ此願一。見ニ有國土一。雖レ有ニ佛如來賢聖等衆一。由ニ國濁一故分レ一說レ三。或以ニ拓聽各反レ眉致レ誚。或緣レ指レ語招レ譏。是故願言。使ニ我國土皆是大乘一味平等一味一。根敗種子畢竟不レ生。女人殘缺名字亦斷。是故言下大乘善根界等無ニ譏嫌名一女人及根缺二乘種不上レ生。

「大乗善根の界は、等しくして譏嫌《きげん》の名なし。女人と及び根欠と二乗との種、生ぜず」（第十三偈後半、第十四偈前半）

此の四句は荘厳大義門功徳成就と名づく。「門」とは大義に通ずるの門なり。「大義」とは大乗の所以《ゆえん》なり。人、城に造《いた》りて門を得ば則ち入るが如し。若し人、安楽に生ずることを得るは、是れ則ち大乗の門を成就するなり。仏もと何が故ぞ此の願を興したまえる。ある国土を見るに、仏如来賢聖等の衆ありと雖も、国濁《にご》れるに由《よ》るが故に、一を分かちて三と説く。或は眉を拓《あげ》て誚《せめ》を致すを以てし、或は語を指すに縁《よ》りて譏《そしり》を招く。是の故に願じて言わく、我が国土をして皆な是れ大乗一味、平等一味ならしめ、根敗の種子、畢竟じて生ぜず、女人残欠の名字も亦た断たんと。是の故に「大乗善根の界は、等しくして譏嫌の名なし。女人と及び根欠と二乗との種、生ぜず」と言う。

《大乗善根の界》「大乗善根」は荘厳性功徳を説く中の「出世の善根」のことで、「正道の大慈悲」と同じである。「界」は dhātu の訳で、世界のこと。西方極楽浄土は法蔵菩薩の大慈悲の実践によって完成したさとりの世界である、との意。山口益『世親の浄土論』一一七頁参照。《所以》わけ、いわれ。大乗仏教の本旨は、自利と利他の実践を完成する菩薩道に在る。《賢聖》三賢十聖のこと。菩薩の位で、三賢は十住・十行・十廻向、十聖は初地から十地まで。《一を分かちて三》『妙法蓮華経』巻一方便品に「諸佛出二於五濁悪世一…中略…諸佛以二方便力一。於二一佛乗一分別説レ三」（大正九巻七中）とあり、『大智度論』巻九十三に「佛出二五濁悪世一、於二一道一分爲二三乗一」（大正二十五巻七一二上）とある。《根敗》二乗は成仏の機根が敗れていること。《残欠》そこなわれ破れているもの。ここでは身体障害者を指す。《譏嫌》そしられ、きらわれること。《根欠》五つの感覚器官（五根）に障害のある者。《二乗》声聞乗と縁覚乗。他者の救いを考えない劣った教えとして大乗教徒から非離された。浄土が平等の世界であるから、女人と根欠と二乗の三種が存在しないばかりか、譏嫌される三種の名（saṃjñā 観念）すら浄土に存在しない。

〔訳〕「安楽浄土は法蔵菩薩の大慈悲の実践によって完成したさとりの世界であり、平等一味の世界であるから、そしられたり、きらわれたりする名まえがない。すなわち、浄土には女人、身体障害者、声聞や縁覚の人びとが生まれず、そしてそれらの名まえさえも存在しない」

この四句は仏国土荘厳の第十六、荘厳大義門功徳成就（大乗菩薩道の完成を特相とする円かなしつらい）と名づける。

「門」とは大義に通入する門のことである。「大義」とは大乗の本義、すなわち大乗菩薩道をいう。例えば、人が都城に入るとき、城門があれば入ることができるようなものである。もしも人が安楽浄土に生まれるならば、大乗菩薩道を完成する門を得たことになる。阿弥陀仏が法蔵菩薩と名のった因位のとき、どうしてこの願いを起こしたもうたかといえば、ある国土を見ると、仏や菩薩たちがおられても五濁の世の中であるため、一乗の教えをさしおいて、声聞・縁覚・菩薩の三乗の教えを説かざるをえない。また、あるいは眉をひらいて媚《こ》びると、そしりをうけるはめになり、あるいは言葉が不自由なので手話をすると、これまたそしりを招く。そこで、法蔵菩薩は「わが仏国土は、すべて大乗の平等一味の世界であり、ここには成仏の機根の敗壊《はいえ》した声聞や縁覚が生まれていることなく、女人や身体障害者などの名まえさえも断たれているであろう」と願われた。それ故に、「大乗善根の界は、等しくして譏嫌の名なし。女人と及び根欠と二乗との種、生ぜず」というのである。

〔浄土に声聞がいるのに、いないとするのはなぜか〕

問曰。案二王舍城所説無量壽經一。法藏菩薩四十八願中言。設我得レ佛。國中聲聞。有三能計量知二其數一者。不レ取二正覺一。是有二聲聞一一證也。又十住毘婆沙中。龍樹菩薩造二阿彌陀讚一云。超二出三界獄一。目如二蓮華葉一。聲聞衆無量。是故稽首禮。是有二聲聞一二證也。又摩訶衍論中言。佛土種種不同。或有二佛土一。純是聲聞僧。或有二佛土一。純是菩薩僧。或有二佛土一。菩薩聲聞會爲レ僧。如二阿彌陀安樂國等一。是也。是有二聲聞一三證也。諸經中有下説二安樂國一處上。多言レ有二聲聞一。不レ言レ無二聲聞一。聲聞即是二乘之一。論言三乃至無二二乘名一。此云何會。答曰。以レ理推レ之。安樂淨土。不レ應レ有二二乘一。何以言レ之。夫有レ病則有レ藥。理數之常也。法華經言。釋迦牟尼如來。以レ出二五濁世一故。分レ一爲レ三。淨土既非二五濁一。無二三乘一明矣。法華經謂。諸聲聞。是人於レ何而得二解脫一。但離二虛妄一。名爲二解脫一。是人實未レ得二一切解脫一。以レ未レ得二無上道一故。覈推二此理一。阿羅漢既未レ得二一切解脫一。必應レ有レ生。此人更不レ生二三界一。三界外除二淨土一。更無二生處一。是以唯應下於二淨土一生上。如レ言二聲聞一者。是他方聲聞來生。仍二本名一。故稱爲二聲聞一。如下天帝釋生二人中一時。姓二憍尸迦一。後雖レ爲二天主一。佛欲レ使三人知二其由來一。與二帝釋一語時。猶稱中憍尸迦上。其此類也。又此論。但言二二乘種不レ生。謂安樂國不レ生二二乘種子一。亦何妨二二乘來生一耶。譬如下橘栽不レ生二江北一。河洛菓肆。亦見有レ橘。又言下鸚鵡不レ渡二隴西一。趙魏架桁亦有中鸚鵡上。此二物。但言二其種不レ渡。彼有二聲聞一亦如レ是。作二如レ是解一。經論則會。

問うて曰わく。王舎城《おうしやじよう》所説の無量寿経を案ずるに、法蔵菩薩、四十八願の中に言わく、「もし我れ仏を得んに、国の中の声聞、能く計量して其の数を知ることあらば、正覚を取らじ」と。是れ声聞ある一の証なり。又た十住毘婆沙の中に龍樹菩薩、阿弥陀の讃を造りて云わく、「三界の獄を超出して、目は蓮華葉の如し。声聞衆無量なり。是の故に稽首《けいしゆ》して礼す」と。是れ声聞ある二の証なり。又た摩訶衍論《まかえんろん》の中に言わく、「仏土、種種不同なり。或は仏土あり、純《もつぱ》ら是れ声聞僧なり。或は仏土あり、純ら是れ菩薩僧なり。或は仏土あり、菩薩声聞、会《え》して僧となす。阿弥陀の安楽国等の如きは是れなり」と。是れ声聞ある三の証なり。諸経の中に安楽国を説く処あり、多く声聞ありと言いて、声聞なしと言わず。声聞は即ち是れ二乗の一なり。論に「乃至、二乗の名なし」と言う。此れ云何《いか》んが会するや。

答えて曰わく。理を以てこれを推すに、安楽浄土にはまさに二乗あるべからず。何を以てこれを言う。夫れ病あれば則ち薬あるは理数の常なり。法華経に言わく、「釈迦牟尼如来、五濁の世に出づるを以ての故に、一を分かちて三となす」と。浄土は既に五濁にあらず。三乗なきこと明らかなり。法華経に謂《いわ》く、「諸の声聞、是の人、何に於てか解脱を得る。但だ虚妄《こもう》を離るるを名づけて解脱となす。是の人、実に未だ一切解脱を得ず。未だ無上道を得ざるを以ての故に」と。覈《あきら》かに此の理を推すに、阿羅漢、既に未だ一切解脱を得ず。必ずまさに生ずることあるべし。此の人、更に三界に生ぜず。三界の外には浄土を除いて更に生処なし。是を以て唯だまさに浄土に生ずべし。声聞と言うが如きは、是れ他方の声聞の来生せるを、本の名に仍《よ》るが故に称して声聞となす。天帝釈の人中に生ぜし時、憍尸迦《きょうしか》を姓とし、後に天主となると雖も、仏、人をして其の由来を知らしめんと欲して、帝釈と語る時、猶《な》お憍尸迦と称するが如き、其れ此の類なり。又た此の論に、但だ「二乗の種、生ぜず」と言う。謂わく安楽国には二乗の種子を生ぜず、亦た何ぞ二乗の来生を妨げんや。譬えば橘栽《きっさい》は江北に生ぜざれども、河洛《からく》の菓肆《かし》に亦た橘あるを見るが如し。又た鸚鵡《おおむ》、隴西《ろうせい》を渡らざれども、趙魏の架桁《かこう》に亦た鸚鵡ありと言う。此の二物は但だ其の種、渡らずと言う。彼《かしこ》に声聞あることも亦た是の如し。是の如き解《げ》を作《な》せば、経論、則ち会《え》しぬ。

《王舎城所説の無量寿経》 マガダ国の首都王舎城の霊鷲山（耆闍崛山）において説かれた『無量寿経』のこと。（大正十二巻二六五下〜二七九上） **《四十八願》** 法蔵菩薩が世自在王仏の前で立てた四十八の誓願。（大正十二巻二六七下〜） **《もし我れ》** これは第十四の願。経では「設我得㆑佛、國中聲聞有㆓能計量㆒乃至㆘三千大千世界衆生縁覺、於㆓百千劫㆒悉共計挍知㆗其數㆖者、不㆑取㆓正覺㆒」（大正十二巻二六八上）となっている。 **《阿弥陀の讃》** 巻第五易行品（大正二十六巻四三中）の文。 **《摩訶衍論》** 大智度論のこと。巻三十四に「諸佛多以㆓聲聞㆒爲㆑僧無㆓別菩薩僧㆒…中略…有㆑佛爲㆓一乗㆒説㆑法純以㆓菩薩㆒爲㆑僧。有㆑佛聲聞菩薩雜以爲㆑僧。如㆓阿彌陀佛國一、菩薩僧多聲聞僧少」（大正二十五巻三一一下）とある。**《理数》**道理のこと。**《法華経に言わく》**方便品の文。一四三頁の注参照。**《法華経に導く》**第二譬喩品に「是人於レ何而得二解脱一。但離二虚妄一名爲二解脱一。其實未レ得二一切解脱一。佛説二是人未二實滅度一。斯人未レ得二無上道一故」（大正九巻十五中）とある。**《天帝釈》**Śakra devānām indra の音写。帝釈天、釈提桓因とも写す。バラモン教の神インドラが仏教に入ったもの。仏教の守護神。**《憍尸迦》**Kauśika の音写。『大智度論』巻五十六に「問曰。先言二釋是字一。提恒因是天主一。今佛何以不レ言レ釋。乃命言二憍尸迦一。答曰。昔摩伽陀國中有二婆羅門一。名二摩伽一。姓憍尸迦。有二福徳大智慧一。知友三十三人。共修二福徳一命終。皆生二須彌山頂第二天上一。摩伽婆羅門爲二天主一。三十二人爲二輔臣一。以二此三十三人一故。名爲二三十三天一。喚二其本姓一故。言二憍尸迦一。或言二天主一。或言二千眼等一。大人喚レ之故稱二其姓一」（大正二十五巻四五八上中）とある。**《橘栽》**橘はみかんの木。栽は苗木。**《河洛》**黄河、洛水の二河の流域。この場合には洛陽のことを指す。**《菓肆》**果物店。**《隴西》**隴西のこと。陝西省南鄭縣の地。**《趙魏》**趙と魏。隴西よりも東にある地方。**《架桁》**鳥籠。深励は、竿に鳥をつないでおくことと解している。

〔訳〕問う。王舎城で説かれた『無量寿経』によれば、法蔵菩薩は四十八願の中で「もしわたしが仏となったとき、仏国土の声聞に限りがあって、その数を計り知ることができるならば、仏のさとりを開くまい」（第十四、声聞無数の願）と誓っている。これは浄土に声聞がいるという第一の証拠である。

また、『十住毘婆沙論』易行品の中で、龍樹菩薩が阿弥陀仏を讃える偈を作って、こういう。

「三界の迷いの牢獄を超出していて、目は蓮華の花びらのようである。声聞の者たちはその数限りがない。それ故に、わたしはぬかずいてかの仏を礼拝する」と。これは浄土に声聞がいるという第二の証拠である。

また、『摩訶衍論』(『大智度論』)の中に「仏国土に種々不同のちがいがある。ある仏土はもっぱら声聞を僧とする。ある仏土はもっぱら菩薩を僧とする。ある仏土は菩薩と声聞を僧とするが、これは阿弥陀仏の安楽浄土などである」と。これは浄土に声聞がいるという第三の証拠である。

およそ、諸経の中に阿弥陀仏の安楽浄土に関説している個所には、多く声聞がいるといい、声聞がいないとは説いていない。声聞は二乗の一つであるが、この『浄土論』の偈に(第十三偈後半、譏嫌の名なしの取意)「乃至(女人と根欠と)、二乗の名(観念)なし」というている。この有無のちがいを、どのように理解すべきであろうか。

答える。道理の上から考えれば、安楽浄土に声聞・縁覚の二乗の者がいるはずがない。なぜかといえば、病気にかかれば、それを癒《いや》す薬をのむのは当然の理である。『法華経』に「釈迦牟尼如来は五濁の悪世に出現されたから、一乗の教えをかみくだいて、三乗の教えとして人びとに説きたもう」とある。阿弥陀仏の浄土は五濁の人びとのいない世界であるから、三乗の人びとのいないことは明白である。

『法華経』に「声聞たちはいかにして解脱するのか。ただ虚妄を離れるのを名づけて解脱とする。だが、この人はまだすべてのものから解脱していないのである。なぜなら、仏のすぐれたさとりを得ていないからである」という。よくよくこの道理から考えていくと、声聞のうちの最上位の阿羅漢は、まだすべてのものから解脱していないから、きっとどこかに生まれるはずである。しかし、この人は再び迷いの三界に生まれることはないから、三界以外とすれば、浄土を除いて生まれるところはない。それ故に、この人はただ阿弥陀仏の浄土に生まれるばかりである。

「声聞」というのは、浄土以外の世界の声聞が浄土に生まれ、そのまま、もとの呼称にしたがって声聞と呼んでいるのである。かのインドラ神が人間界に生まれたとき、憍尸迦《きようしか》という姓であったが、のちに神々の帝王インドラ神（帝釈天）となったとき、釈尊は人びとに神格の由来を知らせようとして、帝釈天と語るときには、やはり憍尸迦と呼んだのと同類である。

また、この『浄土論』に「二乗の種、生ぜず」というが、その意味は、安楽浄土には声聞と縁覚の二乗の種子《たね》が生じないということであって、二乗の者たちがやって来て浄土に生まれることを、どうして妨げようか。妨げるものではない。例えば、みかんの苗木は揚子江の北にはないが、洛陽の果実店にみかんが並べられているのを見るようなものである。また、鸚鵡《おうむ》は隴西を越えて飛んでこないが、隴西よりも東の趙《ちよう》や魏《ぎ》の国の鳥籠に鸚鵡が飼われているのを見るようなものである。この二つのものは、生育したものを持ってくることはできるが、その種子《たね》を他国に移して生育することはできない。浄土に声聞がいるという表現も、またこの通りである。このように解釈すれば、『浄土論』には声聞ありとし、諸経論になしとする二説の矛盾をといたことになるであろう。

〔ものがらがないのに名までないというのはなぜか〕

問曰。名以召レ事。有レ事乃有レ名。安樂國既無二二乘女人根缺之事一。亦何須二復言下無二此三名一耶。答曰。如下軟心菩薩不二甚勇猛一譏言中聲聞上。如三人諂曲或復儜弱譏言二女人一。又如三眼雖レ明而不レ識レ事譏言二盲人一。又如三耳雖レ聽而聽レ義不レ解譏言二聾人一。又如三舌雖レ語而訥口謇吃譏言二瘂人一。有二如レ是等一。根雖二具足一而有二譏嫌之名一。是故須レ言二乃至無一レ名。明三浄土無二如レ是等與奪之名一。

問うて曰わく。名は以て事を召《まね》く。事あれば乃《すなわ》ち名あり。安楽国には既に二乗・女人・根欠の事なし。亦た何ぞ復《ま》た此の三名なしと言うべけんや。答えて曰わく。軟心《なんしん》の菩薩の甚《はなは》だ勇猛《ゆうみょう》ならざるを譏《そし》りて声聞と言うが如く、人の諂曲《てんごく》なる、或は復た儜弱《ねいにゃく》なるを譏《そし》りて女人と言うが如く、又た眼の明らかなると雖も、事を識《し》らざるを譏りて盲人と言うが如く、又た耳の聴くと雖も、義を聴きて解せざるを譏りて聾人《ろうにん》と言うが如く、又た舌の語《かた》ると雖も訥口謇吃《とっこうけんきつ》なるを譏りて瘂人《あ》と言うが如し。是の如き等あり、根を具足すと雖も、而《しか》も譏嫌の名あり。是の故に、すべからく乃至、名なしと言うべし。浄土には是の如き等の与奪の名なきこと明らかなり。

《**名は以て**》大正蔵では「以名」となっているが、親鸞加点本、義山本では「名以」となっているので改めた。《**軟心の菩薩**》心の弱々しい菩薩。『大智度論』巻九六に「答曰。新學菩薩有二二種一。一者深心著二世間樂一軟心發意。二者深心發意不レ著二世間樂一。」（大正二十五巻七三一下）とある。《**諂曲**》他人にへつらって心を曲げること。《**儜弱**》よわよわしい。『十住毘婆沙論』巻五易行品に「是故若諸佛所説有下易行道疾得レ至二阿惟越致一方便上者。願爲説レ之。答曰。如二汝所説一是儜弱怯劣無レ有二大心一。非二是丈夫志幹之言一也。」（大正二十六巻四一上）とある。《**訥口**》どもること。《**謇吃**》どもること。《**明浄土……之名**》「是の故に須く乃至名も無しと言うべく、明らけし。浄土には是の如き等の与奪の名も無し」（国訳一切経）とか、「是ノ故ニ須ク乃至名无ト言フヘキコト明《アキラカ》ナリ」（親鸞加点本）と読んでいる。《**与奪**》ほめることと、そしること。ここでは、そしること。

〔訳〕　問う。名まえはものがらを指し示す。ものがらがあれば名まえがある。安楽浄土には、もともと二乗の者、女人、身体障害者は存在しない。それらが存在しないからといって、どうしてそれら三つのものの名まえまでないといわねばならないのか。

答える。心の弱い菩薩でかつ甚だ勇猛心のない者をそしって、声聞と呼ぶように、また、他人にへつらいあるいはおどおどしている者をそしって、女人というように、また、眼はよく見えても知識のない者をそしって、眼の不自由な人というように、また、耳は聞こえても、ものの道理を解しない者をそしって、耳の不自由な人というように、また弁舌さわやかに喋っても、言葉の不自由な人というような場合がある。このように、眼などの六つの感官が具わっていても、そしりの名まえがある。それ故に、もともと安楽浄土には身体障害者などが存在しないのであるから、名まえもないというべきである。まして、安楽浄土にはこのようなそしりの名まえさえないこと、明らかである。

この問答において、「ことがらにはかならず名まえがある」と考えている人間世界とまったく異なり、安楽浄土はさとりの世界であることを説明しようとしている。ところで、浄土においては、そしりの名まえさえないということを強調するあまり、曇鸞が差別的表現を採用していることは、今日の思想からいって妥当性に欠ける。

〔浄土に多く声聞がいると説くのはなぜか〕

問曰。尋二法藏菩薩本願及龍樹菩薩所讃一。皆似下以二彼國聲聞衆多一爲上奇。此有二何義一。答曰。

聲聞以二實際一爲レ證。計不レ應三更能生二佛道根芽一。而佛以二本願不可思議神力一攝令レ生レ彼。必當下復以二神力一生中其無上道心上。譬如二鴆鳥入レ水魚蚌咸死。犀牛觸レ之死者皆活一。如レ此不レ應レ生而生。所以可レ奇。然五不思議中佛法最不可思議。佛能使三聲聞復生二無上道心一。眞不可思議之至也。

問うて曰わく。法蔵菩薩の本願、及び龍樹菩薩の所讃を尋ぬるに、皆な彼の国の声聞衆多なるを以て、奇となすに似たり。此れに何の義あるや。答えて曰わく。声聞は実際を以て証となす。計るに、更に能《よ》く仏道の根芽を生ずべからず。而《しか》るに仏は本願不可思議の神力を以て、摂《せつ》して彼《かしこ》に生ぜしむ。必ずまさに復《ま》た神力を以て、其の無上道心を生ぜしむべし。譬えば鴆鳥《ちんちょう》の水に入れば、魚蚌《ぎょほう》咸《み》な死し、犀《さい》牛のこれに触るれば、死者皆な活《よみがえ》るが如し。此の如く生ずべからずして生ず。所以《ゆえ》に奇とすべし。然るに五不思議の中、仏法は最も不可思議なり。仏は能く声聞をして復た無上道心を生ぜしむ。真に不可思議の至りなり。

《奇》 奇特なこと。めずらしいこと。 《実際》 bhūta-koṭi の訳。涅槃のさとりのこと。『大智度論』巻二十八に「阿羅漢無二大慈悲一。無三本誓願度二一切衆生一。又以二実際一作レ證已離二生死一故」（大正二十五巻二六四中）とあり、同巻三十二に「実際者、以二法性一爲二実證一故爲レ際。如二阿羅漢一名爲レ住二於實際一」（大正二十五巻二九七下）とあり、同じく「実際者如下先說二法性一名爲上實。入處名爲レ際」（大正二十五巻二九八下）とある。 《鴆鳥》 毒鳥の名。その羽をひたした酒はよく人を殺す。 《蚌》 どぶ貝。 《犀牛》 さい。 《五不思議》『大智度論』巻三十に「經說二五事不可思議一。所謂衆生多少、業果報、坐禅人力、諸龍力、諸佛力。於二五不可思議中一、佛力最不可思議」（大正二十五巻二八三下）とある。

〔訳〕　問う。法蔵菩薩の本願（第十四願、声聞無数の願）および龍樹菩薩の阿弥陀仏をたたえる詩句（易行品の「声聞衆無量」の句）には、いずれも安楽浄土に多くの声聞がおられることを奇特なこととしているようである。これはいかなるわけであるのか。

答える。声聞は輪廻の迷いを超えた境地をそのさとりとする。思うに、そのようなさとりは、仏のさとりを開く根芽を生ずることができない。ところが、阿弥陀仏はわれわれの思いはかることのできないすぐれた本願力をもって、声聞を救いとって浄土に生まれさせ、また必ず本願力をもって、声聞にこの上ないさとりを求める心を起こさせるであろう。

たとえば、毒をもつ鴆鳥《ちんちょう》が水中に入ると、魚貝類がみな死ぬが、犀がこれに触れると、死んだものがみな活《い》きかえるようなものである。このように、生起するはずのない者に、この上ないさとりを求める心が生起する。それだから、奇特なことというべきである。ところで、五種の思いはかることのできないものの中で、仏法が最大のものである。仏法を説く仏は声聞にこの上ないさとりを求める心を起こさせる。まことに仏法こそ、思いはかることのできない究極のものというべきである。

声聞のさとり、すなわち阿羅漢果は仏果に及ばぬものであって、仏果の根芽を生ずることのできないものであるという。大乗の『大般涅槃経』によれば、逆謗闡提《せんだい》の極悪人はなおさらであるということを、阿闍世《あじゃせ》王の帰仏の事例を挙げて示している。親鸞は『教行信証』の信巻に、これを長々と引用し、「阿闍世のために無量億劫に涅槃に入らず」という釈尊の大悲心にふれた王が、「我が心は無根の信なり」と表明したことを親鸞自身のすがたの上にうけとめ、本来、根なし草のわたくしに生ずるはずのない信心という芽が生じたのは、他力廻向によるものであると解している。
「根芽」を根と芽との両者とみてもよいであろうが、ここでは、阿闍世の表明する「無根の信」に基づいて、無根の者に生ずる信心の芽、あるいは仏果と解したらどうであろうか。

⒄　一切所求満足功徳成就

　衆生所㆓願樂㆒　一切能滿足

此二句名㆓莊嚴一切所求滿足功德成就㆒。佛本何故興㆓此願㆒。見㆓有國土㆒。或名高位重潛處無㆑由。或人凡性鄙悕㆑出靡㆑路。或脩短繫㆑業制不㆑在㆑己。如㆓阿私陀仙人㆒類也。有㆘如㆑是等爲㆓業風所㆒㆑吹不㆑得㆓自在㆒。是故願言。使㆘我國土各稱㆓所求㆒滿㆗足情願㆖。是故言㆘衆生所㆓願樂㆒一切能滿足㆖。

「衆生の願楽《がんぎよう》するところ、一切能《よ》く満足す」（第十四偈後半）

此の二句は荘厳一切所求《しよぐ》満足功徳成就と名づく。仏もと何が故ぞ此の願を興したまえる。ある国土を見るに、或は名高く、位重くして、潜処《せんしよ》するに由《よし》なし。或は人凡《ぼん》に、性鄙《いや》しくして、出《い》でんことを悕《ねが》うに路なし。或は脩短、業に繋《つな》がれて、制するに已に在らず、阿私陀《あしだ》仙人の如き類なり。是の如き等、業風の吹く所となりて、自在を得ざることあり。是の故に願じて言わく、我が国土をして各《おのおの》所求に称《かな》いて、情願を満足せしめんと。是の故に「衆生の願楽するところ、一切能く満足す」と言う。

《潜処》ひそんでいる。《脩短》長と短。寿命の長短のこと。《阿私陀仙人》Asita の音写。仙人であって、釈尊の誕生を見て、将来、偉大な宗教家になることを予言したが、自分はその時まで生き長らえることのできないのを嘆き悲しんだ。中村元『ゴータマ・ブッダ―釈尊の生涯―原始仏教Ⅰ』五二〜六二頁、参照。『大智度論』巻二十九には「復有㆓仙人㆒名㆓阿私陀㆒。（中略）我今年已晩暮。當㆑生㆓無色天上㆒。不㆑得㆑見㆑佛不㆑聞㆓其法㆒故自悲傷耳」（大正二十五巻二七四中）とある。《業風》業力のことを風に譬えた語。

〔訳〕「生けるものたちの願いを、すべて満足させることができる」

この二句は仏国土荘厳の第十七、荘厳一切所求満足功徳成就（すべての願いをかなえることを特相とする円かなしつらい）と名づける。なぜ仏が因位のとき、この円かなしつらいを起こしたもうたかといえば、ある国土を見ると、名声が高く位が重くて、そのために人びとからかくれていることができない。また、平凡で家柄が低いために、出世を願っても道がない。あるいは寿命の長短が前世の業にしばられていて、そのために思い通りに制御することができない。あたかも阿私陀《あしだ》仙人の類いのようである。これらのように、業力の働きに順《したが》って、われわれは自由自在を得ないことがある。そこで、法蔵菩薩は願を起こして「わが仏国土はそれぞれ人の求めるところをかなえさせ、心の願いを満足させよう」と誓われた。そこで、「衆生の願求するところ、一切能く満足す」というのである。

〔器世間清浄を結ぶ〕

是故願㆑生㆓彼　阿彌陀佛國㆒

此二句結三成上觀二察十七種莊嚴國土成就一。所以願レ生。釋二器世間清淨一訖二之于上一。

「是の故に、彼の阿弥陀仏国に生ぜんと願ず」（第十五偈前半）

此の二句は上の十七種荘厳国土成就を観察することを結成《けつじょう》す。所以《ゆえん》は生ぜんと願ずるなり。器世間清浄を釈することと、これ上に訖《おわ》りぬ。

〔訳〕「かの阿弥陀如来の安楽浄土は、生けるものの志願を満たしてくれるものだからこそ、わたしはそこに生まれようと願うのである」

この二句は、これまで述べた仏国土荘厳の十七種の功徳成就（特相による円かなしつらい）を観察することを結ぶ。安楽浄土がわれわれの願いをかなえてくれる世界であるから、われわれはその浄土に生まれようと願うのである。以上で、器世間清浄についての注釈が終わった。

(ロ)　衆生世間（仏荘厳八種と菩薩荘厳四種）

〔衆生世間について〕

次觀ニ衆生世間清淨一。此門中分爲ニ二別一。一者觀ニ察阿彌陀如來莊嚴功德一。二者觀ニ察彼諸菩薩莊嚴功德一。觀ニ察如來莊嚴功德一中有ニ八種一。至レ文當レ目。

次に、衆生世間清浄を観ず。此の門の中を分かちて、二の別となす。一には阿弥陀如来の荘厳功徳を観察し、二には彼の諸の菩薩の荘厳功徳を観察す。如来の荘厳功徳を観察する中に、八種あり。文に至りてまさに目《なつ》くべし。

〔訳〕　つぎに、衆生世間清浄を観察する。この観察法を二つに分ける。一つには仏荘厳功徳（阿弥陀如来を特相とする円かなしつらい）を観察し、二つには、菩薩荘厳功徳（諸菩薩を特相とする円かなしつらい）を観察する。第一の仏荘厳功徳を観察する中に、八種の荘厳功徳がある。それは、注解する中で示すことにしよう。

〔衆生の名義について〕

問曰。有論師汎解ニ衆生名義一。以下其輪ニ轉三有一受中衆多生死上故名ニ衆生一。今名ニ佛菩薩一爲ニ衆

生一。是義云何。答曰。經言。一法有二無量名一。一名有二無量義一。如下以レ受二衆多生死一故名為中衆生上者。此是小乘家釋三界中衆生名義。非二大乘家衆生名義一也。大乘家所レ言衆生者。如二不增不滅經言一。言二衆生一者即是不生不滅義。何以故。若有レ生。生已復生。有二無窮過一故。有二不生而生過一故。是故無生。若有レ生可レ有レ滅。既無レ生。何得レ有レ滅。是故無生無滅是衆生義。如二經中言一。五受陰通達空無二所有一是苦義。斯其類也。

問うて曰わく。ある論師、汎《ひろ》く衆生の名義を解するに、其れ三有に輪転して、衆多《しゅた》の生死《しょうじ》を受くるを以ての故に衆生と名づくと。今、仏菩薩を名づけて衆生となす。是の義、云何《いかん》。答えて曰わく。経に言わく「一法に無量の名あり、一名に無量の義あり」と。衆多の生死を受くるを以ての故に名づけて衆生となすが如きは、此れは是れ、小乗家の釈する三界中の衆生の名義にして、大乗家の衆生の名義にはあらざるなり。大乗家の言うところの衆生とは、不増不減経に言うが如し。「衆生と言うは即ち是れ不生不滅の義なり」と。何を以ての故に。若し生あれば、生じ已《おわ》りて復《ま》た生ず。無窮《むぐう》の過《とが》あるが故に。不生にして生ずるの過あるが故に。是の故に無生なり。若し生あらば、滅あるべし。既に生なし、何ぞ滅あることを得ん。是の故に、無生無滅は是れ衆生の義なり。経の中に言うが如し。「五受陰、通達するに、空にして所有なし。是れ苦の義なり」と。斯《こ》れ其の類なり。

《ある論師》 部派仏教の論師を指す。典拠は不詳。**《生死》** jāti-maraṇa の訳。一つの迷いの生存には一つの生死があり、かかる生死を数多く繰返すのを輪廻（saṃsāra）という。生死も輪廻も同義語。**《経に言わく》**『大般涅槃経』巻三十三に「於二一名法一説二無量名一。於二一義中一説二無量名一。於二無量義一説二無量名一」（大正十二巻五六三下）とある。《不増不減経》元魏菩提流支訳。この中に「不可思議清浄法界説名二衆生一。所以者何。言二衆生一者即是不生不滅常恒清涼不變歸依。不可思議清浄法界等異名。以二是義一故。我依二彼法一説名二衆生一」（大正十六巻四六七下）とある。《経の中に言う》『維摩詰所説経』巻上弟子品に「五受陰洞達空無二所起一是苦義」（大正十四巻五四一上）とある。

〔訳〕　問う。部派の論師によれば、「衆生」の語義を解釈するのに、三界をめぐって輪廻し、衆多の生死をうけるから衆生と名づけるという。いま、安楽浄土の主たる阿弥陀仏や、そこに往生した人を名づけて衆生というのは、どういうわけであるか。

答える。『大般涅槃経』に、「一つのものに無量の名まえがあり、一つの名まえに無量の意味がある」と説かれている。問いの中でいうところの、衆多の生死をうけるから衆生と名づけるというのは、部派仏教の人たちが迷いの三界にいる者を名づけた意味であって、大乗仏教の人たちの名づけた衆生の意味ではない。

大乗仏教の人たちのいう衆生とは、『不増不減経』に「衆生とは、不生不滅の意味である」と説いている通りのものである。なぜならば、もし実《じつ》の生というものがあれば、すでに生じたものがまた生ずるというように、きわまりなく生ずるという過失をともなうからだし、また、いまだ生じないときに生ずるといえば、無から有が生ずるという過失がともなうことになるからである。それ故に不生である。また、もしも実の生というものがあれば、実の滅もあるべきである。すでに実の生がないのであるから、どうして実の滅があろうか。それ故に、不生不滅が衆生という言葉の意味である。これに類同した『維摩経』の文に、「われわれの身心を構成する五つの構成要素は、もともと空であり無所有のものである、とさとれば、それらの構成要素に執着するのは苦の意味であると知られる」と説かれている。

〔仏荘厳八種〕

(1) 座功徳成就

無量大寶王　微妙淨華臺

此二句名莊嚴座功德成就。佛本何故莊嚴此座。見有菩薩。於末後身敷草而坐成阿耨多羅三藐三菩提。人天見者不生增上信增上恭敬增上愛樂增上修行。是故願言。我成佛時使無量大寶王微妙淨華臺以爲佛座。無量者。如觀無量壽經言。七寶地上有大寶蓮華王座。蓮華一一葉作百寶色。有八萬四千脈。猶如天畫。脈有八萬四千光。華葉小者縱廣二百五十由旬。如是華有八萬四千葉。一一葉間有百億摩尼珠王以爲映飾。一一摩尼放千光明。其光如蓋。七寶合成遍覆地上。釋迦毘楞伽寶以爲其臺。此蓮華臺八萬金剛甄叔迦寶梵摩尼寶妙眞珠網以爲嚴飾。於其臺上自然而有四柱寶幢。一一寶幢如八萬四千億須彌山。幢上寶幔如夜摩天宮。有五百億微妙寶珠以爲映飾。一一寶珠有八萬四千光。一一光作八萬四千異種金色。一一金光遍安樂寶土。處處變化各作異相。或爲金剛臺。或作眞珠網。或作雜華雲。於十方面隨意變現化作佛事。如是等事出過數量。是故言無量大寶王微妙淨華臺。

「無量の大宝王たる、微妙《みみよう》の浄華台《じようけだい》あり」（第十五偈後半）

此の二句は荘厳座功徳成就と名づく。仏もと何が故ぞ此の座を荘厳したまえる。ある菩薩を見るに、末後《まつご》の身に於て、草を敷きて坐して、阿耨多羅《あのくたら》三藐三菩提《さんみやくさんぼだい》を成ず。人天の見る者、増上の信、増上の恭敬《くぎよう》、増上の愛楽《あいぎよう》、増上の修行を生ぜず。是の故に願じて言わく。我れ成仏せん時、無量の大宝王たる微妙の浄華台《じようけだい》をして、以て仏座となさしめんと。「無量」とは観無量寿経に言うが如し。「七宝の地の上に大宝蓮華王座あり。蓮華の一々の葉、百宝の色を作《な》す。八万四千の脈あり、猶《なお》し天の画の如し。脈に八万四千の光あり。華葉の小さき者は縦広二百五十由旬《ゆじゆん》なり。是の如き華に八万四千の葉あり。一々の葉の間に百億の摩尼珠《まにしゆ》王あり、以て映飾《ようじき》となす。一々の摩尼、千の光明を放つ。其の光、蓋《かさ》の如し。七宝、合成して遍《あまね》く地上を覆う。釈迦毘楞伽《しやかびりようが》宝、以て其の台となす。此の蓮華台は八万の金剛、甄叔迦《けんしゆくか》宝、梵摩尼《ぼんまに》宝、妙真珠網、以て厳飾《ごんじき》となす。其の台の上に、自然に四柱の宝幢《ほうどう》あり。一々の宝幢は八万四千億の須弥山《しゆみせん》の如し。幢上の宝幔《ほうまん》は夜摩天宮の如し。五百億の微妙の宝珠あり、以て映飾となす。一々の宝珠に八万四千の光あり。一々の光、八万四千の異種の金色を作す。一々の金光、安楽宝土に遍《あま》ねく、処々に変化して各《おのおの》異相を作《な》す。或は金剛台となり、或は真珠網と作《な》り、或は雑華雲《ぞうけ》と作り、十方面に於て、意に随いて変現し、仏事を化作《けさ》す」と。是の如き等の事、数量に出過せり。是の故に「無量の大宝王たる、微妙の浄華台あり」と言う。

《末後の身》最後身ともいう。antima-deha の訳。大乗仏教の場合でいえば、次の生には仏となるところの菩薩としての最後の身のこと。《草を敷く》仏になる時の座に草が敷いてあったのでは、人々に尊敬の念がおこらないという。『大智度論』巻三十四に「問曰。如二經説一佛敷二草樹下一坐而成二佛道一。今云何願言下以二天衣一爲上座。答曰。聲聞經中説レ敷レ草。摩訶衍經中隨二衆生所見一。或有レ見レ敷二草樹下一。或見レ敷二天綩綖一。隨二其福徳多少一所見不レ同」（大正二十五巻三一〇中）とある。《阿耨多羅三藐三菩提》anuttara-samyak-saṃbodhi の音写。無上正等正覚、無上正遍知と訳す。仏の智慧の悟りのこと。四一六〜八頁参照。《観無量寿経》畺良耶舎の訳。十六種の観法を説いている。この文は第七華座観の文。ただし多少異なっている。（大正十二巻三四二下〜三四三上）《摩尼珠》摩尼は maṇi の音写。珠は ratna（宝石）の訳。《蓋》かさ。天蓋のこと。《釈迦毘楞伽》Śakrābhilagna の音写。もとは帝釈天が用いていた頸飾という。《甄叔迦》kiṃśuka の音写。キンシュカ樹の花の色に似た赤色の宝石。《梵摩尼》浄らかな摩尼宝珠（如意宝珠）。《宝幢》宝珠で飾った幢。幢は、はたぼこ。仏菩薩の荘厳具。《宝幔》宝で飾った幕。

〔訳〕「無量の宝珠で飾られた精妙な蓮華台の仏座がある」

この二句は仏荘厳の第一、荘厳座功徳成就（仏座を特相とする円かなしつらい）と名づける。なぜ仏因位のとき、この円かなしつらいを起こしたもうたかといえば、ある菩薩を見ると、仏果を開く菩薩の最後身として、かれは草を敷いてその上に坐し、そしてこの上ない仏のさとりを完成する。だが、この様子を見ている神々や人間に、すぐれた信心、すぐれた恭敬心《くぎょう》、すぐれた愛楽心《あいぎょう》、すぐれた修行心が起こらない。それ故に、法蔵菩薩は「わたくしが仏となったとき、無量の宝珠で飾られた精妙な蓮華の台を仏座としよう」という願いをたてられた。

「無量」というのは、『観無量寿経』に説かれている通りである。すなわち、

「七宝で敷きつめられた浄土の大地の上に、大宝蓮華王座がある。この仏座の蓮華の一々の花びらには、百宝の色どりがあり、またどの花びらにも八万四千の脈があって、あたかも巧みな画のようで

ある。一々の脈に八万四千の光明が輝いている。蓮華の花びらは、小さいものでも縦・横二百五十由《ゆ》旬《じゅん》である。このように、仏座の蓮華は八万四千の花びらから成っており、一々の花びらの間に百億の摩尼宝珠《まにほうしゅ》が飾られ、一々の摩尼宝珠は一千の光明を放ち、その光は七宝から成る天蓋《てんがい》のようになって、地上を覆っている。

また、台座自体は釈迦毘楞伽宝《しゃかびりょうが》でできていて、八万の金剛石・甄叔迦宝《けんしゅくか》・梵摩尼宝《ぼんまに》・妙なる真珠の網などで飾られ、台座の上に自然に四本の柱がたち、宝珠でちりばめた幢《はたぼこ》となっている。それらの幢は八万四千億の須弥山《しゅみせん》のようにそびえ立ち、幢の上に張りめぐらした宝珠の幔幕《まんまく》は、あたかも夜摩天《やま》の宮殿のごとく、五百億の妙なる宝珠で飾られている。その一々の宝珠に八万四千の光明があり、また一々の光明に八万四千種類の金色があり、さらに一々の金色の光明は宝土たる安楽浄土を遍《あま》ねく照らし、いたるところで種々様々のすがたを現わす。あるときは金剛石の台となり、あるときは真珠の網となり、あるときは色とりどりの花の雲となるように、あらゆる世界に思いのままに変現して、仏の働きたる利他の仕事をなす」と。

このような仏座のしつらいに関しては、数量による説明をはるかに超えている。それ故に、「無量の大宝王たる、微妙の浄華台あり」という。

(2)　身業功徳成就

相好光一尋　色像超㆓群生㆒

此二句名㆓莊嚴身業功徳成就㆒。佛本何故莊㆓嚴如㆑此身業㆒。見㆘有佛身㆒。受㆓一丈光明㆒。於㆓人身光㆒不㆓甚超絶㆒。如㆓轉輪王相好㆒亦大同。提婆達多所㆑滅唯一。致㆑令㆔阿闍世王以㆑玆懷㆑亂。删闍耶等敢如㆓蟷蜋㆒。或如㆑此類也。是故荘㆓嚴如㆑此身業㆒。案㆓此間詁訓㆒。六尺曰㆑尋。如㆓觀無量壽經言㆒。阿彌陀如來身高六十萬億那由他恒河沙由旬。佛圓光如㆓百億三千大千世界㆒。譯者以㆑尋而言。何其晦木代反乎。里舍間人不㆑簡㆓縦横長短㆒。咸謂㆘横舒㆓兩手臂㆒爲㆖尋。若譯者或取㆓此類㆒用準㆓阿彌陀如來舒㆘臂爲㆑言。故稱㆓一尋㆒者。圓光亦應㆓徑六十萬億那由他恒河沙由旬㆒。是故言㆓相好光一尋色像超㆓群生㆒。

「相好《そうごう》の光、一尋《じん》にして、色像、群生《ぐんじょう》に超えたり」（第十六偈前半）

此の二句は荘厳身業功徳成就と名づく。仏もと何が故ぞ此の如きの身業を荘厳したまえる。ある仏身を見るに、一丈の光明を受く。人身の光に於て甚だ超絶せず。転輪王《てんりんおう》の相好の如き、亦た大同なり。提婆達多《だいばだった》の滅ずる所、唯だ一なり。阿闍世《あじゃせ》王をして玆《ここ》を以て乱を懐《いだ》かしめ、删闍耶《さんじゃや》等、敢《あえ》て蟷蜋《とうろう》の如くならしむることを致す。或は此の如きの類なり。是の故に、此の如きの身業を荘厳したまえり。此の間の詁訓《こくん》を案ずるに、六尺を尋と曰う。観無量寿経に言うが如し。「阿弥陀如来の身の高さは、六十万億那由他恒河沙由旬《なゆたごうがしゃゆじゅん》なり。仏の円光は、百億三千大千世界の如し」と。訳者、尋を以て言う、何ぞ其れ晦《くら》きや。里舎《りしゃ》の間の人、縦横長短を簡《えら》ばず、咸《み》な横に両手の臂《うで》を舒《の》べて、尋となすと謂《い》う。若し訳者、或は此の類を取りて、用いて、阿弥陀如来の臂《うで》を舒《の》ぶるに準じて言をなす。故に一尋と称するは、円光、亦た徑《さしわたし》、六十万億那由他恒河沙由旬なるべし。是の故に「相好の光、一尋にして、色像、群生に超えたり」と言う。

《相好》仏の身体にそなわっている特徴。相は lakṣaṇa の訳で、きわだった特徴、好は anuvyañjana の訳で、微細な特徴。三十二の相と八十の好があるという。（一六七～一七〇頁参照）《色像》色身、身体に同じ。《群生》衆生、生きとし生けるもの。《一丈の光明》三十二相の一つに「常光一丈相」というものがある。『大智度論』巻八に「佛身四邊各一丈光明。菩薩生便有レ此。是三十二相之一。各爲二丈光相一。問曰。佛何以故光常一丈而不レ多。答曰。一切諸佛常光無量。常照二十方世界一。釋迦牟尼佛神通身光無量。或一丈百丈千萬億。乃至滿二三千大千世界乃至十方一。如二諸佛常法一。但於二五濁世一爲二衆生少徳少智一故。受二一丈光明一。若受二多光一。今衆生薄福鈍根。目不レ堪二其明一。如下人見二天身一眼則失上レ明。以二光盛眼微一故。若衆生利根福重。佛則爲レ之現二無量光明一。」（大正二十五巻一一四下）とある。《大同》ほぼ同じの意。

《提婆達多》Devadatta の音写。釈尊の従兄。厳格な頭陀行を守って、最初期仏教時代のサンガの僧風を維持しようとしたが、すでにサンガが大きくなっていて、精舎の共同生活が行なわれていたので、釈尊はかれの意見を斥けた。ここにかれが釈尊と対立する人物と見られるようになった理由の一つがあると思われる。『大智度論』巻四に「難陀、提婆達多等皆有二三十相一」（大正二十五巻九二上）とあるが、「減ずる所、唯だ一なり」に従えば、三十一相の持主となる。《阿闍世王》Ajātaśatru の音写。釈尊在世中のマガダ国の王。提婆達多にそそのかされて父王を幽閉して死に至らしめた。《刪闍耶》パーリ語 Sañjaya Belaṭṭhiputta の音写。釈尊時代の非バラモン思想家。懐疑論者。《蟷蜋》かまきり。深励は、自分の力をわきまえず、できないことをやろうとすること、即ち釈尊と争ったことを指すという。『荘子』人間世篇に「汝不レ知二夫蟷蜋一乎。怒二其臂一以當二車轍一不レ知二其不レ勝レ任也」とあり、思い上った愚かさをいましめている。《此の間》中国のこと。《詁訓》文字の解釈。《観無量寿経に言う》第八像想観の文に「佛身高六十萬億那由他恒河沙由旬。（中略）彼佛圓光如二百億三千大千世界一」（大正十二巻三四三中）とある。《円光》仏・菩薩の頂上から放たれている円輪の光。

〔訳〕「阿弥陀仏の仏身から放つ光明は一尋四方を照らし、仏身はあらゆる生けるものに超え勝れている」

この二句は仏荘厳の第二、荘厳身業功徳成就（仏の身業を特相とする円かなしつらい）と名づける。なぜ仏が因位のとき、この円かなしつらいを起こしたもうたかといえば、ある仏身を見ると、一丈四方を照らす光明を具えていて、人間の身の光に比べて、大してすぐれていない。転輪聖王の身の光も、これと大して変わらない。仏弟子の提婆達多《だいばだった》は、三十二相の仏身より一相だけすくない、三十一相の人であったから、提婆達多の友人たる阿闍世《あじゃせ》王が釈尊に謀反《むほん》のこころを抱いたのであり、またあたかもかまきりが車にたち向かうように、異学派のサンジャヤなどが釈尊に論争をしかけたのも、みなこの類いである。それで、このような仏身をしつらえたのである。

中国における語釈を考えると、六尺が一尋である。しかしながら『観無量寿経』には、「阿弥陀如来の身のたけは、六十万億那由他恒河沙由旬である。その円光は百億三千大千世界のようである」と説かれている。『浄土論』の訳者が、阿弥陀仏の相好の光が一尋であると訳したのは、なんと暗いことではないか。一般の人びとは、縦横長短をいわず、みな、横に両手の臂《ひじ》を伸ばした長さを一尋という。もしも訳者が、臂を伸ばすという計量方法で阿弥陀如来が臂を伸ばしたのを一尋とするならば、円光もまた直径、六十万億那由他恒河沙由旬となるべきである。それ故に、「相好の光、一尋にして、色像、群生に超えたり」という。

〔法界身の意味〕

問曰。觀無量壽經言。諸佛如來是法界身。入二一切衆生心想中一。是故汝等心想レ佛時。是心卽是三十二相八十隨形好。是心作佛。是心是佛。諸佛正遍知海從二心想一生。是義云何。答曰。身名二集成一界名二事別一。如二眼界一縁二根色空明作意五因縁一生。名爲二眼界一。是眼但自行二己縁一不レ行二他縁一。以二事別一故。耳鼻等界亦如レ是。言二諸佛如來是法界身一者。法界是衆生心法也。以三心能生二世間出世間一切諸法一故名レ心爲二法界一。法界能生二諸如來相好身一亦如三色等能生二眼識一。是故佛身名二法界身一。是身不レ行二他縁一。是故入二一切衆生心想中一。心想レ佛時是心卽是三十二相八十隨形好者。當二衆生心想レ佛時一。佛身相好顯二現衆生心中一也。譬如二水清則色像現一。水之與レ像不レ一不レ異。故言二佛相好身卽是心想一也。是心作佛者。言二心能作一レ佛也。是心是佛者。心外無レ佛也。譬如下火從レ木出火不レ得レ離レ木也。以レ不レ離レ木故則能燒レ木。木爲二火燒一木卽爲上火也。諸佛正遍知海從二心想一生者。正遍知者。眞正如二法界一而知也。法界無相故諸佛無知也。以二無知一故無レ不レ知也。無知而知者是正遍知也。是知深廣不レ可二測量一。故譬レ海也。

問うて曰わく。観無量寿経に言わく、「諸仏如来は是れ法界身なり。一切衆生の心想の中に入る。是の故に、汝等、心に仏を想う時、是の心、即ち是れ三十二相八十随形好《ずいぎょうこう》なり。是の心、作仏《さぶつ》す、是の心、是れ仏なり。諸仏正遍知海《しょうへんちかい》は心想より生ず」と。是の義、云何《いかん》。

答えて曰わく。身を集成と名づけ、界を事別と名づく。眼界の如きは、根・色・空・明・作意《さい》の五の因縁に縁《よ》りて生ず。名づけて眼界となす。是の眼は、但だ自《みず》から己《おの》れが縁を行じて他縁を行ぜず。事、別なるを以ての故に。耳鼻等の界も亦た是の如し。「諸仏如来は是れ法界身なり」と言うは、法界は是れ衆生の心法なり。心は能《よ》く世間と出世間との一切の諸法を生ずるを以ての故に、心を名づけて法界となす。法界は能く諸の如来の相好身を生ずること、亦た色等の能く眼識を生ずるが如し。是の故に仏身を法界身と名づく。是の身は他縁を行ぜず。是の故に、「一切衆生の心想の中に入る」と。「心に仏を想う時、是の心、即ち是れ三十二相八十随形好なり」とは、衆生、心に仏を想う時に当りて、仏身相好《そうごう》、衆生心中に顕現するなり。譬えば水清ければ則ち色像《しきぞう》現じ、水と像と一ならず異ならざるが如し。故に仏の相好身、即ち是れ心想なりと言うなり。「是の心、作仏す」とは、心、能く仏を作すと言うなり。「是の心、是れ仏なり」とは、心の外に仏なきなり。譬えば、火は木より出でて、火は木を離るることを得ず、木を離れざるを以ての故に、則ち能く木を焼く、木、火に焼かれ、木即ち火となるが如し。「諸仏正遍知海は心想より生ず」とは、正遍知とは、真正に法界の如くして知るなり。法界、無相なるが故に、諸仏は無知なり。無知なるを以ての故に、知ざることなきなり。無知にして知るとは、是れ正遍知なり。是の知、深広にして測量すべからず。故に、海に譬うるなり。

《観無量寿経に言わく》 第八像想観の文（大正十二巻三四三上）。**《法界身》** 法界（dharma-dhātu）の「界」（dhātu）は元来、要素という意味であるが、大乗仏教では「界」を、①性の義とした場合、法性や真如と同義となり、②分の義とした場合、世界・宇宙をいう。曇鸞が「界」を事別の義としたのは、②の意味である。法界身は真如法界そのものを仏身とみたもので、それは衆生の心にあらわれるとする。ちなみに、善導は法界を衆生と解釈して、衆生を化益する仏身の意味にとった。

《三十二相・八十随形好》 仏にそなわっている三十二のきわだった特徴と、八十の微細な特徴。（一六三～六頁参照）**《正遍知》** ただしく完全に真理を覚っている知のこと。仏のさとり。**《五の因縁》** 根（眼という器官）・色（眼によって見られる事物）・空（空間）・明（明るさ）・作意（心を対象に向け専注すること）によって見るというはたらきが成立するという。　《己れが縁》縁は所縁（対象）のこと。己れが縁とは、眼についていえば、対象としてのいろ・かたちあるもの（色）のこと。《法界、無相なるが故に》僧肇『肇論』般若無知論第三に、般若が無相の知、不知の照のあることを論じて、「聖心は無知なるを以て、故に知らざる所無し。不知の知、乃ち一切知と曰う」（大正四十五巻一五三上）とある。《是の知、深広》『無量寿経』巻下の往観偈に「如来智慧海　深廣無㆓涯底㆒　二乗非㆑所㆑測　唯佛獨明了」（大正十二巻二七三中）とある。

〔訳〕　問う。『観無量寿経』に「諸仏如来は是れ法界身なり。一切衆生の心想の中に入る。是の故に、汝等、心に仏を想う時、是の心、即ち是れ三十二相八十随形好《ずいぎょうこう》なり。是の心、作仏す、是の心、是れ仏なり。諸仏正遍知海は心想より生ず」と説かれている。この経文の意味は何か。

答える。「身」は諸要素が集まってできているものに名づけ、「界」は領域の別に名づける。例えば、眼識（眼の識別作用）が生ずるとき、眼根（眼の感官）と色《しき》（その対象である事物）と空（空間）と明（光明）と作意（見ようとする意志）の五つの条件が関係しあって見る働きが生ずる領域を名づけて、眼界（眼識の領域）という。眼根は自己の対象たる色のみをとり、耳根の対象たる声をとるなどのことをしない。領域が別であるからである。他の耳・鼻・舌・身・意の場合における耳界・鼻界・舌界・身界・意界も同様である。

「諸仏如来は是れ法界身」というのは、「法界」とは衆生の心である。心は世間と出世間のすべての事象を生起する働きがあるから、心のことを法界という。法界すなわち心は諸仏の相好身を生起するが、それは、色などの五つの条件が眼識などを生起するごとくである。それで、仏身を法界身と名づけるのである。この法界身は他の眼・耳・鼻などの対象とはならない。それで、「一切衆生の心想の中に入る」といわれる。

「心に仏を想う時、是の心、即ち是れ三十二相八十随形好なり」とは、衆生が心中に仏を想念するとき、仏身のすぐれた特徴が心中にはっきりと現われるというのである。例えば、水が澄んでおれば、物のかたちをうつし出し、水とうつし出されたかたちが同一のものでもなく別異のものでもないようなものである。それ故に、仏の相好身が衆生の心想であるというのである。

「是の心、作仏す」とは、心が仏の相好身を作るということである。

「是の心、是れ仏なり」とは、仏を想念する心以外に仏はないのである。例えば、火は木から生じ、木を離れることができない。木を離れないから火は木を焼くことができる。木が火に焼かれて、火となるようなものである。

「諸仏正遍知海は心想より生ず」とは、そのうちの「正遍知」とは、まことに、まさしく真理にかなって知ることである。真理はかたちのないもので、その真理をさとった諸仏の智慧は、かたちあるものを把《とら》える衆生の相対的な知をこえた絶対のものだから、無知という。無知であるから、限りなくあらゆるものを知ることができる。無知の知、これが諸仏の正遍知である。この諸仏の智慧は深広で、はかり知ることができないから、『無量寿経』などでは、海に譬えている。

(3)　口業功徳成就

如來微妙聲　梵響聞十方

此二句名莊嚴口業功德成就。佛本何故興此莊嚴。見有如來。名似不尊。如外道軵（推車。人冢反）稱瞿曇姓。成道日聲唯徹梵天。是故願言。使我成佛妙聲遐布聞者悟忍。是故言如來微妙聲梵響聞十方。

「如来微妙の声、梵響《ぼんこう》して十方に聞こゆ」（第十六偈後半）

此の二句は荘厳口業《くごう》功徳成就と名づく。仏もと何が故ぞ此の荘厳を興したまえる。ある如来を見るに、名は尊《とうと》からざるに似たり。外道軵《げどうしゃ》して、瞿曇《くどん》姓と称するが如し。成道の日、声唯だ梵天《ぼんてん》に徹《とお》る。是の故に願じて言わく。我れ成仏せんに、妙声遐《はる》かに布《し》き、聞く者をして忍《にん》を悟らしめんと。是の故に「如来微妙の声、梵響して十方に聞こゆ」と言う。

《微妙の声》阿弥陀如来の説法の声。『無量寿経』巻上の讃仏偈には「正覺大音　響流十方」（大正十二巻二六七上）とあり、現在の梵本では「仏陀の音声もまた無辺のひびきあり」という意味になっている。曇鸞は如来の名まえ（南無阿弥陀仏の名号）を称えることとみている。　**《梵響》**清浄な音声が響きわたること。

《軵》親鸞はシャと読んでいるが、ジョウまたはニョウと読むのが正しいであろう。車を推すという意味。親鸞加点本では軵人となっている。深励は、こちらに向かってくる車をあとへ推し戻す意味から、向かい合っている人を軽んずることとしている。　**《成道の日》**親鸞は「道を成ずるに声なお曰《い》う」と読んでいる。

今は日《ひ》と読んだ。『大智度論』巻九に「復次佛説法聲至二梵天一」（大正二十五巻一二三上）とある。《布く》ゆきわたる。《忍》無生法忍（不生不滅の道理をしっかりとさとること）のこと。

〔訳〕「如来の名まえを称える音声は、十方に響きわたる」

この二句は仏荘厳の第三、荘厳口業功徳成就（仏の口業を特相とする円かなしつらい）と名づける。なぜ仏が因位のとき、この円かなしつらいを起こしたもうたかといえば、ある如来を見ると、呼び名が尊くないように思われた。ちょうど、異学派の者たちが釈尊の姓を使って、ゴータマと軽んじて呼んだごとくである。ところで、釈尊が菩提樹下でさとりを開いてブッダとなったとき、その名まえは梵天界にとどいたにすぎない。

それ故に、「わたくしが仏となったとき、わが名を称える音声が十方に響きわたって、聞く者に不生不滅の真理をさとらしめよう」と願われた。それ故に、「如来微妙の声、梵響して十方に聞こゆ」というのである。

(4) 心業功徳成就

同二地水火風　虚空一無二分別一

此二句名二荘嚴心業功徳成就一。佛本何故興二此荘嚴一。見二有如來一。説レ法云二此黒此白此不黒不白下法中法上法上上法一。有二如レ是等無量差別品一似レ有二分別一。是故願言。使下我成佛如三地荷負無二輕重之殊一。如二水潤長無二脊（惡草）萿（瑞草。括音）之異一。如二火成熟無二芳臭之別一。如三風起發無二眠悟之差一。如丙空苞受無乙開塞之念甲。得二之于内一物安二於外一。虚往實歸於レ是于息。是故言下同二地水火風虚空一無中分別上。

「地水火風虚空に同じくして、分別することなし」（第十七偈前半）

此の二句は荘厳心業《しんごう》功徳成就と名づく。仏もと何が故ぞ此の荘厳を興したまえる。ある如来を見るに、法を説きて、此れは黒、此れは白、此れは不黒不白、下法、中法、上法、上上法なりと云う。是の如き等の無量の差別の品あり、分別あるに以たり。是の故に、願じて言わく。我れ成仏せんに、地の荷負《かぶ》するに軽重の殊《ことなり》なきが如く、水の潤長《じゅんちょう》するに脊搭《しょうかつ》の異なきが如く、火の成熟するに芳臭の別なきが如く、風の起発するに眠悟の差なきが如く、空の苞受《ほうじゅ》するに開塞《かいそく》の念なきが如くならしめんと。これを内に得て物を外に安んず。虚にして往き、実にして帰り、是に於て息《や》む。是の故に、「地水火風虚空に同じくして、分別することなし」と言う。

《**此れは黒**》『大智度論』巻九十四に「黒業者是不善業果報。地獄等受二苦悩一處。是中衆生以二大苦悩悶極一故名爲レ黒。受二善業果報一處。所謂諸天。以二其受樂隨一レ意自在明了故名爲二白業一。是業是三界天。善不善業受二果報一處。所謂人阿修羅等八部。此處亦受レ樂亦受レ苦故名爲二白黒業一。（中略）問曰。無漏業應二是白一。何以言二非白非黒一。答曰。無漏法雖二清浄無垢一。以二空無相無作一故無レ所二分別一不レ得レ言レ白。黒白是相待法。此中無二相待一故不レ得レ言レ白。」とある（大正二十五巻七二〇上）。また『涅槃経』巻三十七（大正十二巻五八五中）参照。

《**下法**》『涅槃経』巻二十七に「觀十二縁智凡有四種。一者下。二者中。三者上。四者上上。」（大正十二巻五二四中）とある。

《**地の荷負する**》『法集経』巻二に「譬如大地其性平等。廣能荷負一切衆生。（中略）譬如大水其性普洽澤潤一切皆令滋茂。（中略）譬如火性力。能成熟一切果實。（中略）譬如風性力。能生長一切藥草諸種。（中略）譬如空界無量無邊體無障礙容受一切。」（大正十七巻六一六下）とある。その他『大宝積経』巻百十二（大正十一巻六三三上）や『華厳経』巻五（大正九巻四二八上）『大般涅槃経』巻二十四（大正十二巻五〇九下）参照。

《菁萿》菁は悪い草、萿は瑞草の名。《苞》つつむ。

《虚にして往き、実にして帰る》何もなしで行き、充実して帰ってくること。『荘子』徳充符篇に「常季問ニ於仲尼一曰。王駘兀者也。従レ之遊者。與ニ夫子一中ニ分魯一。立不レ教。坐不レ議。虚而往。実而帰。」とある。僧肇『肇論』般若無知論第三に、「故に経に曰く『聖心は知る所無く、知らざる所無し』（思益梵天所問経）と。信なるかな。是を以て、聖人は其の心を虚しうして、其の照を実にす。終日知って而も未だ嘗て知らざるなり」（大正四十五巻一五三上）とある。無知とは般若の智慧であって、それは空智に外ならない。空はあらゆるものを生かす働き、すなわち慈悲・平等の働きを示す。大乗菩薩道は空智の体得（自利）と、それの実践たる慈悲行（利他）との二つの完成にきわまる、ということを「是に於て息む」と述べたのではなかろうか。

〔訳〕「地、水、火、風、空が差別せずに作用するように、如来は分別するところなく、平等心に住する」

この二句は仏荘厳の第四、荘厳心業功徳成就（仏の意業を特相とする円かなしつらい）と名づける。なぜ仏が因位のとき、この円かなしつらいを起こしたもうたかといえば、ある如来を見ると、説法する場合、これは悪業、これは善業、これは無漏業、これは声聞法、縁覚法、菩薩法、仏乗法と説かれる。このように、数限りない類別があって、いかにも差別がたてられているようである。

それで、法蔵菩薩は「わたくしが仏となったならば、大地が万物を載せるのに軽重の区別をしないごとく、水が水生植物を育てるのに悪草・瑞草の区別をしないごとく、火がものを煮たてるのに香りのよしあしの別をしないごとく、風が吹き起こるとき眠っている者、眼をさましている者のちがいをみないごとく、虚空がものを包容するとき開塞の念《おも》いをしないごとく、そのように差別するこころを持たないようにしよう」と願われた。

こうして、法蔵菩薩は内には無差別・平等の理をさとり、外には衆生をして平等に仏果をさとらしめる。心を虚しくして空をさとり、利他の慈悲行をなす。ここに、菩薩道の完成（自利・利他の二利の完成）がある。それ故に、「地水火風虚空に同じくて、分別することなし」というのである。

(5)　大衆功徳成就

天人不動衆　清淨智海生

此二句名莊嚴大衆功德成就。佛本何故起此莊嚴。見有如來。說法輪下所有大衆諸根性欲種種不同。於佛智慧若退若沒。以不等故衆不純淨。所以興願。願我成佛。所有天人皆從如來智慧清淨海生。海者。言佛一切種智深廣無涯。不宿二乘雜善中下死屍。喩之如海。是故言天人不動衆清淨智海生。不動者。言彼天人成就大乘根不可傾動也。

「天人不動の衆、清浄の智海より生ず」（第十七偈後半）

此の二句は荘厳大衆功徳成就と名づく。仏もと何が故ぞ此の荘厳を起こしたまえる。ある如来を見るに、法輪を説く下の所有《しょう》の大衆の諸の根性欲、種種不同にして、仏の智慧に於て若しくは退し、若しくは没し、等しからざるを以ての故に、衆、純浄ならず。所以《ゆえ》に願を興したまえり。願わくは我れ成仏せんに、所有の天人、皆な如来の智慧清浄の海より生ぜんと。「海」とは言わく、仏の一切種智、深広にして涯《かぎり》なく、二乗雑善《ぞうぜん》の中下の死屍《しし》を宿さず、これを喩《たと》うるに海の如し。是の故に、「天人不動の衆、清浄の智海より生ず」と言う。「不動」とは、彼の天人、大乗の根を成就して傾動《きょうどう》すべからざるを言うなり。

《**天人**》天（神々）と人びと。　《**法輪**》dharma-cakra の訳。仏陀の教えを象徴している輪。輪は元来は戦車のこと。　《**根性欲**》根（教えを受ける者としての性質、能力）と性（衆生の素質、素性）と欲。『大智度論』巻八十八に「人有二二種一。鈍根爲二受身一故作レ業。利根爲二滅身一故作レ業。問曰。若爾者何以不二皆令下作二浄業一。答曰。以三衆生根有二利鈍一故。問曰。衆生何因縁故有二利鈍一。答曰。以レ有二種種欲力一故。悪欲衆生常入レ悪故鈍。欲名二嗜好一。嗜好二罪事一生二悪業一故鈍。善欲者樂レ道修二助道法一故利。問曰。衆生何以不三皆作二善欲一。答曰。是故佛説二世間種種性悪性善性一。悪性者悪欲。悪欲故根鈍。如二火熱性水濕性一。不レ應レ責二其所以一。」（大正二十五巻六八三中）とあり。また『法華経』方便品（大正九巻九中）参照。仏が衆生のなした過去の業と、欲性（意志）と精進力と諸根の利鈍を知って、種々に方便して説法するという偈文がある。香月院は、根と性と欲との三字に分けて解釈しているので、いまはこれによる。　《**海**》ここでは、海の特性の一つ「不宿死骸」を挙げているが、仏国土荘厳第三「性功徳成就」の下では、「同一鹹味」が挙げられている。親鸞は『教行信証』行巻の一乗海釈の下で、これら二つの海の特性を引いて本願海を説明している。早島鏡正『親鸞入門』（講談社、昭和四十六年）参照。

《**一切種智**》すべての存在に関して平等の相に即して差別の相を精細に知る智慧。『大智度論』巻八十四に

「一切種智是佛智。一切種智名二一切三世法中通達無礙一。知二大小精麁一無二事不一レ知」(大正二十五巻六四九中)とある。また同巻二十七(大正二十五巻二五八下)参照。《深広にして涯無く》『無量寿経』巻下の往覲偈に「如来智慧海深廣無涯底」(大正十二巻二七三中)とある。また『大般涅槃経』巻三二には、海の八不思議を述べる中に「漸漸轉深」「深難得底」「不宿死屍」などと説き(大正十二巻五五八下)、また『華厳経』十地品には、大海の十相を挙げる中に、「漸次深」「不受死屍」「極深難入」「廣大無量」(大正九巻五七五中)と説いている。親鸞は海の十相死尸《ガイ》と読んでいるが、尸、屍ともに「シ」の音である。《二乗雑善》声聞・縁覚の二乗の起こす無漏の善は、無明住地の惑と相雑《まじ》って起こる善だから、このようにいう(香月院深励の説)。《中下》菩薩乗と声聞乗と縁覚乗との三乗を上・中・下乗とするうちの、後二者をいう。《死屍》死屍というのは、易行品の偈にあるごとく、菩薩が声聞や縁覚の地に退堕することを菩薩の死としていることから、浄土には菩薩の死はない、したがって声聞や縁覚の死屍はないという。

〔訳〕「浄土の不退転に住する聖衆は、みな阿弥陀仏の清浄な智慧の海から生まれた者たちである」

この二句は仏荘厳の第五、荘厳大衆功徳成就(仏智から生まれる聖衆を特相とする円かなしつらい)と名づける。なぜ仏が因位のとき、この円かなしつらいを起こしたもうたかといえば、ある如来を見ると、説法の会座《えざ》に列《つら》なっている人たちの、過去世に蒔《ま》いた聞法の種、聞法しようと願うこと、そして聞法の身が定まることなど、種々さまざまあって一様ではない。だから、仏の智慧に関する説法を聞いて、人びとは大乗の教えから退堕し、あるいはもとの小乗の教えに沈没し、また人びとの機根が等しくないから、純粋・清浄ではない。

そういうわけで、法蔵菩薩は願を起こして、「わたくしが仏となったとき、すべての聖衆たちは、みな仏の清浄な智慧の海から生まれさせよう」と誓われた。

「海」とは、すべてを知る仏の智慧が深く広く限りなく、その善根が汚れをまじえて死骸にも等しいところの声聞や縁覚の人びとを宿さないから、「海」のようであると譬える。それ故に、「天人不動の衆、清浄の智海より生ず」というのである。「不動」とは、安楽浄土に生まれた聖衆が、仏果を開く大乗菩薩の根機を完成して、浄土から退堕しないことをいう。

阿弥陀仏と、および阿弥陀仏をとりまく聖衆、すなわち主・伴の特性を述べるのが、仏荘厳八種のうちの第五以下である。ただし、「伴」といえば、このあとに出る菩薩荘厳四種のことをいうのであるが、ここで大衆功徳荘厳が「伴」として語られるのは、浄土に生まれる菩薩すなわち聖なる大衆は、すべて「主」の阿弥陀仏のさとりの智慧から生起する「伴」だからである。まず「伴」の特性として、第五の大衆功徳を出し、ついで「伴」を生起する「主」の特性として第六の上首功徳、第七の主功徳、第八の不虚作住持功徳を明かす。

(6) 上首功徳成就

如二須彌山王一　勝妙無二過者一

此二句名二莊嚴上首功德成就一。佛本何故起二此願一。見二有如來一。衆中或有二强梁者一。如二提婆達多流比一。或有二國王與レ佛並治一不レ知二甚推レ佛。或有下請レ佛以二他緣一廢忘上。有四如レ是等似三上首力不二成就一。是故願言。我爲レ佛時願一切大衆無二能生レ心敢與レ我等一唯一法王更無二俗王一。

是故言㆘如㆓須彌山王㆒勝妙無ㆥ過者㆖。

「須弥《しゅみ》山王《せんのう》の如く、勝妙にして過ぎたる者なし」（第十八偈前半）

此の二句は荘厳上首《じょうしゅ》功徳成就と名づく。仏もと何が故ぞ此の願を起こしたまえる。ある如来を見るに、衆の中に或は強梁《きょうりょう》の者あり、提婆達多《だいばだった》の流比《たぐい》の如し。或は国王、仏と並び治むるに、甚だ仏に推《ゆず》ることを知らざるあり、或は仏を請するに、他縁を以て廃忘《はいもう》するあり。是の如き等、上首力を成就せざるに似たるあり。是の故に願じて言わく、我れ仏とならん時、願わくは一切の大衆、能く心を生じて敢《あえ》て我と等しきことなく、唯だ一法王にして更に俗王なからんと。是の故に、「須弥山王の如く、勝妙にして過ぎたる者なし」と言う。

《須弥山王》これは須弥山を王に譬えている。須弥山は Sumeru の音写。妙高と訳す。インドの宇宙説にある、一世界の中心をなす高山。**《上首》**一座の中の首位のもの。**《強梁》**頑固で気力が強いこと。**《仏を請するに云云》**毗羅然国の阿耆達王は仏を招待して、その年の安居《あんご》の供養をなすことを申し出ていながら、他の事情でそのことを忘れてしまい、王城の門番に誰が来ても開門してはならぬと命じた。仏の一行がやってきたが、ある馬飼が馬に食べさせる麦を供養したので、三ヶ月間の安居をつとめることができたという。『十誦律』巻十四（大正二十三巻九八中～九九上）参照。

〔訳〕「阿弥陀仏は浄土の聖衆《しょうじゅ》の上首として、須弥《しゅみ》山王《せんのう》のごとく超え勝れて、他に比べる者がいない」

この二句は、仏荘厳の第六、荘厳上首功徳成就（須弥山に等しい上首を特相とする円かなしつらい）と名づける。なぜ仏が因位のとき、この円かなしつらいを起こしたもうたかといえば、ある如来を見ると、サンガの僧衆の中の強力者で、提婆達多の類いのようであり、また例えば、国王がいて、仏とならんで国を治めるが、仏を尊ぶことを知らない。あるいは仏の一行を安居に招待しておきながら、他の事情で忘れてしまう。このように、上首としての力が完全でないように思われる。

そこで、法蔵菩薩は願いをたてて、「わたくしが仏となったとき、すべて浄土の聖衆がわたくしと同じ上首になろうとせず、浄土はただ法王一人のみで、外に世俗の王のいないようにしたい」と誓われた。それ故に、「須弥山王の如く、勝妙にして過ぎたる者なし」というのである。

(7) 主功徳成就

天人丈夫衆　恭敬繞瞻仰

此二句名ニ莊嚴主功德成就一。佛本何故起ニ此莊嚴一。見ニ有佛如來一。雖レ有ニ大衆一衆中亦有レ不ニ甚恭敬一。如戊一比丘語丁釋迦牟尼佛。若不三與レ我解ニ十四難一我當丙更學乙餘道甲。亦如下居迦離謗ニ舍利弗一。佛三語而三不レ受。又如下諸外道輩假入ニ佛衆一而常伺中求佛短上。又如下第六天魔常於ニ佛所一作中諸留難上。有下如レ是等種種不ニ恭敬一相上。是故願言。使ニ我成佛天人大衆恭敬無レ倦。所三以但言ニ天人一者。淨土無ニ女人及八部鬼神一故也。是故言ニ天人丈夫衆恭敬繞瞻仰一。

「天人丈夫の衆、恭敬《くぎょう》し、繞《めぐ》りて瞻仰《せんごう》す」（第十八偈後半）

此の二句は荘厳主功徳成就と名づく。仏もと何が故ぞ此の荘厳を起こしたまえる。ある仏・如来を見るに、大衆ありと雖も、衆の中に亦た甚だ恭敬《くぎょう》せざるあり。一比丘の、釈迦牟尼仏、若《も》し我がために十四の難を解《げ》せずば、我れまさに更に余道を学すべしと語りしが如し。亦た居迦離《くかり》、舎利弗《しゃりほつ》を謗《そし》り、仏、三たび語りたまいしに、三たび受けざりしが如し。又た諸の外道《げどう》の輩《やから》、仮りに仏衆に入りて、常に仏の短を伺求《しぐ》せしが如し。又た第六天の魔、常に仏所に於て諸の留難《るなん》を作《な》せしが如し。是の如き等の種種の恭敬せざる相あり。是の故に願じて言わく、我れ成仏せんに、天人大衆、恭敬して倦《う》むことなからしめんと。但だ天人と言う所以《ゆえん》は、浄土には女人及び八部鬼神なきが故なり。是の故に、「天人丈夫の衆、恭敬し、繞《めぐ》りて瞻仰《せんごう》す」と言う。

《瞻仰》あおぎ見て、慕うこと。　《一比丘》『大智度論』巻十五に「如㆓一比丘㆒。於㆓此十四難㆒思惟觀察。不㆑能㆓通達㆒心不㆑能㆑忍。持㆓衣鉢㆒至㆓佛所㆒。白㆑佛言。佛能爲㆑我解㆓此十四難㆒。使㆓我意了㆒者當㆑作㆓弟子㆒。若不㆑能㆑解我當㆔更求㆓餘道㆒」（大正二十五巻一七〇上）とある。　《十四の難》十四無記ともいう。マールンキヤ・プッタが提起した十四の形而上学的な問いで、釈尊は、これらの問いは悟りに至るためには役立たないとして、確答を保留し、是とも非とも記説しなかった。それで無記（avyākata）という。『大智度論』巻二には、「何等十四難。世界及我常世界及我無常。世界及我亦有常亦無常。世界及我亦非有常亦非無常。世界及我有邊。無邊。亦有邊亦無邊。亦非有邊亦非無邊。死後有㆓神去㆓後世㆒。無㆓神去㆓後世㆒。亦有㆓神去㆒亦無㆓神去㆒。死後亦非㆑有㆓神去㆒亦非㆑無㆔神去㆓後世㆒。是身是神。身異神異。」（大正二十五巻七四下）とある。原始仏典では十無記となっている。すなわち、①世界は常住である、②世界は無常である、③世界は有限である、④世界は無限である、⑤霊魂と身体は同一である、⑥霊魂と身体は別異である、⑦完全な人格者は死後に存在する、⑧完全な人格者は死後に存在しない、⑨完全な人格者は死後に存在しかつ存在しない、⑩完全な人格者は死後に存在するのでもなく存在しないのでもない、という問い（中部経典『マールンキヤ小経』、漢訳『箭喩経』）。

《居迦離》Kokālika の音写。倶迦離とも写す。『大智度論』巻十三に「倶伽離到㆓佛所㆒。頭面禮㆓佛足㆒却住㆓

一面一。佛告ニ倶伽離一。舍利弗目揵連心浄柔輭。汝莫ニ謗レ之而長夜受上苦。倶伽離白レ佛言。我於ニ佛語一不ニ敢不上信。但自目見了了。定知二人實行ニ不浄一。佛如レ是三呵。倶伽離亦三不レ受。」（大正二十五巻一五七下）とある。居迦離は提婆達多の弟子で、舍利弗や目連が女人と同宿したといってそしったのに対して、世尊がそうではないと三度叱ったが、かれはひるがえさなかった。そのため、かれは全身に瘡を生じ、その夜、地獄に堕したという。《舎利弗》Śāriputra の音写。釈尊の十大弟子の一人、智慧第一と称される。釈尊の入滅に先立って、この世を去っている。もと、目連とともにサンジャヤ（懐疑論者）の上足であったのが釈尊に帰した。《仏の短》仏陀の欠点、短所。『大智度論』巻五十八に「諸外道梵志。来ニ向仏所一欲レ求ニ仏短一」（大正二十五巻四七〇上）とある。《第六天の魔》第六天は欲界の頂である他化自在天をいう。この天は仏道をさまたげるので魔という。《留難》魔が善事を留止し、さまたげをなすこと。《八部鬼神》鬼神とは、目に見えない超人的な力をもつもの。四天王に属する乾闥婆・毘舎闍・鳩槃荼・薜茘多・諸龍衆・富單那・夜叉・羅刹の八衆を指す場合と、天・龍・夜叉・乾闥婆・阿修羅・迦樓羅・緊那羅・摩睺羅迦の八衆を指す場合などがある。いまは前者をいう。

〔訳〕「浄土では聖衆がこぞって阿弥陀仏を尊敬し、とりまいて敬礼し、讃仰している」

この二句は仏荘厳の第七、荘厳主功徳成就（聖衆に尊敬される主を特相とする円かなしつらい）と名づける。なぜ仏が因位のとき、この円かなしつらいを起こしたもうたかといえば、ある如来を見ると、サンガの僧衆を引いているけれども、僧衆のなかで大して尊敬を払わない者がいる。あたかも、ある比丘が「世尊よ、もしもわたくしのために、十四の形而上学的難問を解答してくださらなかったら、世尊の許を離れてわたくしは仏教以外の教えを学びます」と語ったようなものである。また、居迦離《くかり》が舎利弗を非難したとき、世尊は三度叱ったが、かれは三度ともうけつけなかったごときである。また、異学派の人びとが世尊のサンガの僧衆に入って、いつも世尊の欠点を探していたごときである。また、他化自在天の魔が世尊のところにやってきて、数々の妨げをなしたごときである。このような種々の尊敬しないことがある。

そこで、法蔵菩薩は願いを起こして、「わたくしが仏となったとき、天人丈夫の衆がわたくしを尊敬してあきることがないようにしたい」と誓った。ここで、浄土の聖衆をいうのに「天人〔丈夫の衆〕」（神々と人間）とだけいうのは、浄土には丈夫の語で女人の存在しないことを示し、天人の語で龍神・夜叉などの八部鬼神の存在しないことを示すからである。それ故に、「天人丈夫の衆、恭敬し、繞りて瞻仰す」というのである。

(8)　不虚作住持功徳成就

観佛本願力　遇無空過者　能令速満足　功徳大寶海

此四句名荘嚴不虚作住持功徳成就。佛本何故起此荘嚴。見有如來。但以聲聞爲僧。無求佛道者。或有値佛而不免三塗。善星。提婆遮多。居迦離等。是也。又人聞佛名號。發無上道心。遇惡因縁。退入聲聞辟支佛地者。有如是等空過者退没者。是故願言。使我成佛時。値遇我者。皆速疾満足無上大寶。是故言観佛本願力。遇無空過者。能令速満足功徳大寶海。住持義如上。観佛荘嚴八種功徳訖之于上。

「仏の本願力を観ずるに、遇《あ》うて空しく過ぐる者なし。能《よ》く速かに功徳の大宝海を満足せしむ」(第十九偈)
此の四句は荘厳不虚作住持《ふこさじゅうじ》功徳成就と名づく。仏もと何が故ぞ此の荘厳を起こしたまえる。ある如来を見るに、但だ声聞を以て僧となし、仏道を求むる者なし。或は仏に値《あ》いて、而も三塗《さんず》を免れざるあり。善星《ぜんしょう》、提婆《だいば》遮多《しゃった》、居迦離《くかり》等、是れなり。又た人、仏の名号を聞いて無上道心を発《おこ》せども、悪因縁に遇《あ》いて退きて、声聞、辟支仏《びゃくしぶつ》地に入る者あり。是の如き等の空しく過ぐる者、退没《たいもつ》する者あり。是の故に願じて言わく、我れ成仏せん時、我れに値遇《ちぐう》する者、皆な速疾《そくしつ》に無上大宝を満足せしめんと。是の故に「仏の本願力を観ずるに、遇うて空しく過ぐる者なし。能く速やかに功徳の大宝海を満足せしむ」と言う。「住持」の義は上の如し。仏の荘厳八種の功徳を観ずること、これ上に訖《おわ》りぬ。

《遇う》親鸞は「遇う」と「値う」に「マウアフ」とふり仮名を付している。これは目下の者が目上の者にお会いするという意味で、親鸞が仏の本願との出会いに特に深い意義を認めていたことが想像される。早島鏡正『親鸞入門』六一〜六七頁参照。　《不虚作住持》浄土が虚妄ならざる仏の智慧によって、支えられ保持されていること。浄土がなぜ阿弥陀仏の虚妄ならざる力用によって保持されているかといえば、浄土が真実そのものの力用として、われわれに把えうるかたちとなって示されていることをいわんとしているからである。つまり、浄土に生まれる者は、すべて浄土において仏たらしめられることにおいて、虚しくないということ、すなわち必ず仏果を得ることにおいて真実であるということである。山口益『世親の浄土論』一二五頁以下参照。曇鸞はこの住持功徳を、浄土に往生したものが得る利益（当益《とうやく》という）と考えているが、親鸞は、此の世で信心の定まったものが得る利益（現益《げんやく》という）であると解釈している。　《三塗》三悪道ともいう。地獄・餓鬼・畜生の三つの悪しき生存の状態。　《善星》釈尊の弟子の一人。悪友に近づいて、釈尊に対して悪心をいだき、無間地獄に堕ちたという。『大般涅槃経』巻三十三（大正十二巻五六一下）参照。《提婆遮多》提婆達多と同じ。一六五頁参照。《居迦離》一八一頁参照。《声聞、辟支仏地に入る》声聞については、五〇頁参照。辟支仏は pratyeka-buddha の音写。縁覚または独覚と訳す。師なしに、自から縁起の理を悟った人。大乗仏教徒は、声聞・辟支仏地は一段劣ったものと考えて小乗と呼んだ。この例話は、舎利弗が自分の眼を布施したところ、乞うた婆羅門がその眼を捨てて踏んだため、怒りを発して、菩薩道から小乗に堕したという話がある。『大智度論』巻十二（大正二十五巻一四五上）参照。《無上大宝》この上ない大功徳を宝に譬えていう。無上正覚（仏の悟りの智慧）のこと。『大智度論』巻九十八（大正二十五巻七四二下～七四三上）。《住持》一三二頁参照。

〔訳〕「阿弥陀仏の本願力を観察すれば、この仏にお遇《あ》いした者にとって、得るところなく空しく過ぎてしまうことは決してない。みな速やかにこの上ない功徳の大宝を得ることができる」

この四句は仏荘厳の第八、荘厳不虚作《ふこさ》住持功徳成就（仏果を得しめる仏の力用で保持されていることを特相とする円かなしつらい）と名づける。なぜ仏が因位のとき、この円かなしつらいを起こしたもうたかといえば、ある如来を見ると、声聞の弟子たちだけで、仏のさとりとを求める菩薩たちはいない。あるいは、この世に出現したもうた仏にお会いしながら、仏をそしったために地獄などの三悪道に堕した者、善星《ぜんしょう》、提婆《だいば》達多《だった》、居迦離《くかり》などの仏弟子がいる。また、釈尊の名まえを聞いて弟子となり、この上ないさとりを求める心を起こしたけれども、不都合な目にあって、菩薩地を退いて声聞・縁覚地に堕した者がいる。このように、空しく過ぎて三悪道におもむく者、また不都合な目にあって声聞・縁覚地に退没する者がいるのである。

そこで、法蔵菩薩は願を起こして、「わたくしが仏となったとき、わたくしに遇うた者に、みな速やかにこの上ない功徳の大宝を得させ、満足する身とさせよう」と誓った。「住持」の意味は、仏国土荘厳第十二、主功徳成就の中で説明した通りである。

以上で、衆生世間の第一、仏荘厳八種を観察することが終わった。

ついで、衆生世間の第二、菩薩荘厳四種の観察に入る。

〔菩薩荘厳四種〕

〔菩薩荘厳功徳を観察する理由〕

次觀安樂國諸大菩薩四種莊嚴功德成就。問曰。觀如來莊嚴功德。何所闕少復須觀菩薩功德耶。答曰。如有明君則有賢臣。堯舜之稱無爲。是其比也。若使但有如來法王而無大菩薩法臣。於翼讚道豈足云滿。亦如薪積小則火不大。如經言。阿彌陀佛國有無量無邊諸大菩薩。如觀世音大勢至等。皆當一生於他方次補佛處。若人稱名憶念者歸依者觀察者。如法華經普門品說無願不滿。然菩薩愛樂功德。如海呑流無止足情。亦如釋迦牟尼如來。聞一目闇比丘吁言誰愛功德。爲我維鍼。爾時如來從禪定起來到其所語言。我愛福德。遂爲其維鍼。爾時失明比丘暗聞佛語聲。驚喜交集白佛言。世尊世尊功德猶未滿耶。佛報言。我功德圓滿無所復須。但我此身從功德生。知功德恩分故。是故言愛。如所問觀佛功德實無願不充。所以復觀菩薩功德者。有如上種種義㆒故耳。

次に、安楽国の諸の大菩薩の、四種の荘厳功徳成就を観ず。

問うて曰わく。如来の荘厳功徳を観ずるに、何の闕少《けっしょう》する所ありてか、復《ま》た菩薩の功徳を観ずることを須《もち》ゆるや。答えて曰わく。明君あるときは則ち賢臣あるが如し。堯舜《ぎょうしゅん》の無為と称せしは是れ其の比《たぐい》なり。若《も》し但だ如来法王のみありて、大菩薩法臣なからしめば、翼讃《よくさん》の道に於て豈《あ》に満てりと云うに足らんや。亦た薪《たきぎ》を積《つ》みて、小さきときは則ち火、大なるざるが如し。経に言うが如し。阿弥陀仏国に無量無辺の諸の大菩薩あり。観《かん》世《ぜ》音《おん》、大勢至《だいせいし》等の如し。皆なまさに一生に他方に於て次いで仏処を補《ほ》すべしと。若し人、名を称し、憶念する者、帰依する者、観察する者、法華経普門品に説くが如く、願として満たざることなし。然るに菩薩、功徳を愛楽《あいぎょう》すること、海の流を呑《の》んで止足《しそく》の情なきが如し。亦た釈迦牟尼如来の如きは、一の目闇《もくあん》の比丘の吁《うれえ》て、誰か功徳を愛する、我がために鍼《はり》を維《つな》げと言うを聞きたもう。爾《そ》の時、如来、禅定《ぜんじょう》より起《た》ちて、其の所に来到して語りて言わく。我れ福徳を愛すと。遂に其れがために鍼《はり》を維《つな》ぎたもう。爾《そ》の時、失明の比丘、暗《やみ》に仏の語声を聞きて、驚喜《きょうき》、交集して仏に白《もう》して言《もう》さく、世尊、世尊の功徳は猶《な》おいまだ満たずやと。仏、報《こた》えて言わく。我が功徳は円満して復た須《もち》ゆる所なし。但だ我が此の身は功徳より生ず。功徳の恩分を知るが故に、是の故に愛すと言う。問う所の如く、仏の功徳を観ずるに、実に願として充《み》たざるはなし。復た菩薩の功徳を観ずる所以《ゆえん》は、上の如きの種種の義あるが故のみ。

《堯舜》中国古代の帝王の名。『論語』衛霊公篇に「無爲而治者、其舜也與」とある。堯に四獄、舜に五臣と、それぞれすぐれた臣下がいたから、自然に人民が帰伏して天下がおさまったという。《如来法王》『大智度論』巻七に「仏為二法王一、菩薩為二法将一」（大正二十五巻一〇九上）とある。《翼讃》助ける。輔佐する。《積》積と同じ意味。薪を浄土の菩薩聖衆、火を阿弥陀仏に譬えて、菩薩が仏の教化を助けることをいわんとする。《経に言う》そのままの文は経に見あたらない。『無量寿経』巻上に「聲聞菩薩其數難レ量不レ可二稱説一」（大正十二巻二七〇中）、巻下に「有二二菩薩一最尊第一」、「彼國菩薩皆當レ究二竟一生補處一」（大正十二巻二七三中）とあるものの意味を取ったものか。《観世音》Avalokiteśvara の訳。観自在とも訳す。救いを求めるものの姿に応じて大慈悲の行ないをする菩薩。《大勢至》Mahāsthāma-prāpta の訳。智慧の光によって一切を照らし、衆生を救うといわれる菩薩。観音とともに、阿弥陀如来の脇侍となる。《仏処を補す》一生補処という。一生だけ迷いの世界にいて、次の生では仏の位につく（補う）ということ。《法華経普門品》普門品（大正九巻五六下～）には、観世音菩薩の名を称すれば、風難・水難等を免れるという願いが満たされると説いている。《止足の情》あきる思い。『大智度論』巻十六に「於二諸善法一修行。信樂不レ生二疑悔一而不二懈怠一。従二一切賢聖一。下至二凡人一求レ法無レ厭。如二海吞テ流。是爲二菩薩心精進一」（大正二十五巻一七九上）とある。

《一の目闇の比丘》阿㝹楼駄（Aniruddha, Anuruddha）阿那律と漢訳する。天眼第一の仏弟子。かつて世尊の説法中にいねむりをしたのを悔いて、世尊の面前で日夜、横臥しないことを誓って実行したため、眼病にかかり失明した。しかし、そのとき、かれに天眼（智慧の眼）が生じた。『大智度論』巻二十六に「欲無減者。佛知二善法恩一故。常欲レ集二諸善法一故。欲無減。修二習諸善法一。心無二厭足一故。欲無減。譬如二一長老比丘一。目闇自縫二僧伽梨一。針紝脱。語二諸人一言。誰樂二欲福德一者爲レ我紝レ針。爾時佛現二其前一語言。我是樂二欲福德一無二厭足一人。持二汝針一來。是比丘斐亹見二佛光明一。又識二佛音聲一。白レ佛言。佛無量功德海皆盡二其邊底一。云何無二厭足一。佛告二比丘一。功德果報甚深。無レ有下如レ我知二恩分一者上。我雖三復盡二其邊底一。我本以三欲心無二厭足一故得レ佛。

是故今猶不レ息。雖三更無二功徳可一レ得。我欲心亦不レ休。」（大正二十五巻二四九中）とある。《鍼》針。《驚喜、交集》交集は、こもごも集まる。驚きと喜びが一時に起こることをいう。

〔訳〕つぎに、安楽浄土のもろもろの大菩薩に、四種の特相の円かなしつらいがあるのを観察する。

問う。これまで、阿弥陀仏に具わる八種の特相の円かなしつらいを観察してきたが、それでも欠けるところがあるのであろうか、またさらに、浄土の菩薩たちの特相を観察するのはなぜだろうか。

答える。明君あるところ、賢臣がいる。堯《ぎょう》や舜《しゅん》の世が無為にして治まったといわれるのは、この類いである。もし阿弥陀如来の法王のみましまして、その許にすぐれた菩薩の法臣がいなければ、仏の利他行を助ける道が充分であるとはいえない。また薪を積み上げて、それがまだ低いときは、火も大きく燃え上らないごとくである。また、経文（『無量寿経』の意）に説かれている通り、「阿弥陀仏の浄土に、数えきれないすぐれた菩薩たち、例えば観世音菩薩や大勢至菩薩のような方々がおられ、みなその一生をおえると、他方世界において仏となるという補処の菩薩たちである」という。

また、菩薩の名まえを称え、菩薩の功徳を憶念し、帰依し、観察する人は、『法華経』普門品に説かれているごとく、いかなる願いも成満しないものはない。

また菩薩自身が仏のさとりを願い求めて精進すること、あたかも海がそそぎ込むすべての川の水を呑んで、あきる心がないごとくである。また、釈尊と一弟子の対話に見られる通りである。あるとき、目の不自由な弟子阿㝹楼駄《あぬるだ》が、「だれか、功徳を愛する方がわたくしのために、針の穴に糸を通して下さらないか」と声をかけた。

そのとき、世尊は禅定から立ち上って、かれのところにやってきて、「予は功徳を愛する」といって、かれのために針をとって糸を通して上げた。

この目の不自由な弟子は、世尊の声を聞きおぼえていたから、かつ驚きかつ喜んで、世尊にこう申し上げた。

「世尊よ、世尊の功徳は、まだ充分でないのですか」

「予の功徳は円満していて、これ以上、求めるものは一つもない。ただ、予の仏の体は修行の功徳の恩分によって生まれたものだから、そのおかげを知っているという意味で、予は功徳を愛するのだ」

いま、ここで問われているごとく、阿弥陀仏の仏功徳を観察する願いは、まことに願いとして充足しているが、これに加えてなぜ菩薩功徳を観察するのかというわけは、答えの中で述べた種々の意味があるからである。

これより浄土の菩薩に具わる特相四種の観察に入るが、天親菩薩の『浄土論』には、これまで見てきたように、仏国土荘厳十七種と仏荘厳八種のそれぞれに荘厳の名称が付せられているけれども、菩薩荘厳四種については「彼の菩薩を観ずるに、四種の正修行功徳成就あり」とのみ述べて、個々の荘厳の名称を付していない。曇鸞もその旨をうけて、新たな菩薩荘厳の名称を掲げていない。おそらく、菩薩荘厳は仏荘厳のあらわれ、主伴同一のさとりに外ならないからであろう。

古来、四種の菩薩荘厳の名称については、『浄土論』の長行から採ったものを使っている。

以下、訳文には、カッコ〔　〕で補って掲げることにした。

(1)　不動応化功徳成就

安樂國清淨　常轉㆓無垢輪㆒　化佛菩薩日　如㆓須彌住持㆒

佛本何故起㆓此莊嚴㆒。見㆓有佛土㆒。但是小菩薩不㆑能㆘於㆓十方世界㆒廣作㆗佛事㆖。或但聲聞人天所㆑利狹小。是故興㆑願。願我國中有㆓無量大菩薩衆㆒。不㆑動㆓本處㆒遍至㆓十方㆒。種種應化。如㆑實修行常作㆓佛事㆒。譬如㆘日在㆓天上㆒而影現㆗百川㆖。日豈來耶。豈不㆑來耶。如㆓大集經言㆒。譬如㆘有㆑人善治㆓提塘㆒量㆓其所宜㆒。及㆓放㆑水時㆒。不㆗加㆓心力㆒。菩薩亦如㆑是。先治㆘一切諸佛及衆生應㆓供養㆒。應㆓教化㆒種種提塘㆖。及㆑入㆓三昧㆒身心不㆑動。如㆑實修行常作㆓佛事㆒。如㆑實修行者。雖㆓常修行㆒實無㆑所㆓修行㆒也。是故言㆘安樂國清淨常轉㆓無垢輪㆒化佛菩薩日如㆗須彌住持㆖。

「安楽国は清浄にして、常に無垢輪《むくりん》を転ず。化仏《けぶつ》菩薩の日は、須弥《しゅみ》の住持《じゅうじ》するが如し」（第二十偈）

仏もと何が故ぞ此の荘厳を起こしたまえる。ある仏土を見るに、但だ是れ小菩薩のみにして、十方世界に於て広く仏事を作《な》すことあたわず。或は但だ声聞・人天のみにして利する所、狭小なり。是の故に、願を興したまえり。願わくは我が国中に無量の大菩薩衆ありて、本処を動ぜずして、遍《あま》ねく十方に至りて、種種に応化《おうげ》して、実の如く修行して、常に仏事を作さんと。譬えば日の天上に在りて、影、百川に現ずるが如し。日、豈《あ》に来たらんや、豈に来たらざらんや。大集経《だいじっきょう》に言うが如し。譬えば人ありて、善く堤塘《ていとう》を治《ち》して、其の所宜《しょぎ》を量《はか》りて、水を放つ時に及びて、心力を加えざるが如く、菩薩も亦た是の如し。先ず一切諸仏及び衆生の供養すべく、教化すべき種種の堤塘を治して、三昧に入るに及び、身心動ぜず、実の如く修行して、常に仏事を作すと。「実の如く修行す」とは、常に修行すと雖も、実には修行する所なきなり。是の故に「安楽国は清浄にして、常に無垢輪を転ず。化仏菩薩の日は、須弥《しゅみ》の住持するが如し」と言う。

《無垢輪を転ず》無垢輪は無垢の法輪の略。無垢とはけがれのない清浄のこと、法輪とは真理の教えのこと。法輪を転ずとは仏の説法をいう。三五四頁以下参照。《化仏菩薩》化仏・化菩薩のこと。化とは応化（救いの対象である衆生の能力や性質に応じて、さまざまの姿を現わすこと）。衆生の能力に応じてあらわれた仏や菩薩。《須弥》須弥山のこと。《小菩薩》『大智度論』巻五十に「諸天及小菩薩、雖三能利二益他一而自未レ除二煩悩一故亦不具足。」（大正二十五巻四一九中）とある。《仏事》仏は自利・利他の二つを完成した人格者であるから、仏事すなわち仏の事業とは自利・利他の実践をいう。ここでは、供養諸仏（自利）と衆生教化（利他）をいう。仏は仏となっても仏事に生きるのである。まして、仏果を目ざして歩む菩薩においては当然である。《影、百川に現ず》『大智度論』巻九に「佛在二一處一説法。能令三一一衆生各自見二佛在レ前説法。一譬如三日出影現二衆水一。」（大正二十五巻一二三下）とある。《大集経に言う》曇無讖訳『大方等大集経』巻十一海慧菩薩品に「譬如下有レ人高原陸地種二瞻波樹一。水常行處復作中坻（堤）塘上。」（大正十三巻七二上）とあるものによるか。《堤塘》つつみ。堤。

《実の如く修行して》『浄土論』に、二つの用法がある。まず、讃嘆門を明かす中に「如実修行相応」の語を出して、称名が名号のいわれ通りにかなって称えられるべきものであることを説明する。親鸞はこの個所の「如実修行相応」を、曇鸞の注釈と合わせて、他力廻向の信心の本義にほかならぬと解釈する（『教行信証』信巻など）。つぎに、同じく観察門を明かす下に「如実修二行毗婆舎那一」の語を出しているが、これは、いまの不動応化功徳荘厳の文の語と同じ用法である。すなわち、毗婆舎那（観察）は般若の智慧によるものであるし、また浄土の菩薩たちの修行が「実の如く」なされるのも、真如実相の理にかなう在り方のものだから、どんなに行じても行じたというてがらが残らない、つまり、空の実践であるとする。

〔訳〕「安楽浄土は清浄の仏国土で、菩薩たちはつねに清浄・真実の教えを説法する。かれらはあるいは菩薩となって応化身を示されるが、須弥山が山王として不動であるごとく、身を動かすことなくして教化の働きを示す」

〔この四句は菩薩荘厳の第一、荘厳不動応化功徳成就（不動にして応化することを特相とする円かなしつらい）と名づける。〕なぜ、阿弥陀仏が因位のとき、この円かなしつらいを起こしたもうたかといえば、ある仏国土を見ると、ただ小菩薩たちのみで、かれらはあらゆる世界に赴いて仏の利他行をすることができない者である。あるいは声聞、神々や人間たちのみがいて、利益を与えることが僅少である。それで、法蔵菩薩は願を起こして、「わが仏国土に無数のすぐれた菩薩たちがいて、そのいる場所を動かないで、あまねく十方世界に赴いて、さまざまの姿を現わし、実の如く修行して、つねに自利・利他の行をなそう」と誓われた。

　例えば、太陽が天空に高くかかって、しかもその影をすべての川にうつす〔みずからのいる場を動かずに、あらゆるところに行って姿を現わしている〕ごとくである。太陽が地上にまでやって来たというのではない。また、地上に働きを現わさなかったというわけでもない。『大集経』にも、このように説かれている。「例えば、人があらかじめ堤をよく補修していて、必要なときに水を田地に放てば、その都度、なんの労作もなく水が行き渡るごとくである。菩薩も同様である。まず、すべての供養すべき仏や教化すべき生けるものたちの提をよくととのえておけば、みずから禅定三昧に入ったとき、身心を動かすことなく、実の如く修行して、つねに自利・利他の行をなす」と。

「実の如く修行す」とは、つねに修行（自利・利他の仏道を行ずること）するけれども、実に修行したというてがらの残らないことである。それ故に、「安楽国は清浄にして、常に無垢輪《むくりん》を転ず。化仏菩薩の日は、須弥《しゅみ》の住持するが如し」というのである。

(2)　一念遍至功徳成就

無垢荘嚴光　一念及一時　普照二諸佛會一　利二益諸群生一

佛本何故起二此荘嚴一。見二有如來眷屬一。欲三供二養他方無量諸佛一。或欲三敎二化無量衆生一。此沒彼出先レ南後レ北。不レ能下以二一念一時一。放レ光普照遍至二十方世界一敎中化衆生上。有二出沒前後相一故。是故興レ願。願我佛土諸大菩薩於二一念時頃一遍至二十方一作二種種佛事一。是故言下無垢荘嚴光一念及一時普照二諸佛會一利中益諸群生上。問曰。上章云下身不二動搖一而遍至中十方上。不レ動而至。豈非二是一時義一耶。與レ此若爲差別。答曰。上但言二不レ動而至一。或容レ有二前後一。此言二無レ前無レ後。是爲二差別一。亦是成二上不動義一。若不二一時一。則是往來。若有二往來一。則非二不動一。是故爲レ成二上不動義一故須レ觀二一時一。

「無垢《むく》の荘厳《しょうごん》の光、一念及び一時に普《あまね》く諸の仏の会《え》を照らし、諸の群生《ぐんじょう》を利益《りやく》す」（第二十一偈）

仏もと何が故ぞ此の荘厳を起こしたまえる。ある如来の眷属《けんぞく》を見るに、他方の無量の諸仏を供養せんと欲し、或は無量の衆生を教化せんと欲するに、此《ここ》に没し彼《かしこ》に出でて、南を先にし北を後《あと》にす。一念一時を以て光を放ちて普く照らし、遍《あまね》く十方世界に至りて衆生を教化することあたわず。出没前後の相あるが故に。是の故に、願を興したまえり。願わくは我が仏土の諸の大菩薩、一念の時頃《じきょう》に於て、遍く十方に至りて種種の仏事を作《な》さんと。是の故に、「無垢の荘厳の光、一念及び一時に普く諸の仏の会を照らし、諸の群生を利益す」と言う。問うて曰わく。上の章に「身、動揺せずして、遍く十方に至る」と云う。動ぜずして至る、豈《あ》に是れ一時の義にあらずや。此れと若為《いか》んが差別するや。答えて曰わく。上には但《た》だ動ぜずして至ると言う。或は前後あるべし。此には前なく後なしと言う。是れを差別《しゃべつ》となす。亦た是れ、上の不動の義を成ず。若《も》し一時ならずば則ち是れ往来なり。若し往来あらば則ち不動にあらず。是の故に、上の不動の義を成ぜんための故に、すべからく一時を観ずべし。

《一念》きわめて短い時間。一瞬間。　《会》会座のこと。仏の説法を聞くためにやって来た人々の集まり。《群生》衆生（生きとし生けるもの）のこと。　《願わくは我が仏土》『無量寿経』巻上に「設我得レ佛、國中菩薩、承二佛神力一供二養諸佛一、一食之頃不レ能三徧至二無量無數億那由他諸佛國一者、不レ取二正覺一」（第二十三・供養諸仏の願）（大正十二巻二六八中）というのを指すものか。　《前なく後なし》『注維摩詰経』巻四に「法施會者無前無後。什曰。財施不レ能二一時周一則有二前後一。若法施之會一時普至。若一起二慈心一則十方同レ縁。施中之等莫レ先二於此一。故曰レ無二前後一也。」（大正三十八巻三六八上～中）とある。

〔訳〕「円かなしつらいたる無垢清浄の光明は、一瞬・同時に、あまねく諸仏の説法したもう会座《えざ》を照らして、あらゆる生けるものたちを教化して救う」

〔この四句は菩薩荘厳の第二、荘厳一念遍至功徳成就（一瞬間にあらゆる世界に赴くことを特相とする円かなしつらい）と名づける。〕なぜ仏が因位のとき、この円かなしつらいを起こしたもうたかといえば、ある仏の聖衆たちを見ると、かれらは無数の他方世界にいる仏たちを供養し、また生けるものたちを教化しようとしてここに現われ、なし終わってかしこにいき、あるいは南へいき、なし終わって北へいく。だから、一瞬間に光明を放ってあまねく照らし、十方世界に赴いて生けるものたちを教化する、というようなことはできない。出没、前後の相違があるからである。そこで、法蔵菩薩は願を起こして、「わが仏国土に生まれた大菩薩たちは、一瞬間にあまねく十方世界に赴いて、さまざまの仏の仕事をするであろう」と誓われた。それ故に、「無垢の荘厳の光、一念及び一時に普く諸の仏の会《え》を照らし、諸の群生を利益す」というのである。

問う。さきの不動応化功徳において、「身、動揺せずして、遍く十方に至る」とある。つまり、動かずして至るという、このことはいまいう「一時」すなわち同時ということではないのか。いまとどのように区別するのか。

答える。さきには「動かずして至る」という。それには時間的に前後があるかもしれない。だが、いまのは「一時」とあるから、前後がない。これが区別である。また、いまの「一時」は、さきの「動かず」の意味を成立させる。もしも一時でないならば、往来することがあろう。往来することがあれば、動かずということにはならない。それ故に、さきの「動かず」の意味を成立させるためにも、「一時」の荘厳功徳成就を観察すべきである。

(3)　無余供養功徳成就

雨天樂華衣　妙香等供養　讚諸佛功德　無有分別心

佛本何故起此莊嚴。見有佛土。菩薩人天志趣不廣。不能遍至十方無窮世界供養諸佛如來大衆。或以己土穢濁不敢向詣淨鄉。或以所居淸淨鄙薄穢土。以如此等種種局分。於諸佛如來所不能周遍供養發起廣大善根。是故願言。我成佛時。願我國土一切菩薩聲聞天人大衆。遍至十方一切諸佛大會處所。雨天樂天華天衣天香。以巧妙辨辭供養讚歎諸佛功德。雖歎穢土如來大慈謙忍。不見佛土有雜穢相。雖歎淨土如來無量莊嚴。不見佛土有淸淨相。何以故。以諸法等故。諸如來等。是故諸佛如來名爲等覺。若於佛土起優劣心。假使供養如來非法供養也。是故言雨天樂華衣妙香等供養讚諸佛功德無有分別心。

「天の楽《がく》と華《はな》と衣《え》と妙香《みょうこう》等を雨《あめふ》らし供養して、諸仏の功徳を讃えんに、分別の心あることなし」（第二十二偈）

仏もと何が故ぞ此の荘厳を起こしたまえる。ある仏土を見るに、菩薩・人天の志趣《ししゅ》、広からず、遍《あまね》く十方無窮《むぐう》の世界に至りて諸仏如来、大衆を供養することあたわず。或は己《おの》れが土の穢濁《えじょく》なるを以て、敢て浄郷《じょうきょう》に向詣《こうけい》せず。或は所居《しょご》の清浄なるを以て穢土《えど》を鄙薄《ひはく》す。此の如き等の種種の局分を以て、諸仏如来の所に於て、周遍《しゅうへん》して供養し広大の善根を発起することあたわず。是の故に願じて言わく、我れ成仏せん時、願わくは我が国土の一切の菩薩・声聞・天人大衆、遍く十方の一切の諸仏の大会の処所に至りて、天の楽・天の華・天の衣・天の香を雨《あめふ》らし、巧妙の弁辞を以て諸仏の功徳を供養し讃歎せんと。穢土の如来の大慈謙忍を歎ずと雖《いえど》も、仏土に雑穢《ぞうえ》の相あることを見ず。浄土の如来の無量の荘厳を歎ずと雖も、仏土に清浄の相あることを見ず。何を以ての故に。諸法、等しきを以ての故に。諸の如来、等し。是の故に諸仏如来を名づけて等覚となす。若し仏土に於て優劣の心を起こさば、仮使《たとい》如来を供養すとも、法の供養にあらざるなり。是の故に、「天の楽と華と衣と妙香等を雨らし供養して、諸仏の功徳を讃えんに、分別の心あることなし」と言う。

《分別の心》凡夫の持っている、対象をとらえて推量、思惟する心。是非、善悪、有無などの相対差別を起こす心をいう。　《志趣》心のおもむき。意向。　《己れが土の穢濁》『維摩詰所説経』巻下香積仏品に「又當レ捨ニ汝本形一。勿レ使下彼國求ニ菩薩一者而自鄙恥上」（大正十四巻五五二中）とあるにもとづくか。穢《けが》れた国土を出ようとしないで悟りを求めるものを指す。　《穢土を鄙薄す》鄙薄はいやしみ軽んずる。『維摩詰所説経』巻下香積仏品に「又汝於レ彼莫下懐ニ輕賤一而作中礙想上」（大正十四巻五五二中）とあり、同じく菩薩行品に「我等初見ニ此土一生ニ下劣想一。今自悔責捨ニ離是心一」（大正十四巻五五四上～中）とある。　《我れ成仏せん時》『無量寿経』巻上に「設我得レ佛、國中菩薩在ニ諸佛前一現ニ其德本一諸所ニ欲求一供養之具、若不レ如レ意者、不レ取ニ正覺一」（第二十四願）（大正十二巻二六八中）とある。　《天の楽》天とは勝れて他に比類ないことをあらわす言葉。『大智度論』巻九（大正二十五巻一二三中）参照。　《讃歎》歎の字は以下の三つとも、親鸞加点本・義山本ともに嘆となっている。　《謙忍》謙はへりくだること。忍はたえしのぶこと。　《等覚》『大智度論』巻十に「諸佛等故名爲ニ等覺一」（大正二十五巻一二八上）とある。　《法の供養》「法」とは如法のこと。さきに挙げた「如実修行」が意味するように、真如の理にかなうから、供養を行じても行じたというてがらの残らないすがただから、三輪清浄（施者・受者・施物において無所著であること）の空に裏づけられた供養というべきである。ここでは、二種供養（法供養と財供養）の一つではない。

〔訳〕「空中から清浄な音楽・蓮華・衣服・妙なる香を雨ふらして仏たちを供養し、しかも仏たちの功徳を讃えるのに、平等・無執着であって、分別の心がない」

〔この四句は菩薩荘厳の第三、荘厳無余供養功徳成就（あますところなく諸仏を供養することを特相とする円かなしつらい）と名づける。〕なぜ仏が因位のとき、この円かなしつらいを起こしたもうたかといえば、ある仏国土を見ると、菩薩、神々、人間たちの志が広大でないから、あまねく十方世界のすみずみまで赴いて、諸仏やその大衆を供養することができない。あるいはまた、自分の住む国土が穢土であるために、進んで浄土に住もうと願わないし、あるいは、それとは反対に自分の国土が清浄であるために、けがれた国土を卑しんで出かけようとしない。このようにいろいろと偏見を起こすから、かれらは仏たちの許に行き、おそばをとりまいて供養して、さとりを開く広大な善根を積むことなどとうていできない。

それ故に、法蔵菩薩は願をたてて、「わたくしが仏となったとき、わが仏国土のすべての菩薩、声聞、神々や人間などの聖衆たちは、あまねく十方世界の仏たちの大いなる会座《えざ》に赴いて、空中から清浄な音楽・蓮華・衣服・妙なる香を雨ふらし、甘美な声で仏たちの功徳をほめ讃えるであろう」と誓われた。

さて、安楽浄土の菩薩が、穢土である娑婆世界に出現なされた仏を、大いなる慈悲心をもって謙虚に堪え忍んで人びとを教化したもうと讃えるけれども、仏土にけがれたすがたありとして、この穢土を見下すようなことはしない。また、浄土の菩薩は、浄土における数々の仏のしつらいを讃えるけれども、仏土に清らかなすがたありとして、浄穢の優劣を見ない。なぜならば、縁起の道理からすれば、あらゆるものはみな平等である。平等の理をさとった仏たちは、みな平等である。それ故に、仏たちのさとりの平等であること（等覚）から、仏を等覚というのである。もしも菩薩が仏土について優劣をつけるこころを起こすならば、たとい仏国土に在《まし》ます仏を供養しても、如法の供養ではない。そこで、「天の楽と華と衣と妙香等を雨《あめふ》らし供養して、諸仏の功徳を讃ずるに、分別の心あることなし」というのである。

(4)　示法如仏功徳成就

何等世界無㆓　佛法功德寶㆒　我願㆘皆往生　示㆓佛法㆒如㆖佛

佛本何故起㆓此願㆒。見㆓有軟心菩薩㆒。但樂㆓有佛國土修行㆒。無㆓慈悲堅牢心㆒。是故興㆑願。願我成佛時。我土菩薩皆慈悲勇猛堅固志願。能捨㆓清淨土㆒。至㆘他方無㆓佛法僧㆒處㆖。住㆓持莊㆓嚴佛法僧寶㆒。示 如㆑有㆑佛使㆓佛種處處不㆒㆑斷。是故言㆘何等世界無㆓佛法功德寶㆒我願㆗皆往生示㆓佛法㆒如㆖佛。觀㆓菩薩四種莊嚴功德成就㆒訖㆓之于上㆒。

「何等の世界なりとも、仏法功徳の宝なからんには、我れ、皆な往生して仏法を示すこと、仏の如くならんと願ず」（第二十三偈）

仏もと何が故ぞ此の願を起こしたまえる。ある歎心の菩薩を見るに、但だ有仏の国土の修行を楽《ねが》って、慈悲堅牢の心なし。是の故に、願を興したまえり。願わくは我れ成仏せん時、我が土《ど》の菩薩、皆な慈悲・勇猛《ゆうみょう》・堅固《けんご》の志願ありて、能《よ》く清浄の土を捨てて、他方の仏法僧なき処に至りて、仏法僧宝を住持《じゅうじ》し荘厳《しょうごん》して示すこと、仏ましますが如くし、仏種をして処処に断ぜざらしめんと。是の故に、「何等の世界なりとも、仏法功徳の宝なからんには、我れ、皆な往生して仏法を示すこと、仏の如くならんと願ず」と言う。菩薩の四種の荘厳功徳成就を観ずること、これ上に訖《おわ》りぬ。

《歎心の菩薩》一五〇頁参照。**《他方の仏法僧なき処》**『大智度論』巻三十八に「好多爲㆓衆生㆒者、至㆘無㆓佛法衆㆒處㆖讃㆓歎三寶之音㆒」（大正二十五巻三四二中）とある。**《仏種》**仏性（仏たること、あるいは仏となる可能性）のこと。これは、衆生のおこす菩提心である。『注維摩詰経』巻一に「繼㆓佛種㆒則三寶隆」（大正三十八巻三二九上）とあり、『無量寿経』巻上に「護㆓佛種性㆒常使㆑不㆑絶」（大正十二巻二六六中）とある。

〔訳〕「いかなる世界にも、功徳の宝である仏法が行なわれていないならば、わたしは人びとがみな浄土に往生するようにと望み、かれらに説法すること、仏の現に在《ましま》してなさるがごとくしようと願う」

〔この四句は菩薩荘厳の第四、荘厳示法如仏功徳成就（仏の在すごとく現われて法を示すことを特相とする円かなしつらい）と名づける。〕なぜ仏が因位のとき、この円かなしつらいを起こしたもうたかといえば、ある心の弱々しい菩薩を見ると、仏のおられる国土で修行するを願って、ひとり困難をおかして生けるものを救うという堅牢な慈悲心がない。そこで、法蔵菩薩は願を起こして、「わたくしが仏となったとき、わが仏国土の菩薩は慈悲心、勇猛心、堅固な願をもって、いまいる清浄の国土を捨て、仏・法・僧の三宝のない他方世界に行き、三宝を興隆し、仏が現におられて説法したもうごとくする。こうして、それぞれの国において、人びとに菩提心をおこすことを絶えないようにしよう」と誓われた。それ故に、「何等の世界なりとも、仏法功徳の宝なからんには、我れ、皆な往生して仏法を示すこと、仏の如くならんと願ず」というのである。

菩薩の四種の荘厳功徳成就を観察するのは、以上で終わった。

第八節　廻向門（第二十四偈）

(イ)　天親の大乗菩薩道

〔廻向とは〕

次下四句是廻向門。

我作レ論説レ偈　願見二彌陀佛一　普共二諸衆生一　往二生安樂國一

此四句是論主廻向門。廻向者。廻二己功徳一普施二衆生一。共見二阿彌陀如來一生二安樂國一。

次下の四句は是れ廻向《えこう》門なり。

「我れ、論を作り偈《げ》を説く。願くは弥陀仏を見たてまつり、普《あまね》く諸の衆生と共に安楽国に往生せん」（第二十四偈）

此の四句は是れ論主の廻向門なり。廻向とは己れが功徳を廻《え》して普く衆生に施し、共に阿弥陀如来を見たてまつり、安楽国に生ぜんとなり。

〔訳〕　天親菩薩は『浄土論』を作り、その冒頭に「願生偈《がんしょうげ》」を述べて、浄土に往生する方法として五念門の実修を明らかにされた。われわれは五念門のうち、礼拝門、讃嘆門、作願門、ついで観察門を学び終わったので、いまは第五の廻向門に入る。この四句がそれである。

「わたしは『浄土論』を著わし、その初めに願生偈を述べて浄土往生の実修を明かした。そこで、自身の功徳をあまねく生けるものに施し、ともどもに阿弥陀仏を見たてまって、安楽浄土に生まれようと願う」

「廻向」とは、自身の功徳を生けるものたちにあまねくめぐらし施して、ともどもに阿弥陀仏を見たてまつって、安楽浄土に生まれようと願うことである。

仏果を開くために必要な善根・功徳を、菩薩は六波羅蜜などの修行をなす中でおさめとっていく。これは菩薩にとっての自利行である。その自利行が、そのまま生けるものたちをして自分と同じ仏果を得しめる利他行となるために、菩薩はみずから得た功徳を、あまねく生けるもののために、めぐらし施すことをなす。これが廻向（pariṇāma）である。このように、自利と利他の完成を目指す実践が菩薩行の内容となる。いま、利他行としての廻向門が、五念門の最後に挙げられ、前四門の自利行に比して軽く見られ勝ちであるが、実は廻向門の内容は無限のひろがりをもっていて、改めてその内容を詳説するべきものであることを忘れてはなるまい。

つぎに、「願生偈」の結びとして、自他ともに安楽浄土に往生するための「願見弥陀仏」の語を出している。この「阿弥陀仏を見たてまつる」という表現は、『浄土論』の長行にもあり、例えば願偈大意の下に「彼の安楽世界を観じて、阿弥陀仏を見たてまつり」とあり、また起観生信の下に「安楽国土に生じて、彼の阿弥陀仏を見たてまつることを得」とあり、前者は現生における見仏、後者は彼土における見仏となっている。廻向門の見仏は現生におけるそれであるから、親鸞が「観仏本願力」の「観」を、心にうかべ見る、すなわち信知のことと解したように、この世で阿弥陀仏を信ずるということが「見たてまつる」の意味である。もちろん、『無量寿経』に「今世見無量寿仏」とか「此人臨終、夢見彼仏」などとあるから、直接・間接に仏のすがたを見たてまつるということを斥《しりぞ》けるものではない。

〔総説分を結ぶ〕

無量壽修多羅章句。我以二偈誦一総説竟。

「無量寿修多羅の章句、我れ偈誦を以て総じて説き竟《おわ》んぬ」

〔訳〕「ここに、『無量寿経』の経文をおさめとって、願生偈を作り、経の総説とした」

以上で第二章「総説分」が終わり、第三章「解義分」に移るが、その前に、「総説分」の中で、論じ残した問題、すなわち廻向門の「普共諸衆生」の文について、八番の問答を掲げる。しかしながら、それらは、内容的にいって、往生に関する広範な問題を含み、きわめて興味あるものといってよかろう。

(ロ) 八番問答

(1) いかなる衆生が往生するのか

問曰。天親菩薩迴向章中。言普共諸衆生往生安樂國。此指共何等衆生耶。答曰。案王舍城所說無量壽經。佛告阿難。十方恒河沙諸佛如來。皆共稱嘆無量壽佛威神功德不可思議。諸有衆生。聞其名號。信心歡喜。乃至一念。至心迴向。願生彼國。卽得往生。住不退轉。唯除五逆誹謗正法。案此而言。一切外凡夫人。皆得往生。又如觀無量壽經。有九品往生。下下品生者。或有衆生。作不善業五逆十惡。具諸不善。如此愚人。以惡業故。應墮惡道。經歷多劫。受苦無窮。如此愚人。臨命終時。遇善知識種種安慰爲說妙法。敎令念佛。此人苦逼。不遑念佛。善友告言。汝若不能念者。應稱無量壽佛。如是至心。令聲不絕。具足十念。稱南無無量壽佛。稱佛名故。於念念中。除八十億劫生死之罪。命終之後。見金蓮華猶如日輪住其人前。如一念頃。卽得往生極樂世界。於蓮華中。滿十二大劫。蓮華方開。當以此償五逆罪也。觀世音大勢至。以大悲音聲。爲其廣說諸法實相除滅罪法。聞已歡喜。應時則發菩提之心。是名下品下生者。以此經證。明知下品凡夫。但令不誹謗正法。信佛因緣。皆得往生。

問うて曰わく。天親菩薩の廻向《えこう》の章の中に「普《あまね》く諸の衆生と共に安楽国に往生せん」と言えるは、此れ何等の衆生と共なることを指すや。答えて曰わく。王舎城所説《おうしやじよう》の無量寿経を案ずるに「仏、阿難に告げたまわく、十方恒河沙《ごうがしや》の諸仏如来、皆な共に無量寿仏の威神功徳《いじんくどく》の不可思議なることを称嘆《しようたん》したもう。諸有の衆生、其《そ》の名号を聞きて信心歓喜《しんじんかんぎ》せんこと乃至《ないし》一念せん、至心《ししん》に廻向して彼の国に生ぜんと願ずれば、即ち往生することを得て不退転に住す。唯だ五逆と正法を誹謗《ひぼう》するとを除く」と。此れを案じて言わく。一切の外凡夫《げぼんぶ》の人、皆な往生することを得《う》。又た観無量寿経の如きは九品《くほん》の往生あり。「下下品《げげほん》の生とは、或は衆生ありて不善業たる五逆・十悪を作《な》し、諸の不善を具《ぐ》す。此の如きの愚人《ぐにん》、悪業を以ての故に、まさに悪道に堕《だ》し多劫《たこう》を経歴《きやうりやく》して苦を受くること窮《きわま》りなかるべし。此の如きの愚人、命終わる時に臨みて、善知識の種種に安慰してために妙法を説き、教えて念仏せしむるに遇《あ》わん。此の人、苦に逼《せま》られて念仏するに遑《いとま》あらず。善友《ぜんぬ》、告げて言わく、汝、若し念ずることあたわずば、無量寿仏と称すべしと。是《かく》の如く、至心に声をして絶えざらしめ、十念を具足して南無無量寿仏と称す。仏の名を称するが故に、念念の中に於て八十億劫の生死《しようじ》の罪を除き、命終《みようじゆう》の後、金蓮華《こんれんげ》の猶《なお》し日輪の如くにして、其の人の前に住するを見ん。一念の頃《あいだ》の如くに即ち極楽世界に往生することを得《え》、蓮華の中に於て十二大劫を満たして、蓮華、まさに開く。まさに此れを以て五逆罪を償うべきなり。観世音《かんぜおん》・大《だい》勢至《せいし》、大悲の音声《おんじよう》を以て、其れがために、広く諸法実相と罪を除滅する法を説く。聞き已《おわ》りて歓喜して、時に応じて則ち菩提の心を発《おこ》す。是れを下品下生《げぼんげしよう》の者と名づく」と。此の経を以て証するに、明らかに知んぬ、下品の凡夫、但令《もし》、正法を誹謗《ひぼう》せざれば、信仏の因縁をもって、皆な往生を得《う》。

《王舎城所説の無量寿経》ここでは『無量寿経』巻下「皆共……称嘆」を、現行の大正蔵経では「皆共……讃歎」となっている（大正十二巻二七二中）。《乃至一念》少なくとも一度だけ心を発《おこ》す、という意味。「乃至」は一以上多、多以下一をいう。「一念」の語について親鸞は、行の一念（一声の称名）と信の一念（真実信心、一心）の二義とし、後者の一念に時剋《じこく》の一念（信心を得たその瞬間）と、無疑《むぎ》の一念（二心のない信心のすがた）を分けている。ここでは、時剋の一念をいう。**《至心に廻向して》**『無量寿経』の文は、衆生が廻向することと解されるが、梵文では「心底から浄心に伴われて〔浄土に生まれんと願う〕心を発す」に当たる。親鸞は「至心に廻向したまへり」と送り仮名を付けて、阿弥陀如来が廻向するという意味に読み、浄土に生まれる因は他力廻向の信心によるとした。**《諸有衆生……誹謗正法》**この句は第十八願の成就文といわれる。「唯除五逆誹謗正法」は梵文に欠く。梵文によれば、「およそ、いかなる生ける者たちでも、かの世尊アミターバの名まえを聞き、聞きおわって、たとい一度、心を発すだけでも、心底から浄信（prasāda）に伴われて心を発すならば、かれらすべての者は、この上ない正しいさとりから退かない状態に住する」という。親鸞が信心決定のとき、信心の利益として、人は現生において正定聚不退転に住すると解したのも、この句に基づく。

《五逆》五種の重大な罪。母を殺す、父を殺す、阿羅漢を殺す、仏の身体を傷つけて血を流す、教団の統一を乱す、の五種。**《外凡夫》**深励は、内凡夫に対する外凡夫で十信位の菩薩以下の凡夫のこととしている。親鸞の加点本には「外道凡夫人」とある。**《九品の往生》**浄土に往生するものの性質や行為の差によって九種類（上中下の各を、さらに上中下に分ける）に分けたもの。**《下下品の生……》**下下品の往生を説く。下下品とは九品のうち最も劣ったもの。この引文は『観無量寿経』（大正十二巻三四六上）による。**《十悪》**十種の悪い行ない。殺生・偸盗《ちゅうとう》（ぬすむ）・邪婬（正しくない男女関係）・妄語（うそをつく）・両舌（二枚舌）・悪口・綺語（おせじ）・貪欲（むさぼり）・瞋恚《しんに》（いかり）・邪見（誤った考え）の十。**《悪道》**三悪道（地獄・餓鬼・畜生）のこと。**《善知識》**kalyāṇa-mitra の訳。善き指導者、すなわち正しい教えを説いて人を仏道に導く人のこと。**《十念》**十たび仏を憶念すること。善導は『観無量寿経』の十念を、

「念声是一」の立場から、十声とした。**《南無無量寿仏》**現存の畺良耶舎訳『観無量寿経』では「南無阿彌陀佛」となっている。**《一念の頃》**ごく短い時間。一瞬間。二二三頁参照。**《まさに……償うべきなり》**この句は曇鸞の加えたことばである。**《諸法実相》**すべてのものの真実のあり方。親鸞は「諸法実相の罪を除滅する法」と読む。

《五逆罪》第十八願とその成就文に唯除の文が付されているが、この文と五逆罪の者も念仏すれば救われるとなす『観無量寿経』の下下品の文とは、あい矛盾するから、曇鸞はいま、このことを設問によって明らかにしようとする。曇鸞は単複説をもって説明し、『無量寿経』は五逆と謗法の二罪（複罪）を犯すから救われないと抑止《おくし》したのであり、『観無量寿経』は五逆を犯すだけの一罪（単罪）だから救われると摂取したのであって、複罪の者は教説通り往生できないとした（「明らかに知んぬ……皆な往生を得」）。ちなみに、善導に至ると、かれは散善義のなかで未造已造《みぞういぞう》の説をもって両経の矛盾を会通した。すなわち『無量寿経』は衆生が二罪を造ることを恐れて、あらかじめ方便をもって二罪を犯せば往生できないとさとしたものであって、仏の大悲ははじめから衆生を摂取するにあった。また『観無量寿経』に五逆だけを挙げ謗法を省いているのは、五逆はすでに下下品の衆生が造った罪であるから、仏の大悲は見すてることなく摂取したもうが、謗法はいまだ造らない罪であり、かりに造ることがあるならば当然、救うものと解した。将来、造ることを恐れて、唯除の文で「除く」と抑止するけれども、実は摂取の大悲が示されているに外ならない、と解した。

《但令……皆得往生》親鸞は「但だ正法を誹謗せざれば、仏を信ずる因縁をして皆往生を得しむ」と読む。六朝時代の用法に欲使、若使、但使（たとい、もし）などがあり、いずれも使役の意はなく、条件や仮設の意をもつという（末木文美士『典尊経』訳注、「アーガマ」通巻五九号、昭和六十年六月）。いまの「但令」（使＝令）も「正法を誹謗さえしなければ」の意ととった。**《信仏の因縁》**五二～四頁参照。

〔訳〕　問う。天親菩薩が「廻向門」のなかで、「普く諸の衆生と共に安楽国に往生せん」といわれた、その衆生とはどのような人びとを指すのか。

答える。王舎城の説法である『無量寿経』によると、「釈尊は阿難にこのように説かれる。十方にましますガンジス河の砂ほどもある無数の仏たちは、口をそろえて、無量寿仏のすぐれた特性の、人びとの思いはかりを超えたことをたたえておられる。あらゆる生けるものたちは、無量寿仏の名号を聞いて信心を得、歓喜するその時、ひたすら思いを発《おこ》して浄土に生まれようと願うならば、往生する身と定まり、不退転の位につく。ただ五逆罪を犯した者と正法を誹謗する者だけは除かれる」と。

この教説によれば、五逆罪と正法を誹謗する以外の、一切の凡夫は、すべて往生できるというのである。

また『観無量寿経』には、往生する人の能力に応じて九品の往生人をたて、そのうちの下下品の往生人についてこのように説かれる。「下品下生というのは、生けるものたちのうち、悪業たる五逆罪や十不善業を作り、その他さまざまな悪業を具えている。このような愚者はみずから悪業を作るから、業報として三悪道に堕《お》ち、長い年月の間、苦を感受すること際限がないであろう。こうした愚者も、この世の命終わるとき、たまたま善きひとたちが見舞って、種々の方法でなぐさめ、尊い真理の教えを説き聞かせ、仏を憶念することをすすめられる。だが、この人は病苦にせめられて、仏を憶念するひまがない。そこで、善きひとたちは、このようにすすめる。『あなたが阿弥陀仏のことを憶念できないならば、一心に〝南無阿弥陀仏〟と称えなさい』と。かくして、十たび仏を憶念することが具わって〝南無阿弥陀仏〟と称える。仏名を称えるから、憶念ごとに八十億劫にわたる輪廻の罪が除かれ、また命終わると、太陽のごとき金蓮華がその人の前に現われるのを見る。そして、その瞬間、極楽世界に往生することができ、蓮華のなかで十二大劫という長い時間をすごしたのち、蓮華が花開く。〔これによって、五逆罪を償うことができるのである。〕脇侍である観世音と大勢至の二菩薩は、大悲の音声《おんじょう》を出して、あらゆる存在するものの真実相と、その道理に基づく罪障除滅の法を説かれる。これを聞いて歓喜し、そのとき菩提心を発《おこ》す。このような人を下品下生の者と名づける」と。この『観無量寿経』を証拠として、明らかにわかることは、下品下生の凡夫は、正法を謗《そし》ることさえなければ、信仏の因縁すなわち信心を因として往生することができるのである。

(2)　五逆と謗法は往生できるのか否か

問曰。無量壽經言。願二往生一者皆得二往生一。唯除二五逆誹二謗正法一。觀無量壽經言。作二五逆十惡一具二諸不善一亦得二往生一。此二經云何會。答曰。一經以レ具二二種重罪一。一者五逆二者誹二謗正法一。以二此二種罪一故。所以不レ得二往生一。一經但言レ作二十惡五逆等罪一。不レ言二誹二謗正法一以不レ謗二正法一故。是故得レ生。

問うて曰わく。無量寿経に言わく、「往生せんと願ずる者は皆な往生することを得《う》。唯だ五逆と正法を誹謗するとを除く」と。観無量寿経に言わく、「五逆十悪を作りて諸の不善を具するも亦た往生することを得」と。此の二経、云何《いか》んが会《え》するや。答えて曰わく。一経には二種の重罪を具するを以てなり。一には五逆、二には正法を誹謗《ひぼう》するなり。此の二種の罪を以ての故に、所以《ゆえ》に往生することを得ず。一経には但《た》だ十悪・五逆等の罪を作ると言いて、正法を誹謗すると言わず。正法を謗《そし》らざるを以ての故に、是の故に生ずることを得。

《無量寿経に言わく》 現存の第十八願成就の文には「願レ生ニ彼國一、即得ニ往生一、住ニ不退轉一。唯除ニ五逆誹ニ謗正法一。」（大正十二巻二七二中）となっている。この成就文の中の唯除の文は、魏訳と唐訳にあるが、梵本にない。また因願の中の唯除の文は、『平等覚経』などになく、魏訳と唐訳、梵本、チベット訳にある。**《観無量寿経に言わく》** 下品下生について「或有ニ衆生一、作ニ不善業 五逆十悪一、具ニ諸不善一。（中略）如ニ一念頃一、即得レ往ニ生極樂世界一」（大正十二巻三四六上）と説いている。**《会す》** 会通《えつう》するともいう。相互に矛盾しているように見える意味を矛盾なく説明すること。**《生ずることを得》** 親鸞は『論註』のこの個所を『教行信証』信巻に引用して、「生を得しむ」と送り仮名している。これは往生させる力が阿弥陀仏であること、凡夫の得生は他力によるということを強調するためであろう。

〔訳〕 問う。『無量寿経』（第十八願成就文）にこう説かれる。「浄土に往生しようと願う者、みな往生することができる。ただ、五逆罪を犯す者と正法を謗《そし》る者を除く」と。また『観無量寿経』（下下品）にこう説かれる。「五逆罪や十不善業を作り、その他もろもろの悪業を具えている者も、往生することができる」と。これら二つの経は、矛盾したことを説いているように思われる。どのようにうまく説明したらよいのか。

答える。『無量寿経』では二種の重罪、すなわち五逆罪と正法を謗る罪の二つを具えているから、往生できぬとしたのである。しかしながら『観無量寿経』では、ただ十悪業や五逆罪を犯す者について述べていて、正法を謗る者のことはいわれていない。正法を謗らないのであるから、往生することができるのである。

曇鸞は唯除の二罪のうち、謗法を最も重い罪と見、正法を謗る者は大悲といえどもその救いの対象としない、と解したことがわかる。このことは、次の(3)においてさらに詳しく説かれる。

(3)　五逆罪なくても謗法あれば往生できないか

問曰。假使一人具二五逆罪一而不三誹二謗正法一。經許レ得レ生。復有二一人一但誹二謗正法一而無二五逆諸罪一。願二往生一者得レ生以不。答曰。但令誹二謗正法一雖三更無二餘罪一。必不レ得レ生。何以言レ之。經言。五逆罪人墮二阿鼻大地獄中一。具受二一劫重罪一。誹二謗正法一人墮二阿鼻大地獄中一。此劫若盡復轉至二他方阿鼻大地獄中一。如レ是展轉經二百千阿鼻大地獄一。佛不レ記二得レ出時節一。以下誹二謗正法一罪極重上故。又正法者即是佛法。此愚癡人既生二誹謗一。安有下願レ生二佛土一之理上。假使但貪二彼土安樂一而願レ生者。亦如レ求二非レ水之氷無レ煙之火一。豈有レ得レ理。

問うて曰わく。仮使《たとい》、一人ありて五逆罪を具すれども正法を誹謗せざれば、経に生ずることを得《う》と許す。復《ま》た一人ありて但だ正法を誹謗するのみにして五逆の諸罪なくして、往生せんと願ずる者は生ずることを得るやいなや。答えて曰わく。但令《たとい》、正法を誹謗して更に余の罪なしと雖も、必ず生ずることを得ず。何を以てこれを言う。経に言わく、「五逆の罪人、阿鼻大地獄《あびだいじごく》の中に堕《お》ちて具《つぶ》さに一劫《こう》の重罪を受く。正法を誹謗する人は阿鼻大地獄の中に堕ちて、此の劫若し尽くれば復《ま》た転じて他方の阿鼻大地獄の中に至る。是の如く展転《てんでん》して百千の阿鼻大地獄を経《ふ》る」と。仏、出《い》づることを得る時節を記したまわず。正法を誹謗する罪の極重《ごくじゅう》なるを以ての故に。又た正法とは即ち是れ仏法なり。此の愚癡《ぐち》の人、既に誹謗を生ず、安《いず》くんぞ仏土に生ぜんと願ずるの理あらん。仮使《たとい》但《ただ》彼の土《ど》の安楽を貪《むさぼ》りて、生ぜんと願ずる者も、亦《ま》た水にあらざるの氷、煙なきの火を求むるが如し。豈《あ》に理を得ることあらんや。

《経に言わく》『大智度論』巻七に「聲聞道中作二五逆罪一人。佛説下受二地獄一劫上。菩薩道中破二佛法一人。説下此間劫盡復至二他方一受中無量罪上」（大正二十五巻一〇八下）とあり、また同じく巻六十二（大正二十五巻五〇〇下及び五〇二上〜下）を参照。**《阿鼻大地獄》**阿鼻は avici の音写。無間《むけん》と訳す。地獄の中でも極悪人の行く極苦のところ。**《正法》**正しい真理の教え。saddharma の訳。善法、妙法とも漢訳する。正法が仏法であるというのは、どの仏もみな正法をさとって仏となり、その正法を広く説きあかすから仏法といい、また仏の説法たる正法を聞いて、すべての人びとが仏となる教えだから仏法というのである。**《愚癡》**moha の訳。正しい智慧のないこと。無知。**《彼の土の安楽を貪りて》**親鸞加点本では「貪三彼《シテカレ》生《ズル》二 安《コトヲ》楽《ニ》二」となっている。巻下の第五節善巧摂化でも「為楽願生」（楽しみのために生ぜんと願ず）を誡めている。

〔訳〕　問う。ある人が五逆罪を犯していても、正法を謗《そし》っていないから、『観無量寿経』に説かれるように、往生は許されるというならば、これとは別の人が正法を謗る罪だけあって、五逆罪などの罪がなくて往生を願うとき、往生することができるであろうか。

　答える。たとい正法を謗って、それ以外の罪を犯さなくても、決して往生することはできない。なぜかといえば、『大智度論』に「五逆罪を犯した者は、無間地獄に堕ちて、一劫の間、報いとして重罪を受けて苦しむ。正法を謗った人は大無間地獄に堕ちて一劫の間苦しみ、この劫が尽きると、また他の大無間地獄に堕ちる。このように転々として百千の大無間地獄を経めぐる」とある。そこでは、釈尊はこの人がいつ地獄をのがれるかの時期を明示されていない。正法を謗る罪がきわめて重いからである。そもそも正法とは仏法のことである。この無知の人は、すでに正法を謗っている者である以上、浄土に生まれようと願う道理はない。たとい浄土において楽しみを貪るために往生を願っても、あたかも水から成っていない氷、煙のでない火を求めるのと同様に、往生できる道理はない。

(4)　謗法の罪とは何か

問曰。何等相是誹二謗正法一。答曰。若言下無レ佛無二佛法一無二菩薩一無中菩薩法上。如レ是等見。若心自解。若従レ他受。其心決定。皆名三誹二謗正法一。

問うて曰わく。何等の相か是れ正法を誹謗することとなるや。答えて曰わく。若《も》し仏なく、仏の法なく、菩薩なく、菩薩の法なしと言わん、是の如き等の見、若《も》しは心に自から解し、若しは他に従いて受け、其の心、決定せるを、皆な正法を誹謗すると名づく。

〔訳〕　問う。正法を謗るというのは、具体的にどういうことであるか。

答える。かりに仏ましまさず、仏の説きたもう教えなく、求道者（菩薩）なく、求道者の実践する教えがないというごとき、このような見解を自ら抱き、また他の人から教えられて受け、誤った見解通りに心の決まっているのを、正法を謗るというのである。

ここにいう「謗る」とは、ただ「けなす」とか「ののしる」というのではなく、仏・法・僧の三宝の存在を根底から否定してしまうことである。

(5) 五逆罪よりなぜ謗法の罪は重いのか

問曰。如レ是等計但是已事。於二衆生一有二何苦悩一踰二於五逆重罪一耶。答曰。若無下諸佛菩薩説二世間出世間善道一教二化衆生一者上。豈知レ有二仁義禮智信一耶。如レ是世間一切善法皆斷。出世間一切賢聖皆滅。汝但知二五逆罪爲一レ重。而不レ知下五逆罪從レ無二正法一生上。是故謗二正法一人其罪最重。

問うて曰わく。是《かく》の如き等の計《け》は但《た》だ是れ已れが事なり。衆生に於て何の苦悩ありてか、五逆の重罪に踰《こ》えたるや。答えて曰わく。若し諸の仏・菩薩の世間・出世間の善道を説きて衆生を教化《きょうけ》する者なくば、豈《あ》に仁義礼《じんぎれい》智信《ちしん》あることを知らんや。是の如く世間《せけん》の一切の善法、皆な断じ、出世間《しゅっせけん》の一切の賢聖《げんじょう》、皆な滅す。汝《なんじ》、但だ五逆罪を重しとなすことを知りて、五逆罪は正法なきより生ずることを知らず。是の故に正法を謗《そし》る人は其の罪、最も重し。

《世間・出世間》世間とは世俗・凡俗のこと。世の中の事物すべて煩悩に染まっているもの。出世間とは世間を超えているもの。煩悩のけがれを離れているもの。

〔訳〕　問う。そのような見解は、ひとり自分が考えていることであって広く他に及ぼすものではない。誹法が生けるものたちにどんな苦悩を与えるから、五逆の重罪よりも越えているというのか。

答える。もしもろもろの仏や求道者たちが世間の善道と出世間の善道を説いて、生けるものたちを教化されないならば、どうして仁義礼智信という世間の善道あることを知るだろうか。このように、世間のすべての善道が断たれ、また出世間の善道にいそしむすべての賢聖人たちもなくなってしまう。そなたは、ただ五逆罪の重いことだけを知って、五逆罪が「正法はない」という誤った見解から生じていることを知らないのである。それ故に、正法を誹る人は、その誹法の罪が最も重いのである。

(6)　業道経と観無量寿経の同異を問う

問曰。業道經言。業道如レ秤重者先牽。如二觀無量壽經言一。有レ人造二五逆十惡一具二諸不善一。應下墮二惡道一經二歷多劫一受中無量苦上。臨二命終時一遇二善知識教一稱二南無無量壽佛一。如レ是至心令二聲不レ絶具二足十念一便得三往二生安樂淨土一。卽入二大乘正定之聚一畢竟不レ退。與二三塗諸苦一永隔。先牽之義於レ理如何。又曠劫已來備造二諸行一。有漏之法繫二屬三界一。但以三十念念二阿彌陀佛一便出二三界一。繫業之義復欲二云何一。答曰。汝謂。五逆十惡繫業等爲レ重。以二下下品人十念一爲レ輕。應下爲二罪所一レ牽先墮二地獄一繫二在三界上者。今當下以レ義校中量輕重之義上。在レ心在レ緣在二決定一。不レ在二時節久近多少一也。云何在レ心。彼造罪人自依二止虛妄顚倒見一生。此十念者依二善知識方便安慰一聞二實相法一生。一實一虛。豈得二相比一。譬如二千歲闇室光若暫至卽便明朗一。豈得レ言二闇在レ室千歳而不一レ去耶。是名レ在レ心。云何在レ縁。彼造罪人。自依二止妄想心一依二煩惱虚妄果報衆生一生。此十念者。依二止無上信心一依二阿彌陀如來方便莊嚴眞實淸淨無量功德名號一生。譬如下有レ人被二毒箭一所レ中截レ筋破レ骨。聞二滅除藥鼓一卽箭出毒除上 首楞嚴經言。譬如下有レ藥名曰二滅除一。若鬪戰時用以塗レ鼓。聞二鼓聲一者箭出除レ毒。菩薩摩訶薩亦復如レ是。住二首楞嚴三昧一聞二其名一者。三毒之箭自然拔出 豈可レ得レ言下彼箭深毒厲聞二鼓音聲一不上レ能二拔レ箭去一レ毒耶。是名レ在レ縁。云何在二決定一。彼造罪人依二止有後心有間心一生。此十念者依二止無後心無間心一生。是名二決定一。校二量三義一。十念者重。重者先牽能出二三有一。兩經一義耳。

問うて曰わく。業道経《ごうどうきょう》に言わく、「業道は秤《はかり》の如し、重き者、先ず牽《ひ》く」と。観無量寿経に言うが如し、「人ありて五逆・十悪を造り、諸の不善を具す。まさに悪道に堕し多劫を経歴《きょうりゃく》して無量の苦を受くべし。命終る時に臨みて、善知識の教に遇《あ》いて南無無量寿仏と称す。是《か》の如く至心に声をして絶えざらしめ、十念を具足して、便ち安楽浄土に往生することを得《う》。即ち、大乗正定《しょうじょう》の聚《じゅ》に入りて畢竟《ひっきょう》じて退《たい》せず。三塗《さんず》の諸の苦と永く隔つ」と。「先ず牽く」の義、理に於て如何《いかん》。又た曠劫《こうごう》より已来《このかた》、備《つぶさ》に諸の行を造る。有漏《うろ》の法は三界に繋属《けぞく》す。但だ十念、阿弥陀仏を念ずるを以て便ち三界を出《い》づ。繋業《けごう》の義、復《ま》た云何《いか》んが欲するや。答えて曰わく。汝謂わく、五逆・十悪の繋業等を重しとなし、下下品の人の十念を以て軽しとなし、まさに罪の牽く所となりて先ず地獄に堕《お》ちて三界に繋在《けざい》すべしと。今まさに義を以て軽重の義を校量すべし。心に在り、縁に在り、決定《けつじょう》に在りて、時節の久近《くごん》・多少には在らざるなり。云何《いか》んが心に在る。彼の造罪の人は自《みずか》ら虚妄顛倒《こもうてんどう》の見に依止《えし》して生ず。此の十念する者は善知識の方便安慰《あんい》に依りて、実相の法を聞きて生ず。一は実、一は虚《こ》なり、豈《あ》に相い比ぶることを得んや。譬えば千歳《せんざい》の闇室《あんしつ》に、光、若し暫《しばら》く至れば、即便《すなわ》ち明朗《みょうろう》なるが如し。豈に闇《やみ》、室に在ること千歳なれば去らずと言うことを得んや。是《これ》を心に在りと名づく。云何《いか》んが縁に在る。彼の造罪の人は自から妄想の心に依止し、煩悩虚妄《こもう》の果報の衆生に依りて生ず。此の十念する者は無上の信心に依止し、阿弥陀如来の方便荘厳真実清浄無量功徳の名号に依りて生ず。譬えば人ありて毒箭《どくや》を被《こうむ》りて中《あた》る所、筋《すじ》を截《き》り骨を破らんに、滅除薬《めつじょやく》の鼓《つづみ》を聞けば即ち箭《や》、出で、毒、除こるが如し。――首楞厳経《しゅりょうごんぎょう》に言わく、「譬《たと》えば薬あり、名づけて滅除《めつじょ》と曰《い》う、若し闘戦《とうせん》の時、用いて以て鼓に塗るに、鼓《こ》声を聞く者、箭《や》、出で、毒を除くが如し、菩薩摩訶薩《まかさつ》も亦復《また》是の如し。首楞厳三昧《しゅりょうごんざんまい》に住して、其の名を聞く者は、三毒の箭、自然《じねん》に抜出す」と。――豈《あ》に彼の箭《や》、深く、毒、厲《はげ》しくして、鼓の音声《おんじょう》を聞くとも、箭を抜き毒を去ることあたわずと言うことを得べけんや。是を縁に在りと名づく。云何《いか》んが決定に在る。彼の造罪の人は有《う》後《ご》心・有《う》間《けん》心に依止して生ず。此の十念する者は無後心・無間心に依止して生ず。是を決定と名づく。三義を校量するに、十念というは重し。重き者、先ず牽《ひ》きて能《よ》く三有《さんぬ》を出《い》づ。両経、一義なるのみ。

《業道経》出典は明らかでないが、業について説いている経というほどの意味か。呉の支謙訳『惟日難経』に「如レ秤隨レ重得レ之」（大正十七巻六〇五上）とあり、安世高訳『道地経』に「譬如二秤一上一下一。如レ是捨レ死受二生種一」（大正十五巻二三三中）とある。《観無量寿経》『観無量寿経』では「下品下生者。或有二衆生一。作二不善業五逆十惡一。具二諸不善一。如レ此愚人。以二惡業一故。應下墮二惡道一經二歷多劫一受レ苦無窮上。如レ此愚人。臨二命終時一。遇下善知識種種安慰爲説二妙法一。教令中念佛上。彼人苦逼。不レ遑二念佛一。善友告言。汝若不レ能レ念二彼佛一者。應レ稱二無量壽佛一。如レ是至レ心。令二聲不下絶。具二足十念一。稱二南無阿彌陀佛一。稱二佛名一故。於二念念中一。除二八十億劫生死之罪一。……」（大正十二巻三四六上）とある。二〇六頁以下参照。《曠劫》限りなく長い時間。《繫屬》縛られつながりつく。《虚妄顚倒》真実でなく、虚仮であって、道理にそむいていること。《千歳の闇室》千年間、くらやみであった部屋のこと。この譬喩は失訳『大宝積経』巻百十二に「譬如二千歳冥室未二曾見下明。若然燈時。於レ意云何。闇寧有レ念ニ我久住レ此不ㇾ欲レ去耶、不也。世尊。若然燈時是闇無力。而不レ欲レ去必當ニ磨滅一。如レ是迦葉。百千萬劫久習結レ業。以ニ一實觀一即皆消滅。其燈明者聖智慧是。其黒闇者諸結業是」（大正十一巻六三四中）とある。

《首楞厳経》鳩摩羅什訳『首楞厳三昧経』巻上に「如ニ大藥王名曰ニ滅除一。若闘戦時用以ニ塗鼓一。諸被ニ箭射一刀矛所レ傷。得レ聞ニ鼓聲一箭出毒除。如レ是堅意。菩薩住ニ首楞嚴三昧一。有レ聞レ名者。貪恚癡箭自然抜出。諸邪見毒皆悉除滅」（大正十五巻六三三中）とある。

《三毒》貪欲（むさぼり）・瞋恚（いかり）・愚癡（迷妄、無知のこと）の三毒の煩悩。

《有後心》深励は、失敗してもまだ次があるという、決意の不十分な心のこととしている。

《有間心》他想間雑の心。他のおもいが間にまじって相続せず、専一でない心。

《無後心》後がないという臨終のせっぱつまった心。『大智度論』巻二十四（大正二十五巻三八中）参照。

《無間心》他のおもいのまじわらない心。純粋な心。

〔訳〕　問う。業道を説く経典に、「業の道理は秤のごときもので、重いほうが先に報いを引く」と説かれている。ところが『観無量寿経』には、このように説かれている。「人が五逆罪や十悪業を作り、その他さまざまな悪業を具えていれば、当然、悪業の報いとして三悪道に堕《お》ち、長い年月の間、数限りない苦しみを受けることであろう。この人、命終わるとき、たまたま善きひとたちの教えを聞いて、〝南無阿弥陀仏〟と称える。このようにして、一心に称え続け、十たび仏を憶念することが具わって、そのとき安楽浄土に往生する身となり、まさしくさとりを得るに決定した者の仲間に入って退転することがない。したがって、三塗《さんず》（三悪道）の苦しみから永久に隔たってしまうことである」

そうすると、「重いほうが先に引く」という業道の道理はどういうことになるのであるか。また久遠の昔から、悪業を作りつづけ、それらの汚《けが》れあるものは、みな迷いの三界につながれるものばかりである。それにもかかわらず、ただ十度、阿弥陀仏を憶念するだけで、三界を出ることができるという。そうだとするならば、悪業による繫縛《けばく》という意味をどのように理解したらよいのか。

答える。汝のいうように、五逆罪や十悪業など三界に繫《つな》がれるものを重いとなし、下下品の人の念ずる十たびの憶念を軽いとみる。さて、なした罪業の報いとして地獄に堕ち、三界に繫縛されるということについて、いま、三つの考え方によって重い軽いを吟味してみよう。

軽いとか重いというのは、①心の在り方にかかっている（在心）、②対象にかかっている（在縁）、③心の決定にかかり（在決定）、時間の長短・多少にかかっていない。

「心の在り方にかかっている」というのは、人が罪業を造るというのは、うそいつわりの顚倒の見解に基づいて起こすのである。十たび憶念する人は、善き指導者の教えや慰めに基づき、真実の教えを聞いてなすのである。一方は真実であり、他方は虚仮《こけ》である。どうして、この二つを比べることができようか。

例えば千年間も光が入らない闇室に、一瞬間でも光が入れば、たちまち明るくなるようなものである。闇《やみ》は千年間も室の中にあったのだから、光が入っても去らない、ということがありえようか。これが「心の在り方にかかっている」ということである。〔このことは、無始以来作りつづけた悪業煩悩の相続者たるわたしの心中に、一度、念仏の光がさしこむならば、たちどころに八十億劫生死の罪が除かれる、という意味である。〕

「対象にかかっている」というのは、人が罪業を作るというのは、自分の妄想の心に基づき、うそいつわりなどの煩悩の報いたる迷いの衆生を対象として起こすのである。ところが、この十たび憶念するというのは無上の信心に基づき、阿弥陀如来の真実・清浄の巧みな働きにして、はかりしれない徳性を具えた名号を対象として起こすのである。

例えば、ある人が毒矢に射られて、筋が切れ骨が折れたとき、滅除薬《めつじょ》という薬を塗った鼓《つつみ》の音を聞くと、たちまち矢が抜け毒が除かれるようなものである。『首楞厳経《しゅりょうごん》』に、「例えば、滅除と名づける薬があるとしよう。戦さのとき、鼓にこれを塗っておく。毒矢に射られた者がその鼓の音を聞くと、矢が抜け毒が除かれるように、求道者の場合も同様である。首楞厳三昧《しゅりょうごんざんまい》という禅定に入って、その鼓の音を聞くと、三毒の煩悩の矢が自然に抜け出る」と説かれている。矢が深くささり、毒がはげしいから、鼓の音を聞いても、矢を抜き毒を消すことができないなどと、どうしていえようか。これが「対象にかかっている」ということである。

「心の決定にかかっている」というのは、人が罪業を造るというのは、今だけでなく後でもできるという心や、さまざまの想いを雑《まじ》えた心に基づいて起こすのである。ところが、この十たび憶念するというのは、臨終のときであるから、その後がない心で起こすものであり、また他の想いの雑《まじ》らない専一の心で起こすものである。これを「心の決定にかかっている」というのである。

以上の三つの考え方を吟味すると、十たび憶念するほうが力重い。重いほうがまず報いを引くから、これによって罪業の重い人も迷いの三界を出ることができる。それ故に、『観無量寿経』と業道を説く経典の二つは、いずれも同じいわれのものである。

(7)　一念を問う

問曰。幾時名爲二一念一。答曰。百一生滅名二一刹那一。六十刹那名爲二一念一。此中云レ念者不レ取二此時節一也。但言レ憶二念阿彌陀佛一。若總相若別相。隨二所觀緣一心無二他想一。十念相續名爲二十念一。但稱二名號一亦復如レ是。

問うて曰わく。幾《いくば》くの時を名づけて一念となす。答えて曰わく。百一の生滅《しょうめつ》を一刹那《せつな》と名づけ、六十刹那を名づけて一念となす。此の中に念と云うは此の時節を取らざるなり。但《た》だ阿弥陀佛を憶念《おくねん》するを言うのみ。若《も》しは総相《そうそう》、若しは別相、所観の縁に随いて心に他想なく、十念相続《そうぞく》するを名づけて十念となす。但だ名号を称するも亦《また》復《かく》是の如し。

《一念》漢訳の「一念」に二義あり、eka-kṣaṇa（一刹那、一瞬間）をいう場合と、eka-citta（一心、ひとおもい）をいう場合とがある。答える中で、このことを明かしている。　《百一》一刹那を九百生滅、六百生滅などと諸説にちがいがある。百一の意味不明。　《刹那》kṣaṇaの音写。時間の最小の単位。　《六十刹那》『大智度論』巻三十八に「時中最小者六十念中之一念」（大正二十五巻三三九中）とある。ここでは六十刹那をもって一念とみなしている。　《此の中》先に述べた『観無量寿経』の十念のこと。　《憶念》随念（anusmṛti, anussati）。心にくりかえしおもい、記憶して忘れないこと。六随念の第一・仏随念（buddhānu-smṛti, buddhānussati）が念仏の源流である。　《総相》全体のすがた。　《別相》各部分に分けたその各々のすがた。　《所観の縁》心におもいうかべるその対象。　《相続》持続・連続という意味。

〔訳〕　問う。どれほどの時間が「一念」というのか。

答える。百一の生滅《しょうめつ》を一刹那《せつな》といい、六十刹那を一念と呼ぶ。これは一念を時間とみているが、いまいう「十念」の「念」は、時間を意味する「念」ではない。阿弥陀仏を憶念するところの「念」の意味である。つまり、阿弥陀仏全体のすがた、あるいはその部分部分を観察の対象となし、心を専一に、他のさまざまな想いを雑《まじ》えず、十度、憶念相続するのを十念という。したがって、南無阿弥陀仏の名号を称える相続もその通りである。

これまで見てきた「総説分」の始終は、浄土願生者が浄土の荘厳《しょうごん》を観察することが主であって、称名念仏して往生することは二のつぎに置かれているごとくである。あたかも『観無量寿経』が定散二善を説き、最後の下下品往生において十念の称名往生を出しているのと対応する。しかし、曇鸞が『論註』に「八番問答」を設け、『略論安楽浄土義』の末に「十念念仏」を設けて論じていることは、恐らく観察門よりも讃嘆門の修し易い点に注目したからではなかろうか。このことは、善導大師が出現して、「念」とは「声」の意味であるとする、「念声是一」の意義を高揚することとなる。

(8)　念の多少を知りうるか

問曰。心若他縁摂レ之令レ還。可レ知二念之多少一。但知二多少一。復非二無間一。若凝レ心注レ想。復依レ何可レ

得レ記二念之多少一。答曰。經言二十念一者明二業事成辨一耳。不二必須レ知二頭數一也。如レ言二蟪蛄不レ識二春秋一。伊蟲豈知二朱陽之節一乎。知者言レ之耳。十念業成者。是亦通レ神者言レ之耳。但積レ念相續不レ縁二他事一便罷。復何暇須レ知二念之頭數一也。若必須レ知亦有二方便一。必須二口授一。不レ得レ題二之筆點一。

無量壽經優婆提舍願生偈註卷上

問うて曰わく。心、若し他縁《たえん》せば、これを摂《せっ》して還《かえ》らしめて、念の多少を知るべし。但《た》だ多少を知らば復《ま》た無《む》間《けん》にあらず。若し心を凝《こ》らし想を注げば、復《ま》た何に依りてか念の多少を記すことを得べきや。答えて曰わく。経に十念と言うは業事成弁《ごうじじょうべん》を明かすのみ。必ずしも頭数を知るを須《もち》いざるなり。蟪蛄《けいこ》、春秋を識《し》らずと言うが如し。伊《こ》の蟲《むし》、豈《あ》に朱陽《しゅよう》の節を知らんや。知る者、これを言うのみ。十念業成とは、是れ亦た神《じん》に通じる者、これを言うのみ。但だ念を積みて相続《そうぞく》して他事を縁《えん》ぜざれば便《すなわ》ち罷《や》みぬ。復《ま》た何の暇《いとま》ありてか念の頭数を知ることを須《もち》いんや。若し必ず知ることを須いば、亦た方便あり。必ず口授《くじゅ》を須いて、これを筆点に題《しる》すことを得ず。

《他縁せば》他のものを観察の対象として心に思いうかべること。《無間》無間心のこと。二二〇頁注参照。《業事成弁》往生の業が完成すること。《蟪蛄》蟬の一種。きりぎりすともいう。『荘子』逍遥遊に「蟪蛄不レ知二春秋一」とある。《伊》「これ」という指示代名詞か。《朱陽》深励は夏のこととし、藤堂恭俊氏は夏と春のこととして、『爾雅・釈天』の「春為青陽、夏為朱明」を引いている。《神に通じる者》人間の能力を超えた力を持ったもの、仏のこと。《暇》親鸞加点本では「假」となっている。

〔訳〕 問う。もしも心が他のことを思い浮べるなら、すぐにもとに戻して、一つ二つと念ずる憶念の数を知ることができる。しかしながら、憶念の数を知るというなら、間が切れて、相続《そうぞく》することにはならない。だから、もしも心を凝《こ》らし専ら想いを注ぐなら、どうして憶念の数を知ることができるだろうか。

答える。『観無量寿経』に「十念」が説かれているのは、臨終の凡夫が浄土往生のつとめを完成することを明かしている。必ずしも憶念の数を知る必要はないのである。例えば、蟬は春秋を知らない。短い夏を一生とするから、この虫は夏ということを知らないのである。ただ人間がそのことを知って蟬は夏に鳴くというにすぎない。十念によって浄土往生のつとめを完成するというのは、神通力を具える仏のみがいわれることである。生ける者たちにとっては、ただ憶念相続するのみで、他のことを思い浮べる必要はない。また、どれほどの余暇があって、憶念の数を数える必要があろうか。もしも知らねばならないというならば、てだて（数珠の珠を繰って数える方法など）がある。それとて、口ずからいうことであって、紙に書きしるすことはできない。

無量寿経優婆提舎願生偈
婆藪槃頭菩薩造 并 註巻下

沙門曇鸞註解

第三章　解義分

〔『浄土論』の大意を十種に分けて解説する〕

論曰。

已下。此是解義分。此分中義有二十重一。一者願偈大意。二者起觀生信。三者觀行體相。四者淨入願心。五者善巧攝化。六者離菩提障。七者順菩提門。八者名義攝對。九者願事成就。十者利行滿足。論者議也。言議二偈所以一也。曰者詞也。指二下諸句一。是議二釋偈一詞也。故言二論曰一。

「論じて曰わく」

已下《いげ》、此れは是れ解義分《げぎぶん》なり。此の分の中、義に十重あり。一には願偈《がんげ》大意《たいい》、二には起《き》観生信《かんしょうしん》、三には観行体《かんぎょうたい》相《そう》、四には浄入願心《じょうにゅうがんしん》、五には善巧摂化《ぜんぎょうせつけ》、六には離菩提障《りぼだいしょう》、七には順菩提門《じゅんぼだいもん》、八には名義摂対《みょうぎせったい》、九には願事成《がんじじょう》就《じゅ》、十には利行満足《りぎょうまんぞく》なり。「論」とは議なり。言《い》わく偈の所以《ゆえん》を議するなり。「曰わく」とは詞《ことば》なり、下の諸句を指す。是れは偈を議釈《ぎしゃく》する詞なり。故に「論じて曰わく」と言う。

《観行体相》体相を観察すること。観行の対象（所観）たる浄土の二十九種荘厳を体相という。《議》説き明かすこと。

〔訳〕『浄土論』の文「論じていう」以下は、これは「願生偈」のもつ意義を解釈する部分である。

これを十節に分ける。

第一節　願偈《がんげ》大意
第二節　起観生信
第三節　観察体相
第四節　浄入願心
第五節　善巧摂化《ぜんぎょうせつけ》
第六節　離菩提障（障菩提門）
第七節　順菩提門
第八節　名義摂対《みょうぎせったい》
第九節　願事成就
第十節　利行満足

「論じて」とは、説き明かすことで、偈《げ》の意味を解釈するのである。「曰わく」とは、ことばで、下に解釈するもろもろのことばを指す。つまり、偈の意味を解釈することばである。それ故に、「論じて曰わく」というのである。

第一節　願偈大意

願偈大意者。

此願偈明㆓何義㆒。示㆘現觀㆓彼安樂世界㆒。見㆓阿彌陀如來㆒。願㆖生㆓彼國㆒故。

願偈大意とは。

「此の願偈は何の義をか明かす。彼《か》の安楽世界を観じて、阿弥陀如来を見たてまつり、彼の国に生ぜんと願ずることを示現《じげん》するが故なり」

〔訳〕　第一節「願偈大意」とは、『浄土論』の文にこのようにいう。

「この願生偈はいかなる意味を説き明かしているかといえば、求道者にしてかの安楽世界を観察し、阿弥陀仏を見たてまつって、かの仏国に生まれようと願うことをはっきり示しているのである」

原文の「生ぜんと願ずることを示現する」という世親のことばは、阿弥陀仏の浄土に往生する道が、自利・利他共利を完成する大乗菩薩道の実践に外ならないという趣旨を述べるものである。

求道者（菩薩）にとって、その菩薩道とは、自利と利他の二利の完成者になる実践である。いまここで、世親は自利と利他の実践を五念門の行として示し（礼拝・讃嘆・作願・観察の前四が自利の行、廻向の後一が利他の行）、この五念門をもって衆生が浄土に往生する因果となした。

換言すれば、第二節「起観生信」から第九節「願事成就」までが衆生往生の因（五念門）を明かし、最後の第十節「利行満足」は衆生往生の果（五念門の果、すなわち五功徳門）を明かしている。

- 衆生往生の因果
  - 衆生往生の因（五念門）
    - 第二節「起観生信」
    - 第三節「観察体相」
    - 第四節「浄入願心」
      - （第三節・第四節）観察門（自利の行）
    - 第五節「善巧摂化」
    - 第六節「離菩提障」
    - 第七節「順菩提門」
    - 第八節「名義摂対」
      - （第五節～第八節）廻向門（利他の大悲心）
    - 第九節「願事成就」（五念門の行を修し、利他の大悲心を得る）
  - 衆生往生の果（五功徳門）
    - 第十節「利行満足」（自利と利他の行が完成する）

親鸞は、曇鸞が第十節「利行満足」において「利他」を論じ、「利他」とは仏力をいうのであって、われわれ衆生の側では「他利」というべきである（覈本釈）というのをうけ、五念門による自利と利他の行は、われわれ衆生の修めるものではなく、法蔵菩薩の因位における行とみたから、第二節「起観生信」より第十節「利行満足」に至る部分は、如来浄土の因果と解した。

- 如来浄土の因果
  - 如来浄土の因（法蔵の因行）（五念門）
    - 第二節
    - 第三節
    - 第四節
    - 第五節
    - 第六節
    - 第七節
    - 第八節
    - 第九節
  - 如来浄土の果（弥陀の果徳）（五功徳門）
    - 第十節

第二節 起観生信

(イ) 五念門の力用と入出二門

起觀生信者。此分中又有㆓二重㆒。一者示㆓五念力㆒。二者出㆓五念門㆒。示㆓五念力㆒者。

云何觀。云何生㆓信心㆒。若善男子善女人。修㆓五念門㆒行成就。畢竟得㆘生㆓安樂國土㆒。見㆗彼阿彌陀佛㆖。

出㆓五念門㆒者。

何等五念門。一者禮拜門。二者讚歎門。三者作願門。四者觀察門。五者迴向門。門者入出義也。如㆓人得㆑門。則入出無礙㆒。前四念是入㆓安樂淨土㆒門。後一念是出㆓慈悲教化㆒門。

起《き》観生信《かんしょうしん》とは、此の分の中に又た二重あり。一には五念力《ごねんりき》を示し、二には五念門《ごねんもん》を出す。五念力を示すとは、

「云何《いか》んが観じ、云何んが信心を生ずる、若し善男子《ぜんなんし》、善女人《ぜんによにん》、五念門を修《しゅ》して、行、成就すれば、畢竟《ひっきょう》じて安楽国土に生じて、彼《か》の阿弥陀仏を見たてまつることを得《う》」

五念門を出すとは。

「何等か五念門なる。一には礼拝《らいはい》門、二には讃歎《さんだん》門、三には作願《さがん》門、四には観察《かんざつ》門、五には廻向《えこう》門なり」

門とは入出の義なり。人、門を得れば則ち入出、無礙《むげ》なるが如《ごと》し。前の四念は是れ安楽浄土に入る門なり。後の一念は是れ慈悲教化に出《い》づる門なり。

《善男子、善女人》kula-putra・kula-duhitṛの訳。良家の男子・女子という意味。出家していない在家の聴衆を指していう。

〔訳〕 第二節「起観生信」は二段に分けられる。第一段は五念門の力用を示し、第二段は五念門を挙げる。

第一段「五念門の力用を示す」ことについて、『浄土論』にいう。

「どのように浄土の荘厳を観察し、どのように信心をおこすのか。それは、もしも良家の青年や女性が五念門の行を修め完成すれば、必ず安楽国土に生まれて、阿弥陀仏を見たてまつることができる」

第二段「五念門を挙げる」ことについて、『浄土論』にいう。

「何が五念門であるか。一つには礼拝門、二つには讃嘆門、三つには作願門、四つには観察門、五つには廻向門である」

「門」とは出入を意味し、人が自由に出入できる門のごときものである。すなわち、五念門の中で、前四は安楽浄土に入る門（入口となる実践）であり、後一の廻向門は大慈悲心をもって生けるものたちを教化するために出かける門（出口となる実践）である。

(ロ)　別して五念門を説明する

(1)　礼拝門

云何禮拜。身業禮拜阿彌陀如來應正遍知。

諸佛如來。德有無量。德無量故。德號亦無量。若欲具談。紙筆不能載也。是以諸經或擧十名。或騰三號。蓋存至宗而已。豈此盡耶。所言三號。卽此如來應正遍知也。如來者。如法相解。如法相說。如諸佛安穩道來。此佛亦如是來。更不去後有中。故名如來。應者應供也。佛結使除盡。得一切智慧。應受一切天地衆生供養。故曰應也。正遍知者。知一切諸法實不壞相。不增不減。云何不壞。心行處滅。言語道過。諸法如涅槃相不動。故名正遍知。無礙光義。如前偈中解。

爲生彼國意故。

何故言此。菩薩之法。常以晝三時夜三時。禮十方一切諸佛。不必有願生意。今應常作願生意。故禮阿彌陀如來也。

「云何《いか》んが礼拝する。身業《しんごう》をもて阿弥陀如来応正遍知《おうしょうへんち》を礼拝したてまつる」

諸仏如来に、徳無量なるものあり。徳無量なるが故に、徳号も亦た無量なり。若し具《つぶ》さに談ぜんと欲せば、紙筆にも載することあたわざるなり。是《ここ》を以て諸経に、或は十名を挙《あ》げ、或は三号を騰《あ》ぐ。蓋《けだ》し至宗を存するのみ。豈《あ》に此《ここ》に尽さんや。言う所の三号は、即ち此れ如来と応と正遍知となり。「如来」とは、法相《ほっそう》の如く解《げ》し、法相の如く説き、諸仏の安穏道より来たるが如く、此の仏も亦た是の如く来たりて、更に後有《ごう》の中に去らず。故に如来と名づく。「応」とは応供《おうぐ》なり。仏は結使除尽《けっしじょじん》して、一切の智慧を得て、一切の天地の衆生の供養《くよう》を応受《おうじゅ》す。故に応と曰《い》うなり。「正遍知」とは、一切の諸法は実に不壊《ふえ》の相にして、不増不減なりと知る。云何《いか》んが不壊なる。心の行処、滅して、言語の道、過ぎたり。諸法は涅槃《ねはん》の相の如くにして動ぜず。故に正遍知と名づく。無礙《むげ》光の義は、前の偈《げ》の中に解するが如し。

「彼の国に生ぜんとする意をなすが故に」

何が故ぞ此れを言う。菩薩の法は、常に昼三時夜三時を以て、十方一切の諸仏を礼す。必ずしも願生《がんしょう》の意あるにはあらず。今、まさに常に願生の意を作《な》すべし。故に阿弥陀如来を礼するなり。

《身業》身体でおこなう行為。《徳》『大智度論』巻二に「仏功徳無量。名号亦無量」（大正二十五巻七一中）とある。《紙筆》義山本は紙竹となっている。《十名》如来の尊称として応供（阿羅漢）などの十名。『十住毘婆沙論』巻十二には「如来、応供、正遍知、明行足、善逝、世間解、無上士、調御丈夫、天人師、仏、世尊」（大正二十六巻八六上）とある。《法相》万象（諸法）の持っている本質のすがた。『大智度論』巻二に「云何名㆓多陀阿伽陀㆒。如㆓法相㆒解。如㆓法相㆒説。如㆓諸佛安穏道來㆒。佛亦如㆑是來更不㆑去㆓後有中㆒。是故名㆓多陀阿伽陀㆒」（大正二十五巻七一中）とあるのによったものか。《後有》次の世でのまよいの生存。

《応供》 arhat の訳。阿羅漢と音写する。供養を受けるにあたいするものという意味。『大智度論』巻二に「阿羅呵名二應受供養一。佛諸結使除盡得二一切智慧一故。應レ受二一切天地衆生供養一。以レ是故佛名二阿羅呵一」（大正二十五巻七一中～下）とある。　**《結使》** 煩悩のこと。　**《応受》** 受けるにふさわしいという意味。

《正遍知》 samyak-saṃbuddha の訳。正等覚とも訳す。三藐三仏陀と音写する。仏の智慧が平等にして完全であることをいう。『大智度論』巻二に「云何名二三藐三佛陀一。三藐名レ正。三名レ遍、佛名レ知。是名二正遍知一切法一（中略）復次知二一切諸法實不壞相不增不滅一。云何名二不壞相一。心行處滅言語道斷。過二諸法一如二涅槃相不一レ動。以レ是故名二三藐三佛陀一」（大正二十五巻七一下）とある。　**《心の行処、滅して》** 心のはたらきの及ぶ範囲を「行処」という。真理は人間の心の対象としてとらえられないことを言う。　**《無礙光の義》** 七二頁注参照。　**《昼三時夜三時》**『大智度論』巻七に「菩薩法。晝三時夜三時常行二三事一。一者清旦偏袒二右肩一合掌禮二十方佛一言。我某甲。若今世若過去世無量劫。身口意悪業罪。於二十方現在佛前一懺悔。願令二滅除不一復更作一。中暮夜三亦如レ是」（大正二十五巻一一〇上）とある。

〔訳〕『浄土論』にこういう。

「どのように礼拝するのか。身体的行ないによって、完全な人格者（如来）・供養を受けるに値《あたい》する人（応供）・正しくさとった人（正遍知）・阿弥陀仏を礼拝したてまつる」

もろもろの仏・如来は無量の徳性を具えている。徳性が無量だから、その徳性を示す名まえも無量である。もしも詳しく説明しようとするならば、紙筆で記すことさえできない。それ故に、諸経典には、仏の十名とか仏の三号を挙げている。思うに、主な名まえを出しただけである。どうして、これだけで尽きようか。ここでいう三号とは、如来と応供と正遍知である。

そのうち、「如来」とは、諸事象をありのままにさとり、諸事象をありのままに説き、諸仏が安らぎの一道をさとってこの世に来たったごとく、阿弥陀仏もそのように来たって輪廻の生存を受けることがない。それ故に「如来」と名づける。

「応」とは応供で、仏は煩悩を除き尽して、すべてを知る智慧を得、あらゆる天地の生けるものたちからの供養を受ける。それ故に「応」という。

「正遍知」とは、すべての諸事象は、不壊《ふえ》で、増《ふ》えもせず減りもしないとさとった人をいう。なぜ、すべての諸事象が不壊なのか。心の思考作用が止み、ことばで説くてだてを超えているからである。諸事象は不生不滅の涅槃《ねはん》（平安、さとりの境地）のすがたの通りで、不動のものである、とさとる。それ故にこの人を「正遍知」と名づける。

「無碍光《むげこう》」（阿弥陀とあるも、「願生偈」で無碍光というのによる）の意味は、すでに「願生偈」を説明する総説分の中で述べた通りである。

『浄土論』にいう。

「かの国に生まれようと願う心を起こすからである」

なぜこのようにいわれるのか。それは、求道者の作法として、昼夜六時（一日を四時間ずつ六分する）に、十方の仏たちを礼拝するが、必ずしも仏の国土に生まれようと願うものではない。いまは、六時すべてにおいて、阿弥陀仏の浄土に生まれようと願う心をもってなす。それ故に、阿弥陀如来を礼拝するのである。

(2) 讃嘆門

云何讃歎。口業讃歎。

讃者讃揚也。歎者歌歎也。讃歎非レ口不レ宣。故曰二口業一也。

稱二彼如來名一。如二彼如來光明智相一。如二彼名義一。欲二如實修行相應一故。

稱二彼如來名一者。謂稱二無礙光如來名一也。如二彼如來光明智相一者。佛光明是智慧相也。此光明照二十方世界一。無レ有二障礙一。能除二十方衆生無明黑闇一。非レ如三日月珠光但破二空穴中闇一也。如二彼名義一。欲二如實修行相應一者。彼無礙光如來名號。能破二衆生一切無明一。能滿二衆生一切志願一。然有下稱名憶念。而無明由在。而不レ滿二所願一者上。何者。由下不二如實修行一。與二名義一不中相應上故也。云何爲下不二如實修行一。與二名義一不中相應上。謂不レ知二如來是實相身。是爲物身一。又有二三種不相應一。一者信心不レ淳。若レ存若レ亡故。二者信心不レ一。無二決定一故。三者信心不二相續一。餘念間故。此三句展轉相成。以二信心不レ淳故無二決定一。無二決定一故念不二相續一。亦可下念不二相續一故不レ得二決定信一。不レ得二決定信一故心不上レ淳。與レ此相違名二如實修行相應一。是故論主建言二我一心一。

「云何《いか》んが讃歎する。口業《くごう》をもて讃歎す」

讃とは讃揚なり。歎とは歌歎なり。讃歎は口にあらざれば宣《の》べず、故に口業と曰《い》うなり。

「彼《か》の如来の名《みな》を称すること、彼の如来の光明智相の如く、彼の名義の如く、如実に修行し、相応せんと欲するが故なり」

「彼の如来の名を称す」とは、謂《い》わく無碍光《むげこう》如来の名を称するなり。「彼の如来の光明智相の如く」とは、仏の光明は是れ智慧の相なり。此の光明は十方世界を照らすに障碍《しょうげ》あることなし。能《よ》く十方衆生の無明の黒闇を除く。日月珠光の但《た》だ空穴の中の闇を破するが如きにはあらざるなり。「彼の名義の如く、如実に修行し、相応せんと欲す」とは、彼の無碍光如来の名号は、能く衆生の一切の無明を破し、能く衆生の一切の志願を満たす。

然るに称名憶念すれども、無明なお在りて所願を満たさざる者のあり。何《いかん》となれば、如実に修行せず、名義と相応せざるに由るが故なり。如何《いか》んが如実に修行せず、名義と相応せざるとなす。謂わく如来は是れ実相身《じっそうしん》、是れ為物身《いもつしん》なりと知らざればなり。

又た三種の不相応あり。一には信心、淳《あつ》からず、存《あ》るが若《ごと》く亡《な》きが若《ごと》くなるが故に。二には信心、一ならず、決定《けつじょう》なきが故に。三には信心、相続せず、余念、間《まじ》るが故に。此の三句は展転《てんでん》して相い成ず。信心、淳《あつ》からざるを以ての故に決定なし、決定なきが故に念は相続せず、亦た念、相続せざるが故に決定の信を得ず、決定の信を得ざるが故に心、淳からざるべし。此と相違するを如実に修行し相応すと名づく。是の故に論主、建《はじめ》に「我れ一心に」と言えり。

《歌歎》ほめうたうこと。『無量寿経』巻下に、「歌歎最勝尊」（大正十二巻二七二下）、同じく「歌歎佛徳」（大正十二巻二七三下）とある。《名義》nāma と artha の訳。名前とその意味。《相応》曇鸞は名義と相応するという意味に理解しているが、インド仏教の実践道からすれば、「相応」の原語は瑜伽（yoga, saṃyoga）と思われ、bhāvanā（修習、修行）と同じに使われる。ここでは、浄土教の称名行が、大乗菩薩道の修行たることを明らかにするものと思われる。なお、作願門の「如実に奢摩他を修行せん」（二五一頁）

の文、および観察門の「如実に毘婆舎那を修行せん」（二五五頁）の文とによって、いまの文を「如実に相応を修行せん」と読む考えもある。《憶念》smṛti, anusmṛti の訳。心にきざみこんで忘れずに、つねにおもい出すこと。《実相身、為物身》実相身は諸法実相のさとりそのものを仏とみていい、為物身は実相身が衆生（物）を救うためにすがたをとり、はたらきを持った仏身をいう。実相身を法性法身に、為物身を方便法身に配当する考え方もある。《存るが若く…》『老子』四十一章に「中士聞レ道、若レ存若レ亡」とある。《建に》伝統的に「はじめに」と読んできているが、「たてる」のが本来の意味であり、文を「おこす」というような意味である。

〔訳〕『浄土論』にいう。

「どのように讃嘆するのか。口業をもって讃嘆するのである」

「讃嘆」の「讃」とはほめあげることであり、「嘆」とはほめうたうことである。「讃嘆」はことばで示さなければならないから、「口業」というのである。

『浄土論』にいう。

「かの如来の名《みな》を称すること、かの如来の光明智相のごとく、かの名義のごとく、如実に修行し相応しようと欲するからである」

「かの如来の名を称す」とは、無碍光《むげこう》如来の名（南無阿弥陀仏）を称えることである。

「かの如来の光明智相のごとく」とは、阿弥陀仏の光明は、仏の智慧の働きを示すもので、この光明はあらゆる世界を照らして、何ものにも碍《さまた》げられない。そして、あらゆる生けるものたちの無知の闇をとり除くことができる。あたかも太陽や月や珠玉の光が、穴の中の闇を破るのとはちがっている。

「かの名義のごとく、如実に修行し、相応しようと欲する」とは、かの無碍光如来の名（南無阿弥陀仏）は、生けるものたちのすべての無知を破り、生けるもののすべての願いを満たしたもうものであるから、そのいわれにかなおうと欲するという意味である。

ところが、たとい口に南無阿弥陀仏と称え、心に憶念しても、なおも無知が存続し、願いの達成しない者がいる。それはなぜかといえば、無碍の光の働きのいわれを、ありのままにくりかえし身につけようとせず、名とそのいわれにかなっていないからである。どのようなのが「ありのままにくりかえし身につけようとしない（如実に修行せず）」といい、またどのようなのが「名とそのいわれにかなっていない（名義と相応せず）」というのであるか。

その理由は、まず第一に、如来が実相身（真理・真実をさとり、自利を全うして仏となったすがた）であるとともに、為物身（実相身の仏が生けるものたちを救うべくあらわした利他教化のすがた）であるということを知らないからである。

第二に、三種のかなっていない心（不相応心）があるからである。一つには、信心が淳《あつ》くなく、ときにはあるが、ときにはなくなるというように、名《みな》のいわれにたいして疑心があるからである。二つには、信心が一向《ひたすら》でなく、決定せず、二心があるからである。三つには、信心が相続せず、他の思いが雑《まじ》わり間がへだたる間雑心《けんぞうしん》があるからである。この三種の句はたがいに関係しあって、その意味を成り立たせている。すなわち、信心が淳《あつ》くないから、決定することがない。決定することがないから、信心が相続しない。信心が相続しないから、決定の信心が得られない。決定の信心が得られないから、信心が淳《あつ》くないのである。これら三種のかなっていない心と相違するのを、「如実に修行し、相応しよう」というのである。

それで、天親菩薩は『浄土論』の冒頭「願生偈」の第一句に、「我れ一心に」といわれたのである。

称名に破闇《はあん》と満願《まんがん》の二つの力用があるという「称名破満《しょうみょうはまん》」の解釈は、親鸞にとって重視された。『教行信証』行巻と信巻における引文の態度は、名《みな》すなわち名号に破満の徳があり、その名号のいわれを聞く者の信心に破満が具わり、信心に破満が具わっている以上、口業の称名に破満の徳があるということになるから、行巻の引文は称名破満を、信巻の引文は信心破闇を明らかにしようとしていることがわかる。信心破闇を打ち出したのは親鸞の独創である。これは天親、曇鸞両師の意を法蔵菩薩の願心に立ち戻って味わい直したところに会得されたものであろう。なぜならば、親鸞は信巻で、その中心課題とした信心について、第十八願の三信（至心・信楽・欲生）ならびに同成就文の一念（信心）が、信楽の一心であり、また天親の「一心」に外ならないとした。つまり信心とは「真実の一心」をいい、如来の真実心が凡夫に領受されたところを指して、凡夫の「信心」というのである。だから、他力廻向の信心という。

親鸞がこのような「信心」の構造を信巻において論ずることができたのも、ひとえに曇鸞のいう三種の不相応心、三種の相応心の解釈に負うところ大であったといえよう。

親鸞は「如実に」を「実の如く」と読んでいる。一般に「如実に」（yathābhūtaṃ）は、「そのように」とか「ありのままに」という意味で、原始仏教では真理観の基本である「如実知見」（yathābhūtañāṇadassana）の内容を規定することばとして使われている。これは、ありのままに知り見る智慧の働きを指している。つまり「さとる」という働きが「如実知見」である。さて親鸞は「実」を「真実」、あるいは「真実の教」と見て、「如実」とは真実そのものにかなうことと解したので、「実の如く」と読んだと思われる。「修行」の原語には yoga, bhāvanā などがあり、yoga は相応とも訳される。bhāvanā は修習とも訳されるが、この語は「あらしめる働き」が原意で、「修行」とは真実の自己たらしめる働きをいう。そして、インドの注釈書にいわれるように、くりかえし身につけることが「修行」「修習」であり、中国で bhāvanā を訳すのに、そのような語意をもつ修とか習の文字を使ったのは、さすが見事な訳といってよかろう。

さて、曇鸞が称名破闇の釈を掲げ、ついで称名に、われわれが仏のさとりを開くことのできる働きの具わっているのにかかわらず、それにたいする疑いの心が消えず、信じきれないのはどうしたことであろうか、と設問する。その答に、かれは三種の不相応心を出す。

ここにいう「相応」が $\sqrt{yuj}$ からの派生語、例えば yoga, saṁyoga とみれば、これらが専心とか瞑想とか修行と訳されることからいって、三種の不相応心は三種の不専念心であり、また真実の自己たらしめる働きに違背するところの、不修行心ということになろう。ちなみに曇鸞が「名義と相応せず」と読んだのは、作願門の「止」、観察門の「観」の用法からして、讃嘆門の「相応」は「如実に相応を修行せん」と読むべきだとする考えがある（国訳一切経の注）。妥当な考えであろう。いま、曇鸞の理解に立って考察すると、かれも「相応」とは名義にかなう信心としているから、口業讃嘆としての称名行が「相応」であると考えていたことがわかる。

曇鸞が三種の不相応心を説明することによって、三種の相応心を明示したのも、このことに基づくといえよう。

①淳心（無疑心）、②一心（無二心《むに》）、③相続心（無間心《むけん》）

これらの三心は、いずれも仏教の信心を、機根（信受する人）の心相の上で表わしたことばである。それならば、信心の内容となっているものは何か。それは、「真実」そのものが真実の力用をあらわして、「浄土の教」となり、「名号」となっているもの、曇鸞のいう破闇満願の働きをもつ名号のいわれに外ならない。このいわれはいわれ通りに、みずからのすがたを現わし、われわれに破闇し満願しつつある。この仏行をそのまま領受したすがたが、われわれの信心であり称名である。口で称える称名の行が、その根底に信心を具えているものであるからこそ、仏行がわれわれ衆生の行となるのである。このことを、三種の相応心によって明らかにしているといえよう。

したがって、親鸞は「高僧和讃」の中の、曇鸞讃に、このように詠《よ》んでいる。

決定《けつじょう》の信をえざるゆへ
信心不淳《ふじゅん》とのべたまふ
如実修行相応は
信心ひとつにさだめたり

名号も称名も信心も、別々のものではなく、阿弥陀仏の真実心のあらわれに外ならない。阿弥陀仏の真実心が本願をたて修行をなして、われわれに代わってなすべき成仏の行を完成し、これを名号としてわれわれに廻施しつつあるから、その名号を称えるところの称名の行は、仏行に外ならない。そして、名号のいわれを信ずることは、仏の真実心を頂くことで、それを指してわたしの信心というけれども、実は仏の真実心がわたしのものとなったところを、わたしの信心というに過ぎない。

「実の如く修行し相応せん」と親鸞が読んだのも、仏の真実心にかなうたすがた、すなわち他力の真実信心を得て、称名念仏する人になることと理解したからに外ならないといえよう。

〔指月の喩と称名破満〕

問曰。名爲二法指一。如二指指一レ月。若稱二佛名號一。便得レ滿レ願者。指レ月之指。應二能破一レ闇。若指レ月之指。不レ能レ破レ闇。稱二佛名號一。亦何能滿レ願耶。答曰。諸法萬差。不レ可二一概一。有二名即一レ法。有二名異一レ法。名卽レ法者。諸佛菩薩名號。般若波羅蜜。及陀羅尼章句禁呪音辭等是也。如下禁腫辭云二日出東方乍赤乍黃一等句上。假使酉亥行レ禁。不レ關二日出一。而腫得レ差。亦如三行レ師對レ陳。但一切齒中誦二臨兵鬪者皆陳列在前行一。誦二此九字一。五兵之所レ不レ中。抱朴子謂二之要道一者也。又苦二轉筋一者。以二木瓜一對レ火熨レ之則愈。復有レ人。但呼二木瓜名一亦愈。吾身得二其效一也。如レ斯近事。世間共知。況不可思議境界者乎。滅除藥塗レ鼓之喩。復是一事。此喩已彰二於前一。故不二重引一。有二名異一レ法者。如二指指一レ月等名也。

問うて曰わく。名をば法の指となす。指の月を指《さ》すが如し。若《も》し仏の名号を称するに、便《すなわ》ち願を満たすことを得るというは、月を指すの指、まさに能《よ》く闇を破すべし。若し月を指すの指、闇を破することあたわずば、仏の名号を称すとも、亦た何ぞ能く願を満たんや。

答えて曰わく。諸法万差なり。一概《いちがい》すべからず。名の法に即するあり、名の法に異するあり。名の法に即するとは、諸仏菩薩の名号、般若波羅蜜、及び陀羅尼の章句、禁呪《ごんじゅ》の音辞等、是れなり。禁腫《ごんしゅ》の辞に「日出東方乍《さく》赤乍黄《せきさくこう》」と云う等の句の如し。たとい酉亥《ゆうがい》に禁を行じて、日の出づるに関《かか》わらざれども、腫《はれもの》、差《いゆ》ることを得。亦た師《いくさ》に行くに陳に対して、但だ一たび切歯の中に「臨兵闘者皆陳列〔在〕前行」と誦するが如し。此の九字を誦すれば（五兵の中《あた》らざる所なり。抱朴子《ほうぼくし》にこれを要道と謂《い》う者なり。又た転 筋《こむらがえり》を苦しむ者は、木瓜《ぼけ》を以て火に対してこれを熨《の》せば則ち愈《い》ゆ。また人ありて、但だ木瓜の名を呼ぶに亦た愈ゆ。吾《わ》が身にその效を得るなり。斯《かく》の如きは近事、世間に共に知れり。況《いわ》んや不可思議の境界なる者をや。滅除《めつじょ》薬を鼓《つづみ》に塗るの喩《たと》え、復《ま》た是れ一事なり。この喩え已《すで》に前に彰《あらわ》れぬ。故に重ねて引かず。名の法に異するありとは、指の月を指すが如き等の名なり。

《月を指す》『大智度論』巻九「如三人以レ指指レ月以示二惑者一。惑者視レ指而不レ視レ月。人語レ之言。我以レ指指レ月令二汝知一レ之。汝何看レ指而不レ視レ月」（大正二十五巻一二五中）。同巻九十五に「如下人以レ指指レ月。不レ知者但観二其指一而不レ視レ月。」（大正二十五巻七二六上）とある。**《名の法に即する》**名前とその表現された内容のものが離れていないこと。『大智度論』巻二十五に「問曰。義之與レ名爲レ合耶。爲レ離耶。若合レ名。説レ火時應レ焼レ口。若離。説レ火時應レ得レ水。答曰。亦不合亦不離。」（大正二十五巻二四六中）とある。**《般若波羅蜜》**prajñāpāramitā の音写。般若は慧、智慧と訳し、波羅蜜は到彼岸、度と訳す。菩薩の完成徳目たる智慧のこと。ただし、ここでは般若波羅蜜と称えることであろう。『大智度論』巻五十七に「如二外道神仙呪術力一故。入レ水不レ溺入レ火不レ熱毒虫不レ螫。何況般若波羅蜜。是十方諸佛所三因成二就呪術一」（大正二十五巻四六四中）とある。**《陀羅尼》**八六頁注《総持》を参照。**《九字》**底本は「臨兵闘者皆陳列在前行」の十字で、「在」の一字が多い。『抱朴子』の原文に照らして「在」を省くべきである。《抱朴子》東晋の道士葛洪（二八三―三四三）の著作。内篇と外篇とより成り、内篇は不老長生の仙術を説く。ここに引用する九字のまじないは、内篇巻第十七登渉・第六節に出る。《木瓜》生薬として鎮痛に使われる。春雨にぬれて咲く花の風情は忘れ難いものがある。《滅除薬》二一八頁以下を参照。

〔訳〕問う。名は体を表わす。あたかも指が月をさし示すようなものである。もしも仏の名号を称えて、人がその願いを満たすことができるというならば、月をさし示す指が闇を破ることができるであろう。もしも月をさし示す指が闇を破ることができないならば、仏の名号を称えて、どうして人はその願いを満たすことができるであろうか。

答える。すべてのものは、それぞれ差別があって、一概にいうことができない。名と体が相即するものがあると同時に、名と体が相即しないものもある。

名と体が相即するものとは、もろもろの仏や菩薩の名号、般若波羅蜜や陀羅尼のことば、まじないのことばなどのごときものである。腫物《はれもの》をなおすまじないのことばの一つ「日出東方乍赤乍黄」（太陽が出て、東方の空はたちまち赤色となり黄色となるという意味）といった句のようなものは、たとい酉《とり》の刻（午後五時から七時）や亥《い》の刻（午後九時から十一時）に、このまじないを日の出に関係なく行なっても、腫物がひく。また、軍隊を動かして敵と対陣し、歯をくいしばって「臨兵闘者皆陳列前行」（戦闘に臨む者、みな隊列を整えて、前進する）と唱えるようなものである。この九字のまじないを唱えると、五種の武器（刀・剣・矛・戟・矢）があたらない。『抱朴子《ほうぼくし》』の中で、このことが戦争の要道であると説かれている。また、こむらがえりで苦しんでいるとき、木瓜《ぼけ》を火で暖めて患部を熨《の》すならば、なおる。木瓜がないなら、その名まえを呼ぶだけでなおる。筆者自身、その効能があった。このような手近かなことは、世間のだれもが知っていることである。まして、われわれの思いはかりを超えた仏の境界に関しては、なおさらである。滅除薬を鼓《つづみ》に塗る喩《たとえ》も、その一例である。これはすでに挙げたから、いま重ねて引用しない。

名と体が相即しないものがあるというのは、指が月をさし示すように、体と同一でない名をいう。

(3)　作願門

云何作願。心常作三願一心專念畢竟往三生安樂國土一。欲二如實修三行奢摩他一故。

譯二奢摩他一曰レ止。止者止二心一處一。不レ作レ惡也。此譯名乃不レ乖二大意一。於レ義未レ滿。何以言レ之。如レ止二心鼻端一。亦名爲レ止。不淨觀止レ貪。慈悲觀止レ瞋。因縁觀止レ癡。如レ是等亦名爲レ止。如二人將レ行不下行。亦名爲レ止。是知止語浮漫。不三正得二奢摩他名一也。如二椿柘楡柳一。雖三皆名下木。若但云レ木。安得二楡柳一耶。奢摩他云レ止者。今有二三義一。一者一心專三念阿彌陀如來一。願レ生二彼土一。此如來名號。及彼國土名號。能止二一切惡一。二者彼安樂土過二三界道一。若人亦生二彼國一。自然止二身口意惡一。三者阿彌陀如來正覺住持力。自然止下求二聲聞辟支佛一心上。此三種止。從二如來如實功德一生。是故言下欲二如實修三行奢摩他一故上。

「云何《いか》んが作願《さがん》する。心に常に一心に専念に、畢竟《ひっきょう》じて安楽国土に往生せんと作願するなり。如実に奢摩他《しゃまた》を修行せんと欲するが故に」

奢摩他を訳して止《し》と曰《い》う。止とは心を一処に止《とど》めて、悪を作《な》さざるなり。此の訳名は乃《すなわ》ち大意に乖《そむ》かざれども、義に於ていまだ満たず。何を以てかこれを言う。心を鼻端《びたん》に止むるが如きも、亦た名づけて止となす。不浄観《ふじょうかん》の貪《とん》を止め、慈悲観の瞋《しん》を止め、因縁観の癡《ち》を止む。是の如き等も亦た名づけて止となす。人のまさに行かんとして行かざるが如きも、亦た名づけて止となす。是《ここ》に知りぬ、止の語は浮漫《ふまん》にして、正しく奢摩他《しゃまた》の名を得ざるなり。椿《つばき》、柘《やまぐわ》、楡《にれ》、柳の如きは、皆な木と名づくと雖《いえど》も、もし但《た》だ木と云うときは安《いず》くんぞ楡《にれ》、柳を得んや。奢摩他を止と云うは、今、三義あり。一には一心に阿弥陀如来を専念して、彼《か》の土《ど》に生ぜんと願ずれば、此の如来の名号、及び彼の国土の名号、能《よ》く一切の悪を止む。二には彼の安楽土は三界の道に過ぎたり。若《も》し人亦た彼の国に生ずれば、自然に身口意《しんくい》の悪を止む。三には阿弥陀如来正覚住持の力、自然に声聞辟支仏《びゃくしぶつ》を求むる心を止む。此の三種の止は、如来の如実の功徳より生ず。是の故に「如実に奢摩他を修行せんと欲するが故に」と言う。

《心に常に……作願するなり》親鸞は加点本において、『浄土論』の文に「心に常に作願したまへりき」と送り仮名している。これは、世親や曇鸞の説くようにだれでも浄土に往生しようとして修める五念門の行としてでなく、法蔵菩薩がわれわれに代わって五門念の行をすでに修められたもの、と親鸞は解しているからである。**《奢摩他》**samatha の音写。止と訳す。心を一定の対象に集中し心が統一されると、あらゆる想念が止《や》んで、静寂になった状態で、無色界に多く含まれる。これに対して、毘婆舎那（観と訳す）は欲界と色界に多くみられ、無常観などを修める場合の観察する智慧力をいう。一般に止と観とを合わせて止観とする。**《心を鼻端に》**『坐禅三昧経』巻上に「繋意五處。頂、額、眉間、鼻端、心處処。」（大正十五巻二七二上）とある。例えば不浄観を修する場合、死屍の青瘀相を観察して、そのイメージを脳裏に焼きつけるとき、人によってこれを鼻端とか額にかけるのをいう。『大毘婆沙論』巻第四十（大正二十七巻二〇四下）参照。《不浄観》人間の身体の不浄を観ずること。《因縁観》十二因縁を観ずること。有部において、見道以前の準備的修行（加行《けぎょう》）の一つとして五停心観《ごじょうしんかん》が修せられる。これは奢摩他をもって修めるもので、不浄観、慈悲観、因縁観、界分別観、数息観があり、それぞれ貪欲、瞋恚、愚痴、我見、散乱心の停止が得られる。また、五停心観の第四である界分別観の代わりに念仏観（行者の心を清浄ならしめる）を加えたものを、五門禅という。《浮漫》定めなくとりとめのないこと。

〔訳〕『浄土論』にいう。

「どのように作願《さがん》するのか。心に常に一心に専念に、必ず安楽国土に往生しようと願うのである。如実に奢摩他《しゃまた》を修行しようと欲するからである」

「奢摩他」(śamatha) を訳して「止」という。止とは心を一つの対象にそそいで、悪の行ないをしないことである。「止」という訳は、おおよその意味にそってはいるが、意義を完全に示していない。なぜならば、「止」には、心を鼻端に止《とど》めて呼吸を数える数息観《すそくかん》のようなものがあり、あるいは貪欲を止める不浄観、瞋恚《いかり》を止める慈悲観、愚痴を止める因縁観もある。また、人が行こうとして行かないのも「止」という。それで、「止」の語は漠然としていて、正しく奢摩他の語義を表わしていないことがわかる。椿《つばき》、柘《やまぐわ》、楡《にれ》、柳はみな木と名づけるが、ただ木というだけでは、楡と柳の区別はつかない。

いまここで、奢摩他を「止」というとき、三つの意味がある。一つには、一心に専ら阿弥陀如来を憶念して、かの安楽国土に生まれようと願えば、この如来の名号と国土の名があらゆるすべての悪を止《とど》める。二つには、かの安楽国土は迷いの三界をはるかに超えた真実・清浄のさとりの世界である。もしも人が安楽国土に生まれたならば、おのずと仏国土のもつすぐれた働きによって、その人の身口意でなされる悪が止む。三つには、阿弥陀如来の本願他力が働いて、おのずと人々に声聞・縁覚のさとりを求める心を止めさせ、仏のさとりを求めさせる。

このような三種の止は、阿弥陀如来の具える「真実の働き」（如実の功徳）から生ずるものである。それ故に、『浄土論』に「如実に奢摩他を修行しようと欲するからである」という。

第三の作願門では、如実に修行するものは奢摩他であるとする。奢摩他は第四の観察門にとく毘婆《びば》舎那《しゃな》と並べて使われる禅定用語で、一般に両者を合わせて止観と訳している。

曇鸞は願生者が往生の願いをおこすことが奢摩他の実践であるとし、しかもその奢摩他が「如来の如実の功徳」から生じたものであるとする。このことは、「真実」の力用としての阿弥陀仏そして浄土が、願生者の抱く願生心を発起せしめる根源であるということである。作願心それは菩提心である。願生者の菩提心は、如来の菩提心にもよおされておこされている。それ故に願生者の作願心は、如来がわれわれをして作願せしめようとする心から発起したもの、ということができる。曇鸞が「他力」を本書において強調する一端が、この作願門の「止」の三義のうちにもみられるといってよかろう。

(4) 観察門

云何觀察。智慧觀察。正念觀レ彼。欲三如實修二行毘婆舍那一故。譯二毘婆舍那一曰レ觀。但汎言レ觀。義亦未レ滿。何以言レ之。如レ觀二身無常苦空無我九相等一、皆名爲レ觀。亦如二上木名不レ得二椿柘一也。毘婆舍那云レ觀者。亦有二二義一。一者在レ此作レ想。觀二彼三種莊嚴功德一。此功德如實。故修行者亦得二如實功德一。如實功德者。決定得レ生二彼土一。二者亦得レ生二彼淨土一。卽見二阿彌陀佛一。未證淨心菩薩。畢竟得レ證二平等法身一。與二淨心菩薩一。與二上地菩薩一。畢竟同得二寂滅平等一。是故言下欲二如實修二行毘婆奢那一故上。彼觀察有二三種一。何等三種。一者觀二察彼佛國土莊嚴功德一。二者觀二察阿彌陀佛莊嚴功德一。三者觀二察彼諸菩薩莊嚴功德一。

心緣二其事一曰レ觀。觀心分明曰レ察。

「云何《いか》んが観察する。智慧をもて観察し、正念に彼を観ずるなり。如実に毘婆舎那《びばしやな》を修行せんと欲するが故に」

毘婆舎那《びばしやな》を訳して観と曰う。但《た》だ汎《ひろ》く観と言うときは、義も亦た未だ満たず。何を以てかこれを言う。身の無常・苦・空・無我・九相等を観ずるが如きは、皆、名づけて観となす。亦た上の木の名の、椿・柘《やまぐわ》を得ざるが如し。毘婆舎那を観と云うは、亦た二義あり。一には此《ここ》に在りて想を作《な》して、彼《か》の三種の荘厳功徳《しょうごんくどく》を観ず。此の功徳、如実なり。故に修行する者も亦た如実の功徳を得。如実の功徳とは、決定して彼の土に生ずることを得。二には亦た彼の浄土に生ずることを得て、即ち阿弥陀仏を見たてまつれば、未証浄心の菩薩、畢竟《ひっきょう》じて平等法身を証することを得。浄心の菩薩と上地の菩薩と、畢竟じて同じく寂滅平等を得。是の故に「如実に毘婆奢那を修行せんと欲するが故に」と言う。

「彼の観察に三種あり。何等か三種なる。一には彼の仏国土の荘厳功徳を観察す。二には阿弥陀仏の荘厳功徳を観察す。三には彼の諸菩薩の荘厳功徳を観察す」

心に其の事《じ》を縁ずるを観と曰う。観心、分明《ぶんみょう》なるを察と曰う。

《毘婆舎那》 vipaśyanā の音写。観と訳す。智慧をもって対象を照らし見ること。観察ともいう。山口益『世親の浄土論』七九頁参照。**《身の無常》**『大智度論』巻四十八に「観二身法一種種門。無常苦空無我等」(大正二十五巻四〇三下)とある。**《九相》**不浄観を修するにあたって、貪欲や執著を除くために、人間などの死体の九種類の醜悪な不浄相を観察する。北伝はこれを九不浄相、略して九相(青瘀想、膿爛想、虫啖想、胖脹想、異赤想、啄噉想、離散想、梵焼想、骸骨想)という。南伝は十不浄相を数える。**《未証浄心の菩薩》**菩薩の階位で、初地以上七地までのもの。証浄(prasāda)は信心のこと。**《浄心の菩薩》**八地の菩薩。**《上地の菩薩》**九地・十地の菩薩。**《其の事》**仏国土・仏・菩薩のこと。**《縁ず》**観察の対象とすること。**《分明》**はっきりしていること。**《云何んが観察する。智慧をもて観察し》**親鸞は「智慧をして観察したまへりき」と送り仮名している。

〔訳〕

『浄土論』にいう。

「どのように観察するのか。智慧をもって観察し、正しく思念して安楽国土を観察する。如実に毘婆舎那を修行しようと欲するからである」

「毘婆舎那」（vipaśyanā）を訳して「観」という。だが、一般的に観といっても、その意義は十分に示されない。なぜかというと、身体に関して無常、苦、空、無我、九相を観察するのをみな観と名づけるからである。前述の木といっても、椿や柘《やまぐわ》の区別がつかないようなものである。

ここで「毘婆舎那《びばしゃな》」を観というとき、二義がある。一つには、この人間世界において想いをなして、かの浄土の三種荘厳《しょうごん》（仏国土・仏・菩薩）の特相を観察する。この特相は真実のもつ働き（如実）である。だから、修行すれば如実の特相をうる。如実の特相とは、まちがいなくかの浄土に往生することができるということである。

二つには、かの浄土に往生して阿弥陀仏を見たてまつると、初地以上第七地以前の求道者も、差別を超えた平等のさとりを得て、第八地の求道者ならびにそれ以上の上地の求道者と同じく、ついに寂滅平等の仏のさとりを開く。それ故に、「如実に毘婆舎那を修行しようと欲するからである」というのである。

『浄土論』にいう。

「ここにいう観察に三種がある。三種とは、一つには阿弥陀仏の仏国土の特相のしつらいを観察すること、二つには阿弥陀仏の特相のしつらいを観察すること、三つにはかの仏国土の聖衆たる求道者たちの特相のしつらいを観察することである」

この「観察」という語について、「観」とは仏国土、仏、求道者を対象として心に見ることをいい、「察」とは観ずる心が明らかであることをいう。

観察門における観察とは、毘婆舎那を修行すること、すなわち智慧の観察力をくりかえし身につけるという意味である。ところで、これは観行者自身のもつ智慧力ではなく、実は浄土の三厳二十九種の荘厳を観察の対象として修するかれに、真実の力用のあらわれである荘厳がみずからを示し顕わすことに外ならない。したがって、ここでいう観察は、如来の本願力が観行者をして浄土を観察せしめ、そして浄土に往生せしめて仏果にまで至らしめるのをすべてとしている。曇鸞が「如実」の語に本願他力の力用を認めていることが知られる。曇鸞に傾倒した親鸞が「如実」を「実の如く」と訓《よ》んだ所以《ゆえん》も首肯されよう。

(5) 廻向門

云何廻向。不レ捨二一切苦悩衆生一。心常作願。廻向為レ首。得レ成二就大悲心一故。

廻向有二二種相一。一者往相。二者還相。往相者。以二己功德一。廻二施一切衆生一。作三願共往二生彼阿彌陀如來安樂淨土一。還相者。生二彼土一已。得二奢摩他毘婆舎那一。方便力成就。廻二入生死稠林一。敎二化一切衆生一。共向二佛道一。若往若還。皆爲下抜二衆生一。渡中生死海上。是故言下廻向爲レ首。得レ成二就大悲心一故上。

「云何《いか》んが廻向する。一切苦悩の衆生を捨てずして、心に常に作願するなり。廻向を首となして、大悲心を成就することを得るが故に」

廻向に二種の相あり。一には往相《おうそう》、二には還相《げんそう》なり。往相とは、己《おの》が功徳を以て、一切の衆生に廻施《えせ》して、共に彼《か》の阿弥陀如来の安楽浄土に往生せんと作願するなり。還相とは、彼の土に生まれ已りて、奢摩他毘婆舎那《しゃまたびばしゃな》を得て、方便力、成就しぬれば、生死《しょうじ》の稠林《ちゅうりん》に廻入《えにゅう》し、一切の衆生を教化して、共に仏道に向かう。若《も》しは往、若しは還、皆な衆生を抜きて生死海を渡《わた》さんがためなり。是の故に「廻向を首となして大悲心を成就することを得るが故に」と言う。

《稠林》繁った林。衆生の邪見煩悩が盛んなことを喩える。『十地経論』巻四に「諸衆生墮二於邪見悪意悪心行悪道稠林一」（大正二十六巻一五〇上）、同じく「稠林者是愚癡因使」（一五〇下）とある。**《衆生を抜きて……》**道綽も『安楽集』上巻、第一大門の中で、「前《さき》に生まれん者は後を導き、後に生まれん者は前を訪《とぶ》らい、連続無窮にして、願わくは休止せざらしめんと欲す。無辺の生死海を尽さんがための故なり」と述べている。親鸞はこの文を『教行信証』後序の結びに引いている。**《云何んが廻向する……》**親鸞は「大悲心を成就することを得たまへるが故に」、「安楽浄土に往生せしめむとなり」、「仏道に向かへしむるなり」という独得の送り仮名を付している。これは、親鸞が五念門すべてを法蔵菩薩自身の修行と解したからである。**《還相とは彼の土……と言う》**親鸞はこの一段を『教行信証』証巻の還相廻向釈に引く。親鸞によれば、往還二種の廻向は、阿弥陀仏の本願力によるもので、すでに因位の法蔵菩薩が因の五念門を修して果の五功徳門をえたからであるとする。

〔訳〕『浄土論』にいう。

「どのように廻向するのか。すべての苦悩の衆生を捨てることなく、心に常に摂取しようと作願するのである。これは、衆生救済のために自己の功徳を廻向することを最第一となすことで、大慈悲心の完成者になることができるからである」

「廻向」の特相に二種がある。一つには往相廻向、二つには還相廻向である。往相廻向というのは、自己の修めた功徳をすべての生けるものたちに施しめぐらして、われひとともにかの阿弥陀如来の安楽浄土に往生しようと願うことである。還相廻向というのは、阿弥陀如来の安楽浄土に往生して、奢《しゃ》摩《ま》他《た》の禅定力や毘《び》婆《ば》舎《しゃ》那《な》の観力と方便力とを完成してから、再び引き返して輪廻の煩悩の林に入り、すべての生けるものたちを教化して、ともどもに仏道に向かわせることをいう。

このように、往相廻向にせよ還相廻向にせよ、いずれも生けるものたちを一人残らず、輪廻の海から救いたすけるためである。それ故に、『浄土論』に「自己の功徳を廻向することを最第一となすことで、大慈悲心の完成者になることができるからである」といわれたのである。

曇鸞の解した廻向門は、廻向を往還の二つに分け、いずれも自己の修めた功徳をもって、衆生を浄土に往生せしめようとする利他行となっている。したがって、五念門の前四は、自己が浄土に往生するための自利行ということになる。大乗菩薩道の実践の眼目たる自利と利他の二利が、五念門行によって完成されるというのである。

第三節　観察体相

〔器体と衆生体を観察する〕

觀察體相者。此分中有二體。一者器體。二者衆生體。器分中又有三重。一者國土體相。二者示現自利利他。三者入第一義諦。

観察の体相とは、此の分の中に二の体あり。一には器体、二には衆生体なり。器分の中に又た三重あり。一には国土の体相、二には自利利他を示現す、三には第一義諦に入るなり。

《観察の体相》 観察の対象がどのようなものであるかということ。**《器》** 器世間の略。衆生が受用するもの、山河大地等。**《第一義諦》** paramārthasatya の訳。勝義諦、真諦とも訳す。世間通俗の真理を超えた絶対の真実。

〔訳〕五念門の第四観察門をとり挙げて解説する。これは体相を観察する部分であって、器体（器世間、仏国土荘厳十七種）と衆生体（衆生世間、仏荘厳八種と菩薩荘厳四種）の二つの体に分けられる。そのうち、器体を三つの意義にわけて説く。一つには仏国土の体相、二つには自利と利他を示現すること、三つには第一義諦に入ることである。

(イ) 器体

(1) 国土の体相

〔仏国土の不可思議力に二種がある〕

國土體相者。

云何觀察彼佛國土莊嚴功德。彼佛國土莊嚴功德者。成就不可思議力故。如彼摩尼如意寶性。相似相對法故。

不可思議力者。總指彼佛國土十七種莊嚴功德力。不可得思議也。諸經統言。有五種不可思議。一者衆生多少不可思議。二者業力不可思議。三者龍力不可思議。四者禪定力不可思議。五者佛法力不可思議。此中佛土不可思議。有二種力。一者業力。謂法藏菩薩出世善根大願業力所成。二者正覺阿彌陀法王善住持力所攝。此不可思議如下十七種。一一相皆不可思議。至文當釋。如彼摩尼如意寶性。相似相對者。借彼摩尼如意寶性。示安樂佛土不可思議性也。諸佛入涅槃時。以方便力。留碎身舍利。以福衆生。衆生福盡。此舍利變爲摩尼如意寶珠。此珠多在大海中。大龍王以爲首飾。若轉輪聖王出世。以慈悲方便。能得此珠。於閻浮提。作大饒益。若須衣服飲食燈明樂具。隨意所欲種種物時。王便潔齋。置珠於長竿頭。發願言。若我實是轉輪王者。願寶珠雨如此之物。若遍一里。若十里。若百里。隨我心願。爾時即便於虚空中。雨種種物。皆稱所須。

滿㆓足天下一切人願㆒。以㆓此寶性力㆒故。彼安樂佛土亦如㆑是。以㆓安樂性種種成就㆒故。相似相對者。彼寶珠力。求㆓衣食㆒者。能雨㆓衣食等物㆒。稱㆓求者意㆒。非㆓是不㆑求。彼佛土則不㆑然。性滿足成就。故無㆑所㆓乏少㆒。片取㆓彼性㆒爲㆑喩。故言㆓相似相對㆒。又彼寶但能與㆓衆生衣食等願㆒。不㆑能㆑與㆓衆生無上道願㆒。又彼寶但能與㆓衆生一身願㆒。不㆑能㆑與㆓衆生無量身願㆒。有㆓如㆑是等無量差別㆒。故言㆓相似㆒。

国土の体相とは。

「云何《いか》んが彼《か》の仏国土の荘厳功徳を観察する。彼の仏国土の荘厳功徳とは、不可思議力を成就せるが故に、

彼の摩尼如意宝の性の如く、相似相対の法なるが故なり」

不可思議力とは、総じて彼の仏国土の十七種の荘厳功徳力、思議することを得べからざることを指すなり。諸経に統《す》べて言わく、五種の不可思議あり。一には衆生多少不可思議、二には業力不可思議、三には龍力不可思議、四には禅定力不可思議、五には仏法力不可思議なり。此の中の仏土の不可思議に、二種の力あり。一には業力、謂わく法蔵菩薩の出世の善根大願業力の所成なり。二には正覚阿弥陀法王の善住持力の所摂なり。此の不可思議は下の十七種の如し。一一の相、皆な不可思議なり。文に至りてまさに釈すべし。「彼の摩尼如意宝の性の如く、相似相対」とは、彼の摩尼如意宝の性を借りて、安楽仏土の不可思議の性を示すなり。諸仏、入《にゅう》涅槃《ねはん》の時、方便力を以て、砕身の舎利を留めて、以て衆生を福す。衆生の福、尽きれば、此の舎利、変じて摩尼如意宝珠となる。此の珠、多く大海の中に在り、大龍王、以て首の飾となす。若《も》し転輪聖王、世に出れば、慈悲方便を以て、能《よ》く此の珠を得て、閻浮提《えんぶだい》に於て大饒益《だいにょうやく》を作《な》す。若し衣服、飲食、灯明、楽具、意の欲する所に随いて種々の物を須《もち》うる時に、王、便《すなわ》ち潔斎《けっさい》して珠を長竿《ちょうかん》の頭に置きて、願を発して言わく、若《も》し我れ、

実に是れ転輪王ならば、願わくは宝珠、此の如きの物を雨《あめふ》らして、若《も》しは一里に遍《あまね》く、若しは十里、若しは百里、我が心願に随えと。爾《そ》の時に即便《すなわち》、虚空の中に於て種々の物を雨らして、皆な須《もち》うる所に称《かな》いて、天下の一切の人の願を満足す。此の宝性力を以ての故なり。彼の安楽仏土も亦た是の如し。安楽の性、種々に成就せるを以ての故に。「相似相対」とは、彼の宝珠の力は、衣食を求むる者には、能く衣食等の物を雨らして、求むる者の意に称《かな》う。是れ求めざるにはあらざるなり。彼の仏土は則ち然《しか》らず。性、満足し成就せり。故に乏少する所なし。片《かたわら》に彼の性を取りて喩《たと》えとなす。故に「相似相対」と言う。又た彼の宝は但だ能く衆生の衣食等の願を与えて、衆生の無上道の願を与うることあたわず。又た彼の宝は但だ能く衆生の一身の願を与えて、衆生の無量身の願を与うることあたわず。是の如き等の無量の差別あり。故に相似と言う。

《**摩尼如意宝**》摩尼は maṇi の音写で、珠玉のこと。如意宝は cintā-maṇi の訳。意のままに種々の珍宝を出す珠。《**五種の不可思議**》一五二頁注参照。《**入涅槃**》『大智度論』巻五十九に「若見二般若所住舎利一供養故。得二今世後世無量福徳一。又必得レ道」（大正二十五巻四七九中）とあり、同じく「有人言。諸過去久遠佛舎利。法既滅盡舎利變成二此珠一以益二衆生一」（同四七八上）とある。《**舎利**》śarīra の音写。身体・遺身と訳す。通常は釈尊の遺骨のことを指す。《**大海の中に在り**》『大智度論』巻十二に「白二其父母一。欲下入二大海一求中龍王頭上如意寶珠上」（大正二十五巻一五一中）とある。《**饒益**》衆生に利益を与えること。《**若し衣服……**》義山本では「雨種種物時」と「雨」の字がはいっている。《**潔斎**》身心を清浄にして一切の行動を慎しむこと。《**衆生の衣食等の願を与え**》『大智度論』巻三十に「如二如意珠一。尚令二衆生随レ願皆得一。豈況於レ佛。珠與二一切世間之願一。佛與二一切出世間願一」（大正二十五巻二七八中）とある。

〔訳〕　仏国土の体相とは、『浄土論』にこういう。

「なぜに、かの仏国土の特相のしつらいを観察するのか。かの仏国土の特相のしつらいは、われわれの思いはかることのできない阿弥陀如来の力（不可思議力）によって完成したものであり、また、かの如意宝珠の性質のごとく、仏国土にそれと似たすぐれた働きのあることをあらわすもの（かの摩尼如意宝の性のごとく、相似相対の法）だからである」

「不思議力」というのは、すべてかの仏国土の十七種の特相のしつらいの力、これがわれわれにとって思いはかることができないのをいう。なべて諸経の中に五種の不可思議力が説かれている。一つには生けるものたちの数の不可思議、二つには業のはたらきの不可思議、三つには龍の力についての不可思議、四つには禅定力の不可思議、五つには仏法力の不可思議である。

『浄土論』に明かす仏国土の不可思議力に二種がある。一つには業力で、法蔵菩薩がけがれなきさとりを得んと、大慈悲心に基づいて起こしたもうた本願の大いなる業力によって仏国土が完成している。二つには善住持力、正しくさとった人・真理の教えの王・阿弥陀如来のさとりによって仏国土が善く住持されている。この大願業力と善住持力の二つの不可思議力は、以下の十七種の仏国土の特相のしつらいとなって示されている。だから、それぞれの特相はみな不可思議である。このことは、直接、本文について説明することにしよう。

「かの摩尼《まに》如意《にょい》宝《ほう》の性のごとく、相似相対〔の法〕」とは、轉輪聖王《てんりんじょうおう》の所有するマニ宝珠（如意宝珠）の性質を借りて、安楽浄土のもつ不可思議力の性質を示すものである。仏たちが入滅なさるとき、生けるものたちを救うべく、方便力を使って自身の舎利を残してかれらに舎利供養の福徳を与えたもう。かれらにとって福徳が尽きるときがくると、舎利はマニ宝珠に変化する。マニ宝珠は多く大海の中に存して、大龍王の首飾りとなっている。もしも転輪聖王がこの世に出現すると、慈悲の方便力を使ってこの珠を手に入れ、全世界の生けるものたちに大きな利益を与える。例えば、もしも衣服、飲食物、灯明、楽器が望み通りに手に入る場合、たまたま王が身を潔めてマニ宝珠を長い竿の先きに置き、願いをたてて、「もしもわたしが、ほんとうに転輪聖王ならば、マニ宝珠よ、これしかじかの物を雨と降らし、それが一里でも十里でも百里でも、わたしの願いのままに広く降れ」というとしよう。そのとき、たちまち天空から種々さまざまの物を降らし、すべて人びとの欲しがっていた通りになって、天下のすべての人びとの願いをかなえる。このことは、このマニ宝珠のもつ力によるからである。かの安楽国土もまた、その通りである。安楽国土のもつ力が種々の働きを示すものとして完成しているからである。

「相似相対」というのは、マニ宝珠の力は衣食を欲しがる者には衣食などの物を雨と降らして、欲しがる者のこころにかなうようにする。だが、他に欲しがらないものがないというのではない。一方、安楽国土はそうではなくて、仏国土の本性はそれみずから円かに完成しているから、欠けるところがない。いま、マニ宝珠の本性の一片をとり出して喩えとした。それ故に、「相似相対」というのである。また、マニ宝珠は生けるものたちの衣食などを自由に得させる願いを満たすだけで、かれらに無上のさとりを開く願いを満たすことができない。また、マニ宝珠は生けるものたちにこの世の願いをかなえさすだけで、限りない世にわたる願いをかなえさすことはできない。このように、無数の相違があるから、全同といわずに「相似」というのである。

本節の課題は浄土の本性・土徳が、三厳二十九種のしつらいとなって、われわれに示されているから、これらのしつらいを観察することは、そのまま浄土の本性をさとることに外ならない、ということであろう。浄土の本性を、曇鸞は仏国土の不可思議力によって説明し、それに大願業力と善住持力の二つを数えている。このことは、前者が法蔵菩薩の因位における本願力を指し、後者が弥陀成仏の果位における加持力を指すものである。

つまり、浄土は如来の仏力の全顕であるということである。換言すれば、「真実」がみずからを「真実の力用」において顕示している、といってよいであろう。

〔仏国土荘厳十七種を挙げる〕

觀察彼佛國土莊嚴功德成就者。有十七種。應知。何等十七。一者莊嚴淸淨功德成就。二者莊嚴量功德成就。三者莊嚴性功德成就。四者莊嚴形相功德成就。五者莊嚴種種事功德成就。六者莊嚴妙色功德成就。七者莊嚴觸功德成就。八者莊嚴三種功德成就。九者莊嚴雨功德成就。十者莊嚴光明功德成就。十一者莊嚴妙聲功德成就。十二者莊嚴主功德成就。十三者莊嚴眷屬功德成就。十四者莊嚴受用功德成就。十五者莊嚴無諸難功德成就。十六者莊嚴大義門功德成就。十七者莊嚴一切所求滿足功德成就。

先擧章門。次續提釋。

「彼の仏国土の荘厳功徳成就を観察すとは、十七種あり。知るべし。何等か十七なる。一には荘厳清浄功徳成就、二には荘厳量功徳成就、三には荘厳性功徳成就、四には荘厳形相功徳成就、五には荘厳種種事功徳成就、六には荘厳妙色功徳成就、七には荘厳触功徳成就、八には荘厳三種功徳成就、九には荘厳雨功徳成就、十には荘厳光明功徳成就、十一には荘厳妙声功徳成就、十二には荘厳主功徳成就、十三には荘厳眷属功徳成就、十四には荘厳受用功徳成就、十五には荘厳無諸難功徳成就、十六には荘厳大義門功徳成就、十七には荘厳一切所求満足功徳成就なり」

先ず章門を挙げ、次に続いて提釈す。

〔訳〕『浄土論』にいう。

「阿弥陀仏の安楽国土に関する円かな特相のしつらいを観察するのに、しつらいに十七種がある。

それはつぎの十七種である。

①清浄を特相とする円かなしつらい（清浄功徳荘厳成就）。

②無量を特相とする円かなしつらい（量功徳荘厳成就）。

③性を特相とする円かなしつらい（性功徳荘厳成就）。

④形相を特相とする円かなしつらい（形相功徳荘厳成就）。

⑤種々の事物を特相とする円かなしつらい（種々事功徳荘厳成就）。

⑥妙なるものを特相とする円かなしつらい（妙色功徳荘厳成就）。

⑦接触作用を特相とする円かなしつらい（触功徳荘厳成就）。

⑧三種のもの〔水・地・虚空〕を特相とする円かなしつらい（三種〔水・地・虚空〕功徳荘厳成就）。
⑨〔香華・衣服を〕雨ふらすことを特相とする円かなしつらい（雨功徳荘厳成就）。
⑩光明を特相とする円かなしつらい（光明功徳荘厳成就）。
⑪妙なる音声を特相とする円かなしつらい（妙声功徳荘厳成就）。
⑫仏国土の主を特相とする円かなしつらい（主功徳荘厳成就）。
⑬聖衆を特相とする円かなしつらい（眷属功徳荘厳成就）。
⑭法味の受用を特相とする円かなしつらい（受用功徳荘厳成就）。
⑮無苦難を特相とする円かなしつらい（無諸難功徳荘厳成就）。
⑯大乗菩薩道の完成を特相とする円かなしつらい（大義門功徳荘厳成就）。
⑰すべての願いをかなえることを特相とする円かなしつらい（一切所求満足功徳荘厳成就）。

いま十七種のしつらいを挙げたから、続いて、それらの解釈を出すことにしよう。

上巻の総説分における十七種のしつらいを解釈するに当って、曇鸞はその一つ一つに、「仏もと此の荘厳功徳を起こしたもう所以《ゆえん》は」と、なぜにしつらいを起こしたもうたかの理由を挙げて説明している。以下の解義分における十七種のしつらいの解釈では、その一つ一つに「此れ云何《いか》んが不思議なる」と出して、それぞれのしつらいが、なぜわれわれの思議を超えたものであるのかという観点から説明しようとしている。これは、法蔵菩薩の因位と、および阿弥陀仏となって利他行にふみ出す果位との二つを望んだ解釈法といってよい。

① 清浄功徳成就

荘厳清浄功徳成就者。偈言下。観二彼世界相一勝中過三界道上故。此云何不思議。有二凡夫人一煩悩成就。亦得レ生二彼浄土一。三界繋業。畢竟不レ牽。則是不レ断二煩悩一。得二涅槃分一。焉可二思議一。

「荘厳清浄功徳成就とは、偈《げ》に『彼の世界の相を観ずるに、三界の道に勝過せり』（第三偈前半）と言えるが故に」

此れ云何《いか》んが不思議なる。凡夫人《ぼんぶにん》ありて煩悩成就するも、亦た彼の浄土に生ずることを得れば、三界の繋業《けごう》、畢竟じて牽《ひ》かず。則ち是れ煩悩を断ぜずして涅槃の分を得。焉《いずく》んぞ思議すべきや。

《繋業》まよいの世界につなぎとめる業力。《煩悩を断ぜずして……》『維摩詰所説経』巻上 弟子品に「不レ断二煩悩一而入二涅槃一」（大正十四巻五三九下）とある。この句は、煩悩のあるまま、そのままがさとりであるという、「煩悩即菩提」の句と同義である。「断」の外に「滅」「捨」「離」などが使われるが、煩悩がみずからの働きを停止したところを指して、そのようにいうから、煩悩をまったく断除してしまうことではない。煩悩があっても、煩悩として働かなくなったところを「断」と表現しているから、実際は超えるという意味である。いまここで、浄土の性が不可思議であるというのは、浄土の性であるさとりそのものがわれわれの煩悩の働きや業力を働かせなくしてしまうからであると説く。

〔訳〕「清浄を特相とする円かなしつらいというのは、願生偈に『かの安楽世界の相を観察すると、迷いの世界である三界をはるかに超え勝れている』と説かれているからである」

なぜ、この清浄というしつらいが、われわれの思いはかりを超えたものであるのか。

煩悩ずくめの凡夫も、かの安楽浄土に生まれると、迷いの三界につなぎとめる業の繋縛《けばく》力といえども、かれをひくことができなくなってしまう。つまり、浄土に往生するということは、煩悩を断つことなくして涅槃のさとりを得ることなのである。

どうして、われわれは思いはかることができようか。

②　量功徳成就

莊嚴量功德成就者。偈言㆘究竟如㆓虚空㆒廣大無㆗邊際㆖故。

此云何不思議。彼國人天。若意欲㆓宮殿樓閣。若廣一由旬。若百由旬。若千由旬。千間萬間㆒。隨㆑心所㆑成。人各如㆑此。又十方世界衆生願㆓往生㆒者。若已生。若今生。若當生。一時一日之頃。算數所㆑不㆑能㆑知㆓其多少㆒。而彼世界常若㆓虚空㆒。無㆓迫迮相㆒。彼中衆生。住㆓如㆑此量中㆒。志願廣大。亦如㆓虚空㆒。無㆑有㆓限量㆒。彼國土量。能成㆓衆生心行量㆒。何可㆓思議㆒。


「荘厳量功徳成就とは、偈《げ》に『究竟《くきょう》して虚空の如く、広大にして辺際なし』（第三後偈半）と言えるが故に」

此れ云何《いか》んが不思議なる。彼の国の人天、若《も》し意に宮殿楼閣《くでんろうかく》、若しは広さ一由旬《ゆじゅん》、若しは百由旬、若しは千由旬、千間、万間ならんと欲すれば心に随いて成ずる所なり。人、各《おのお》の此の如し。又た十方世界の衆生、往生を願ずる者の、若しは已生《いしょう》、若しは今生、若しは当生、一時一日の頃《あいだ》、算数の、其の多少を知ることあたわざる所なり。而《しか》るに彼の世界は、常に虚空の若《ごと》く、迫迮《はくさく》の相なし。彼の中の衆生も此の如きの量の中に住して、志願広大なること亦た虚空の如くにして限量あることなし。彼の国土の量、能く衆生の心行の量を成ず。何ぞ思議すべきや。

《由旬》yojana の音写。インドの里程の単位。一ヨージャナは一四キロメートル。《已生・今生・当生》已に生じた、今、生じている、将来、生ずるであろう、ということ。《迫迮》せまくるしいさま。

〔訳〕「無量を特相とする円かなしつらいとは、願生偈に『はかりないこと虚空のごとく、広大で際限がない』と説かれているからである」

なぜ、この無量、すなわち、はかりないというしつらいが、われわれの思いはかりを超えたものであるのか。

かの仏国土の人が心中に、宮殿や高層の建物を、広さ一ヨージャナ、あるいは百ヨージャナ、千ヨージャナのもので、その数一千軒ないし一万軒でも作ろうと思うならば、思い通りになる。どの人もみなこの通りである。また、あらゆる世界の生けるものたちで、この仏国土に生まれようと願う者は、過去、現在、未来にわたって生まれ、ほんのしばらくの間の計算でも、数えきれないほどである。しかも、かの仏国土はつねに虚空のごとく広々として、せまくるしい様子がない。また仏国土の人びとも、そのようなはかりないことを特相とする世界の中に住んで、その志願の広大なこと、虚空のごとく限りがない。つまり、かの仏国土のはかりないこと（無量）が、仏国土に生まれた人びとの心の働きを無量ならしめるのである。
どうして、われわれは思いはかることができようか。

③ 性功徳成就

莊嚴性功德成就者。偈言二正道大慈悲出世善根生一故。此云何不思議。譬如下迦羅求羅蟲。其形微小。若得二大風一。身如二大山一。隨二風大小一。爲中己身相上。生二安樂一衆生。亦復如レ是。生二彼正道世界一。卽成二就出世善根一。入二正定聚一。亦如二彼風非レ身而身一。焉可二思議一。

「荘厳性功徳成就とは、偈に『正道の大慈悲なる、出世の善根より生ず』（第四偈前半）と言えるが故に」此れ云何《いか》んが不思議なる。譬えば迦羅求羅《からぐら》虫《ちゅう》の其の形、微小なるも、若《も》し大風を得れば身、大山の如く、風の大小に随いて、己が身相となるが如し。安楽に生ずる衆生も亦復《またかく》是の如し。彼の正道の世界に生ずれば、即ち出世の善根を成就し、正定聚に入ること、亦た彼の風の、身にあらずして而《しか》も身なるが如し。焉《いずく》んぞ思議すべきや。

《迦羅求羅虫》原語不明。その身体が微細であっても、風が吹けば大きくなってすべてのものを呑むという。『大智度論』巻七（大正二十五巻一一三中）参照。

〔訳〕「性を特相とする円かなしつらいとは、願生偈に『安楽浄土は、正道の大慈悲心たる出世の善根から生起したものである』と説かれているからである」

なぜ、この性というしつらいが、われわれの思いはかりを超えたものであるのか。
例えば〝からぐら虫〟は形こそ小さいが、大きな風にあたると、みるみる山のように身体が大きくなる。風の大小によって、自身の大小を得るのである。安楽浄土に生まれる人びとも、それと同様である。かのさとりの世界に生まれると、人びとは仏の大悲心を身につけて、必ずさとりを開くに決定した位につくこと、あたかも〝からぐら虫〟にとって、風が身体でないのに虫の身体となるようなものである。
どうして、われわれは思いはかることができようか。

④ 形相功徳成就

荘厳形相功徳成就者。偈言ニ浄光明満足。如ニ鏡日月輪一故。此云何不思議。夫忍辱得ニ端正一。我心影響也。一得レ生レ彼。無ニ瞋忍之殊一。人天色像。平等妙絶。蓋浄光之力也。彼光非ニ心行一。而為ニ心行之事一。焉可ニ思議一。

「荘厳形相功徳成就とは、偈に『浄光明の満足せること、鏡と日月輪との如し』（第四偈後半）と言えるが故に」

此れ云何《いか》んが不思議なる。夫《そ》れ忍辱《にんにく》は端正を得、我心の影響《ようごう》なり。一たび彼《かしこ》に生ずることを得れば、瞋忍《しんにん》の殊《ことなり》なく、人天の色像、平等にして妙絶なり。蓋《けだ》し浄光の力なり。彼の光は心行にあらずして、心行の事をなす。焉《いずく》んぞ思議すべきや。

《忍辱》 kṣānti の訳。忍耐すること。『大方等大集経』巻三に「瞋恨之人得ニ身端正一無レ有ニ是處一。修ニ習忍辱一得ニ身端正一斯有ニ是處ニ」（大正十三巻十四下）とある。　《我心の影嚮》 心が反映していること。嚮は響と同じ。『注維摩経』巻一に「淨土蓋是心之影響耳。夫欲ニ響順一必和ニ其聲一。欲ニ影端一必正ニ其形一。此報應之定數也」一（大正三十八巻三三七中）とある。　《色像》 すがた、かたち。

〔訳〕 「形相を特相とする円かなしつらいとは、願生偈に『清浄な光明で満ちあふれ、照らすこと鏡、太陽、月のごとくである』と説かれているからである」

なぜ、この形相というしつらいが、われわれの思いはかりを超えたものであるのか。

およそ、忍耐は身体を端正にする。それは忍耐心が身体に影響したからである。そのように、一たび安楽浄土に生まれると、そこでは怒りと忍耐による報いの差別などなく、生まれた人の容色や姿は、みな等しくて、この上なくすぐれている。思うに、これは浄土のもつ清浄な光明の働きによるのである。浄土の光明は心の働きではないが、心の働きのように働くのである。

どうして、われわれは思いはかることができようか。

⑤ 種種事功徳成就

莊嚴種種事功徳成就者。偈言下。備ニ諸珍寶性一具中足妙莊嚴上故。

此云何不思議。彼種種事。或一寶十寶。百千種寶。隨レ心稱レ意。無レ不ニ具足一。若欲レ令レ無。儵焉化沒。心得ニ自在一。有レ踰ニ神通一。安可ニ思議一。

「荘厳種種事功徳成就とは、偈に『諸の珍宝の性を備えて、妙荘厳を具足す』（第五偈後半）と言えるが故に」

此れ云何《いか》んが不思議なる。彼の種々の事、或は一宝、十宝、百千種宝、心に随い意に称《かな》いて、具足せざることなし。若《も》しなからしめんと欲すれば、倏焉《しゅくえん》として化没《けもつ》す。心に自在を得て、神通を踰《こ》ゆることあり。安《いず》くんぞ思議すべきや。

《倏焉》はやいさま、たちまち。

〔訳〕「種々の事物を特相とする円かなしつらいとは、願生偈に『もろもろの珍しい宝を浄土の本性となし、それによって浄土の妙なるしつらいが完全にととのっている』と説かれているからである」

なぜ、この種々の事物というしつらいが、われわれの思いはかりを超えたものであるのか。かの種々の事物は、一の宝、十の宝、あるいは百千の宝を使って作ろうとすれば、その人の思い通りになって、具わらないことがない。また、もしもそれらをなくしようと思えば、たちまち、すがたを消す。心、自由自在となり、神通力よりもすぐれている。どうして、われわれは思いはかることができようか。

⑥ 妙色功徳成就

荘厳妙色功徳成就者。偈言ニ。無垢光炎熾明浄曜ニ世間一故。

此云何不思議。其光曜レ事。則映ニ徹表裏一。其光曜レ心。則終ニ盡無明一。光爲ニ佛事一。焉可ニ思議一。

「荘厳妙色功徳成就とは、偈に『無垢《むく》の光炎熾《さかん》にして、明浄にして世間に曜《かがや》く』（第五偈後半）と言えるが故に」

此れ云何《いか》んが不思議なる。其の光、事《じ》に曜《かがや》くに、則ち表裏に映徹《ようてつ》す。其の光、心に曜《かがや》くに、則ち無明を終尽《しゅうじん》す。光、仏事をなす。焉《いずく》んぞ思議すべきや。

《表裏に映徹す》『観無量寿経』に、浄土の瑠璃地が内外映徹していることを観想する水想観が説かれているが、このことに基づくか。**《仏事》**仏の衆生を教化するはたらき。『維摩詰所説経』巻下に「或有㆓佛土㆒。以㆓佛光明㆒。而作㆓佛事㆒」（大正十四巻五五三下）とある。

〔訳〕「妙《たえ》なるものを特相とする円かなしつらいとは、願生偈に『けがれなき光が盛んに輝き、あかあかとして清らかに世間を照らす』と説いているからである」

なぜ、妙なるものというしつらいが、われわれの思いはかりを超えたものであるのか。浄土の光が事物を照らすと、光は表裏に徹する。また、人の心を照らすと、その無明煩悩を止滅《しめつ》し尽す。これは浄土の光が仏事、すなわち生けるものを救いとる利他教化の働きをなすからである。どうして、われわれは思いはかることができようか。

⑦ 触功徳成就

荘厳觸功徳成就者。偈言㆘寶性功德草柔軟左右旋觸者生㆓勝樂㆒過㆗迦旃隣陀㆖故。

此云何不思議。夫寶例堅強而此柔軟。觸樂應レ著。而此增レ道。事同二愛作一。何可二思議一。有二菩薩一字二愛作一。形容端正。生二人染著一。經言。染レ之者或生二天上一。或發二菩提心一。

「荘厳触《そく》功徳成就とは、偈に『宝性功徳の草、柔軟にして左右に旋《めぐ》れり。触るる者、勝楽を生ずること、迦《か》旃鄰陀《せんりんだ》に過ぎたり』（第六偈）と言えるが故に」

此れ云何《いか》んが不思議なる。夫《そ》れ宝の例《たぐい》は堅強なれども此《こ》れは柔軟《にゅうなん》なり。触楽してまさに著《じゃく》すべし。而《しか》るに此れは道を増す。事、愛作《あいさ》に同じ。何ぞ思議すべきや。菩薩あり愛作と字《なづ》く。形容端正にして、人の染著《ぜんちゃく》を生ず。経に言う、これに染《そ》まる者、或は天上に生じ、或は菩提心を発《おこ》すと。

《形容》顔かたち。　《経に言う》『大宝積経』巻一〇六に「愛作菩薩。數數發レ願。女人見レ我。若發二欲心一。尋レ時得レ離。於二女人身一。得レ成二男子一。爲二人所下尊。」（大正十一巻五九八下）とある。

〔訳〕「接触作用を特相とする円かなしつらいとは、願生偈に『浄土の種々の宝は、草のごとくやわらかで、それらに触れると、真理の教えを悦ぶ楽しみをうる。あたかも、やわらかいカーチリンディカ草に触れるより以上である』と説かれているからである」

なぜ、この接触作用というしつらいが、われわれの思いはかりを超えたものであるのか。

およそ、金や銀などの宝は堅強なものであるが、浄土の宝は柔らかい。さて、人は浄土の宝に触れて楽しもうと執着するであろうが、実際は、これが仏道を増進させるのである。このことは求道者愛作の場合と同じである。

どうして、われわれは思いはかることができようか。

かつて愛作という名まえの求道者がいた。顔かたちが端麗であったので、だれでもかれに愛着の思いを起こした。『大宝積経』に「求道者愛作に愛着を起こす者があっても、愛作によってこの人は神々の世界に生まれるか、あるいは菩提心を起こした」と説かれている。

⑧ 三種〔水・地・虚空〕功徳成就

荘嚴三種功德成就者。有三種事。應知。何等三種。一者水。二者地。三者虛空。此三種所以幷言者。以同類故也。何以言之。一者六大類。所謂虛空識地水火風。二者無分別類。所謂地水火風虛空。但言三類者。識一大屬衆生世間故。火一大彼中無故。雖有風。風不可見故。無住處故。是以六大五類中。取有而可荘嚴。三種幷言之。

「荘厳三種功徳成就とは、三種の事あり知るべし。何等か三種なる。一には水、二には地、三には虚空なり」

此の三種、幷《あわ》せて言える所以《ゆえん》は、同類なるを以ての故なり。何を以てかこれを言う。一には六大の類なり。所謂《いわゆる》、虚空と識と地と水と火と風となり。二には無分別の類なり。所謂、地、水、火、風、虚空なり。但《ただ》し三類を言えるは、識の一大は衆生世間に属するが故に、火の一大は彼の中になきが故に、風ありと雖も風は見るべからざるが故に、住処なきが故に。是《ここ》を以て六大五類の中に、有りて荘厳すべきを取りて、三種幷《あわ》せてこれを言う。

《無分別》ここでは分別のはたらきがないこと。

〔訳〕「三種のものを特相とする円かなしつらいについて、三種とは、水と地と虚空とである」

ここで、三種のものを一つにあわせて説こうとするのは、同類だからである。なぜかというと、第一に、三種のものが地・水・火・風・虚空・識の六大に属するからである。第二に、識大を除いた地・水・火・風・虚空の五大が、分別のはたらきをしないものだからである。六大のうち、水と地と虚空の三種をとり挙げているのは、残りの識大が衆生世間に属し、火大が浄土に存在しないからであり、そして風大は存在するけれども、見られない点で、止住するところがないからである。それ故に、六大・五大に属し、かつ浄土のしつらいとすべきもの三種を取り、三種を一つとしていうのである。

〔水功徳成就〕

莊嚴水功德成就者。偈言下。寶華千萬種彌二覆池流泉一微風動二華葉一交錯光亂轉上故。

此云何不思議。彼淨土人天。非二水穀身一。何須レ水耶。清淨成就。不レ須二洗濯一。復何用レ水耶。彼中無二四時一。常調適不レ煩レ熱。復何須レ水耶。不レ須而有。當レ有二所以一。經言。彼諸菩薩及聲聞。若入二寶地一。意欲レ令二水沒一レ足。水即沒レ足。欲レ令レ至レ膝。水即至レ膝。欲レ令レ至レ腰。水即至レ腰。欲レ令レ至レ頸。水即至レ頸。欲レ令レ灌レ身。自然灌レ身。欲レ令二還復一。水輒還復一。調二和冷煖一。自然隨レ意。開レ神悅レ體。蕩二除心垢一。清明澂潔。淨若レ無レ形。寶沙映徹。無二深不一レ照。微瀾迴流。轉相灌注。安祥徐逝。不レ遲不レ疾。波揚二無量自然妙聲一隨二其所應一。莫二不レ聞者一。或聞二佛聲一。或聞二法聲一。或聞二僧聲一。或聞二寂

静聲。空無我聲。大慈悲聲。波羅蜜聲一。或聞二十力無畏不共法聲。諸通慧聲。無所作聲。不起滅聲。無生忍聲。乃至甘露灌頂。衆妙法聲一。如レ是等聲。稱二其所一レ聞。歡喜無量。隨二順清淨離欲寂滅眞實之義一。隨二順三寶力無所畏不共之法一。隨二順通慧菩薩聲聞所行之道一。無レ有二三塗苦難之名一。但有二自然快樂之音一。是故其國名曰二安樂一。此水爲二佛事一。安可二思議一。

「荘厳水功徳成就とは、偈に『宝華千万種にして、池流泉に弥覆《みふ》せり。微風華葉を動かすに、交錯して光乱転す』（第七偈）と言えるが故に」

此れ云何《いか》んが不思議なる。彼の浄土の人天は水穀《すいこく》の身にあらず。何ぞ水を須《もち》いんや。清浄、成就して洗濯を須いず。復《ま》た何ぞ水を用いんや。彼の中に四時なし。常に調適《じょうちゃく》にして熱を煩わさず。復《ま》た何ぞ水を須いんや。須いずして而もあり。まさに所以《ゆえ》あるべし。経に言わく、「彼の諸の菩薩及び声聞、若《も》し宝地に入りて、意、水をして足を没せしめんと欲すれば、水、即ち足を没す。膝に至らしめんと欲すれば、水、即ち膝に至る。腰に至らしめんと欲すれば、水、即ち腰に至る。頸《くび》に至らしめんと欲すれば、水、即ち頸に至る。身に灌《そそ》がしめんと欲すれば、自然に身を灌《あら》う。還復《げんぶく》せしめんと欲すれば、水、輙《すなわ》ち還復す。冷煖を調和するに、自然に意に随う。神《こころ》を開き体を悦ばしめ、心垢《しんく》を蕩除《とうじょ》す。清明澂潔《ちょうけつ》にして、浄《きよ》きこと形なきが若《ごと》し。宝沙《ほうしゃ》、映徹《ようてつ》して深きをも照らさざることなし。微瀾《みらん》、廻《めぐ》り流れて転《うた》た相い灌注《かんちゅう》し、安祥《あんじょう》として徐《しず》かに逝《ゆ》きて、遅からず疾《はや》からず。波、無量の自然の妙声を揚《あ》ぐ。其の所応《しょおう》に随いて聞かざる者なし。或は仏の声を聞き、或は法の声を聞き、或は僧の声を聞く。或は寂静の声、空無我の声、大慈悲の声、波羅蜜《はらみつ》の声を聞き、或は十力無《む》畏《い》不共《ふぐ》法《ほう》の声、諸の通慧の声、無所作の声、不起滅の声、無生忍の声、乃至《ないし》、甘露《かんろ》灌頂《かんぢょう》、衆《もろもろ》の妙法の声を聞く。是の如き等の声、其の聞く所に称《かな》いて歓喜すること無量なり。清浄・離欲・寂滅・真実の義に随順し、三宝・力・無所畏・不共の法に随順し、通慧と菩薩・声聞の所行の道とに随順す。三塗苦難の名のあることなく、但だ自然快楽《けらく》の音のみあり。是の故に、其の国を名づけて安楽と曰《い》う。」此の水、仏事をなす。安《いず》んぞ思議すべきや。

《水穀の身》水を飲み、五穀を食べて育った身体のこと。《洗濯》『無量寿経』巻上に「設我得レ佛、國中人天、欲レ得二衣服一、隨レ念即至、如二佛所讃一應法妙服、自然在レ身。若有二裁縫染治浣濯者一、不レ取二正覺一」（第三十八願文、大正十二巻二六九上）とある。《四時》春夏秋冬。《調適》おだやか。《経に言わく》『無量寿経』巻上（大正十二巻二七一中）の文。《神》こころのこと。《蕩除》あらい除く。《微瀾》さざなみ。《灌注》あちこちの水流が出合うこと。《安祥》静かなさま。《所応》ねがい。《寂静》śānti 涅槃（平安の境地）と同義語。《空無我》梵本では空・無相・無願の三解脱門を出す。《大慈悲》抜苦与楽の仏心。梵本は四無量心（慈・悲・喜・捨）を挙げる。《波羅蜜》布施・持戒・忍辱・精進・禅定・智慧の六つの完成徳目。波羅蜜とは完成の意。《十力》daśa-bala の訳。仏の持っている十種の智慧力。《無畏》vaiśāradya の訳。四無所畏の略で、説法のときに恐れない四種の自信。⑴仏の四無所畏とは、①一切の法をさとったという自信、②一切の煩悩を断じたという自信、③修行の妨げとなるものはすでに説いたという自信、④苦界を離れて解脱へ入る道を説いたという自信。⑵菩薩の四無所畏とは、①教えを憶持しその意義を説く自信、②相手の能力を知り適切に説く自信、③相手の疑問を解決する自信、④あらゆる問いに自在に答えうる自信。《不共法》āveṇikabuddhadharma の訳。十八不共仏法の略。仏のみがたもち、他と共通しない十八種の固有の特性。《通慧》pratisaṃvid（無礙）の訳。四無碍智、四無碍解、四無碍弁の略。自由自在でなにものにも妨げられない四種の理解力と言語的表現力。①言語、文章に精通した智（法無碍智）、②それらのあらわす意味に精通した智（義無碍智）、③地方の言語に精通した智（辞無碍智）、④正しく思うままに述べる能力（楽説無碍智）。《無所作》anabhisaṃskāra の訳。平等の理をさとればなすべき修行はなにもないということ。《不起滅》不生不滅のこと。《無生忍》無生法忍と同じ。不生不滅の理をはっきりと把握すること。三法忍の一つ。《甘露灌頂》第十地の位にある菩薩は、諸仏が甘露の法水をもって、かれの頭上に灌ぐから、その位を甘露灌頂という。『華厳経』巻二十七（大正九巻五七二中）参照。《清浄……真実》さとりをあらわす同義語。親鸞は「浄土が涅槃である」という経論の所説をうけながら、同時に、浄土を「清浄」と「真実」の語によって好んで示そうとしている。その主著『教行信証』を参照。

〔訳〕「水を特相とする円かなしつらいとは、願生偈に『千万種に及ぶ種々の宝の花が、池や泉や渓流にあまねく散り、覆っている。微風が花や葉の上を吹きわたるとゆれ動き、それらが美しく照り映えている』と説かれているからである」

なぜ、この水というしつらいが、われわれの思いはかりを超えたものであるのか。

かの浄土の人びとは、水を飲み穀物を摂《と》る身でないのに、どうして水を使うことがあるのか。また、浄土はすべて清浄なものばかりで、洗濯する必要がないのに、どうして水を使うのであるか。また、浄土には春夏秋冬の四時がなく、気候が調和し最適で、煩いとなる暑さがないのだから、どうして水を必要としようか。必要としないのにあるというのは、当然、存在すべき理由があるにちがいない。

『無量寿経』に、このように説かれている。「浄土の求道者や声聞たちが宝池の中に入って、足をひたしたいと思うと、たちまち水が足をひたす。膝までひたそうと思えば、たちまち水が膝までくる。

腰までと思えばたちまち腰までくる。頭までつかろうと思うと、たちまち水が頸《くび》までくる。身体にそそごうと思えば、おのずと身体を洗う。そして、もとにかえそうと思うと、たちまちもと通りになる。水の冷たさと暖かさはよく調和して、おのずと心の思うままになる。また、水浴すると、身心ともに明朗となり、心のけがれが洗いおとされる。水は清く澄み、とらえることができない。宝池の底にある沙《すな》は、どんなに深いところのものでも、すべて輝いている。水は小波《さざなみ》をたててめぐり流れ、互いに流れが注ぎあい、遅からず速からず、ゆっくりと流れていく。その間、小波は数えきれない自然の妙なる音声を出し、これを聞きたいと思う人は、みな思い通りに聞くことができる。すなわち、あるいは仏法僧の三宝に関する教えの声を聞く。あるいは寂静に関する声、空・無我の教えの声、大慈悲心に関する声、六波羅蜜に関する声、十力・四無所畏・十八不共《ふぐ》仏法に関する声、四無碍《むげげ》解の声、無所作に関する声、不生不滅に関する声、無生法忍に関する声、甘露灌頂に関する声といったように、さまざまの妙なる教えの声を聞くことができる。聞けば、はかりしれない喜びをもつ。

こうして、この人は清浄・離欲・寂滅・真実と呼ばれるさとりの本義にかなう者となり、仏法僧の三宝・十力・四無所畏・十八不共仏法の意義にかなう者となり、そして四無碍智を体得し、菩薩や声聞の修行道にかなう者となる。浄土には苦難の三悪道はもとより、その名まえさえなく、ただ自然に鳴る楽しい音声だけがある。それ故に、この仏国土を安楽と名づけるのである」と。このように安楽国土の水が、生けるものを救うという仏事をなすのである。

どうして、われわれは思いはかることができようか。

〔地功徳成就〕

荘嚴地功德成就者。偈言下。宮殿諸樓閣。觀二十方一無礙雜樹異光色。寶欄遍圍遶上故。此云何不思議。彼種種事。或一寶十寶百寶無量寶。隨レ心稱レ意莊嚴具足。此莊嚴事如二淨明鏡一。十方國土淨穢諸相。善惡業緣。一切悉現。彼中人天。見二斯事一故探湯不及之情。自然成就。亦如二諸大菩薩一。以下照二法性等一寶上爲レ冠。此寶冠中。皆見二諸佛一。又了二達一切諸法之性一。又如下佛說二法華經一時。放二眉間光一。照二于東方萬八千土一。皆如二金色一。從二阿鼻獄一。上至二有頂一。諸世界中。六道衆生。生死所趣。善惡業緣。受報好醜。於レ此悉見上。蓋斯類也。此影爲二佛事一。安可二思議一。

「荘厳地功徳成就とは、偈に『宮殿諸楼閣、十方を観ること無碍《むげ》なり。雑樹に異の光色あり、宝欄《ほうらん》遍《あまね》く囲繞《いにょう》せり』（第八偈）と言えるが故に」

此れ云何《いか》んが不思議なる。彼の種々の事、或は一宝、十宝、百宝、無量宝、心に随《したが》い意に称《かな》いて荘厳具足せり。此の荘厳の事、浄明なる鏡の如く、十方国土の浄穢《じょうえ》の諸相、善悪の業縁《ごうえん》、一切、悉《ことごと》く現ず。彼《かしこ》の中の人天、斯の事を見るが故に、探湯不及《たんとうふきゅう》の情、自然に成就す。亦た諸の大菩薩の如きは、法性等を照らす宝を以て冠となす。此の宝冠の中に、皆な諸仏を見たてまつり、又た一切諸法の性を了達《りょうたつ》す。又た仏、法華経を説きたまいし時、眉間《みけん》の光を放ち、東方万八千の土を照らすに皆な金色の如く、阿鼻獄《あびごく》より上、有頂《うちょう》に至るまで、諸の世界の中の六道《ろくどう》の衆生、生死の所趣、善悪の業縁、受報の好醜、此に於て悉く見ゆるが如し。蓋《けだ》し斯《こ》の類《たぐい》なり。此の影、仏事をなす。安《いずく》んぞ思議すべきや。

《探湯不及》善に向かって努力し、悪をしりぞけようとすること。『論語』第十六季氏篇に「見レ善如レ不レ及、見二不善一如二探湯一」とあるのによる。《諸の大菩薩》『大智度論』巻九に「多菩薩照二法性等諸寶一。言此寶大菩薩所有以為二寶冠一。又了二達一切諸法之性一。」（大正二十五巻一二四中）とある。《法華経》出世本懐たる『法華経』を説くに当って、釈尊は無量義処三昧に入り、ついで眉間の白毫相から光明を放って、東方世界を照らしたもうた。すなわち『妙法蓮華経』巻一に「爾時佛放二眉間白毫相光一。照二東方萬八千世界一。靡レ不二周遍一。下至二阿鼻地獄一。上至二阿迦尼吒天一。於二此世界一。盡見二彼土六趣衆生一。」（大正九巻二中）とある。《有頂》有頂天のこと。akaniṣṭha の訳。阿迦尼吒と音写する。物質的制約をうける世界の最上部である色界の第四天。《六道》輪廻する迷いの六つの境界。道は趣のこと、趣く境界をいう。地獄趣・餓鬼趣・畜生趣・修羅趣・人間趣・天趣。《受報の好醜》次の世に生まれた時のその果報の良し悪し。

〔訳〕「地を特相とする円かなしつらいとは、願生偈に『もろもろの宮殿や高層建築は、十方世界を何ものにも妨げられず、自由に見渡すことができる。そして、種々の光を放つ樹々や七宝の欄干《らんかん》が、これらの建物をぐるりととりまいている』と説かれているからである」

なぜ、この地というしつらいが、われわれの思いはかりを超えたものであるのか。

かの宮殿などの事物は、一宝、十宝、百宝あるいは無量の宝を用いて、それぞれ思い通りの装飾を完備している。これらのしつらわれた装飾は、みがかれた明鏡のように、十方世界の浄穢《じょうえ》のすがた、善悪業の因縁など、すべてのものをうつし出している。浄土の人びとはこのことを見ているから、善を修め悪をやめようとするこころが、おのずから成熟する。また、浄土のすぐれた求道者たちは、真理などを照らす宝を冠とし、その冠の中にほとけたちを見たてまつることができ、また、あらゆる事象の本性に通達する。

このことは、釈尊が『法華経』を説かれるに際して、眉間《みけん》から光を放って東方の一万八千の仏国土を照らしたもうた。すると、みな金色に輝いて見渡せた。下は無間地獄から上は有頂天に至るまで、これらの仏国土の中にいる六道に輪廻する生けるものたちの赴く境界、その善悪業の因縁、そして受ける果報のよしあしが、この光の中で残らず見えたという。思うに、いまもこれと同じたぐいである。浄土の宮殿などのしつらいとなっている装飾のうつし出す影が、生けるものを救うという仏事をなすのである。

どうして、われわれは思いはかることができようか。

〔虚空功徳成就〕

莊嚴虚空功德成就者。偈言無量寶交絡羅網遍虚空種種鈴發響宣吐妙法音故。此云何不思議。經言。無量寶網彌覆佛土。皆以金縷眞珠百千雜寶奇妙珍異莊嚴校飾。周匝四面。垂以寶鈴。光色晃耀。盡極嚴麗。自然德風。徐起微動。其風調和。不寒不暑。溫涼柔軟。不遲不疾。吹諸羅網。及衆寶樹。演發無量微妙法音。流布萬種溫雅德香。其有聞者。塵勞垢習。自然不起。風觸其身。皆得快樂。此聲爲佛事。焉可思議。

「荘厳虚空功徳成就とは、偈に『無量の宝交絡《きょうらく》して、羅網虚空に遍《あまね》し。種種の鈴響《ひび》きを発して、妙法の音を宣吐《せんと》す』（第九偈）と言えるが故に」

此れ云何《いか》んが不思議なる。経に言わく、「無量の宝網、仏土に弥覆《みふ》せり。皆、金縷《こんる》、真珠、百千の雑宝、奇妙珍異なるを以て荘厳校飾《きょうじき》せり。四面に周匝《しゅうそう》して、垂るるに宝鈴《ほうりょう》を以てす。光色晃耀《こうよう》にして尽《ことごと》く厳麗《ごんらい》を極む。自《じ》然《ねん》の徳風徐《しず》かに起こりて微動す。其の風、調和《じょうわ》にして寒からず、暑からず、温涼《おんりょう》柔軟《にゅうなん》にして遅からず、疾《はや》からず。諸の羅網《らもう》及び衆《もろもろ》の宝樹を吹くに、無量の微妙《みみょう》の法音を演発《えんぽつ》し、万種の温雅《おんげ》の徳香を流布《るふ》す。其れ聞くことあらん者、塵労《じんろう》垢習《くじゅ》、自然に起こらず。風、其の身に触るれば、皆な快楽《けらく》を得」と。此の声、仏事をなす。焉《いずく》んぞ思議すべきや。

《経に言わく》『無量寿経』巻上（大正十二巻二七二上）の文。《弥覆》あまねくおおうこと。《金縷》金糸　《校飾》宝をまじえて飾りたてること。《周匝》まわりをとりまくこと。《自然の徳風》浄土において吹く風は、法蔵菩薩の本願力によって現われたもので、もろもろの功徳を具えている。《塵労垢習》煩悩とその習気（残気）のこと。《此の声、仏事をなす》『維摩詰所説経』巻下に「有以㆓音聲語言文字㆒而作㆓佛事㆒」（大正十四巻五五三下）とある。

〔訳〕「虚空を特相とする円かなしつらいとは、願生偈に『無量の宝をちりばめて編んだ絹の網が、浄土の虚空を一杯に覆い、網に種々の鈴が垂れて鳴り響くが、それらはすぐれた真理の教えを説いているのである』と述べられているからである」

なぜ、この虚空というしつらいが、われわれの思いはかりを超えたものであるのか。『無量寿経』に、「無量の宝の網が仏土をあまねく覆っているが、それらはみな、金糸や真珠など百千の種々の珍しい宝で飾られている。そして網の四方をかこんで宝の鈴が垂れている。それらが光り輝くさまは、まことに麗《うるわ》しいきわみである。おのずと徳風がそよぎわたるが、その風は調和していて、寒からず暑からず、またおだやかで和らいでいて、速くも遅くもない。この徳風が多くの絹の網や宝樹を吹くと、無量の妙なる真理の音をかなでて、百千万の種々なるすぐれた香りをただよわせる。その真理の音を聞くと、煩悩の汚れがおのずとその働きを失い、その風を身に触れると、みな快い安らぎを得る」と説かれている。

この音声が、仏の利他行（仏事）をなしているのである。どうして、われわれは思いはかることができようか。

⑨ 雨功徳成就

莊嚴雨功徳成就者。偈言。下雨二華衣一莊嚴無量香普薫上故。

此云何不思議。經言。風吹散レ華。遍滿二佛土一。隨二色次第一。而不二雜亂一。柔軟光澤。馨香芬烈。足履二其上一。陷下四寸。隨二擧レ足已一。還復如レ故。華用已訖。地輒開裂。以次化沒。清淨無レ遺。隨二其時節一。風吹散レ華。如レ是六返。又衆寶蓮華。周滿二世界一。一一寶華。百千億葉。其華光明無量種色。青色青光。白色白光。玄黄朱紫。光色亦然。暐曄煥爛。明二曜日月一。一一華中。出二三十六百千億光一。一一光中。出二三十六百千億佛一。身色紫金。相好殊特。一一諸佛。又放二百千光明一。普爲二十方一説二微妙法一。如レ是諸佛。各各安三立無量衆生於二佛正道一。華爲二佛事一。安可二思議一。

「荘厳雨功徳成就とは、偈に『華衣《けえ》を雨《あめふ》らして荘厳し、無量の香普《あまね》く薫《くん》ず』（第十偈前半）と言えるが故に」此れ云何《いか》んが不思議なる。経に言わく、「風吹きて華を散らし、遍《あまね》く仏土に満つ。色の次第に随いて雑乱《ぞうらん》せず。柔軟なる光沢あり、馨香芬烈《きょうこうふんれつ》たり。足其の上を履《ふ》むに、陥下《かんげ》すること四寸なり。足を挙げ已《おわ》るに随いて、還《げん》復《ふく》すること故《もと》の如し。華、用いることを已《すで》に訖《おわ》りぬれば、地、輒《すなわ》ち開裂して、以て次に化没《けもつ》し、清浄にして遺《のこ》なし。其の時節に随いて、風吹きて華を散らす。是の如く六返す。又た衆宝の蓮華周《あまね》く世界に満つ。一一の宝華に百千億の葉あり。其の華の光明、無量種の色なり。青色には青光、白色には白光、玄黄朱紫《くろきあかむらさき》の光色も亦た然《しか》り。暐曄煥爛《いようかんらん》として、日月よりも明曜《みょうよう》なり。一一の華の中より三十六百千億の光を出す。一一の光の中より三十六百千億の仏を出す。身の色、紫金《しこん》にして相好《そうごう》、殊特《しゅどく》なり。一一の諸仏、又た百千の光明を放ち、普く十方のために微妙の法を説く。是の如く諸仏、各各無量の衆生をして仏の正道《しょうどう》に安立《あんりゅう》せしむ」華、仏事をなす。安《いずく》んぞ思議すべきや。

《経に言わく》『無量寿経』巻上（大正十二巻二七二上〜中）の文。《馨香芬烈》馨香は香気が遠くまで匂うこと。芬烈は香気が盛んに薫ずること。《還復》もとへ戻ること。《六返》一昼夜を晨朝《じんじょう》・日中・日没・初夜・中夜・後夜の六時に分け、その六時に行なうこと。《暐曄煥爛》明るく輝くさま。《紫金》紫磨黄金の略で、ジャンブ樹林を流れる河から産出する閻浮檀金（Jambūnada-suvarṇa）のこと。赤黄ないし紫焔色。

〔訳〕「〔香華・衣服を〕雨ふらすことを特相とする円かなしつらいとは、願生偈に『香華・衣服のしつらいを雨ふらし、無量の花の香りが四方に芳香を放っている』と説かれているからである」

なぜ、この雨ふらすというしつらいが、われわれの思いはかりを超えたものであるのか。『無量寿経』に「風が吹くと花が散って、仏国土は花で一杯に敷きつめられる。花は色ごとにまとまって、入り乱れることがない。花はみな柔らかで光沢があり、芳香を放っている。足で履《ふ》むと、四寸ほどくぼむけれども、足を挙げると、また元の通りになる。花が不用になると、大地が裂けてその中にすがたを没し、地面は花一つ残らず掃き清められる。そして、時がくると、また風が吹いて花が散る。このようにすること、一日に六回くりかえされる。

また、種々の宝からできている蓮華が仏国土に充満して咲いている。その蓮華の一つ一つに百千億の花びらがあり、無量の種類の色をした花びらは、その色の光りを放っている。すなわち、青蓮華は青の光りを放ち、白蓮華は白の光りを放ち、玄《くろ》・黄《き》・朱《あか》・紫《むらさき》の色の蓮華もまた同様である。美事に輝いて咲いているすがたは、太陽や月よりも明るい。さらに、一つ一つの花の中から三十六百千億の光りを放ち、そのまた一つ一つの光りの中から、三十六百千億の仏を現出させている。その仏の身体は紫金色に輝き、相好とりわけすぐれている。それぞれどの仏も百千の光りを放ち、広くあらゆる生けるもののために、奥深い教えを説かれる。このようにして、仏たちは無数の生けるものたちを仏の正しいさとりに安住せしめるのである」と説かれている。

花が仏の利他行をなしているのである。

どうして、われわれは思いはかることができようか。

⑩ 光明功徳成就

莊嚴光明功德成就者。偈言㆓佛慧明淨日除㆓世癡闇冥㆒故。此云何不思議。彼土光明。從㆓如來智慧報㆒起。觸㆑之者。無明黑闇。終必消除。光明非㆑慧。能爲㆓慧用㆒。焉可㆓思議㆒。

「荘厳光明功徳成就とは、偈に『仏慧、明浄なること日のごとく、世の癡闇冥《ちあんみよう》を除く』（第十偈後半）と言えるが故に」

此れ云何《いか》んが不思議なる。彼《か》の土の光明は、如来の智慧の報《ほう》より起こる。これに触るる者は無明の黒闇、終《つい》に必ず消除す。光明は慧にあらずして、能《よ》く慧の用《ゆう》をなす。焉《いず》んぞ思議すべきや。

《報》さまざまの修行の結果としてあるもの。　《用》はたらき。

〔訳〕「光明を特相とする円かなしつらいとは、願生偈に『仏の智慧の光明が明らかに輝いていること、あたかも太陽のそれのごとくであり、この世の人びとの無知の闇を除く』と説かれているからである」

なぜ、この光明というしつらいが、われわれの思いはかりを超えたものであるのか。かの浄土の光明は、如来の智慧が働いてなされた報いから生起したものである。この光明に触れると、無知の黒闇は、ついに必ず消えうせてしまう。光明は智慧そのものではないが、智慧の働きたる消除作用をなすのである。
どうして、われわれは思いはかることができようか。

⑪ 妙声功徳成就

莊嚴妙聲功德成就者。偈言三梵聲悟深遠微妙聞二十方一故。
此云何不思議。經言。若人但聞二彼國土清淨安樂一剋念願レ生。亦得二往生一。則入二正定聚一。此是國土名字爲二佛事一。安可二思議一。

「荘厳妙声功徳成就とは、偈に『梵声《ぼんじょう》の悟らしむること深遠《じんのん》、微妙にして十方に聞こゆ』（第十一偈前半）と言えるが故に」

此れ云何《いか》んが不思議なる。経に言わく、「若《も》し人、但だ彼の国土の清浄安楽なるを聞きて剋念《こくねん》して生ぜんと願ずれば、亦た往生を得て則ち正定聚に入る」と。此れは是れ国土の名字、仏事をなす。安《いず》くんぞ思議すべきや。

《経に言わく》『無量寿経』巻下の第十八願成就文（大正十二巻二七二中）『平等覚経』巻一の第十七・十八願文（大正十二巻二八一中〜下）及び『阿弥陀三耶三仏薩楼仏檀過度人道経』巻上の第四願文（大正十二巻三〇一中）等を合わせたものか。**《剋念》**親鸞は剋念《こくねん》と読んでいる。深励は念を剋《こく》すと読んで、心をひきしめる意味にとっている。**《生ぜんと願ず》**親鸞は「生ぜんと願ぜんものと、亦た往生を得るものとは」と読んで、生まれんと願うものと、既に往生を得たものとに分けている。それはこの土で生まれんと願うものが正定聚に入ることを示すためであろう。『一念多念文意』（真聖全二―六〇七頁）

〔訳〕「妙なる音声《おんじょう》を特相とする円かなしつらいとは、願生偈に、『清らな音声が生けるものたちをして悟入せしめるべく、深遠にして妙なる響きをもって、十方世界に聞こえる』と説かれているからである」

なぜ、この妙なる音声というしつらいが、われわれの思いはかりを超えたものであるのか。『無量寿経』に「人が浄土の清らかで安楽なことを聞いて、心から生まれようと願うならば、往生する身となって、仏果を開くに決定した人びとの仲間に入る」と説かれている。

これは、仏国土〔および阿弥陀仏〕の名まえが、生けるものたちを救う利他の働きをなすのである。どうして、われわれは思いはかることができようか。

阿弥陀仏の浄土は浄土建立の主たる阿弥陀仏と離れて存在するものではない。依報と正報は不離なる関係にあるからである。したがって、仏国土荘厳の第十一「荘厳妙声功徳成就」において、「極楽浄土」という仏国土の名まえを口にするとき、そこには教主たる阿弥陀仏の名まえも含まれており、また阿弥陀仏と口にするとき、同時に極楽浄土もその中に呼ばれているのである。

しかも、仏国土あるいは阿弥陀仏の名まえを呼ぶところの音声は、われわれの口から発する音声として本願他力がそのように働いているのである。つまり、われわれを浄土に救いとって仏たらしめようとする利他の働き、これが妙声のしつらいであり、称名正定業（称名が浄土往生のための正決定の業因）といわれる所以《ゆえん》である。この点について、筆者の忘れ得ぬ思い出を再録して、聖教のこころにふれえた感激の一つを述べてみよう（『み光に遇うしあわせ』一九～二六頁。百華苑、昭和四十八年十二月）。

昭和四十七年八月十三日、お盆のお参りに一家五人揃って拙寺にこられた方がありました。「北海道札幌の大谷派のお寺の檀家で、お墓は藻《も》岩《いわ》山麓の景色のよいところにあるのですが、今夏はどうしてもお墓参りに行けないので、参詣した次第です」と会社の課長をしている若いご主人がわたくしに挨拶しました。

本堂では、一同といつも『意訳・礼拝聖典』を拝読することにしていますので、『らいはいのうた』と『阿弥陀経』を一緒に読誦しました。そのときから二ヶ月もたたない十月上旬、突然、電話がご主人からありまして、「実は長女が入院して一週間目に亡くなりましたので、お通夜にお参り下さいませんでしょうか」と報せがございました。

早速、お通夜に参上しました。この附近はここ数年、国鉄根岸線の洋光台駅が作られたため、急速に大きな団地ができたところでした。ご主人にお会いするや否や、「先生、これも宿縁ですね」と、こうおっしゃるのです。一瞬、わたくしはびっくりしました。「可愛いお嬢さんの死に直面して、涙一つ見せずに『宿縁』ということばをどうして使ったのだろう」と。読経を終えて、ご主人のお話しを聞くうちに、「そうだったのか」とわたくし自身の不明を恥ずかしく思ったことでした。それというのも、八月にお盆参りにこられたとき、ご主人や奥さんに、その月の下旬に出演する宗教の時間番組「宿縁」の教育テレビ放送のことをお話ししていたのです。それをご夫妻が再放送まで聞かれていたことが判ったからです。ご主人はお嬢さんについて、このように話してくれました。

亡くなった娘は小学校五年生ごろから内臓疾患で、年に一度は必ずお医者さんにかかり、入院したこともあります。それで、中学に入って一年間留年したので、今、中学三年生でした。本当に、明子《あきこ》という名まえにふさわしく心の明るく澄んだ子で、つけて頂いた釈尼明澄《みょうちょう》という法名にも、お盆のとき、みなで拝読した『らいはいのうた』に二ヶ所も出てくる『澄』の一字があることを思いますと、こんな嬉しいことはございません。

この九月の新学期に入って、「来年は高校受験だね」とわたくしが洩らしたことを気にしていたためでしょうか、残暑の酷《きび》しい毎日を一日も欠席せずに学校に通いました。けれども、学校から自宅の往復には、一度は必ず広い道路の路傍に腰をかけて休まなければならなかった娘でした。そんな無理がたたったのでしょうか、一週間前に東京の病院に入ったのです。

亡くなる三日前に、娘はこう質問しました。「お父さん、死んだら、ほとけさまになるの?」わたくしは娘が死を予期して尋ねたと思いつつも、死んでは可哀そうだという突差の考えから、「いや、札幌の亡くなったおじいちゃんのところ(お墓)に行くんだよ」と答えました。これが最後の会話でした。

さらにこのあと、お父さんは最愛の娘の死について、いろいろお話して下さいました。だが、どうしてもわたくしにとって不審なことは、「死んだら、ほとけさまになるの?」という明子さんの問いにたいして、「札幌のおじいちゃんのところに行くんだよ」という父親の答えなのでした。でも、わたくしの納得するはっきりした解答はつかめませんでした。

明子さんの告別式が終ってから数日後のこと、わたくしは東大の学部講義に『教行信証』を講じており、ちょうど証巻を読んでいたときで、「なるほど、これだ」と思わず声をあげました。「どうして、これまで気づかなかったのか。明子さん、有難う」と、お念仏が出たことでした。証巻の個所というのは、天親菩薩の『浄土論』の文「梵声《ぼんじょう》の悟らしむること深遠、微妙にして十方に聞こゆ」を曇鸞大師が注解して、

此れ云何んが不思議なる。……此れは是れ国土の名字、仏事をなす。安《いずく》んぞ思議すべきや。

と述べた文であります。

西方極楽浄土について十七種の美事なしつらいを挙げたうちの第十一で、妙《たえ》なる音声《おんじょう》というしつらいによって浄土が作られていることを説明して曇鸞大師は、これこそわれわれの思い計りを超えたものだというのです。「此れは是れ国土の名字、仏事をなす」という意味は、わたくしたちが西方のお浄土、あるいはお浄土の主《あるじ》たる阿弥陀如来さまの名前を聞くこと自体、如来さまのお仕事をさせて頂いているのであるというのです。さらに申せば、南無阿弥陀仏とお念仏を称えること自体、わたくしの称える念仏でありながら、念仏を称えさせずにはおかぬという如来の願心を同時に聞かせて頂いているのであります。というのも、わたくしどもは、「お浄土」とか「念仏」とかと軽々しく口にするけれども、実はわたくしの口業《くごう》にのせて願心を頂くようにと、如来の側で音声《おんじょう》というしつらい・てだてが成就されているからであります。

そうであるならば、明子さんのお父さんの口から、「うん、そうだよ。如来さまのお浄土に参るのだよ。お念仏を称えようよ」と、はっきり答えることができたならなあ、と思い知らされたことであります。まったく、他人《ひと》ごとではございません。

ところで、「仏事をなす」とは、如来さまのお仕事、仏行を行じさせて頂くわけですから、蓮如上人は、お念仏は「勇みの念仏」で、いそいそと進んで称えさせて頂くものだと申しております。念仏者がみずから「門徒もの知らず」と謙虚な態度をたもつことができるのも、内心には「大千世界にみてらん火をもすぎゆく」不退転の信火を燃やしつづけるからでありましょう。

「お浄土」、「如来さま」、「南無阿弥陀仏」と、はっきり口に出して称えられるわたくしを、わたくし自身、いつの日にか発見することでございましょうか。

⑫ 主功徳成就

莊嚴主功德成就者。偈言㆓。正覺阿彌陀。法王善住持㆒故。

此云何不思議。正覺阿彌陀不可思議。彼安樂浄土。爲㆓正覺阿彌陀善力住持㆒。云何可㆑得㆓思議㆒耶。住名㆓不異不滅㆒。持名㆓不散不失㆒。如㆘以㆓不朽藥㆒。塗㆓種子㆒。在㆑水不㆑瀾。在㆑火不㆑燋。得㆓因緣㆒則生㆖。何以故。不朽藥力故。若人一生㆓安樂浄土㆒。後時意願㆘生㆓三界㆒。敎㆗化衆生㆖。捨㆓浄土命㆒。隨㆑願得㆑生。雖㆑生㆓三界雜生水火中㆒。無上菩提種子。畢竟不㆑朽。何以故。以㆑逕㆓正覺阿彌陀善住持㆒故。

「荘厳主功徳成就とは、偈に『正覚の阿弥陀法王、善く住持したまえり』（第十一偈後半）と言えるが故に」

此れ云何《いか》んが不思議なる。正覚の阿弥陀は不可思議なり。彼の安楽浄土は、正覚の阿弥陀の善力に住持せられたり。云何んが思議することを得べけんや。住は不異不滅に名づけ、持は不散不失に名づく。不朽薬を以て種子に塗れば、水に在りても瀾《みだ》れず、火に在りても燋《こが》れず、因縁を得て則ち生ずるが如し。何を以ての故に。不朽薬の力なるが故に。若《も》し人、一たび安楽浄土に生じて、後時、意に三界に生じて衆生を教化せんと願ずれば、浄土の命を捨て、願に随いて生ずることを得。三界雑生《ざっしょう》の水火の中に生ずと雖《いえど》も、無上菩提の種子、畢竟じて朽《く》ちず。何を以ての故に。正覚の阿弥陀の善住持を逕《ふ》るを以ての故に。

《雑生》迷いの生存における四種の生まれ方、すなわち胎・卵・湿・化の四生。深励は雑業の所生、即ち善悪有漏の雑業によって三界に生ずることとしている。次頁参照。

〔訳〕「仏国土の主を特相とする円かなしつらいとは、願生偈に『安楽浄土は正しくさとった人・真理の王・阿弥陀如来によって、善く住持されているものである』と説かれているからである」

なぜ、この仏国土の主というしつらいが、われわれの思いはかりを超えたものであるのか。およそ、正しくさとった人・阿弥陀如来は、われわれにとって思いはかりを超えた方である。そして、如来の建立したもうたかの安楽浄土は、如来の善き力によって住持されている。だから、どうしてわれわれは、浄土をあれこれと思いはかることができようか。

「住」とは変化せず消滅しないこと、「持」とは離散せず亡失しないことである。例えば腐敗止めの薬を草木の種子に塗ると、水の中に置いても腐らず、火の中に入れても焦げず、条件が整えば芽を出すようなものである。なぜかというと、腐敗止めの薬の効力によるからである。もし人あって、一たび安楽浄土に生まれ、ついで迷いの三界に生まれ、生けるものたちを教化しようと心に願うならば、浄土における生命を捨て、願い通りに三界に生まれることができる。この人、三界の四つの生まれという、水火の難の中に生まれても、内にたもつこの上ないさとりの種子は、決して朽ちることがない。なぜならば、正しくさとった人・阿弥陀如来の善き力によって住持されているからである。

⑬ 眷属功徳成就

莊嚴眷屬功德成就者。偈言。如來淨華衆正覺華化生故。此云何不思議。凡是雜生世界。若胎若卵。若濕若化。眷屬若干。苦樂萬品。以雜業故。彼安樂國土。莫非是阿彌陀如來正覺淨華之所化生。同一念佛。無別道故。遠通夫四海之內。皆爲兄弟也。眷屬無量。焉可思議。

「荘厳眷属功徳成就とは、偈に『如来浄華の衆は、正覚《しょうがく》の華《はな》より化生《けしょう》す』（第十二偈前半）と言えるが故に」此れ云何《いか》んが不思議なる。凡《およ》そ是れ雑生の世界は若《も》しは胎《たい》、若《も》しは卵、若《も》しは湿、若《も》しは化、眷属《けんぞく》若干に苦楽万品なり。雑業《ぞうごう》なるを以ての故に。彼《か》の安楽国土は、是れ阿弥陀如来の正覚の浄華の化生する所にあらざることなし。同一に念仏して別の道なきが故に、遠く通ずるに夫《そ》れ四海の内皆な兄弟たり。眷属無量なり。焉《いず》んぞ思議すべきや。

《胎・卵・湿・化》胎は母胎から生まれる。卵は卵殻から、湿は湿気から（虫類）、化は自からの業力によって忽然として（諸天と地獄と中有の有情に）生まれる。《四海の内》『論語』顔淵第十二に「君子敬而無失、与人恭而有礼、四海之内、皆兄弟也、君子何患乎無兄弟也」とある。

〔訳〕「聖衆を特相とする円かなしつらいとは、願生偈に『阿弥陀如来をとりまく聖衆は、すべて如来の浄らな正しいさとりの花から化生した者たちである』と説かれているからである」

なぜ、この仏国土の聖衆というしつらいが、われわれの思いはかりを超えたものであるのか。およそ、さまざまな生まれ方をとる迷いの世界では、胎生《たいしょう》とか卵生《らん》とか湿生《しつ》とか化生《け》という種類があり、また身内の者はわずかなのに、自分の受ける苦楽は万種もある。それは、種々の悪業によって生まれをとったからである。

かの安楽浄土は、すべて阿弥陀如来の浄らかな正しいさとりの花から化生しない者はだれもいない。だれでも同じく念仏することによって浄土に生まれるのであって、これ以外の別の道がないからである。それ故に、遠く全世界に通じて、念仏する者たちは、みな兄弟である。このようにして、浄土の身内の者は数限りないのである。

どうして、われわれは思いはかることができようか。

「同一念仏　無別道故　云云」の句は、『論註』の末において浄土のさとりを論ずる根拠となっている（四一六頁以下）。親鸞は好んでその著作にこの句を引いており、『歎異抄』第七章の「念仏は無碍《むげ》の一道なり」という格調高いことばも、恐らくこの句に基づいて作られたものであろう。また蓮如（一四一五～一四九九）も、この句の「同一念仏」を、他力の念仏は信心が如来廻向の一味のものであるからと解して、「梅干のことをいへば皆、人の口、一同に酸《す》し。一味の安心はかやうにあるべきなり。同一念仏無別道故の心にて候ひつるやうにおぼえ候」（『御一代聞書』二六八）と語っている。

⑭ 受用功徳成就

莊嚴受用功德成就者。偈言下愛二樂佛法味一禪三昧爲上食故。此云何不思議。不レ食而資レ命。蓋所レ資有レ以也。豈不三是如來滿二本願一乎。乘二佛願一爲二我命一。焉可二思議一。

「荘厳受用功徳成就とは、偈に『仏法の味を愛楽《あいぎょう》し、禅三昧を食《じき》となす』（第十二偈後半）と言えるが故に」此れ云何《いか》んが不思議なる。食せずして命を資《たす》く。蓋《けだ》し資《たす》くるところ以《ゆえ》あり。豈《あ》に是れ如来、本願を満たしたまえるにあらずや。仏願に乗ずるを我が命《いのち》となす。焉《いずく》んぞ思議すべきや。

〔訳〕「法味の受用を特相とする円かなしつらいとは、願生偈に『仏法の味を愛楽《あいぎょう》して、禅定・三昧を食べ物とする』と説かれているからである」

なぜ、この仏国土の法味の受用というしつらいが、われわれの思いはかりを超えたものであるのか。食物を摂《と》らないで、しかも生命をつなぐ。思うに、それには理由があるからである。そもそも、阿弥陀如来が食物を摂らずに生命をつなぐという本願をたてて、これを成就なされた。だから、浄土の菩薩たちは、その仏の本願におまかせして自分の生命をつなぐのである。どうして、われわれは思いはかることができようか。

⑮無諸難功徳成就

莊嚴無諸難功德成就者。偈言下永離二身心惱一受レ樂常無上間故。

此云何不思議。經言。身爲二苦器一。心爲二惱端一。而彼有レ身有レ心。而受レ樂無レ間。安可二思議一。

「荘厳無諸難功徳成就とは、偈に『永く身心の悩を離れて、楽を受くること常にして間《ひま》なし』（第十三偈前半）と言えるが故に」

此れ云何《いか》んが不思議なる。経に言わく、「身を苦器となし、心を悩端となす。」而《しか》るに彼《かしこ》には身あり、心あり、而して楽を受くること間《ひま》なし。安《いずく》んぞ思議すべきや。

《経に言わく》『法句譬喩経』巻三に「天下之苦無レ過レ有レ身。身爲二苦器一憂畏無量」（大正四巻五九五中）とある。

〔訳〕「無苦難を特相とする円かなしつらいとは、願生偈に『永久に身心の苦悩から離れて、つねに楽しみを受けていて絶えることがない』と説かれているからである」

なぜ、この仏国土の無苦難というしつらいが、われわれの思いはかりを超えたものであるのか。『法句譬喩経』に「身体は苦しみを受ける器であり、心は悩を受ける本である」と説く。ところが、浄土の菩薩たちに身心があるけれども、苦悩を感受せず、楽しみを感受し続ける。

どうして、われわれは思いはかることができようか。

すでに総説分の同じ個所で述べたように、浄土は涅槃界であり、さとりの世界であるから、浄土にいる菩薩たちはさとった人びとである。さとった人とは、阿羅漢のごとく、心の苦しみを超えていて、たえず生ずる身体の苦しみも心の苦しみとはならない。つまり、さとった人というのは、身心両方の苦しみを超えているのである。このことを指して、楽しみを感受しているというのである。これを平安の境地すなわち涅槃に住するという。

⑯大義門功徳成就

莊嚴大義門功徳成就者。偈言下。大乘善根界等無二譏嫌名一女人及根缺二乘種不レ生故。淨土果報。離二二種譏嫌過一。應レ知。一者體。二者名。體有二三種一。一者二乘人。二者女人。三者諸根不具人。無二此三過一。故名レ離二體譏嫌一。名亦有二三種一。非三但無二三體一。乃至不レ聞二二乘女人諸根不具三種名一。故名レ離二名譏嫌一。等者平等一相故。

此云何不思議。夫諸天共レ器。飯有二隨レ福之色一。足指按レ地。乃詳二金礫之旨一。而願二往生一者。本則三三之品。今無二一二之殊一。亦如二淄澠食陵反一味一。焉可二思議一。


「莊厳大義門功徳成就とは、偈に『大乗善根の界は、等しくして譏嫌《きげん》の名なし。女人と及び根欠と二乗との種、生ぜず』（第十三偈後半、第十四偈前半）と言えるが故に。浄土の果報は二種の譏嫌の過《とが》を離れたり。知るべし。一には体、二には名なり。体に三種あり。一には二乗の人、二には女人、三には諸根不具の人なり。この三の過なし。故に体の譏嫌を離ると名づく。名に亦た三種あり。ただ三の体なきのみにあらず、乃至、二乗と女人と諸根不具との三種の名をも聞かず。故に名の譏嫌を離ると名づく。『等しくして』とは、平等一相なるが故なり」

此れ云何《いか》んが不思議なる。夫《そ》れ諸天、器を共にするに、飯には福に随うの色あり。足の指、地を按《やす》んずるに、乃ち金礫《こんりやく》の旨を詳《つまび》らかにす。而《しか》るに往生を願ずる者は、本《もと》は則ち三三の品なれども、今は一二の殊《ことなり》なし。亦た淄澠《しじよう》の一味なるが如し。焉《いずく》んぞ思議すべきや。

《諸天、器を共にす》諸天が同じ器で食べても、その諸天の持っている福徳の差によって飯の色が変わるという譬喩。『維摩詰所説経』巻上に「譬如下諸天共二寶器一食。随二其福徳一。飯色有上レ異。如レ是舎利弗。若人心浄。便見二此土功徳荘厳一」（大正十四巻五三八下）とある。**《足の指、地を按んず》**釈尊が、この世界は清浄なる金銀の世界であって、瓦礫《がれき》のきたない世界に見えるのは心が不浄であるからであることを足の指で大地をおさえて示されたという話。『維摩詰所説経』巻上に「佛以二足指一按レ地。即時三千大千世界。若干百千珍寶嚴飾」（大正十四巻五三八下）とある。**《三三の品》**この世界では往生を願うものは九つの種類に差別されている。『観無量寿経』（大正十二巻三四四下〜三四六上）**《淄澠》**中国の山東省にある淄水と澠水という二つの川。

〔訳〕「大乗菩薩道の完成を特相とする円かなしつらいとは、願生偈に『安楽浄土は法蔵菩薩の大慈悲の実践によって完成したさとりの世界であり、平等一味の世界であるから、そしられたりきらわれたりする名まえがない。すなわち、浄土には女人、身体障害者、声聞や縁覚の人びとが生まれず、ましてそのような名まえさえも存在しない』と説かれているからである。果報として生じた浄土の諸存在は、二種のそしりを離れている。それは、一つには存在するものについてのそしりであり、二つにはその名まえについてのそしりである。前者の存在するものとは、声聞・縁覚の二乗の人びと、女人、そして身体障害者である。浄土はこれら三者の過《とが》（成仏する機根の敗れていること）を離れているから、存在するものについてのそしりを離れているというのである。後者の名まえとは、ここにいう三者についての名まえをいう。つまり、浄土には三者そのものが存在しないだけでなく、三者の名まえさえも存在しないから、声聞・縁覚の二乗と女人と身体障害者の三種の名まえを聞かず、したがって、名まえのそしりを離れているというのである。『等しくして』とは、浄土が平等にして無相のものだからである」

なぜ、この仏国土の大乗菩薩道の完成というしつらいが、われわれの思いはかりを超えたものであるのか。仏国土の人びとが同じ食器を持っていても、各自の修めた福徳によって、それに盛られる食物が異なる。かつて、釈尊が足の指で大地をおさえて、本来この世界は黄金を大地とする清浄の世界であるのに、人びとは心の不浄のために、瓦礫《がれき》を大地とする不浄の世界であると見ていると教えられた。ところで、浄土の往生を願う者は、この世では九種類の機根に分かれていても、浄土に往生してみれば、何らの区別も存在しない。あたかも山東省を流れる淄《し》水《すい》と澠水《じょうすい》の二つの河が海にそそぐと、同一の鹹味《かんみ》となってしまうごとくである。

どうして、われわれは思いはかることができようか。

⑰ 一切所求満足功徳成就

莊嚴一切所求滿足功德成就者。偈言下衆生所二願樂一一切能滿足上故。

此云何不思議。彼國人天。若欲下願往二他方世界無量佛刹一。供中養諸佛菩薩上。及二所須供養之具一。無レ不レ稱レ願。又欲下捨二彼壽命一。向二餘國一生上。修短自在。隨レ願皆得。未レ階二自在之位一。而同二自在之用一。焉可二思議一。

「荘厳一切所求満足功徳成就とは、偈に『衆生の願楽する所、一切能《よ》く満足す』（第十四偈後半）と言えるが故に」

此れ云何《いか》んが不思議なる。彼《か》の国の人天《にんでん》、若《も》し他方世界の無量の仏刹《ぶっせつ》に往きて、諸仏菩薩を供養せんと欲願《よくがん》するに、所須《しょす》の供養の具に及ぶまで、願に称《かな》わざることなし。又た彼の寿命を捨て余国に向って生ぜんと欲すれば、修短《しゅうたん》自在、願に随いて皆な得《う》。未《いま》だ自在の位に階《のぼ》らずして、自在の用に同じ。焉《いずく》んぞ思議すべきや。

《自在の位》 八地以上の菩薩は、心の欲するままに何ごとをもなしうる力をそなえている。

〔訳〕 「すべての願いをかなえることを特相とする円かなしつらいとは、願生偈に『生けるものたちの願いを、すべて満足させることができる』と説かれているからである」

なぜ、この仏国土のすべての願いをかなえることというしつらいが、われわれの思いはかりを超えたものであるのか。かの浄土の人びとが、他の無数の仏たちの国土に行って、仏や菩薩たちを供養したいと願うならば、供養に必要な品はいうに及ばず、願いのかなわないことはないであろう。また、浄土における寿命を捨て、他の仏国土に生まれて利他の働きに従事しようと思えば、その期間の長いと短いとはすべて願い通りに自由に得られる。かの浄土の聖衆《しょうじゅ》たちは、八地以上の自在の位に至っていないのに、その働きは自在の位のそれと同じである。

どうして、われわれは思いはかることができようか。


以上で、仏国土の体相を十七種荘厳によって説明したから、つぎに仏国土のもつ力用を明かす。すなわち、阿弥陀仏の浄土は如来の自利と利他を示現する世界であるという。このことは、われわれ生けるものが浄土に往生する身となって、われわれ自身も自利と利他を完成せしめられるから、まさしく浄土は、如来の自利・利他の本願力によってでき上がっている世界であるといえる。

(2) 如来の自利と利他を示現する

示二現自利利他一者。

略説二彼阿彌陀佛國土十七種莊嚴功德成就一。示二現如來自身利益大功德力成就。

利益他功德成就一故。

言レ略者。彰二彼淨土功德無量。非二唯十七種一也。夫須彌之入二芥子一。毛孔之納二大海一。豈山海之神乎。毛芥之力乎。能神者神之耳。是故十七種。雖レ曰二利他一。自利之義。炳然。可レ知。

自利と利他を示現すとは。

「略して、彼の阿弥陀仏の国土の十七種の荘厳功徳成就を説く。如来の自身の利益大功徳力成就と利益他功徳成就とを示現するが故に」

略と言うは、彼の浄土の功徳無量にして、唯だ十七種のみにあらざることを彰《あらわ》すなり。夫《そ》れ須弥《しゅみ》の芥子《けし》に入り、毛孔《もうく》の大海を納む。豈《あ》に山海の神《しん》ならむや。毛芥《もうかい》の力ならんや。能神の者の神ならんのみ。是の故に十七種を利他と曰うと雖《いえど》も、自利の義、炳然《へいねん》なり。知るべし。

《須弥の芥子に入り》『維摩詰所説経』巻中に「唯應レ度者。乃見三須彌入二芥子中一。是名二住不思議解脱法門一。又以二四大海水一。入二一毛孔一。不レ嬈二魚鼈黿鼉水性之屬一。而彼大海本相如レ故」（大正十四巻五四六中〜下）とある。**《須弥》**須弥山のこと。古代インドの世界観によると、世界の中央に須弥山という山がある。**《山海の神、毛芥の力》**山海・毛芥の神力（不可思議の力）。**《能神の者》**ここでは威神力を能く発揮するところの仏を指す。**《炳然》**あきらかなこと。

〔訳〕自利と利他を現わすとは、『浄土論』にこういう。

「略して、かの阿弥陀仏の国土の十七種の特相を具える円かなしつらいを説いて、それらのしつらいが、如来のすぐれた自利と利他の働きの完成であることを現わしているからである」

そのうち、「略して」というのは、かの浄土の特相は数えきれないほどで、ただ十七種に限るものではないことをいうのである。およそ、須弥山《しゅみせん》を一粒の芥子《けし》の中に入れ、あるいは大海を一毛孔の中に納めるということは、須弥山や大海に不思議な力があるのでもなく、また芥子や毛孔に不思議な力があるのでもない。本願力をもつ如来の不思議な力によるものである。

それ故に、十七種の特相のしつらいが利他の働きをなすというのも、それは如来の自利の現われにほかならないこと、明々白々である。よく知るべきである。

(3) 第一義諦に入る

〔荘厳十七種を観察して無生の生を知る〕

入第一義諦者。

彼無量壽佛國土莊嚴第一義諦妙境界相。十六句及一句次第説。應レ知。

第一義諦者。佛因縁法也。此諦是境義。是故莊嚴等十六句。稱爲二妙境界相一。此義至二入一法句文一。當二更解釋一。及一句次第者。謂觀二器淨等一。總別十七句觀行次第也。云何起次。建章言二歸命無礙光如來願生安樂國一。此中有レ疑。疑言。生爲二有本衆累之元一。棄レ生願レ生。生何可レ盡。爲レ釋二此疑一。是故觀二彼淨土莊嚴功德成就一。明二彼淨土是阿彌陀如來清淨本願無生之生。非レ如二三有虚妄生一也。何以言レ之。夫法性清淨。畢竟無生。言レ生者是得生者之情耳。生苟無生。生何所レ盡。盡二夫生一者。上失二無爲能爲之身一。下酾二辟亡。普反三空不空之痼一。廢也病也。工路反 根敗永亡。號振二三千一。無反無復。於レ斯招レ恥。體二夫生理一。謂二之淨土一。淨土之宅。所レ謂十七句是也。

第一義諦に入るとは。

「彼の無量寿仏の国土の荘厳は第一義諦と妙境界相の十六句なり。一句を及ぼして次第して説けり。知るべし」

「第一義諦」とは仏の因縁法《いんねんほう》なり。此の諦は是れ境の義なり。是の故に、荘厳等の十六句、称して妙境界相となす。此の義、入一法句の文に至りて、まさに更に解釈すべし。「及び一句次第」とは、謂わく器浄等を観ずるなり。総と別との十七句は観行の次第なり。

云何《いか》んが起次す。建《はじめ》の章に「帰命無碍光如来願生安楽国」と言えり。此の中に疑あり。疑いて言わく、生は有の本、衆累《しゅるい》の元たり。生を棄てて生を願ず、生、何ぞ尽《つ》くべけんやと。此の疑を釈せんがために、是の故に、彼の浄土の荘厳功徳成就を観ず。彼の浄土は、是れ阿弥陀如来の清浄本願の無生の生にして、三有虚妄《さんぬこもう》の生の如きにはあらざることを明かすなり。何を以てかこれを言う。夫《そ》れ法性清浄にして、畢竟無生なり。生と言うは、是れ得生《とくしょう》の者の情ならんのみ。生、苟《まこと》に無生《むしょう》なれば、生、何ぞ尽くる所あらん。夫の生を尽す者は、上は無為能為《むいのうい》の身を失い、下は三空不空の痼《やまい》に酣《よ》わん。根敗、永く亡じて、号《ごう》すること三千に振《ふる》い、無反無復、ここに於て恥を招く。夫の生の理を体《たい》する、これを浄土と謂《い》う。浄土の宅は、所謂《いわゆ》る十七句、是れなり。

《第一義諦》paramārtha-satya の訳。勝義諦とも訳す。世俗諦に対する語である。satya を訳して「諦」とするが、真実の意。『十二門論』に「諸佛因縁法名爲二甚深第一義一。是因縁法無自性故我説二是空一」（大正三十巻一六五上～中）とある。《境の義》境は観察の対象のこと。《十六句》国土荘厳功徳十七種のうち、第一清浄功徳を除いたもの。《一句》荘厳清浄功徳。《器浄》器世間清浄功徳のこと。《累》わずらい。《無生》不生不滅。生滅を超えていることで、真実・清浄の涅槃をいう。《無為能為》『注維摩経』序に「眇莽無爲而無ㇾ不ㇾ爲」（大正三十八巻三二七上）によるか。なすことなくして、よく何事をもなすこと。仏・菩薩の衆生を済《すく》うはたらき。《三空不空》三空は三解脱門。解脱へ入る門となる三種（空・無相・無願）の禅定のこと。この三空は真の空ではないから不空という。《痼》久しくなおらない病。《醧》酒にふけること。《根敗》成仏するための根もとがくさっていること。《号すること三千》『維摩詰所説経』巻中に「一切聲聞聞二是不可思議解脱法門一。皆應三號泣聲震二三千大千世界一」（大正十四巻五四七上）とある。声聞は不可思議解脱法門を聞いても理解することができなかったので号泣した。《無反無復》かえることがない。声聞は無上道心を発して大乗へかえることがない。『維摩詰所説経』巻中に「凡夫於二佛法一有二返復一。而聲聞無也。所以者何。凡夫聞二佛法一能起二無上道心一不ㇾ斷二三寶一。正使聲聞終ㇾ身聞二佛法力無畏等一。永不ㇾ能ㇾ發二無上道意一」（大正十四巻五四九中）とある。《恥を招く》『注維摩経』巻七に「凡夫有二反覆之名一。二乘有二根敗之恥一也」（大正三十八巻三九二下）とある。《生の理を体す》無生の生という道理をさとること。

〔訳〕第一義諦に入るとは、『浄土論』にこういう。

「かの無量寿仏の建立したもうた仏国土のしつらいは、真実・清浄なる究極のさとりとその顕現したものである。このことわりを十六句と一句によって順を追って示している。それ故に、仏国土のしつらいを観察することは、そのまま究極の真実に悟入する道であると、われわれは知るべきである」

「第一義諦」というのは、無自性・空のさとりの境界をいう。「諦」（真実）は観察の対象を意味する。それ故に、仏国土のしつらい十七種のうち、第一清浄のしつらいを除いた十六種のしつらいの句を、「妙境界相」（妙なるさとりの境界の特相）という。このことの意味について、のちに出す「入一法句」の文のところで、改めて解釈するであろう。

「及び一句次第して」というのは、十七種のうちの第一清浄のしつらい以下を順次、観察することをいう。まず第一清浄のしつらいを観察するのが総観であり、ついで他の十六種のしつらいを観察するのが別観である。

どのように順次、観察するのか。『浄土論』の冒頭の偈に、「〔尽十方〕無碍光如来に帰命したてまつり、安楽国に生ぜんと願ず」とある。

ところで、この文について疑問がある。疑っていう。

「〝生〟は迷いの生存の根本であり、多くのわずらいの根元である。この世の迷いの〝生〟を棄てて、浄土のさとりの〝生〟を得ようと願うなら、かれとこれを差別する心で願うことになって、いつまでたっても迷いの〝生〟を尽すことはないではないか」と。

こうした疑問を解くために、かの浄土の特相という円かなしつらいを観察するのである。

そもそも、清浄・真実の働きたる阿弥陀如来の本願力によって浄土が建立されているから、その浄土に生まれるというのは、無生《むしょう》の生《しょう》であって、迷いの三界における虚妄の生とはわけがちがう。なぜならば、およそ、真如・法性のさとりの世界は、清浄であり、不生不滅の真実そのものの世界である。そのような浄土に「生まれる」ということばを使うのは、浄土に生まれようとする者の心情にしたがっただけである。浄土の生まれが、われわれの迷いの世界におけるごとき生まれでない（無生）ならば、どうして浄土の生まれを否定できようか。無生の生を否定してしまうならば、上は利他教化の身を失い、下は小乗の執われたる空病《くうびょう》に酔いしれるであろう。また、成仏の機根が永久に腐り、仏の教えを聞いても理解できず、そのために号泣して叫ぶ声は全世界を振わせ、ふたたび大乗の教えを聞く身に戻れないから、恥をかくばかりである。

それだから、かの無生の生という道理を体得せしめるのが浄土である。そのために、浄土の十七種のしつらいに関する句が説かれているのである。

〔総相観と別相観〕

十七句中。總別爲二。初句是總相。所謂是清淨佛土。過三界道。彼過三界。有何相。下十六種莊嚴功德成就相是也。一者量。究竟如虚空。廣大無邊際故。既知量。此量以何爲本。是故觀性。性是本義。彼淨土從正道大慈悲出世善根生。既言出世善根。此善根生何等相。是故次觀莊嚴形相。既知形相。宜知形相何等體。是故次觀種種事。宜知種種事妙色。是故次觀妙色。既知妙色。此色有何觸。是故次觀觸。既知身觸。應知眼觸。是故次觀水地虚空莊嚴三事。既知眼觸。應知鼻觸。是故次觀衣華香薰。既知眼鼻等觸。須知離染。是故次觀佛慧明照。既知慧光淨力。宜知聲名遠近。是故次觀梵聲遠聞。既知聲名。宜知誰爲增上。是故次觀主。既知有主。誰爲主眷屬。是故次觀眷屬。既知眷屬。宜知此眷屬若爲受用。是故次觀受用。既知受用。宜知此受用有難無難。是故次觀無諸難。既知無諸難。以何義故無諸難。是故次觀大義門。既知大義門。宜知大義門滿不滿。是故次觀所求滿足。復次此十七句。非但釋疑。觀此十七種莊嚴成就。能生二眞實淨信一。必定得レ生二彼安樂佛土一。

十七句の中に、総と別とを二となす。初めの句は、是れ総相なり。所謂《いわゆ》る是れ、清浄の仏土は、三界の道に過ぎたり。彼《かしこ》の三界を過ぐるに、何なる相かあらん。下の十六種の荘厳功徳成就の相、是れなり。一には、量。究竟《くきょう》にして虚空《こくう》の如く、広大にして辺際《へんざい》無きが故に。既に量を知る。此の量、何を以てか本となす。是の故に性《しょう》を観ず。性は是れ本の義なり。彼の浄土は、正道《しょうどう》の大慈悲なる出世の善根より生ぜり。既に出世の善根と言う。此の善根は何等の相をか生ぜる。是の故に、次に荘厳形相《ぎょうそう》を観ず。既に形相を知る。宜《よろ》しく形相は何等の体なるかを知るべし。是の故に、次に種種の事を観ず。既に種種の事を知る。宜しく種種の事の妙色《みょうしき》を知るべし。是の故に、次に妙色を観ず。既に妙色を知る。此の色何なる触《そく》かある。是の故に、次に触《そく》を観ず。既に身の触を知る。まさに眼触を知るべし。是の故に、次に水地虚空の荘厳《しょうごん》の三事を観ず。既に眼触を知る。まさに鼻触を知るべし。是の故に、次に衣華《えけ》の香薫《こうくん》を観ず。既に眼鼻等の触を知る。すべからく染《ぜん》を離るることを知るべし。是の故に、次に仏慧の明らかに照らすことを観ず。既に慧光《えこう》の浄力を知る。宜しく声名の遠近を知るべし。是の故に、次に梵声《ぼんじょう》の遠く聞こゆることを観ず。既に声名を知る。宜しく誰をか増上《ぞうじょう》となすを知るべし。是の故に、次に主を観ず。既に主あることを知る。誰をか主の眷属《けんぞく》とする。是の故に、次に眷属を観ず。既に眷属を知る。宜しく此の眷属若為《いか》んが受用《じゅゆう》するを知るべし。是の故に、次に受用を観ず。既に受用を知る。宜しく此の受用の有《う》難無《なんむ》難《なん》を知るべし。是の故に、次に無諸難を観ず。既に無諸難を知る。何なる義を以ての故に諸難なき。是の故に、次に大義《だいぎ》門《もん》を観ず。既に大義門を知る。宜しく大義門の満不満を知るべし。是の故に、次に所求《しょぐ》満足を観ず。復《ま》た次に、此の十七句は但《た》だ疑を釈するのみにあらず。此の十七種の荘厳成就を観ずれば、能《よ》く真実の浄信を生じて、必定《ひつじょう》して彼《か》の安楽仏土に生ずることを得《う》。

〔訳〕 十七種の仏国土のしつらいを説く句を分けて、総相と別相の二つとする。

第一の清浄の特相という句は総相である。

さて、阿弥陀仏の清浄の仏土は、①はるかに迷いの三界を超えている、というのが総相である。浄土が三界を超えているすがたとは、どのようなものかといえば、総相につづく別相、すなわち十六種の特相がそれである。まず、浄土は②無量を特相としていて、虚空のごとく広大で際限がないからであるという。これで浄土の「量」を知った。では、この無量という量は、何を根本とするのか。そこで、つぎに③性を観察する。性は根本という意味である。「かの安楽浄土は、正道の大慈悲心たる出世の善根から生起したものである」という。ここで「出世の善根」といわれている善根から、いかなる特相が生じたのであるか。こうして、つぎに④形相の特相を観察する。形相を知れば、形相の本体を知るべきである。それ故に、つぎに⑤種々の事物という特相を観察する。種々の事物を知れば、種々の事物に具わる妙《たえ》なるものを知るべきである。そこで、つぎに⑥妙なるものを観察する。妙なるものを知れば、妙なるものはいかなる感触があるか。そこで、つぎに⑦身体の感触を観察する。身体の感触を知れば、眼の感触を知るべきである。そこで、つぎに⑧水・地・虚空の三つのしつらいを観察する。こうして眼の感触を知れば、鼻の感触を知るべきである。そこで、つぎに⑨衣・華の香薫を観察する。このように眼や鼻などの感触を知れば、なにものにも染着することを離れる、ということを知るべきである。そこで、つぎに⑩光明すなわち仏の智慧が明らかに照らすことを観察する。仏の智慧の光明のもつ清浄な力を知れば、仏の名声がどこまで聞こえているかを知るべきである。そこで、つぎに⑪仏国土の名まえが遠く聞こえることを観察する。こうして妙なる音声を知れば、誰れがすぐれた力となっているかを知るべきである。そこで、つぎに⑫仏国土の主を観察する。仏国土の主を知れば、誰れが主の身内の者であろうか。そこで、つぎに⑬聖衆を観察する。聖衆を知れば、聖衆の受用しているものを知るべきである。そこで、つぎに⑭法味の受用を観察する。法味の受用を知れば、この受用に難があるかどうかを知るべきである。そこで、つぎに⑮無苦難を観察する。無苦難を知れば、無苦難の理由は何か。そこで、つぎに⑯大乗菩薩道の完成を観察する。大乗菩薩道の完成を知れば、大乗菩薩道の完成が生けるものたちのすべての願いをかなえるかどうかを知るべきである。そこで、つぎに⑰すべての願いをかなえることを観察すべきである。

またつぎに、この十七種の円かなしつらいを観察するならば、よく真実・清浄の信心が起こって、必ずかの安楽浄土に生まれられるのである。

いまここで、仏国土荘厳十七種を総相観と別相観との二つに分け、そして、しめくくりのことばとして、「十七種の荘厳を観察することによって、真実の浄信が生じて浄土に往生することができる」と述べている。本来ならば、三厳二十九種の荘厳を詳説し終わった段階で述べられるはずであろう。おそらく、仏国土の観察が観察門の中心とみられたからであろうか。

すでに、第二節の「起観生信」において、五念門の力用と入出二門が説かれ、五念門の行を修め完成すれば、必ず浄土に往生して、阿弥陀仏を見たてまつることができるとされた。いま、五念門のうちの第五の観察門が、五念門中の最も中心的な行と考えられているから、仏国土荘厳十七種の総別両観をしめくくるに当って、観察より浄信が生ずる（起観生信）ということを、重ねてくりかえしている。曇鸞が十七種のそれぞれを解説するのに、「安《いずく》んぞ思議すべきや」と結んだのは、浄土が本願力という真実の力用の働いている世界だからこそ、われわれをして浄土を観察せしめ信心を生ぜしめつつあるとうけとめたからではないだろうか。

このことは、このあと、仏荘厳の第八「不虚作住持功徳成就」の下に出す偈、「仏の本願力を観ずるに、遇うて空しく過ぐる者なし。能く速やかに功徳の大宝海を満足せしむ」（第十九偈）に連続する。なぜならば、親鸞も、「観」と「信」を同義と理解しているからである。

「観」は vipaśyanā（正観）または anupaśyanā（随観）で、禅定心をもって、くりかえし観察する智慧の働きである。ところが、親鸞はこの偈について「観は願力を心にうかべみると申す。また知るといふ心なり」（『一念多念証文』）と解した。つまり、仏の本願力を心に憶念して忘れないことであり、また本願力のいわれを信知することであるとした。

『教行信証』（化土巻）では『観無量寿経』の「諦観」を「観知」と置きかえている。このことは、禅定観法によって阿弥陀仏を観察の対象として把《とら》えることは、出家修行者にとって可能であろうが、親鸞は阿弥陀仏の本願が凡夫を摂取したもうと解したから、「観」は観法とか観察の「観」ではなくて、「信」すなわち信心であるとした。親鸞の用法によれば、「知る」とは「信ずる」ことであるとし、「信」と「知」を一つにして「信知する」ということばを使っている。

また偈の中の「遇」を親鸞は「まうあふ」と読み、当時、目下の者が目上の者にお会いするときに用いた表現を採用している。そして、「観」がそのまま「遇」であると理解した根拠として、これらの二つが「信」を本質としているとみたからである。もっとも、そのような理解を得たのも、善きひと法然のことばを耳にしていたからである。師の法然は「遇」について、こういう。

「いま、この願にあへる事は、まことにこれ、おぼろげの縁にあらず。よくよくよろこびおぼしめすべし。たとひまた、遇と云ふとも、若し信ぜずは、遇はざるがごとし」（『和語灯録』巻四）

本願力に「遇うこと」が「空しくないもの」として、親鸞は「信心あらん人、むなしく生死に止まることなしとなり」（『一念多念証文』）と表明している。凡夫の自覚に徹した親鸞が、仏の本願の世界を信知すればするほど、親鸞をして信知させずにおかない願力の手強さを思い知らされていったことである。

なお、親鸞以前の浄土教家たちは、「遇」と「無空過者」の二つについて、みな当益《とうやく》（来世で得られる利益）の立場で解釈していた。親鸞がさらに現益（この世で得られる利益）を開いて現当両益を打ち出したことは、かれの功績である。すなわち、

「遇」についていえば、当益とは「浄土で仏に会うという利益」であり、現益とは「此の世で仏を信ずるという利益」である。また「無空過者」についていえば、当益とは「浄土で仏に会った者には無駄がないという利益」であり、現益では「此の世で仏を信ずれば、浄土に往生する身と決定するから、空しく生死輪廻する者とはならないという利益」である。

〔氷上燃火の喩〕

問曰。上言レ知ニ生無生一。當ニ是上品生者一。若下下品人乘ニ十念一往生。豈非レ取ニ實生一耶。但取ニ實

生卽墮二執。一恐不得往生。二恐更生生惑。答。譬如淨摩尼珠。置之濁水。水卽清淨。若人雖有無量生死之罪濁。聞彼阿彌陀如來至極無生清淨寶珠名號。投之濁心。念念之中。罪滅心淨。卽得往生。又是摩尼珠。以玄黃幣裹。投之於水。水卽玄黃。一如物色。彼清淨佛土。有阿彌陀如來無上寶珠。以無量莊嚴功德成就帛裹。投之於所往生者心水。豈不能轉生見。爲無生智乎。又如氷上燃火。火猛則氷解。氷解則火滅。彼下品人。雖不知法性無生。但以稱佛名力。作往生意。願生彼土。彼土是無生界。見生之火。自然而滅。

問うて曰《い》わく。上《かみ》に生は無生なりと知ると言うは、まさに是れ上品《じょうぼん》生《しょう》の者なるべし。若《も》し下下品《げげぼん》の人の十念に乗じて往生するは、豈《あ》に実《じつ》の生を取るにあらずや。但《た》だ実の生を取らば即ち二執《しゅう》に堕せん。一には、恐らくは往生を得ず。二には、恐らくは更《さら》に生の惑《まど》いを生ぜん。答う。譬《たと》えば、浄摩尼《じょうまに》珠《しゅ》、これを濁水《じょくすい》に置けば水即ち清浄なるが如し。若《も》し人、無量生死の罪濁《ざいじょく》ありと雖《いえど》も、彼《か》の阿弥陀如来の至極《しごく》無生の清浄の宝珠の名号を聞いて、これを濁心《じょくしん》に投ずれば、念念の中に罪滅し、心浄《きよ》くして即ち往生を得。又た是れ摩尼珠を玄黄《げんおう》の幣《きぬ》を以て裹《つつ》みて、これを水に投ずれば、水即ち玄黄にして、一なること物の色の如し。彼の清浄仏土に、阿弥陀如来の無上の宝珠あり。無量荘厳功徳成就の帛《きぬ》を以て裹みて、これを往生する所の者の心水に投ずるに、豈《あ》に生見《しょうけん》を転じて、無生の智となすことあたわざらんや。又た氷上に火を燃すに、火猛《たけ》ければ則ち氷解《と》け、氷解ければ火滅するが如し。彼の下品の人、法性無生を知らずと雖も、但《た》だ仏名を称する力を以て、往生の意を作《な》して、彼の土に生ぜんと願ずれば、彼の土は是れ、無生の界なれば、見生《けんしょう》の火、自然《じねん》に滅するなり。

《二執》『安楽集』に引用の論註では、「二疑」となっている。《浄摩尼珠》摩尼は maṇi の音写。宝石のこと。浄摩尼珠はよく濁水を清浄ならしめる宝珠。『大智度論』巻五十九に、「世尊。若水濁以レ珠著二(水)中一水即為二清(浄)一。是珠其徳如レ是」（大正二十五巻四七七中）とあり、また『大方広仏華厳経』巻五十九にも、「譬如下水珠置二濁水中一。水即澄清上。菩提心珠。亦復如レ是除二滅一切煩悩垢濁一。」（大正九巻七七七中）とある。その他『大般涅槃経』巻九（大正十二巻四一八上、四一九上）参照。《玄黄の幣》玄黄は黒と黄色。幣は織ったぬの。『大智度論』巻五十九に、「是摩尼寶所在水中。水隨作二一色一。若以二青物一裹著二水中一。水色即爲レ青」（大正二十五巻四七七中）とある。

〔訳〕　問う。さきに説かれた「生即無生《しょうそくむしょう》」すなわち浄土の生まれは不生不滅の道理をさとることであるというのは、上品の機根のすぐれた往生人に関してであろう。機根の最も劣った下下品の往生人は、十声の念仏によって往生する者で、実の生があるとの執《とら》われを抱く者ではないのか。この場合、実の生があると執われるならば、二つの執われに堕することになろう。一つには、不生不滅の浄土を実に生滅するものとみるから、おそらく浄土に生まれることはできないであろう。二つには、かりに浄土に生まれても、生と死を相対的にとらえるところの惑いを起こすであろう。

答える。例えば、清浄な如意《にょい》宝珠を濁った水の中に置くと、宝珠の働きで水が浄らかになるようなものである。もしも人あって、限りない生死輪廻の生存の中で濁悪の罪業を積んだとしても、無生のさとりの働きである、かの阿弥陀如来の清浄な宝珠の名号のいわれを聞いて、名号をおのが濁った心中に投げ入れれば、一瞬のうちに罪障滅し、心清浄となって、浄土に往生することができる。

また、この如意宝珠を黒色や黄色の布につつんで水中に投げ入れれば、たちまち水は如意宝珠をつつんだ布の色と同一になるようなものである。かの清浄な仏国土には、阿弥陀如来のこの上ない高価な宝珠がある。これを無量の特相を円かに具えた布でつつんで、往生人の心水の中に投げ入れれば、どうして実の生があるという見解を転じて、無生の生をさとる智慧となすことができないであろうか。

また、氷の上で火を燃すとき、火勢が強ければ氷は解け、氷が解ければ火が消えるようなものである。かの下下品の人は「生即無生」の道理こそ知らないが、ただ仏の名号を称え、心を専らにして浄土に生まれようと願うならば、かの安楽浄土は、無生のさとりの世界であるから、浄土に生まれてみれば、実の生を見ようとする煩悩の火は、自然《じねん》に消えてしまうのである。

浄土はさとりの世界であり、無生の世界である。無生とは不生・不滅で、生滅を超えている。これにたいして、われわれの輪廻の生存は生滅の世界である。だから、生滅相対の世界における「生」をもって、無生の浄土を考えることはできない。浄土に生まれるといっても、「無生」の生と、一応いうに過ぎず、浄土に生滅を見るのではない。

氷上燃火《ひょうじょうねんか》の喩《たと》えは、浄土の大地、すなわち氷の上に薪を積み、それに点火すると、薪がもえ上がると同時に、氷がとけ、氷がとけることによって火もまた消える。薪の火がもえるということは、われわれ凡情の抱く「実の生ありと見る」思いである。かかる見生《けんしょう》の思いをもって浄土に生まれても、浄土の土徳《どとく》たる無生のさとりの働き、すなわち本願力によって、転成《てんじょう》せしめられ、見生の火が消滅するというのである。

このように、往生浄土とは、輪廻における再生としての「生」ではなく、涅槃・解脱の体得としての浄土の「生」である。つまり、無生の「生」なのである。迷いの生存において、現にわれわれが経験する、死を伴う生ではないから、浄土の「生」は永遠に死ぬことなき不死に外ならない。

曇鸞の後に出た道綽《どうしゃく》は、その著『安楽集』巻上、第二大門、三広施問答の下に、浄土往生の意義を論ずる曇鸞の文をほぼ全文、忠実に引用している。すなわち、『論註』上巻、総説分の作願門の下、「往生の意義」の文。同下巻、解義分の観察体相の下、「無生の生」の文、「氷上燃火」の文。このことは、道綽が曇鸞の所説を全面的に指南と仰ぎ、浄土教における往生が輪廻における再生ではなく、実は解脱に外ならないことを明らかにしたといえよう。換言すれば、仏教の本旨たる「輪廻から解脱へ」の道ゆきを、往生浄土によって明らかにしたのが浄土教である、ということであった。

(ロ)　衆生体

〔仏および菩薩を観察する〕

衆生體者。此分中有二重。一者觀佛。二者觀菩薩。觀佛者。

云何觀佛莊嚴功德成就。觀佛莊嚴功德成就者。有八種相。應知。

此觀義已彰前偈。

何等八種。一者莊嚴座功德成就。二者莊嚴身業功德成就。三者莊嚴口業功德成就。四者莊嚴心業功德成就。五者莊嚴大衆功德成就。六者莊嚴上首功德成就。七者荘厳主功徳成就。八者荘厳不虚作住持功徳成就。

衆生体とは、此の分の中に二重あり。一には観仏。二には観菩薩なり。観仏とは。

「云何《いか》んが仏の荘厳功徳成就を観ずる。仏の荘厳功徳成就を観ずとは八種の相あり。知るべし」

此の観の義は已《すで》に前の偈に彰《あら》われたり。

「何等か八種なる。一には荘厳座功徳成就、二には荘厳身業功徳成就、三には荘厳口業功徳成就、四には荘厳心業功徳成就、五には荘厳大衆功徳成就、六には荘厳上首功徳成就、七には荘厳主功徳成就、八には荘厳不虚作住持《ふこさじゅうじ》功徳成就なり」

〔訳〕　衆生体というのは、この中に二つの部分がある。一つは阿弥陀仏を観察する部分であり、二つは浄土に往生している菩薩を観察する部分である。

まず、阿弥陀仏を観察するというのは、『浄土論』にいう。

「どのように仏の特相の円かなしつらいを観察するのか。仏の特相の円かなしつらいを観察するに当って、八種の特相を観察する。以下の通りである」

このうち「観察」の意味については、すでに仏国土のしつらい十七種を観察する偈の中で、充分説き明かされていることである。

「では、『八種』とは何であろうか。

①仏座を特相とする円かなしつらい（座功徳荘厳成就）。

②仏の身業を特相とする円かなしつらい（身業功徳荘厳成就）。
③仏の口業を特相とする円かなしつらい（口業功徳荘厳成就）。
④仏の意業を特相とする円かなしつらい（心業功徳荘厳成就）。
⑤仏智から生まれる聖衆を特相とする円かなしつらい（大衆功徳荘厳成就）。
⑥須弥《しゅみ》山《せん》に等しい上首を特相とする円かなしつらい（上首功徳荘厳成就）。
⑦聖衆に尊敬される主を特相とする円かなしつらい（主功徳荘厳成就）。
⑧仏果を得しめる仏の力用で保持されていることを特相とする円かなしつらい（不虚作住持功徳荘厳成就）」。

(1)　仏を観察する

①　座功徳成就

何者荘嚴座功徳成就。偈言二。無量大寶王微妙淨華臺一故。
若欲レ觀レ座。當レ依二觀無量壽經一。

「何者か荘厳座功徳成就なる。偈《げ》に『無量の大宝王たる、微妙《みみょう》の浄華台《じょうけだい》あり』（第十五偈後半）と言えるが故に」

若《も》し座を観ぜんと欲せば、まさに観無量寿経に依るべし。

《観無量寿経》第七華座観を指す（大正十二巻三四二下～三四三上）。釈尊が韋《い》提希《だいけ》夫《ぶ》人《にん》に向かって苦悩を除く法を説こうと告げられるや、その声に応じて、阿弥陀仏と観音・勢至の二菩薩が空中に住立したまい、そのとき夫人は仏力により阿弥陀仏を見たてまつることができた。だが、「釈尊亡きあとの衆生は、いかにして阿弥陀仏を見たてまつることができようか」との問いに応じて、釈尊は阿弥陀仏を拝もうと思うならば、まず仏のいます蓮華の座を観想せよと教えられた。すなわち経にいう。

佛告二韋提希一、欲レ觀二彼佛一者、當レ起二想念一。於二七寶地上一、作二蓮華想一、令三其蓮華一一葉、作二百寶色一。有二八萬四千脈一、猶二如天畫一。脈有二八萬四千光一。了了分明、皆令レ得レ見。華葉小者、縱廣二百五十由旬。如レ是蓮華、有二八萬四千葉一。一一葉間、各有二百億摩尼珠王一、以爲二映飾一。一一摩尼、放二千光明一。其光如レ蓋、七寶合成、徧覆二地上一。釋迦毗楞伽寶、以爲二其臺一。此蓮華臺、八萬金剛、甄叔迦寶、梵摩尼寶、妙眞珠網、以爲二交飾一。於二其臺上一、自然而有二四柱寶幢一。一一寶幢、如二百千萬億須彌山一。幢上寶幔、如二夜摩天宮一、有二五百億微妙寶珠一、以爲二映飾一。一一寶珠、有二八萬四千光一。一一光、作二八萬四千異種金色一。一一金色、徧二其寶土一、處處變化、各作二異相一。或爲二金剛臺一、或作二眞珠網一、或作二雜華雲一、於二十方面一、隨意變現、施二作佛事一。是爲二華座想一、名二第七觀一。佛告二阿難一、如レ此妙華、是本法藏比丘願力所成。若欲レ念二彼佛一者、當先作二此華座想一。作二此想一時、不レ得二雜觀一。皆應二一一觀一レ之。一一葉、一一珠、一一光、一一台、一一幢、皆令二分明一、如下於二鏡中一自見中面像上。此想成者、滅二除五萬劫生死之罪一、必定當レ生二極樂世界一。作二是觀一者、名爲二正觀一、若他觀者、名爲二邪觀一。

仏、韋提希に告げたもう、「かの仏を観んと欲せば、まさに、〔この〕想念を起すべし。七宝の地上において、蓮華の想いをなし、その蓮華の一々の葉《はなびら》をして、百宝の色〔ありとの想い〕をなさしめよ。〔その葉《はなびら》に〕八万四千の脈《すじ》あり、なお、天の画のごとし。脈《すじ》に八万四千の光あり。〔観る者をして〕了々分明に、みな、見ることをえしめよ。華葉《はなびら》の小なるものすら、縦・広《よこ》、二百五十由旬なり。かくのごとき蓮華に、八万四千の葉あり。一々の葉の間に、おのおの百億の摩尼《まに》珠王あり、もって映飾《ようじき》たり。一々の摩尼は、千の光明を放つ。その光、〔天〕蓋《がい》のごとく、七宝より合成し、あまねく地上を覆えり。〔また〕釈迦《しゃか》毗楞伽《びりょうが》宝《ほう》、もってその〔蓮華の〕台《うてな》たり。〔しかも〕この蓮華台は、八万の金剛・甄叔迦《けんしゅくが》宝《ほう》・梵摩尼宝《ぼんまにほう》・妙なる真珠の網、もって交飾《きょうじき》たり。その台の上において、自然に四柱の宝幢《ほうどう》あり。一々の宝幢は、百千万億の須弥山のごとし。〔また〕幢上の宝幔《ほうまん》は、夜摩天《やまてん》宮のごとく、五百億の微妙の宝珠ありて、もって映飾たり。〔その〕一々の宝珠に、八万四千の光あり。一々の光は、八万四千の異種の金色《こんじき》をなす。〔さらに〕一々の金色は、その宝土に偏〔満〕し、処々に変化して、おのおの、異なれる相《すがた》をなす。〔すなわち〕あるいは金剛の台《うてな》となり、あるいは真珠の網となり、あるいは雑華《ざっけ》の雲となり、十方面において、随意に変現して、仏事を施作《せさ》す。これを〈華座想《けざそう》〉となし、〈第七観〉と名づく。」仏、阿難に告げたもう、「かくのごときの妙華は、これ、もとより、法蔵比丘の願力の所成なり。

もし、かの仏を念ぜんと欲せば、まさに、まず、この華座想をなすべし。この想いをなす時、雑観することをえざれ。みな、まさに一々にこれを観るべし。一々の葉《はなびら》、一々の珠、一々の光、一々の台《うてな》、一々の幢《はたぼこ》も、みな、分明ならしめ、鏡中において、みずから面像を見るがごとくせよ。この想い、成ぜば、五万劫の生死の罪を滅除し、必定して、まさに極楽世界に生まるべし。この観をなすをば、名づけて〈正観〉となし、もし、他の観ならば、名づけて〈邪観〉となす。」

〔訳〕「仏座を特相とする円かなしつらい（座功徳荘厳成就）というのは、願生偈に『無量の宝珠で飾られた精妙な蓮華台の仏座がある』と説かれているからである」

もしも仏座を観察しようとするならば、『観無量寿経』に説く十三観のうちの、第七華座観の観察法に依るべきである。

② **身業功徳成就**

③ **口業功徳成就**

④ **心業功徳成就**

何者荘嚴身業功徳成就。偈言三相好光一尋色像超二群生一故。

若欲レ觀二佛身一。當レ依二觀無量壽經一。

何者荘嚴口業功徳成就。偈言三如來微妙聲梵響聞二十方一故。何者荘嚴心業功徳成就。偈言下同二地水火風虛空一無中分別上故。無二分別一者。無二分別心一故。

「何者か荘厳身業功徳成就なる。偈に『相好の光、一尋にして、色像、群生に超えたり』（第十六偈前半）と言えるが故に」

若《も》し仏身を観ぜんと欲せば、まさに観無量寿経に依るべし。

「何者か荘厳口業功徳成就なる。偈に『如来微妙の声、梵響して十方に聞こゆ』（十六偈後半）と言えるが故に。何者か荘厳心業功徳成就なる。偈に『地水火風虚空に同じくして、分別することなし』（第十七偈前半）と言えるが故に。分別することなしとは、分別の心なきが故に」

《観無量寿経》第九真身観の文（大正十二巻三四三中〜下）。阿弥陀仏の真実色身とその光明を観ずる観法。仏の光明中に無数の化仏・化菩薩が現われており、この光明は仏を念ずる衆生をあまねく摂取する働きがあるから、この観法を念仏三昧といい、またこの観法をなす者は阿弥陀仏のみならず十方の一切諸仏を見たてまつることができるから、一切の仏身を観る観法とも名づける。すなわち経にいう。

次當更觀無量壽佛身相光明。阿難當知。無量壽佛身、如百千萬億夜摩天閻浮檀金色。佛身高、六十萬億那由他恆河沙由旬。眉間白毫、右旋婉転、如五須彌山。佛眼、如四大海水、青白分明。身諸毛孔、演出光明、如須彌山。彼佛圓光、如百億三千大千世界。於圓光中、有百萬億那由他恆河沙化佛。一一化佛、亦有衆多無數化菩薩、以爲侍者。無量壽佛、有八萬四千相。一一相、各有八萬四千隨形好。一一好、復有八萬四千光明。一一光明、徧照十方世界、念佛衆生攝取不捨。其光明相好、及與化佛、不可具説。但當憶想令心眼見。見此事者、即見十方一切諸佛。以見諸佛故、名念佛三昧。作是觀者、名觀一切佛身。以觀佛身故、亦見佛心。佛心者、大慈悲是。以無緣慈、攝諸衆生。作此觀者、捨身他世、生諸佛前、得無生忍。是故智者、應當繫心諦觀無量壽佛。觀無量壽佛者、從一相好入。但觀眉間白毫、極令明了。見眉間白毫者、八萬四千相好、自然當現。見無量壽佛者、即見十方無量諸佛。得見無量諸佛故、諸佛現前授記。是爲徧觀一切色身想、名第九觀。

つぎに、まさに、さらに無量寿仏の身相と光明を観るべし。阿難よ、まさに知るべし。無量寿仏の身は、百千万億の夜摩天の閻浮檀金《えんぶだごん》の色のごとし。仏身の高さは、六十万億那由他《なゆた》恒河沙《ごうがしゃ》由旬《ゆじゅん》なり。眉間の白毫《びゃくごう》は、右に旋《めぐ》りて婉転《えんでん》し、〔大いさ〕五つの須弥山のごとし。仏眼は、四大海水のごとく、青白《しょうびゃく》にして分明なり。身のもろもろの毛孔《もうく》、光明を演出し、〔大いさ〕須弥山のごとし。かの仏の円光は、〔広さ〕百億の三千大千世界のごとし。〔その〕円光の中において、百万億那由他恒河沙の化仏あり。一々の化仏にも、また、衆多・無数の化菩薩ありて、もって侍者となす。〔また〕無量寿仏に、八万四千の相あり。一々の相に、おのおの八万四千の随形好《ずいぎょうこう》あり。一々の好に、また八万四千の光明あり。一一の光明は、あまねく十方の世界を照らし、念仏の衆生を摂取して捨てたまわず。その光明と相好と、および化仏とは、つぶさには説くべからず。ただ、まさに憶想して、心眼をして見せしむべし。この事を見る者は、すなわち、十方の一切の諸仏を見る。諸仏を見るをもってのゆえに、〈念仏三昧〉と名づく。この観をなすをば〈一切の仏身を観る〉と名づく。仏身を観るをもってのゆえに、また、仏心を見る。仏心とは、大慈悲これなり。無縁の慈しみをもって、もろもろの衆生を摂するなり。この観をなさば、身を捨てて〔のち〕他世に、諸仏の前《みまえ》に生まれて、無生忍をえん。このゆえに、智者は、まさに、心を繋《か》けて無量寿仏を諦観すべし。無量寿仏を観ん者は、〔仏の〕一の相好より入れ。ただ、眉間の白毫を観て、極めて明了ならしめよ。眉間の白毫を見なば、八万四千の相好、自然に、まさに現ずべし。無量寿仏を見なば、すなわち、十方の無量の諸仏を見ん。無量の諸仏を見ることをうるがゆえに、諸仏は、現前に、授記せん。これを〈あまねく一切の色身を観るの想い〉となし、〈第九観〉と名づく。

《分別》vikalpa の訳。心が対象を思惟し、おしはかること。

〔訳〕「仏の身業を特相とする円かなしつらい（身業功徳荘厳成就）というのは、願生偈に『阿弥陀仏の仏身から放つ光明は一尋四方を照らし、仏身はあらゆる生けるものに超え勝れている』と説かれているからである」

もしも仏身を観察しようとするならば、『観無量寿経』に説く十三観のうちの、第九真身観の観察法に依るべきである。

「仏の口業《くごう》を特相とする円かなしつらい（口業功徳荘厳成就）というのは、願生偈に『如来の名まえを称える音声は十方に響きわたる』と説かれているからである」

「仏の意業を特相とする円かなしつらい（心業功徳荘厳成就）というのは、願生偈に『地、水、火、風、空が差別せずに作用するように、如来は分別するところなく、平等心に住する』と説かれているからである。『分別することなし』とあるのは、分別するこころがないからである」

〔仏の三業、衆生の虚誑の三業を治したもう〕

凡夫衆生。以身口意三業。造罪。輪轉三界。無有窮已。是故諸佛菩薩。莊嚴身口意三業。用治衆生虚誑三業也。云何用治。衆生以身見故。受三塗身。卑賤身。醜陋身。八難身。流轉身。如是等衆生。見阿彌陀如來相好光明身者。如上種種身業繫縛。皆得解脱。入如來家。畢竟得平等身業。衆生以憍慢故。誹謗正法。毀呰賢聖。捐庳尊長。（尊者君父師也。長者有徳之人及兄黨也。）如是之人。應受拔舌苦。瘖瘂苦。言教不行苦。無名聞苦。如是等種種諸苦衆生。聞阿彌陀如來至徳名號。説法音聲。如上種種口業繫縛。皆得解脱。入如來家。畢竟得平等口業。衆生以邪見故。心生分別。若有若無。若非若是。若好若醜。若善若惡。若彼若此。有如是等種種分別。以分別故。長淪三有。受種種分別苦。取捨苦。長寢大夜。無有出期。是衆生若遇阿彌陀如來平等光照。若聞阿彌陀如來平等意業。是等衆生。如上種種意業繫縛。皆得解脱。入如來家。畢竟得平等意業。

凡夫の衆生は、身口意《しんくい》の三業を以て、罪を造りて、三界に輪転して、窮まり已《や》むことあることなし。是の故に、諸仏菩薩、身口意の三業を荘厳して、用《もっ》て衆生の虚誑《こおう》の三業を治するなり。

云何《いかん》が用て治す。衆生、身見を以ての故に、三塗《さんず》身・卑賤《ひせん》身・醜陋《しゅうろう》身・八難身・流転《るてん》身を受く。是《かく》の如き等の衆生、阿弥陀如来の相好光明身を見たてまつれば、上の如きの種々の身業の繫縛《けばく》、皆な解脱を得て、如来の家に入りて、畢竟《ひっきょう》じて平等の身業《しんごう》を得。

衆生、憍慢《きょうまん》を以ての故に、正法を誹謗《ひぼう》し、賢聖《げんじょう》を毀訾《きし》し、尊長を捐庳《えんひ》す。是の如きの人、まさに抜舌の苦・瘖《いん》瘂《あ》の苦・言教不行の苦・無名聞の苦を受くべし。是の如き等の種種の諸苦の衆生、阿弥陀如来の至徳の名号、説法の音声を聞けば、上の如きの種種の口業の繫縛、皆な解脱を得て、如来の家に入りて、畢竟じて平等の口業を得《う》。

衆生、邪見を以ての故に、心に分別を生ず。若《も》しは有、若しは無、若しは非、若しは是、若しは好、若しは醜、若しは善、若しは悪、若しは彼、若しは此、是の如き等の種種の分別あり。分別を以ての故に、長く三有《さんぬ》に淪《しず》んで、種種の分別の苦、取捨の苦を受け、長く大夜に寝《い》ねて、出る期《ご》あることなからん。是の衆生、若《も》し阿弥陀如来の平等の光照に遇《あ》い、若しは阿弥陀如来の平等の意業を聞けば、是等の衆生、上の如きの種種の意業の繫縛、皆な解脱を得て、如来の家に入りて、畢竟じて平等の意業を得。

《身見》satkāya-dṛṣṭi の訳。有身見ともいう。我ありとする我見、我に属するものなりとする我所見をいう。《三塗身》地獄・餓鬼・畜生の三つの生存の状態にあるもの。《醜陋》容貌がみにくいこと。《八難身》仏道修行の障碍になる八つのことを身にうけているもの。①地獄、②餓鬼、③畜生の者は苦にせめられる。④長寿天や⑤色・無色界の神々は楽しみにふけり、仏道を求めない。⑥身体障害者、⑦世智弁聡の者

（世智にたけ邪見の者）、⑧仏の出世にあえない者は仏道を修め難い。《如来の家》浄土に生まれることを家に譬える。『十住毘婆沙論』や『観無量寿経』にある。親鸞は現生に正定聚に入ることを「如来家に入る」という。《賢聖》賢は悪をはなれているが、まだ悟りの智慧をおこしていないもの。聖は悟りの智慧をおこして、凡夫の性をはなれたもの。《捐庳》捐はそこなう、うとんずる。庳は低いの意。

〔訳〕　われわれ凡夫は、身・口・意の三業《ごう》（三つの行ない）によって罪を作り、その報いによって欲・色・無色の迷いの三界に流転して苦しみをうけつづけ、終わることがない。それ故に、もろもろの仏や菩薩は身・口・意の三業による利他のてだてをめぐらして、われわれ凡夫のうそ・いつわりの三業を正されるのである。

どのように三業のてだてをめぐらされるのか。

凡夫は、われとかわがものという我執に基づく見解によって、地獄・餓鬼・畜生の身、身分の卑しい身、容姿の醜い身、修行の妨げとなる八難の身、六道輪廻の身などをうける。このような凡夫も阿弥陀如来の輝く光明の仏身を見たてまつると、前述のさまざまの身業《しんごう》の繫縛《けばく》からみな解脱し、浄土に生まれて、ついに平等の理をあらわす仏の身業を体得するのである。

凡夫がおごり高ぶって正しい真理の教えをそしり、賢者や聖者たちをののしり、目上の人たちを軽蔑するならば、このような人たちは、来世において、舌を抜かれる苦しみ、身体障害者の苦しみ、ことばが採用されない苦しみ、名声があがらない苦しみなどをうけるであろう。このような種々の苦しみをもつ凡夫も、阿弥陀如来の尊い御名、またその説法の音声を聞くならば、前述のさまざまの口業の繋縛からみな解脱し、浄土に生まれて、ついに平等の理をあらわす仏の口業を体得するのである。凡夫は邪《よこし》まな見解を抱くから、ものを対立視し差別するところの分別の心を生ずる。あるとかないとか、正しいとか誤っているとか、好ましいとか醜いとか、善いとか悪いとか、かれとかこれとか、さまざまに分別する。このように分別する心を起こして悪業を作るから、そのために長い間、迷いの三界に沈み、分別する苦しみ、取捨する苦しみなど、さまざまな苦しみをうけ、無明《むみょう》の闇夜に長く寝《い》ねつづけて、脱れ出る時がないであろう。このような凡夫も、阿弥陀如来の平等の理をあらわす意業を聞くならば、これらの人たちは前述のさまざまな意業の繋縛からみな解脱し、浄土に生まれて、ついに平等の理をあらわす仏の意業を体得するのである。

〔無知の知〕

問曰。心是覺知相。云何可レ得下同二地水火風一。無中分別上耶。答曰。心雖二知相一。入二實相一。則無知也。譬如下蛇性雖レ曲。入二竹筒一則直上。又如下人身若鍼刺。若蜂螫（式亦反）。則有二覺知一。若石蛭（之一反）噉。若甘刀割。則無中覺知上。如レ是等有知無知。在二于因縁一。若在二因縁一。則非レ知非二無知一也。

問曰。心入二實相一。可レ令二無知一。云何得レ有二一切種智一耶。答曰。凡心有知。則有レ所レ不レ知。聖心無知故。無レ所レ不レ知。無知而知。知即無知也。

問曰。既言二無知故無下所レ不レ知。若無レ所レ不レ知者。豈不三是知二種種法一耶。既知二種種之法一。復云何言レ無レ所二分別一耶。答曰。諸法種種相。皆如二幻化一。然幻化象馬。非レ無二長頸鼻手足異一。而智者觀レ之。豈言下定有二象馬一分中別之上耶。

問うて曰わく。心は是れ覚知の相なり。云何《いか》んが地水火風に同じく、分別なきことを得べけんや。

答えて曰わく。心は知の相なりと雖《いえど》も、実相に入れば則ち無知なり。譬えば蛇の性は曲ると雖も、竹筒に入るれば則ち直《なお》きが如し。又た、人身の若《も》しは鍼《はり》をもって刺し、若しは蜂の螫《さ》すには則ち覚知あり。若しは石蛭《せきしつ》の噉《か》み、若しは甘刀《かんとう》の割《さ》くには、則ち覚知なきが如し。是の如き等の有知無知は因縁に在り。若し因縁に在れば、則ち知にあらず無知にあらざるなり。

問うて曰わく。心、実相に入らば、無知ならしむべし、云何《いか》んが一切種智あることを得るや。

答えて曰わく。凡心は有知《うち》なれば、則ち知らざる所あり。聖心は無知なるが故に、知らざる所なし。無知にして知る。知は即ち無知なり。

問うて曰わく。既に無知なるが故に知らざる所なしと言う。若し知らざる所なくば、豈《あ》に是れ種種の法を知らざらんや。既に種種の法を知らば、復《ま》た云何《いか》んが分別する所なしと言わんや。

答えて曰わく。諸法種種の相は、皆な幻化《げんけ》の如し。然るに、幻化の象馬に、長頸鼻手足の異なきにあらず。而《しか》るに、智者これを観て、豈《あ》に定んで象馬ありてこれを分別すと言わんや。

《蛇の性》『大智度論』巻第二十三（大正二十五巻一三四上）、および巻第九十二（同上、七〇九中）に出す。

《石蛭》石上に生ずる蛭《ひる》という。　《甘刀》切れ味のよい刀のことか。　《凡心》凡夫の心。　《有知》『肇論』の般若無知論に「聖智之無者無知。惑智之無者知無。其無雖レ同。所二以無者一異。何者。夫聖心虚静。無知可無。可レ曰二無知一。非レ謂二知無一。惑智有知。故有知可無。可レ謂二知無一。非レ曰二無知一也」（大正四十五巻一五四中）。凡心の知に相当する語が、惑智であり有知である。　《聖心》仏・菩薩の心。『肇論』の般若無知論のなかで「以二聖心無知一故。無レ所レ不レ知。不知之知。乃曰二一切知一。故〔思益梵天所問〕経云。聖心無レ所レ知。無レ所レ知。信矣」（大正四十五巻一五三上）とある。

〔訳〕 問う。心はものを知覚するのを作用とする。だから、心は知覚する作用のない地、水、火、風と、どうして同じでありえようか。

答える。心はものを知覚するのを作用とするけれども、存在の真実のすがたをさとれば、無知（無分別知）そのものである。すなわち分別知の働くことがない。例えば、蛇の性質として身は曲がるものであるけれども、竹筒に蛇を入れると、真直になるようなものである。また、人は身体を鍼《はり》で刺したり、蜂でさされたりすると、〝痛い〟という知覚があるけれども、蛭《ひる》が嚙んだり、切れ味のよい刀で切られたときは、なんらの知覚もない、というようなものである。このように、知覚があるとか知覚がないとかということは、そのときどきの条件関係によることである。ものはすべて、縁起の道理によって存在するものである以上、心は知覚作用のものであるとか、あるいは知覚・分別を離れた無知のものであるとかと、規定してしまうことはできない。

問う。心が存在の真実のすがたをさとれば、分別知が働かなくなって無知のものたらしめられるというなら、どうして心にすべてを知る智慧があるといえるだろうか。

答える。凡夫の心はものを知覚するのを作用とするというけれども、未だ知覚しないものがある。一方、聖者の心は知覚・分別を離れた無知そのものであるから、無知という智慧の働きがものの知覚となり、ものの知覚が無知という智慧の働きとなっている。

問う。無知であるからこそ、知らないところがないというのであるならば、それはさまざまなことがらを知っているということではないのか。さまざまのことがらを知っているのであるならば、どうして無分別すなわち無知というのであるのか。

答える。種々さまざまのもののすがたは、幻《まぼろし》のごとく仮《かり》のものである。ところで、幻術によって作られた象や馬にも、長い頸《くび》や鼻や手足のちがいがないではない。しかしながら、智慧のある人がこれを見たとき、どうして、はっきりと象とか馬とかと見分けて知るであろうか。

無知とは般若（智慧）である。われわれの分別知を超えた根本無分別知であって、仏智とはこれである。曇鸞は『肇論《じょうろん》』などにとりあげられている無知の語によって、阿弥陀仏の本願力を明らかにしようとしている。二元対立の分別知の世界にいるわれわれが、念仏によって無分別知の中に生きるべく育てられていく。曇鸞の注釈意図がここにも見出されるであろう。

⑤大衆功徳成就
⑥上首功徳成就
⑦主功徳成就
⑧不虚作住持功徳成就

何者荘厳大衆功徳成就。偈言二。天人不動衆。清浄智海生一故。何者荘厳上首功徳成就。偈言下。如二須弥山王一勝妙無中過者上故。何者荘厳主功徳成就。偈言二。天人丈夫衆恭敬繞瞻仰㆒故。何者莊嚴不虛作住持功德成就。偈言㆜。觀㆓佛本願力㆒遇無㆓空過者㆒能令㆛速滿足㆚功德大寶海㆙故。

不虛作住持功德成就者。蓋是阿彌陀如來本願力也。今當㆘略示㆓虛作之相不㆑能㆓住持㆒。用顯㆗彼不虛作住持之義㆖。人有㆘輟（止也。貞劣反）㆑餐養㆑士。或疊起㆓舟中㆒。積㆑金盈㆑庫。而不㆘免㆓餓死㆒。如㆑斯之事。觸㆑目皆是。得非㆑作㆑得。在非㆑守㆑在。皆由㆓虛妄業作㆒。不㆑能㆓住持㆒也。所㆑言不虛作住持者。依㆓本法藏菩薩四十八願。今日阿彌陀如來自在神力㆒。願以成㆑力。力以就㆑願。願不㆓徒然㆒。力不㆓虛設㆒。力願相符。畢竟不㆑差。故曰㆓成就㆒。

「何者か荘厳大衆功徳成就なる。偈に『天人不動の衆、清浄の智海より生ず』（第十七偈後半）と言えるが故に」

「何者か荘厳上首功徳成就なる。偈に『須弥山王の如く、勝妙にして過ぎたる者なし』（第十八偈前半）と言えるが故に」

「何者か荘厳主功徳成就なる。偈に『天人丈夫の衆、恭敬《くぎょう》し、繞《めぐ》りて瞻仰《せんごう》す』（第十八偈後半）と言えるが故に」

「何者か荘厳不虚作住持《ふこさ》功徳成就なる。偈に『仏の本願力を観ずるに、遇《お》うて空しく過ぐる者なし。能く速やかに功徳の大宝海を満足せしむ』（第十九偈）と言えるが故に」

不虚作住持功徳成就とは、蓋《けだ》し是れ阿弥陀如来の本願力なり。今まさに略して虚作の相の住持するあたわざることを示して、用《もっ》て彼の不虚作住持の義を顕《あら》わすべし。人、餐《さん》を輟《とど》めて士を養うに、或は畳《あらそい》、舟中に起こり、金を積むこと庫《くら》に盈《みつ》れども、而も餓死を免れざるあり。斯《かく》の如きのこと、目に触れて皆な是れなり。得て得ることを作《な》すにあらず。在りて在ることを守るにあらず。皆な虚妄《こもう》の業《ごう》の作《さ》なるに由りて、住持することあたわざるなり。言う所の不虚作住持とは、もと法蔵菩薩の四十八願と、今日の阿弥陀如来の自在神力とに依りてなり。願、以て力を成じ、力、以て願に就く。願、徒然《とねん》ならず、力、虚設《こせつ》ならず。力と願と相い符《ふ》して、畢竟《ひっきょう》じて差《たが》わず。故に成就と曰う。

《饕を輟めて士を養う》自分の食うことをやめても食客を養うこと。《釁、舟中に起こり》釁は釁《きん》のこと。釁隙《きんげき》（不和）、釁端《きんたん》（争いの糸口）などと熟字する。『呉越春秋』巻四、『呂氏春秋』巻十一に出ている故事。衛の国の慶忌に養われていた要離が、実は呉王の刺客であって、川の中で本心をあらわして慶忌を殺したという物語によるものか。《金を積むこと》『前漢書』巻第九十三に載せる鄧通の故事。鄧通の鋳た銭が下吏に没収されたので、かれは餓死してしまったという。

〔訳〕「仏智から生まれる聖衆を特相とする円かなしつらい（大衆功徳荘厳成就）というのは、願生偈に『浄土の不退転に住する聖衆は、みな阿弥陀仏の清浄な智慧の海から生まれた者たちである』と説かれているからである」

「須弥山に等しい上首を特相とする円かなしつらい（上首功徳荘厳成就）というのは、願生偈に『阿弥陀仏は浄土の聖衆の上首として、須弥山王のごとく超え勝れて、他に比べる者がいない』と説かれているからである」

「聖衆に尊敬される主を特相とする円かなしつらい（主功徳荘厳成就）というのは、願生偈に

『浄土では聖衆がこぞって阿弥陀仏を尊敬し、とりまいて敬礼し、讃仰している』と説かれているからである」

「仏果を得しめる仏の力用で保持されていることを特相とする円かなしつらい（不虚作住持功徳荘厳成就）というのは、願生偈に『阿弥陀仏の本願力を観察すれば、この仏にお遇《あ》いした者にとって、得るところなく空しく過ぎてしまうことは決してない。みな速やかにこの上ない功徳の大宝を得ることができる』と説かれているからである」

仏の力用で保持されていることを特相とする円かなしつらいというのは、思うに、これは阿弥陀如来の本願力のことをいう。いま簡単に、この世の虚妄によって生起したものが、われわれを保持する力のないことを示し、これによって、かの仏の本願力が不虚妄（真実）にして、われわれを保持するものであるというわけを明らかにしよう。

故事に、人が自分の食費を節約して食客を養っても、船中で災禍にあって死んだ人がいる。お金をもうけて庫《くら》一杯に積んでも、餓死をまぬがれなかった人もある。このようなことは、世の中によくあることである。得たと思っても得ておらず、在ったと思っても在ったのではないというように、みな虚妄のなすわざの結果で、われわれを保持する力とならない。

ここにいう不虚妄の保持というのは、法蔵菩薩が因位のときにたてた四十八願と、その願が完成して阿弥陀仏となられた仏の自由自在の威神力とに基づくのである。つまり、因位の願は果上の仏力を完成し、その果上の仏力は因位の願につき順《したが》う。因位の願はいたずらに起こしたものでなく、果上の仏力は虚妄のものではない。果上の仏力と因位の願とあい応じて、少しもくいちがうことがない。それ故に、〔不虚作住持功徳〕「成就」というのである。

「観仏本願力」の「観」を親鸞は、単なる観察の意味ではなく、本願力を信知することであるとした。『一念多念証文』に、「観は願力を心にうかべみると申す。また知るといふ心なり」といい、かれにとって知ることは信ずることであったから、観ずるとは信ずることに外ならないといってよい。また「遇」の字を親鸞は「マウアフ」と読み、目下の者が目上の人にお会いするという意味をこめて、「マウ」が付されている。しかも法然上人の語られたごとく、「遇う」とは信ずることであった。「遇と云ふとも、若し信ぜずは、遇はざるがごとし」（『和語灯録』巻四）とある。

「功徳の大宝海」を親鸞は南無阿弥陀仏の名号と解する。われわれ凡夫に代わって、われわれのなすべき往生行のすべてを修して、これをわれわれの口に称えられる名号となしたもうた。この願行具足の名号をわれわれに廻施《えせ》したもうたことによって、われわれは名号のいわれを信じ称え、現生には正定聚不退転の位を得、いのち終っては往生即成仏の仏果をさとる。それ故に、「遇《もうお》うて空しく過る者なし」というのである。

〔七地以還の菩薩も平等法身をうる〕

即見二彼佛一。未證浄心菩薩。畢竟得レ證二平等法身一。與二浄心菩薩一。與二上地諸菩薩一。畢竟同得二寂滅平等一故。

平等法身者。八地已上法性生身菩薩也。寂滅平等者。即此法身菩薩所證寂滅平等之法也。以レ得二此寂滅平等法一故。名爲二平等法身一。以二平等法身菩薩所得一故。名爲二寂滅平等法一也。此菩薩得二報生三昧一。以二三昧神力一。能一處一念一時遍二十方世界一。種種供二養一切諸佛及諸佛大會衆海一。能於下無量世界無二佛法僧一處上。種種示現。種種敎化。度二脱一切衆生一。常作二佛事一。初無二往來想。供養想。度脱想一。是故此身名爲二平等法身一。此法名爲二寂滅平等法一也。未證淨心菩薩者。初地已上七地已還諸菩薩也。此菩薩亦能現レ身。若百若千。若萬若億。若百千萬億無佛國土。施二作佛事一。要須二作心一。入二三昧一乃能。非レ不二非心一。以二作心一故。名爲二未得淨心一。此菩薩願レ生二安樂淨土一。卽見二阿彌陀佛一。見二阿彌陀佛一時。與二上地諸菩薩一。畢竟身等法等。龍樹菩薩。婆藪槃頭菩薩輩。願レ生レ彼者。當レ爲レ此耳。

「即ち彼の仏を見たてまつれば、未証浄心の菩薩、畢竟じて平等法身を証することを得。浄心の菩薩と、上地の諸の菩薩と、畢竟じて同じく寂滅平等を得るが故に」

平等法身とは、八地已上の法性生身の菩薩なり。寂滅平等とは、即ち此の法身の菩薩の所証の寂滅平等の法なり。此の寂滅平等の法を得るを以ての故に、名づけて平等法身となし、平等法身の菩薩の所得なるを以ての故に、名づけて寂滅平等の法となすなり。此の菩薩、報生三昧を得て、三昧の神力を以て、能《よ》く一処にして一念一時に十方世界に遍じて、種種に一切の諸仏及び諸仏の大会《だいえ》衆海《しゅかい》を供養し、能く無量世界の仏法僧なき処に於て、種種に示現し、種種に教化し、一切の衆生を度脱して、常に仏事を作《な》すに、初より往来の想、供養の想、度脱の想なし。是の故に、此の身を名づけて平等法身となし、此の法を名づけて寂滅平等の法となすなり。

未証浄心の菩薩とは、初地已上七地已還《いげん》の諸菩薩なり。此の菩薩亦《ま》た能く身を現じて、若《も》しは百、若しは千、若しは万、若しは億、若しは百千万億の無仏の国土に仏事を施作《せさ》す。要《かなら》ず作心を須《もち》い、三昧に入りて乃《すなわ》ち能くす。作心せざるにあらず。作心を以ての故に、名づけて未得浄心となす。此の菩薩、安楽浄土に生まれんと願ずれば、即ち阿弥陀仏を見たてまつる。阿弥陀仏を見たてまつる時、上地の諸菩薩と、畢竟じて身等しく法等し。龍樹菩薩、婆藪槃頭《ばそはんど》菩薩の輩、彼《かしこ》に生ぜんと願ずるは、まさに此れがためのみなるべし。

《未証浄心》未証浄心を未信心と訳したのは、仏教で信、信心を表わす語のうち、prasāda を証浄と訳しているからである。prasāda は教えを聞くと身心ともに悦びにあふれ、また心が浄められる働きをもっている。《報生三昧》法性生身の菩薩が得る三昧。ことさらに心を用いなくても、生得的なもののように三昧の中にあって衆生済度を行なう。《要須作心……不非心》親鸞の加点本では「要《かなら》ず作心をもちいて三昧に入る。いまし能く作心せざるには非ず」と読む。なお、原文中の「非心」は、前後の文に照らして「作心」と改めるべきである。《此菩薩願生……見阿弥陀仏》国訳一切経などは「此の菩薩、願じて安楽浄土に生ずれば、即ち阿弥陀仏を見たてまつる」と読む。これは、見仏を来世におけるものとするためであろうか。親鸞のこころによれば、現生における信仏、すなわち、信心獲得による現生正定聚の益とみて、「此の菩薩、安楽浄土に生れんと願ぜば、即ち阿弥陀仏を見たてまつる」と読んだにちがいない。

〔訳〕「すなわち、かの阿弥仏陀を見たてまつると、未信心（未証浄心）の菩薩もついに平等法身の位を体得する。これは信心を得た八地の菩薩と九地以上の菩薩たちと同じ平等法身の位を体得して、寂滅平等の法をさとるからである」

このうち、「平等法身」とは、寂滅平等の真理をさとった八地以上の菩薩（法性生身）である。「寂滅平等」とは、この法性生身の菩薩がさとった真理である。この寂滅平等の真理をさとっているから、

「平等法身」という。平等法身の菩薩がさとっている真理だから、「寂滅平等」というのである。

この菩薩は八地において得られた報生三昧の禅定力によって、同じところにいながら同時にあらゆる世界に往って、すべての仏および仏国土の大聖衆を種々の方法で供養し、また無数の世界で仏・法・僧の三宝のない国に往って、さまざまに身をあらわし、種々に教化し、すべての生けるものたちを救って、つねに仏の利他行をなす。利他行をなすけれども、初めから往来〔を煩労とする〕想い、供養〔を手がらとなす〕想い、あるいは〔生けるものを〕度脱〔させようと誇る〕想いは存在しない。それ故に、この菩薩の身を「平等法身」といい、さとった真理を「寂滅平等」と呼ぶのである。

「未証浄心」すなわち未信心の菩薩とは、初地から七地までの菩薩たちである。これらの菩薩は巧みに身を変現して、百、千、万、億、ないし百千万億の無仏の国に往って、仏の利他行を行ずる。その際、必ず意を注ぎ精励し、心統一（三昧）をなし終わってから、そのことをなすことができるのである。菩薩は意を注ぎ精励しないのではない。意を注ぎ精励するからこそ、菩薩を未信心（未得浄心）の者と名づける。この菩薩は安楽浄土に生まれたいと願えば、阿弥陀仏を見たてまつることができる。浄土に生まれて阿弥陀仏を見たてまつるとき、八地以上の菩薩と等しい平等法身の位と寂滅平等のさとりを得るのである。

龍樹菩薩や天親菩薩のような方々が阿弥陀仏の浄土に往生したいと願われたのは、まさにこのことのためであった。

「即ち彼の仏を見たてまつれば云云」以下、第十節利行満足の出第五門（園林遊戯地門）の解釈まで

（四一〇頁）を、親鸞は『教行信証』証巻の還相廻向《げんそうえこう》釈に引文している。これはきわめて長文の引用で、浄土から穢土《えど》に戻って衆生済度の利他行に従事する還相が、往相と同様、阿弥陀仏の本願力廻向によることを明らかにしている。

〔なぜ多劫を経ずに平等法身をうるのか〕

問曰。案十地經。菩薩進趣階級。漸有無量功勲。逕多劫數。然後乃得此。云何見阿彌陀佛時。畢竟與上地諸菩薩。身等法等耶。答曰。言畢竟者。未言卽等也。畢竟不失此等。故言等耳。

問曰。若不卽等。復何待言菩薩。但登初地。以漸增進。自然當與佛等。何假言與上地菩薩等。答曰。菩薩於七地中。得大寂滅。上不見諸佛可求。下不見衆生可度。欲捨佛道證於實際。爾時若不得十方諸佛神力加勸。卽便滅度。與二乘無異。菩薩若往生安樂。見阿彌陀佛。卽無此難。是故須言畢竟平等。復次無量壽經中。阿彌陀如來本願言。設我得佛。他方佛土諸菩薩衆來生我國。究竟必至一生補處。除其本願自在所化。爲衆生故。被弘誓鎧。積累德本。度脱一切。遊諸佛國。修菩薩行。供養十方諸佛如來。開化恒沙無量衆生。使立無上正眞之道。超出常倫諸地之行。現前修習普賢之德。若不爾者。不取正覺。案此經。推彼國菩薩。或可不從一地至一地。言十地階次者。是釋迦如來於閻浮提一應化道耳。他方淨土。何必如此。五種不思議中。佛法最不可思議。若言菩薩必從一地至一地。無超越之理。未敢詳也。譬如有樹。名曰好堅。是樹地生百歳乃具一日長高百丈。日日如此。計百歳之長。豈類修松耶。見松生長日不過寸。聞彼好堅。何能不疑。卽曰。有レ人聞下釋迦如來證二羅漢於一聽一。制中無生於終朝上。謂是接誘之言。非二稱實之說一。
聞二此論事一。亦當レ不レ信。夫非常之言。不レ入二常人之耳一。謂二之不一レ然。亦其宜也。

問うて曰わく。『十地経』を案ずるに、菩薩の進趣階級、漸《ようや》く無量の功勲《くくん》あり。多くの劫数を逕《へ》て、然して後乃ち此れを得。云何《いか》んが阿弥陀仏を見たてまつる時、畢竟じて、上地の諸菩薩と、身等しく法等しきや。

答えて曰わく、畢竟と言うは、未だ即等と言うにあらざるなり。畢竟じて此の等しきことを失せず。故に等と言うのみ。

問うて曰わく。若し即等ならずんば、復《ま》た何ぞ菩薩と言うことを待たん。但し初地に登れば、以て漸く増進して、自然にまさに仏と等しかるべし。何ぞ上地の菩薩と等しと言うを仮《か》らん。

答えて曰わく。菩薩、七地の中に於て大寂滅を得れば、上に諸仏の求むべきを見ず、下に衆生の度《ど》す可《べ》きを見ず、仏道を捨て実際を証せんと欲す。爾《そ》の時に、若し十方諸仏の神力の加勧を得ずんば、即便《すなわ》ち滅度して、二乗と異なることなけん。菩薩、若し安楽に往生せんとして、阿弥陀仏を見たてまつれば、即ち此の難なし。是の故に、すべからく畢竟平等と言うべし。

復《ま》た次に、『無量寿経』の中に、阿弥陀如来の本願に言わく、「設《も》し我れ仏を得たらんに、他方仏土の諸の菩薩衆、我が国に来生せんに、究竟《くきょう》して必ず一生補処《いっしょうふしょ》に至らん。〔但し〕其の本願、自在にして化《け》する所、衆生のための故に、弘誓《ぐぜい》の鎧《よろい》を被《き》て、徳本《とくほん》を積累《しゃくるい》し、一切を度脱し、諸仏の国に遊んで、菩薩の行を修し、十方の諸仏如来を供養し、恒沙《ごうじゃ》無量の衆生を開化《かいけ》して、無上正真の道に立せしめ、常倫諸地の行に超出し、現前に普《ふ》賢《げん》の徳を修習せんものを除く。若し爾《しか》らずんば、正覚を取らじ」と。

此の経を案じて、彼《か》の国の菩薩を推《お》すに、或は一地より一地に至らざるべし。十地の階次と言うは、是れ釈迦如来、閻浮提《えんぶだい》に於て一の応化道《おうけどう》なるのみ。他方浄土、何ぞ必ずしも此の如くならん。五種の不思議の中には、仏法最も不可思議なり。若し菩薩、必ず一地より一地に至りて、超越の理なしと言わば、未だ敢えて詳《つまびら》かならざるなり。

譬えば樹あり、名づけて好堅《こうけん》と曰《い》う。是の樹、地に生ずること百歳、乃ち一日の長高、百丈を具するが如し。日々、此の如し、百歳の長を計るに、豈《あ》に修松に類せんや。松の生長すること日に寸に過ぎざるを見るもの、彼の好堅を聞かば、何ぞ能《よ》く疑わざらん。即ち曰わく。人ありて、釈迦如来、羅漢を一聴に証せしめ、無生を終朝に制せしを聞きて、謂《い》わく、是れ接誘《しょうゆう》の言にして、称実の説にあらずと。此の論の事を聞くとも、亦たまさに信ぜざるべし。

夫《そ》れ、非常の言は、常人の耳に入らず。これを然らずと謂わんも、亦た其れ宜《うべ》なり。

《十地経》『華厳経』に十地品として含まれているが、インド以来、単独で『十地経』としても扱われていた。菩薩の修行の階梯を説いている。《実際》無余涅槃のこと。身心ともに無に帰する完全なさとり。大乗仏教からは批判された。《阿弥陀如来の本願》『無量寿経』第二十二願の文。一般に必至補処の願、一生補処の願と呼ばれる。親鸞は還相廻向の願と称した。《常倫諸地の行に超出し》菩薩の位を一つ一つ登って行き、初地から十地に至るという常並みのあり方をとび越えて、ただちに一生補処の菩薩となること。《普賢の徳》九七頁の注を参照。《五種の不思議》『大智度論』巻三十に出る。五種とは、①衆生多少（衆生の数に増減がない）、②業果報（すべての差別は業力によって生ずる）、③坐禅人力（禅定力によって神通を現わす）、④諸龍力（龍は一滴の水で大雨をふらす）、⑤諸仏力（仏法によってさとりを得る）をいう。一五二頁参照。《好堅》この譬喩は『大智度論』巻十（大正二十五巻一三二頁下）にある。『末燈鈔』第十四通に親鸞はこの樹の喩えを引き、好堅樹が百年間、地下にうもれていることを、現生における正定聚不退転の位に住するのに譬え、一日に百丈も成長するということを、彼土における往生即成仏の仏果をうるのに譬える。《羅漢を一聴に証せしめ……》釈尊がひとたびの説法で阿羅漢道を得せしめたという故事。無生は無生法忍（不生不滅の道理をさとる智慧）のこと。終朝は夜あけより朝食までの間。『大智度論』巻八十八（大正二十五巻六八三頁下）参照。

〔訳〕 問う。『十地経』の説くところによると、菩薩の階位が進級するのは、はかりしれない修行の勲功があり、しかも長年月をかけて、しかるのちに得られるものであるという。それなのに、人が阿弥陀仏を見たてまつったとき、畢竟《ひっきょう》じて、上位の菩薩たちと身も等しく、さとりも等しいというのは、どういうわけであろうか。

答える。「畢竟じて」といったのは、「即等」（ただちに等しい）という意味ではない。究極的には等しいことが失われないから「等しい」というのである。

問う。もしも「畢竟」の語が「即等」（ただちに等しい）の意味でないならば、どうして菩薩と等しいという必要があるだろうか。ただ初地の位にのぼれば、漸次《ぜんじ》に階位が進んで、おのずと仏と等しくなるはずである。どうして、一足飛びに上位の菩薩と等しいといわねばならないのか。

答える。菩薩は第七地の位に達してあらゆる想いを滅した境地を得ると、上には教えを求める諸仏もなく、下には済度する衆生もなしと見て、自利・利他の仏道修行を捨ててみずから得た空性のさとりにとどまろうと欲する。そのとき、十方の諸仏たちが威神力を加えて、第七地の菩薩をすすめ励まさないならば、命終わって声聞・縁覚の人々と同じになってしまう。ところが、もし菩薩が安楽浄土に往生して阿弥陀仏を見たてまつれば、このような第七地の空性のさとりに沈んでしまう過誤、すなわち七地沈空の難というものがない。それ故に、「畢竟平等」（究極的には等しい）といえるのである。

また、つぎに『無量寿経』の中で、法蔵菩薩がたてられた第二十二願に、こう誓われている。

「もしわたしが仏になったとき、他の仏国土の菩薩たちが、わたしの国土に生まれてくれれば、必ず究極的には一生補処《ふしょ》の位（その生が終わると仏処を補うという位）につかせよう。ただし、それらの菩薩のうちで、各自の願いによって生けるものたちを自由自在に教化するため、広大にして堅固な誓願の鎧《よろい》を身につけ、さとりを完成するための功徳を積み、すべての人たちを救い、諸仏の国に出かけて菩薩道を修め、あらゆる仏を供養し、数限りない生ける者たちを教え導いて、無上のさとりを得させ、みずからつねなみの順序を経ないで十地の行を終えて、一生補処の位に至り、利他教化の徳行たる普賢の徳を修める者を除く。もしそうでなければ、わたしは決して仏のさとりを開くまい」と。

この経文から、かの安楽浄土の菩薩について考えてみると、初地から第二地へというように、順序次第を追って進むのではない。十地の段階は、釈尊がこの世界に出現して生ける者たちを教化なさる方法として説かれたものである。他の仏国土は、どうして必ずしもこの通りであるべきであろうか。「五種の不思議」のなかで、仏法の不思議がその最たるものである。もし浄土の菩薩が初地から順次に上地へ進み、とび超えるという道理がないと説く者がいるならば、まだ仏法の不思議を詳しく知らない人である。

譬えば、「好堅」という名まえの樹があり、この樹は地中に百年間うもれていて、そこで地上に芽を出す。一日に百丈も成長するという。日々この通りであるから百年たって樹の高さを計れば、どうしてこの世の長い松と比べられようか。松の成長は、せいぜい一日一寸を超えない。だから、人は好堅樹の話しを聞いて、疑わない者はないであろう。ある人がいて、釈尊が一度の説法によって仏弟子に阿羅漢のさとりを開かせ、早朝のうちに無生法忍を体得させたということを聞いて、「これは人びとを教えに誘引するための話しで、実際の話しではない」と思う。そのような人は、この『浄土論』に説く階位の超越のことを聞いても、また信じないにちがいない。

　そもそも、常なみのことを離れたことばは、常人の理解できないところのもので、「そういうことはありえない」といわれても、これまたいたしかたないことである。

〔如来は自利と利他の完成者である〕

　略説ニ八句一。示ニ現如來自利利他功德莊嚴次第成就一。應レ知。

此云何次第。前十七句。是莊嚴國土功德成就。既知ニ國土相一。應レ知ニ國土之主一。是故次觀ニ佛莊嚴功德一。彼佛若爲莊嚴。於ニ何處一坐。是故先觀レ座。既知レ座已。宜レ知ニ座主一。是故次觀ニ佛莊嚴身業一。既知ニ身業一。應レ知レ有ニ何聲名一。是故次觀ニ佛莊嚴口業一。既知ニ名聞一。宜レ知ニ得名所以一。是故次觀ニ莊嚴心業一。既知ニ三業具足一。應レ爲ニ人天大師一。堪レ受レ化者是誰。是故次觀ニ大衆功德一。既知三大衆有ニ無量功德一。宜レ知ニ上首者誰一。是故次觀ニ上首一。上首是佛。既知ニ上首一。恐レ同ニ長幼一。是故次觀レ主。既知ニ是主一。主有ニ何增上一。是故次觀ニ莊嚴不虛作住持一。八句次第成已。

「略して八句を説いて、如来の自利利他の功徳荘厳、次第に成就することを示現しつ。知るべし」

此れ云何《いか》んが次第する。前の十七句は、是れ荘厳国土功徳成就なり。既に国土の相を知りぬ。まさに国土の主を知るべし。是の故に、次に仏の荘厳功徳を観ず。彼の仏若為《いか》んが荘厳し、何《いずれ》の処に於てか坐したもう。是の故に、先ず座を観ず。既に座を知り已《おわ》りぬ。宜しく座の主を知るべし。是の故に、次に仏の荘厳身業を観ず。既に身業を知りぬ。まさに何《いずれ》の声名《しょうみょう》かあると知るべし。是の故に、次に仏の荘厳口業《くごう》を観ず。既に名聞《みょうもん》を知りぬ。宜しく得名の所以《ゆえん》を知るべし。是の故に、次に荘厳心業を観ず。既に三業具足せるを知りぬ。まさに人天の大師たるべし。化《け》を受くるに堪《た》うる者は是れ誰ぞ。是の故に、次に大衆功徳を観ず。既に大衆に無量の功徳あることを知りぬ。宜しく上首の者は誰ぞと知るべし。是の故に、次に上首を観ず。上首とは是れ仏なり。既に上首を知りぬ。長幼に同ずることを恐る。是の故に、次に主を観ず。既に是れ主を知りぬ。主に何《いずれ》の増上かある。是の故に、次に荘厳不虚作住持を観ず。八句の次第成じ已《おわ》りぬ。

〔訳〕『浄土論』にこういう。

「以上のように、仏に無量の特相あるうち、八句をもって略説し、もって阿弥陀仏の自利・利他の働きを示す特相の円かなしつらいが、本願に基づいて順次に完成していることを示した。よく了知すべきである」

八句の説かれる次第順序をいえば、これまでの十七句は、仏国土に関する十七種の特相の円かなしつらいを挙げたものである。それによって、われわれは仏国土のすがたを知った。そこでつぎに、仏国土の主について知るべきである。故に、十七句につづいて仏国土の主たる阿弥陀仏の特相の円かなしつらいを観察することになる。

阿弥陀仏はどのようにしつらえられ、またどこに坐しておられるのか。

そのために、まず仏座を観察する。仏座を知ったならば、座の主たる仏のことを知るべきである。故に、つぎに仏の身業（すがた）を観察する。仏の身業を知ったならば、つぎにどのような名まえであるかを知るべきである。故に、つぎに仏の口業《くごう》（ことば）を観察する。名まえを知ったならば、名まえのいわれを知るべきである。故に、つぎに仏の意業を観察する。こうして、仏の身・口・意の三業が具備していることを知った。したがって、仏は神々や人間にとって偉大な師たるべきである。では、その教化を受ける者はだれであろうか。故に、つぎに聖衆を観察する。これらの聖衆に数知れぬ徳性のあることを知ると、つぎに、だれがかれらの上首（先導者）であるかを知るべきである。故に、つぎに上首を観察する。上首とは阿弥陀仏のことである。こうして上首を知っても、聚衆《しょうじゅ》のうちの長幼の序と混同される恐れがある。故に、つぎに仏を主とすることを観察する。こうして、主を知ったならば、この主にいかなるすぐれた徳があるかを知らねばならぬ。故に、つぎに仏果を得しめる仏力の保持されていることを観察することになる。こうして八句は次第順序を追って説かれているのである。

阿弥陀仏の特性八種を挙げるのは、阿弥陀仏が自利・利他の完成者であることを示すためである、という世親のことばは、まことに至当というべきであろう。求道者法蔵が本願をたて、自利・利他の完成者たらんと誓い、兆載永劫《ちょうさいようごう》の修行の結果、本願がかなえられて、みずから阿弥陀仏という仏のさとりを開き、極楽浄土を建立したことは自利の完成をあらわす。このことは、とりもなおさず一切衆生が浄土に往生して同一の仏のさとりを開くという利他の完成が果たされていることを示すものである。すなわち、求道者法蔵の自利・利他の完成であるが、これを阿弥陀仏の自利・利他ともいう。なぜならば、法蔵は阿弥陀仏となっても、因位の本願に生きつづける求道者だからである。そして、その自利の願いはまったく利他の願いを果さんとするものであるから、阿弥陀仏が自利・利他の完成者であるというときの自利と利他は、自利即利他、利他即自利という意味なのである。

このように、浄土の主たる阿弥陀仏が自利と利他の完成者であるならば、阿弥陀仏の本願にかなって浄土に往生した聖衆たちも、自利・利他の仏徳に薫習《くんじゅう》され、みずからも仏徳を身に具える者となるから、つぎに四種の特性を円かに具える浄土の菩薩が観察の対象となる。

(2)　菩薩を観察する

〔菩薩行の本質〕

觀菩薩者。

云何觀察菩薩莊嚴功德成就。觀察菩薩莊嚴功德成就者。觀彼菩薩。有四種正修行功德成就。應知。

眞如是諸法正體。體如而行。則是不行。不行而行。名如實修行。體唯一如。而義分爲四。是故四行以一正統之。

菩薩を観ずとは。

「云何《いか》んが菩薩の荘厳功徳成就を観察する。菩薩の荘厳功徳成就を観察すとは、彼《か》の菩薩を観ずるに、四種の正修行功徳成就あり。知るべし」

真如は是れ諸法の正体なり。如《にょ》に体して行ずれば、則ち是れ不行なり。不行にして行ずるを、如実修行と名づく。体、唯だ一如《いちにょ》なれども、義もって分かちて四となす。是の故に、四行は一を以て正しくこれを統《す》ぶ。

〔訳〕菩薩を観察するというのは、『浄土論』にこういう。

「どのように、浄土の菩薩たちの特相の円かなしつらいを観察するのか。かれらの特相の円かなしつらいを観察するというのは、四種の正しい修行という円かなしつらいを観察することである。人はよくこれを観察すべきである」

そのうち、「正しい修行」というのは、およそ、真如《しんにょ》はすべて存在するものの本体である。この本体たる真如にかなって修行すれば、行じておりながらとらわれがないから不行という。不行でありながらしかも行じているのを、真如にかなって修行する、すなわち「実の如く修行する」（如実修行）というのである。本体はただ絶対の真如（一如）であるが、意味を明らかにする上で四つに分ける。それ故に、菩薩の四種の修行を一つにまとめて、「正しい修行」というのである。

① 不動応化功徳成就

何者爲レ四。一者。於二一佛土一。身不二動搖一。而遍二十方一。種種應化。如レ實修行。常作二佛事一。偈言下。安樂國清淨常轉二無垢輪一化佛菩薩日如中須彌住持上故。開二諸衆生淤泥華一故。

八地已上菩薩。常在二三昧一。以二三昧力一。身不レ動二本處一。而能遍至二十方一。供二養諸佛一。教二化衆生一。

無垢輪者。佛地功德也。佛地功德。無二習氣煩惱垢一。佛爲二諸菩薩一常轉二此法輪一。諸大菩薩。亦能以二此法輪一開二導一切一。無二暫時休息一。故言二常轉一。法身如レ日。而應化身光。遍二諸世界一也。言レ日未レ足三以明二不動一。復言レ如二須彌住持一也。淤泥華者。經言。高原陸地不レ生二蓮華一。卑濕淤泥乃生二蓮華一。此喩下凡夫在二煩惱泥中一。爲二菩薩開導一。能生中佛正覺華上。諒夫紹二隆三寶一。常使レ不レ絶。

「何者をか四となす。一には、一仏土に於て、身動揺せずして、而も十方に遍じて、種種に応化し、実の如く修行して、常に仏事を作《な》す。偈に『安楽国は清浄にして、常に無垢輪《むくりん》を転ず。化仏菩薩の日は、須弥《しゅみ》の住持するが如し』（第二十偈）と言えるが故に。諸の衆生の淤泥《おでい》の華《はな》を開くが故に」

八地已上の菩薩、常に三昧に在りて、三昧力を以て、身本処を動せずして、能《よ》く遍《あまね》く十方に至りて、諸仏を供養し、衆生を教化す。

無垢輪とは、仏地の功徳なり。仏地の功徳は、習気《じっけ》煩悩の垢《く》なし。仏、諸菩薩のために、常に此の法輪を転ず。諸の大菩薩も亦た能く此の法輪を以て、一切を開導すること、暫時の休息なし。故に常に転ずと言う。法身は日の如くにして、応化身の光は、諸の世界に遍す。日と言うも未だ以て不動を明かすに足らず。復《ま》た須弥の住持するが如しと言うなり。

淤泥《おでい》の華とは、経に言わく、「高原の陸地には蓮華を生ぜず。卑湿《ひしつ》の淤泥《おでい》に乃ち蓮華を生ず」と。此れ凡夫、煩悩の泥中に在りて、菩薩に開導せられて、能く仏の正覚の華を生ずるに喩《たと》う。諒《まこと》に夫《そ》れ三宝を紹隆《しょうりゅう》して、常に絶えざらしむ。

《経に言わく》『維摩詰所説経』巻中（大正十四巻五四九中）に「譬如下高原陸地不レ生二蓮華一卑濕淤泥乃生中此華上」とある。《三宝を紹隆して》『維摩詰所説経』巻上に「紹二隆三寶一能使レ不レ絶。」（大正十四巻五三七上）とある。

〔訳〕『浄土論』にいう。

「菩薩の四種の特相、すなわち正修行とは何か。第一は、不動応化（不動にして応化すること）という働きである。一仏土にいて、菩薩は真如を本性とする身（法身）を動かすことなくて、しかも他のあらゆる仏土にあまねく赴いて種々さまざまに応化身を示し、実の如く修行してつねに仏の利他行をなすのである。このことを偈に『安楽浄土は清浄の仏国土で、菩薩たちはつねに清浄・真実の教えを説法する。かれらは太陽の働きにも比すべき教化をなす応化身を示されるが、須弥山が山王として不動であるごとく、身を動かすことなくして教化の働きを示す』と詠んでいる。このことは、泥中の蓮華をして開花せしめるごとく、生けるものたちを救うことを目的としているのである」

八地以上の菩薩は、つねに禅定三昧に入って、三昧力によって坐ったまま身を動かさずに、あまねくあらゆる世界に赴いて、諸仏を供養し、生けるものたちを教化する。

「無垢輪」の「無垢」とは、仏のさとりを表わす。仏のさとりには煩悩やその余習《よしゅう》などの垢《けがれ》が存在しない。阿弥陀仏は菩薩たちのために、つねにこの清浄無垢の教えを説法したもう。聴聞した大菩薩たちもまた、この清浄無垢の教えをもって生けるものたちを教え導き、瞬時も休むことがない。それ故に「常に転ず」という。仏・菩薩はもともと真如法性を体とする法身で、これを太陽に譬えるならば、人々を教化するために示した応化身は太陽の光りのごときもので、その働きはあまねく全世界にゆきわたる。だが、「太陽」といったのでは、不動の面が充分に明らかにされないから、「須弥《しゆみ》の住持するが如し」と説かれたのである。

「淤泥《おでい》の華」とは、『維摩経』に「高原の陸地には蓮華は生じないけれども、湿った泥土の中に蓮華は生じる」と説かれている。このことは、穢土《えど》の凡夫は煩悩の泥の中にありながら、浄土から教化のためにやってきた菩薩に導かれて、仏のさとりの華、すなわち信心を生ずるのに喩《たと》えている。菩薩たちは、このようにして、仏法僧の三宝をこの世に長く伝えて、つねに絶えないようにするのである。

② 一念遍至功徳成就

二者。彼應化身。一切時不レ前不レ後。一心一念。放二大光明一。悉能遍至二十方世界一。教二化衆生一。種種方便。修行所レ作。滅二除一切衆生苦一故。偈言下無垢莊嚴光一念及一時普照二諸佛會一利中益諸群生上故。上言二不動而至一。容三或至有二前後一。是故復言三。一念一時。無二前後一也。

「二には、彼の応化身、一切の時、前ならず後ならず、一心一念に、大光明を放って、悉く能《よ》く遍《あまね》く十方世界に至って、衆生を教化す。種種の方便もて、修行して作《な》す所、一切衆生の苦を滅除せんが故なり。偈に『無垢の荘厳の光、一念及び一時に普《あまね》く諸の仏の会《え》を照らし、諸の群生を利益す』（第二十一偈）と言えるが故に」

上に不動にして至ると言う。或は至ること前後あるべし。是の故に復《ま》た一念一時にして、前後なしと言うなり。

〔訳〕『浄土論』にいう。

「第二は、一念遍至（一瞬間にあらゆる世界に赴くこと）という働きである。浄土の菩薩たちは応化身をもって、つねに前後の時間のずれなく、同時に十方世界に姿を現わし、かつ一瞬のうちに大光明を放って諸仏の説法の座を照らし、生けるものたちを残らず教化する。これは、菩薩たちが種々のてだてをめぐらし施して、あらゆる生けるものの苦を滅ぼし除こうとするためである。このことを偈に、『円かなしつらいたる無垢清浄の光明は、一瞬・同時に、あまねく諸仏の説法したもう会座《えざ》を照らして、あらゆる生けるものたちを教化して救う』と詠んでいる」

さきに、不動応化の働きを挙げて、不動にして至る、つまり浄土の菩薩たちは法身を動かすことなく十方世界に至るということを知った。「至る」ということであれば、人は時間的に前後の距《へだた》りがあると考えよう。ところが、不動なのであるから、一瞬・同時にして時間的に前後はないというのである。

③　無余供養功徳成就

三者。彼於二一切世界一無ㇾ餘。照二諸佛會一大衆無ㇾ餘。廣大無量。供二養恭三敬讃四歎。諸佛如來功徳一。偈言。雨二天樂華衣妙香等一供養讃二諸佛功徳一無ㇾ有二分別心一故。

無ㇾ餘者。明下遍至二一切世界一切諸佛大會一。無ㇾ有二一世界一佛會不上ㇾ至也。肇公言。法身無ㇾ

像。而殊形並應。至韻無レ言。而玄籍彌布。冥權無レ謀。而動與レ事會。蓋斯意也。

「三には、彼れ、一切世界に於て、余《あま》すなく、諸仏の会を照らすに、大衆、余すなく、広大無量にして、諸仏如来の功徳を供養し、恭敬《くぎょう》し、讃歎す。偈に『天の楽と華と衣と妙香等を雨《あめふ》らし供養して、諸仏の功徳を讃えんに、分別の心あることなし』（第二十二偈）と言えるが故に」

「余すなく」とは、遍《あまね》く一切の世界、一切の諸仏の大会に至りて、一世界一仏会として至らざることあるなきを明かすなり。肇《じょう》公の言わく、「法身は像《かたち》なくして、殊形《しゅぎょう》並び応ず。至韻《しいん》は言なくして、玄籍弥《げんじゃくひろ》く布《し》く。冥権《みょうごん》、謀《はか》ることなくして、動じて事と会う」と。蓋《けだ》し斯《こ》の意なり。

《肇公の言わく》僧肇（三七四〜四一四）の『注維摩経』の序の文（大正三十八巻三二七上）。《至韻》すぐれた音、すなわち、仏・菩薩の説法等のこと。《玄籍》玄妙の典籍。通常、経典をいう。《冥権》衆生救済のための、はかり知れないてだて。

〔訳〕　『浄土論』にいう。

「第三は、無余供養（余すところなく諸仏を供養すること）という働きである。浄土の菩薩たちはあらゆる仏の世界において余すなく、仏たちの会座《えざ》を光明で照らすと、集まった大衆は一人残らず、仏たちの功徳を大きく限りなく供養し、恭敬し、讃嘆する。このことを偈に、『空中から清浄な音楽・蓮華・衣服・妙なる香を雨ふらして仏たちを供養し、しかも仏たちの功徳を讃えるのに、平等・無執着であって、分別の心がない』と詠んでいる」

「余すなく」というのは、あまねくすべての世界、すべての仏たちの大会座に光明がゆきわたって、一仏の世界、一仏の会座にもゆきわたらないことがない、ということをいうのである。僧肇《そうじょう》が『注維摩経』の序に、「法身は一定の形なきもので、教化すべき機根に応じて形を現わす（応身となるの意）。真如のさとりはことばを超えていて、しかも説法のことばとなってあまねくゆきわたる。はかり知れないてだては、思慮分別をめぐらすことなく、人びとの機根にただちに応じて、利他教化に役立つ」と述べているのも、思うに、この意である。

④示法如仏功徳成就

四者。彼於二十方一切世界無三寶處一。住三持荘二嚴佛法僧寶功徳大海一。遍示令レ解二如實修行一。偈言下。何等世界無二佛法功徳寶一我願中皆往生示二佛法一如上佛故。

上三句。雖レ言二遍至一。皆是有佛國土。若無二此句一。便是法身。有レ所レ不レ法。上善有レ所レ不レ善。觀行體相竟。

「四には、彼れ、十方一切世界の無三宝の処に於て、仏法僧宝の功徳の大海を住持し荘厳して、遍く示して如実の修行を解《さと》らしむ。偈に『何等の世界なりとも、仏法功徳の宝なからんには、我れ、皆な往生して仏法を示すこと仏の如くならんと願ず』（第二十三偈）と言えるが故にと」

上の三句は、遍く至ると言うと雖も、皆な是れ有仏《うぶつ》の国土なり。若し此の句なくんば、便ち是れ法身、法ならざる所あらん。上善、善ならざる所あらん。観行の体相竟《おわ》んぬ。

《上善》『阿弥陀経』に、浄土の菩薩を「上善人」（satpuruṣa, sappurisa 善きひと）と呼び、「かくのごときのもろもろの上善人と倶に一処に会すればなり」と説いている。

〔訳〕『浄土論』にいう。

「第四は、示法如仏（仏の在《まし》ますごとく現われて法を示すこと）という働きである。浄土の菩薩たちは、ありとあらゆる世界のうちで、仏法僧の三宝が信じられていない、いわゆる無仏のところに行って、大海のごとき功徳を具える仏法僧の三宝を永遠に住立せしめるべくしっかとたもち、人びとのためにしつらい、あまねく説示して、真理・真実にかなった修行を体得させる。このことを偈に、『いかなる世界にも、功徳の宝である仏法が行なわれていないならば、わたしは人びとがみな浄土に往生するようにと望み、かれらに説法すること、仏の現に在してなさるごとくにしようと願う』と詠んでいる」

第一、第二、第三の、菩薩の三つの働きは、あまねく十方世界に至るといっても、みな仏の在す世界である。ところで、この第四の働きは、無仏の世界におけるものである。もしも、この第四の働きがなければ、真如を本体とする浄土の菩薩の法身は、法身たる資格に欠けることとなり、また上善人《じょうぜんにん》と呼ばれる菩薩は、善において欠けることになろう。

以上で、第三節　観察体相が終わった。

第四節　浄入願心

(イ)　浄入願心とは

已下是解義中第四重。名爲二淨入願心一。淨入願心者。

又向説レ觀二察莊嚴佛土功德成就。莊嚴佛功德成就。莊嚴菩薩功德成就一。此三種成就。願心莊嚴。應レ知。

應レ知者。應レ知下此三種莊嚴成就。由二本四十八願等清淨願心之所一レ莊嚴。因淨故果淨。非中無因他因有上也。


已下は是れ解義の中の第四重なり。名づけて浄入願心となす。浄入願心とは。

「又た向《さ》きに、荘厳仏土功徳成就と、荘厳仏功徳成就と、荘厳菩薩功徳成就とを観察することを説きつ。此の三種の成就は、願心をして荘厳せり。知るべし」

「知るべし」（応知）とは、此の三種の荘厳成就は、もと四十八願等の清浄願心の荘厳したもう所なるに由りて、因浄なるが故に果浄なり。無因と他因の有にはあらずと知るべし。

《無因と他因の……》親鸞の加点本は「因なくして他の因の有《ある》には非ざるなりと……」と読む。

〔訳〕　以下は解義分の第四節で、浄入願心と名づける。浄入願心の意味について、『浄土論』にこういう。

「また、すでに仏国土の特相に関する円かなしつらい・仏の特相に関する円かなしつらい・菩薩の特相に関する円かなしつらいを観察することを説明した。これら三種の円かなしつらいは、法蔵菩薩の願心によってしつらえられたものである。これをよく知るべきである」

「知るべし」というのは、この三種の円かなしつらい（仏国土は十七種、仏は八種、菩薩は四種に、合わせて二十九種に分けられる）が完成したわけは、法蔵菩薩が因位のとき、汚れなき清浄の四十八願をたて、その本願にかなうた修行をなして完成されたものであるから、いわば法蔵菩薩の清浄願心によってしつらえられたものである。浄土建立の因が清浄であるから、完成された果の浄土のしつらいも清浄である。菩薩の願心が因となっているから無因ではなく、また願心に基づいているから他因によって完成されたのではない、と知るべきである。

阿弥陀仏の浄土は三厳二十九種の荘厳をもって、有相のものとしてわれわれに示されている。それはなぜなのか。無相の真如法性界がみずからを現わして、われわれに体得させるためのてだてを設けたのである。一如法界の力用が、法蔵の発願と修行となって説示されている、これが『無量寿経』なのである。浄土も阿弥陀仏もみな、法蔵の清浄願心によって完成されていることを、「願心荘厳の浄土」と世親はいうが、この語こそ本節の中心課題である。したがって、曇鸞は「因浄なるが故に果浄なり」といい、清浄の果徳たる浄土は、実は法蔵因位の清浄願心を因とするから、無因ということでもなく、また他因によるものでもないと述べている。

(ロ) 広略相入を示すわけ

略説入㆓一法句㆒故。

上國土莊嚴十七句。如來莊嚴八句。菩薩莊嚴四句爲㆑廣。入一法句爲㆑略。何故示㆓現廣略相入㆒。諸佛菩薩有㆓二種法身㆒。一者法性法身。二者方便法身。由㆓法性法身㆒生㆓方便法身㆒。由㆓方便法身㆒出㆓法性法身㆒。此二法身。異而不㆑可㆑分。一而不㆑可㆑同。是故廣略相入。統以㆓法名㆒。菩薩若不㆑知㆓廣略相入㆒。則不㆑能㆓自利利他㆒。

「略説して一法句《いっぽっく》に入るが故に」

上の国土荘厳十七句と、如来荘厳八句と、菩薩荘厳四句とを広となし、入一法句を略となす。何が故ぞ広略相入を示現する。諸の仏菩薩に二種の法身あり。一には法性法身、二には方便法身なり。法性法身に由りて、方便法身を生じ、方便法身に由りて、法性法身を出す。此の二法身は、異にして分かつべからず。一にして同ずべからず。是の故に広略相入して、統《す》べるに法の名を以てす。菩薩若し広略相入を知らずんば、則ち自利利他することあたわず。

《法性法身》真如を体とする無色無形の仏身をいう。法報応の三身説でいうと、法身《ほっしん》にあたる。《方便法身》法性法身から生じたところの、衆生救済のはたらきを示す仏身をいう。三身説の報身《ほうじん》にあたる。親鸞は『一念多念証文』において、「方便」を釈して「方便とまふすはかたちをあらわし御なをしめして衆生にしらしめたまふをまふすなり。すなわち阿彌陀佛なり」といい、ついでこういう。「この一如寶海よりかたちをあらわして法蔵菩薩となのりたまひて無㝵のちかひをおこしたまふをたねとして阿彌陀佛となりたまふがゆへに報身如来とまふすなり」と。また、『唯信鈔文意』にも「法身はいろもなしかたちもましまさず……この一如よりかたちをあらわして方便法身とまふす御すがたをしめして法蔵比丘となのりたまひて不可思議の大誓願をおこしてあらわれたまふ御かたちおば世親菩薩は盡十方無㝵光如来となづけたてまつりたまへり。この如来を報身とまふす」という。

〔訳〕『浄土論』にこういう。

「略して説くと、一法句に収まるからである」

前に述べた仏国土荘厳十七種、仏荘厳八種、菩薩荘厳四種を合わせた二十九種の荘厳を「広」とし、それら二十九種の荘厳が「清浄」という真理の一句に収まる（入一法句）から、「入一法句」を「広」にたいして「略」という。

なぜ広と略が互いに収まることを説き明かすかといえば、およそ仏や菩薩たちに二種の法身がある。一つには法性法身であり、二つには方便法身である。法性法身に基づいて方便法身を生じ、方便法身から法性法身を現わす。これら二つの法身は、名まえは異なっているけれども分けることはできないし、また体は一つであるけれども意義は同じではない。それ故に、広と略と互いに収まり、この二つを統《す》べるのを「法身」と呼ぶのである。浄土往生のための五念門の行を修める求道者にして、もしもこの広と略と互いに収まるという道理を知らないならば、自利・利他の菩薩行を全うすることはできない。

三厳二十九種の荘厳を広とし清浄・真実の一法句を略として、広略相入して、広略互いに二不二のものという。これを修・性、真諦・俗諦、空・有などの語によって示すと、左のごとくなろう。

広略相入	広	方便法身	修	俗諦	有	生死	方便	三厳二十九種の荘厳	二不二
	略	法性法身	性	真諦	空	涅槃	真実(清浄)	一法句	

親鸞が阿弥陀仏とその浄土を真仏・真土と呼び、真実と清浄というさとりの同義語をもって浄土を性格づけ、そして、なぜ浄土が有相のものとして施設されているかを説明しているのも、曇鸞のこの文によるところ大である。

また、広略相入の道理を知らないならば、自利・利他の菩薩行が完成しないというのは、つぎの第五節善巧摂化《ぜんぎょうせつけ》において、菩薩は止と観の二力を得て広略相入し、二不二の実相心に住して、衆生教化の利他行をなすということが説かれているから、自利とは菩薩が広略相入の道理を体得することであり、利他とは進んで生死海に赴いて衆生を済度する働きに従事することである。してみれば、菩薩道が自利・利他の完成を目的とするものである以上、この目的達成の基盤をなすのは広略相入の道理の体得ということになる。無相の浄土が有相と示され、有相の浄土が無相のあらわれであると信知することが、菩薩の自利であるとともに、利他の根拠なのだということは、空性の世界に生きる自己は、同時に衆生をして空性の世界に住せしめる働きをなすということであろう。自利は利他になるから自利という。自利即利他とはこのことに外ならない。

(八)　一法句とは清浄句である

一法句者。謂清淨句。清淨句者。謂眞實智慧無爲法身故。

此三句展轉相入。依二何義一名レ之爲レ法。以二清淨一故。依二何義一名爲二清淨一。以二眞實智慧無爲法身一故。眞實智慧者。實相智慧也。實相無相故。眞智無知也。無爲法身者。法性身也。法性寂滅故。法身無相也。無相故能無レ不レ相。是故相好莊嚴。卽法身也。無知故能無レ不レ知。是故一切種智。卽眞實智慧也。以二眞實一而目二智慧一。明三智慧非レ作非二非作一也。以二無爲一而標二法身一。明三法身非レ色非二非色一也。非二於非一者。豈非レ非之能是乎。蓋無レ非。之曰レ是也。自是無レ待。復非レ是也。非レ是非レ非。百非之所レ不レ喩。是故言二清淨句一。清淨句者。謂眞實智慧無爲法身也。

「一法句とは、謂《い》わく清浄句なり。清浄句とは、謂わく真実智慧・無為法身なるが故に」

此の三句は展転《てんでん》して相入す。何《いか》なる義に依りてかこれを名づけて法となす。清浄なるを以ての故なり。何《いか》なる義に依りてか名づけて清浄となす。真実智慧・無為法身なるを以ての故なり。真実智慧とは、実相の智慧なり。実相は無相の故に、真智は無知なり。無為法身とは、法性身なり。法性は寂滅の故に、法身無相なり。無相の故に、能《よ》く相ならざることなし。是の故に相好荘厳《そうごうしょうごん》、即ち法身なり。無知の故に能く知らざることなし。是の故に一切種智、即ち真実智慧なり。真実を以て智慧に目《なづ》くるは、智慧は作《さ》にあらず非作にあらざることを明かすなり。無為を以て法身を標するは、法身は色《しき》にあらず非色にあらざることを明かすなり。

非を非する者、豈《あ》に非を非するの能《よ》く是《ぜ》ならんや。蓋《けだ》し非を無《な》みする、これを是《ぜ》と曰《い》うなり。自《みず》から是にして待《たい》することなきも、復《ま》た是にあらざるなり。是にあらず。非にあらず。百非の喩《たと》えざる所なり。是の故に清浄句と言う。清浄句とは、謂わく真実智慧・無為法身なり。

《一法句》 山口益博士によれば、一法句(eka-dharma-pada)とは一法・真如法性の依事ということで、瑜伽唯識において勝義諦真如を「無」と「無の有」の二面で表わす場合の「無の有」(abhāvasya bhāvaḥ)をいう。真如法性が働いて、われわれをしてそれをさとらしめる世間的あらわれであり、浄土の清浄荘厳はまさしくこれである(『世親の浄土論』一五九頁)。**《清浄句》** vyavadāna-pada の梵語を山口益博士は与え、清浄にするはたらきであり、依事でもあるのが清浄句の意味であるとする(同上)。

〔訳〕ついで、その「一法句」(唯一絶対の真実ということば)を説明して『浄土論』はこういう。

「一法句とは清浄句(清浄ということば)である。清浄句というわけは、さとりの本性たる真実の智慧・無為法身を示すものだからである」

右の「一法句」と「清浄句」と「真実智慧・無為法身」の三句は、順次に「一法句」が「清浄句」に収まり、「清浄句」が「真実智慧・無為法身」に収まる。

いかなる意味で一法句というかといえば、清浄の義をもっているからである。いかなる意味で清浄というかといえば、真実智慧・無為法身のものだからである。

さて、真実智慧とは、実相をさとった智慧である。すべて現象して存在するものの実相（ありのままのすがた）は、一定のかたちのないもの、無相のものであるから、実相をさとった智慧というのは、われわれの分別知を超えたもの、すなわち無知（無分別知）のことである。また無為法身とは法性身のことである。法性とは寂滅のことであるから、法身とは一定のかたちなきもの、すなわち無相のものである。無相のものであるからこそ、法身はあらゆるかたちをとることができる。それ故に、かたちをとってあらわれた如来の相好（三十二相の身体的特徴）・浄土の荘厳（三厳二十九種の円かなしつらい）は、そのままが法身なのである。また無知（無分別知）のものであるからこそ、智慧はすべてのものを知ることができる。それ故に、仏智をさしてすべてのものを知る智慧というが、これは真実智慧のことなのである。真実と智慧を同義語とみて、真実智慧（真実という智慧）というのは、智慧は作用するものでもなく、また作用しないものでもないことを説くためである。同じく無為法身の場合も、無為という語をもって法身の意味を顕わすのは、法身はいろ・かたちのあるものでもなく、いろ・かたちのないものでもないことを明かすためである。

非を否定したとき、どうして非を否定したものが是とされようか。思うに、否のないのが是である。そして、みずから是であってその是に対する非がなければ、また是といわれない。かくて、是でもなく非でもないなどという四句の分別を離れ、あらゆる概念の否定（百非）によっても譬えられない。それ故に、清浄句という。清浄句とは真実智慧・無為法身である。

㈡ 二種の清浄

此清淨有二二種一。應レ知。

上轉入句中。通二一法一入二清淨一。通二清淨一入二法身一。今將下別二清淨一出中二種上故。故言レ應レ知。

何等二種。一者器世間清淨。二者衆生世間清淨。器世間清淨者。如二向説一十七種莊嚴佛土功德成就。是名二器世間清淨一。衆生世間清淨者。如二向説一八種莊嚴佛功德成就。四種莊嚴菩薩功德成就。是名二衆生世間清淨一。如レ是一法句。攝二二種清淨義一。應レ知。

夫衆生爲二別報之體一。國土爲二共報之用一。體用不レ一。所以應レ知。然諸法心成。無二餘境界一。衆生及器。復不レ得レ異。不レ得レ一。不レ一則義分。不レ異同清淨。器者用也。謂彼淨土是彼清淨衆生之所二受用一。故名爲レ器。如下淨食用二不淨器一。以二器不淨一故。食亦不淨。不淨食用二淨器一。食不淨故。器亦不淨。要二俱潔。乃得レ稱レ淨。是以一清淨名。必攝二二種一。

「此の清浄に二種あり。知るべし」

上の転入の句の中、一法より通じて清浄に入り、清浄より通じて法身に入る。今まさに清浄を別《わか》って二種を出さんとするが故に。故に「知るべし」(応知)と言う。

「何等か二種なる。一には器世間清浄。二には衆生世間清浄なり。器世間清浄とは向《さ》きに説くが如き十七種の荘厳仏土功徳成就なり。是れを器世間清浄と名づく。衆生世間清浄とは、向きに説くが如き八種の荘厳仏功徳成就と四種の荘厳菩薩功徳成就となり。是れを衆生世間清浄と名づく。是の如く一法句に、二種の清浄の義を摂すと。知るべし」

夫《そ》れ衆生を別報の体となし、国土を共報《ぐうほう》の用《ゆう》となす。体用一ならず。所以《ゆえ》にまさに知るべしと。然るに諸法は心もて成ず。余の境界なし。衆生及び器、復《ま》た異なるを得ず、一なるを得ず。一ならざれば則ち義分かち、異ならざれば同じく清浄なり。

器とは用なり。謂わく彼《か》の浄土は是れ彼の清浄の衆生の受用する所なり。故に名づけて器となす。浄食に不浄の器を用うれば、器不浄なるを以ての故に、食も亦た不浄なり。不浄の食に浄器を用うれば、食不浄なるが故に器も亦た不浄なり。要《かなら》ず二つ倶《とも》に潔くして、乃《すなわ》ち浄と称することを得るが如し。是を以て一の清浄の名に、必ず二種を摂す。

《別報》別々の果報、すなわち仏は仏の行為によって結果を得、菩薩は菩薩の行為によって結果を得て、それぞれ異なった結果を得る。《共報》共通の果報、すなわち国土は仏も菩薩も同じものを共通して受用していることをいう。**《然るに諸法は心もて成ず》**親鸞の加点本は「然るに諸法は心をして無余の境界を成ず」と読む。これは、浄土が願心荘厳の浄土であるが、実は真如法性・涅槃界に外ならないという意味であろうか。《器》器世間（bhājana-loka）の「器」は器物の意味で、衆生を住まわせる国土だからこういう。この語にたいするのが衆生世間（sattva-loka）である。

〔訳〕『浄土論』にいう。

「この清浄に二種の清浄がある。そのことを知るべきである」

前述の三句の転入という文において、一法句をすべてとって清浄句に収め、清浄句をすべてとって法身に通入すると説いた。いま、そのうちの清浄句について、二種の別あることを示そうとする。それ故に、「知るべきである」といわれたのである。

そこで『浄土論』にこういう。

「二種とは何か。一つには器世間清浄であり、二つには衆生世間清浄である。器世間清浄とは、前述の仏国土の特相の円かなしつらい十七種で、これを器世間清浄と名づける。衆生世間清浄とは、前述の仏の特相の円かなしつらい八種と菩薩の特相の円かなしつらい四種で、これを衆生世間清浄と名づける。このように、一法句に二種の清浄の意義を含めている。このことを知るべきである」

そもそも、衆生は各別の業によって報われた主体(別報)であり、仏国土は衆生の自他ともに受用すべき共通の果報(共報)であって、衆生世間(正報、仏・菩薩)が体、仏国土(依報)がその用で、体用同じではない。それ故に、「知るべし」というのである。しかしながら、浄土のことがらは、すべて法蔵菩薩の願心によってしつらえられており、願心以外のものは一つもない。衆生世間と器世間とは異ならず同一でもない。同一でないから別報・共報の義が分かれ、異ならないから両者同じく「清浄」というのである。

「器」とは用いるものである。つまり、かの安楽浄土は清浄な衆生(阿弥陀仏や菩薩たち)が受用する仏国土である。それ故に、「器(物)」と名づける。清浄な食物を盛るのに不浄の器を用いると、器が不浄であるから盛られた食物もまた不浄となる。また不浄の食物を盛るのに清浄な器を用いると、盛られた食物が不浄であるから器もまた不浄となる。このように、必ず器と食物が二つともに清らかであるとき、清浄といえるようなものである。それ故に、一つの清浄という名まえのなかに、必ず衆生世間清浄と器世間清浄の二種を収めるのである。

〔もろもろの人天は衆生世間清浄に入れて数えるのか〕

問曰。言二衆生清淨一。則是佛與二菩薩一。彼諸人天得レ入二此清淨數一不。答曰。得レ名二清淨一。非二實清淨一。譬如下出家聖人。以レ殺二煩惱賊一故。名爲二比丘一。凡夫出家者。持戒破戒。皆名中比丘上。又如下灌頂王子。初生之時。具二三十二相一。卽爲二七寶所屬一。雖レ未レ能レ爲二轉輪王事一。亦名中轉輪王上。以二其必爲二轉輪王一故。彼諸人天亦復如レ是。皆入二大乘正定之聚一。畢竟當レ得二清淨法身一。以レ當レ得故。得レ名二清淨一。

問うて曰わく。衆生清浄と言うは、則ち是れ仏と菩薩となり。彼の諸の人天も此の清浄の数に入るを得るやいなや。

答えて曰わく。清浄と名づくを得るも、実の清浄にはあらず。譬えば、出家の聖人は煩悩の賊を殺すを以ての故に、名づけて比丘となし、凡夫の出家者にして、持戒も破戒も、皆な比丘と名づくるが如し。また灌頂《かんじょう》の王子、初生の時、三十二相を具して、即ち七宝の所属となる。いまだ転輪王の事をなすあたわずと雖も、亦た転輪王と名づくるが如し。其の必ず転輪王となるを以ての故なり。彼の諸の人天も亦復《また》是の如し。皆な大乗正定の聚《じゅ》に入りて、畢竟《ひっきょう》じてまさに清浄法身を得《う》べし。まさに得べきを以ての故に、清浄と名づくることを得たり。

《比丘》『大智度論』巻第三に「比名レ破。丘名二煩惱一。能破二煩惱一故名二比丘一。」（大正二十五巻八〇上）とあ

る。《灌頂》インドで帝王の即位や立太子にあたって、その頭の頂に四大海の水を灌《そそ》ぐ儀式。仏教の儀式としても用いられた。ここでは灌頂の儀式をうける王子、すなわち転輪聖王の皇太子をいう。《諸の人天》「神々や人間」（人天）は六道輪廻の存在者である。安楽浄土にいる聖衆はすべて涅槃界の者たちなのに、神々や人間がいるとすれば矛盾することになろう。そこで『無量寿経』には、「其の諸の声聞・菩薩・天・人は、智慧高明にして神通に洞達せり。咸《みな》同じく一類にして、形に異状なし。ただ余方に因順す。故に天・人の名あり。顔貌端正にして、世に超えて希《け》有《う》なり。容色微妙にして、天にあらず人にあらず、みな自然《じねん》・虚無《こむ》の身・無極《むごく》の体を受く」とある。その意味は、浄土にいる聖衆はみな同じたぐいで、いろ・かたちに相違がないから、世間でいうごとき区別した呼び名は必要としない。しかしながら、浄土以外の他世界で一般に呼びならわしている言葉に順じて、天とか人とかというのであって、浄土の聖衆はみな浄土の本性たる涅槃のさとりにかなった身体をえているという。

〔訳〕問う。ここで衆生世間清浄というのは、阿弥陀仏とその聖衆である菩薩たちをいう。安楽浄土の神々や人間も、衆生世間清浄のなかに入れて数えるのかどうか。

答える。衆生世間清浄のなかに入れて数えることができるが、まことの清浄ではない。たとえば、出家者のうちで聖者位の者は、煩悩の賊を殺しているから、比丘と名づけるが、他方、出家して凡夫位にある者も、持戒者・破戒者の別なくみな比丘と呼ぶようなものである。また灌頂《かんじょう》の王子、すなわち転輪聖王の皇太子は、この世に生まれたとき、三十二の身体的特徴を具え、七宝の所有者となっている。かれはまだ王となっておらず、転輪聖王としての仕事をすることができないけれども、転輪聖王と名づけられているようなものである。なぜかといえば、あとで必ず転輪聖王の位につくからである。かの安楽浄土の神々や人間も、それと同様である。かれらはすべて大乗菩薩道の初地の位の仲間、すなわち正定聚に入って、ついには第八地以上の平等法身の菩薩となる。平等法身の菩薩となるに間違いないという正定聚の位につくから、神々や人間も衆生世間清浄のなかに入れて数えられるのである。

第五節　善巧摂化

(イ) 広略相入観を修める

善巧攝化者。

如レ是菩薩。奢摩他。毘婆舎那。廣略修行。成二就柔軟心一。

柔軟心者。謂廣略止觀。相順修行。成二不二心一也。譬如二以レ水取レ影。清靜相資而成就一也。

如レ實知二廣略諸法一。

如レ實知者。如二實相一而知也。廣中二十九句。略中一句。莫レ非二實相一也。

如レ是成二就巧方便迴向一。

如レ是者。如二前後廣略皆實相一也。以レ知二實相一故。則知二三界衆生虛妄相一也。知二衆生虛妄一。則生二眞實慈悲一也。知二眞實法身一。則起二眞實歸依一也。慈悲之與二歸依一。巧方便在レ下。

善巧摂化《ぜんぎょうせつけ》とは。

「是の如く菩薩は、奢摩他《しゃまた》と毘婆舎那《びばしゃな》とを、広略に修行して、柔軟心《にゅうなん》を成就す」

柔軟心とは、謂わく、広略の止観、相順し修行して、不二の心を成ずるなり。譬えば水を以て影を取るに、清と静と相い資《たす》けて成就するが如し。

「実の如く、広略の諸法を知る」

「実の如く……知る」とは、実相の如くに知るなり。広の中の二十九句と、略の中の一句とは、実相にあらざることなし。

「是の如く、巧《ぎょう》方便廻向を成就す」

「是の如く」とは、前後広略、皆な実相なるが如きなり。実相を知るを以ての故に、則ち三界の衆生の虚妄《こもう》の相を知るなり。衆生の虚妄を知れば、則ち真実の慈悲を生ずるなり。真実の法身を知れば、則ち真実の帰依を起こすなり。慈悲と帰依と、巧方便とは下に在り。

《善巧摂化》仏・菩薩が衆生を巧みに教化し摂取すること。　**《奢摩他と毘婆舎那》**第三章、第二節　起観生信の(3)作願門と(4)観察門（二五一頁以下）を参照。　**《広略》**第四節　浄入願心（三六二頁以下）を参照。**《柔軟心》**citta-karmaṇyatā 仏国土の清浄をさとる心とされる。曇鸞は広略の止観を均等に修する不二の心と解釈する。　**《清と静》**清澄と静止。ものの影が水に宿るというのは、水が清く澄んでいても波立っていては宿らない。だから、清く澄むことと静止していることとの合体があってはじめて、影が水に宿るのである。　**《真実の法身》**第四節　浄入願心において「清浄」の一法句を説明する中に、仏徳たる「真実智慧無為法身」の語句を出す。そのうち「智慧無為」を省略して、いまこのようにいう。

〔訳〕解義分の第五「善巧摂化」（菩薩の巧みな手だてによる衆生救済）について、『浄土論』はこういう。

「このように、浄土の菩薩は奢摩他《しゃまた》（＝止）を得て入一法句の「略」を知り、毘婆舎那《びばしゃな》（＝観）を得て、二十九種荘厳の「広」を知り、もって広略相入をさとって柔輭《にゅうなん》心を獲得する」

そのうち「柔輭心」というのは、浄土に生まれた菩薩が「止」すなわち涅槃のさとりを得て、浄土の二十九種荘厳が「清浄」という真理の一句に収まること（略という）を把握するとともに、智慧の働きである「観」によって二十九種荘厳を一々観察すること（広という）をなして、しかもこれら略の止と広の観とがあい応じ、あい均等し、止観不二となった心をいうのである。譬えば、水面にものの影を写す場合、清澄（「観」をさす）と静止（「止」をさす）の二つがあいたすけあって一つになったところに、影を水に写すことができるようなものである。

また『浄土論』にいう。

「実の如く、広と略の真理のすがたを知る」と。

そのうち「実の如く……知る」というのは、実相の通りに知るということである。「広」である浄土の二十九種荘厳も、「略」である「清浄」という真理の一句も、いずれも実相でないものはない。

また『浄土論』にいう。

「このように、巧みな手だてをめぐらして、衆生に施すこと（巧方便廻向）を完成している」

そのうち「このように（是の如く）」というのは、前に出す「広」の二十九種荘厳にせよ、後に出す「略」の清浄という真理の一句にせよ、みな実相そのものに外ならないということである。そこで、浄土に生まれた菩薩は実相の道理をさとるから、三界の衆生が顚倒《てんどう》見を抱いて実相を知らず、うそ・いつわりのすがたを示していることを知る。衆生のうそ・いつわりのすがたを知るから、かれらを救わんとする真実の慈悲心を起こす。また菩薩は阿弥陀仏の真実の法身をさとるから、仏にたいする真実の帰依心を起こす。ここにいう慈悲と帰依と、衆生救済の巧みな手だてとの三つの教えに関しては、つぎの第六節 障菩提門で説明しよう。

(ロ)　巧方便廻向を説明する——火《か》㮇《てん》の喩——

何者菩薩巧方便迴向。菩薩巧方便迴向者。謂説禮拜等五種修行。所レ集一切功德善根。不レ求二自身住持之樂一。欲レ拔二一切衆生苦一故。作下願攝二取一切衆生一。共同生中彼安樂佛國上。是名二菩薩巧方便迴向成就一。

案二王舍城所説無量壽經一。三輩生中。雖レ行有二優劣一。莫レ不三皆發二無上菩提之心一。此無上菩提心。卽是願作佛心。願作佛心。卽是度衆生心。度衆生心。卽攝二取衆生一。生二有佛國土一心。是故願レ生二彼安樂淨土一者。要レ發二無上菩提心一也。若人不レ發二無上菩提心一。但聞二彼國土受レ樂無一レ間。爲レ樂故願レ生。亦當レ不レ得二往生一也。是故言。不レ求二自身住持之樂一。欲レ拔二一切衆生苦一故。住持樂者。謂彼安樂淨土爲二阿彌陀如來本願力之所一レ住持。受レ樂無レ間也。凡釋二迴向名義一。謂以二己所一レ集一切功德一。施二與一切衆生一。共向二佛道一。巧方便者。謂菩薩願以二己智慧火一。燒二一切衆生煩惱草木一。若有三一衆生不二成佛一。我不レ作佛。而衆生未二盡成佛一。菩薩已自成佛。譬如乙火㮇聽念反欲レ擿二聽歷反一切草木一。燒令中使盡上。草木未レ盡。火㮇已盡。以下後二其身一而身先上故。名二巧方便一。此中言二方便一者。謂作下願攝二取一切衆生一。共同生中彼安樂佛國上。彼佛國卽是畢竟成佛道路。無上方便也。

「何者か菩薩の巧《ぎょう》方便廻向なる。菩薩の巧方便廻向とは、謂わく、説くところの礼拝等の五種の修行をもて、集むる所の一切の功徳善根をして、自身の住持の楽を求めず、一切衆生の苦を抜かんと欲するが故に。一切衆生を摂取して、共に同じく彼《か》の安楽仏国に生ぜんと作願せり。是れを菩薩の巧方便廻向成就と名づくと」

王舎城所説の『無量寿経』を案ずるに、三輩の生の中に、行に優劣ありと雖も、皆な無上菩提の心を発《おこ》さざることなし。此の無上菩提心とは、即ち是れ願作仏心《がんさぶっしん》なり。願作仏心とは、即ち是れ度衆生心《どしゅじょうしん》なり。度衆生心とは、即ち衆生を摂取して、有仏《うぶつ》の国土に生ぜしむる心なり。是の故に彼の安楽浄土に生ぜんと願ずる者は、要《かなら》ず無上菩提心を発すべし。若《も》し人、無上菩薩心を発さずして、但《た》だ彼の国土の楽を受くること間《ひま》なきを聞きて、楽のための故に生ぜんと願ぜば、亦たまさに往生を得ざるべし。是の故に言わく、自身住持の楽を求めず、一切衆生の苦を抜かんと欲するが故にと。住持の楽とは、謂わく、彼の安楽浄土は阿弥陀如来の本願力の住持する所となり、楽を受くること間《ひま》なし。

凡《およ》そ廻向の名義を釈せば、謂わく、己《おの》が集むる所の一切の功徳を以て、一切衆生に施与して、共に仏道に向かうなり。巧方便とは、謂わく、菩薩、願ずらく、己が智慧の火を以て、一切衆生の煩悩の草木を焼かんに、若し一衆生として成仏せざることあらば、我れ作仏《さぶつ》せずと。而るに衆生未だ尽《ことごと》く成仏せざるに、菩薩已《すで》に自ら成仏す。譬えば火㮇《かてん》もて一切の草木を摘みて焼きて尽さしめんと欲するに、草木未だ尽きざるに、火㮇已に尽きんが如し。其の身を後にして而も身先《さき》だつを以ての故に、巧方便と名づく。此の中、方便と言うは、謂わく、一切衆生を摂取して、共に同じく彼《か》の安楽の仏国に生ぜんと作願す。彼の仏国は即ち是れ畢竟《ひっきょう》成仏の道路、無上の方便なり。

《巧方便》 upāya-kauśalya　善巧方便ともいう。仏や菩薩が衆生に法を説く際、相手の能力や条件にかなった種々の方法を巧みに用いること。**《三輩の生》**『無量寿経』巻下（大正十二巻二七二中〜下）に説かれている。浄土に往生する者を、その根機と往生行（念仏やその他の行）の浅深に応じて、上・中・下の三種に分けている。**《共に仏道に向かう》**この部分、親鸞は衆生による廻向ではなく、阿弥陀如来による廻向（他力廻向）という独自の廻向観に基づいて「一切衆生に施与したまひて、共に仏道に向へしめたまふなり」（『教行信証』信巻、真聖全二―六九）と読んでいる。**《火栝》**つけ木。火をつける火種《ひだね》の木片。**《其の身を後にする》**『老子』第七章に「是以聖人。後二其身一而身先外二其身一而身存」とある。

〔訳〕『浄土論』は「巧みな手だてをめぐらして、衆生に施すこと（巧方便廻向）」について、こういう。

「菩薩が巧みな手だてをめぐらして、これを衆生に施すとは、どのようなことをいうのか。衆生に施すわけは、前述の（第三章、第二節　起観生信の下）礼拝・讃嘆・作願・観察・廻向の五種の修行によって集起した自利・利他のすべての功徳を、自身のさとりに安住するためでなく、あらゆる衆生の苦を抜くために施そうとするからである。菩薩はあらゆる衆生を救いとって、ともどもに阿弥陀仏の安楽浄土に生まれようと願うのである。これを菩薩が巧みな手だてをめぐらして、衆生に施すことを完成している（巧方便廻向成就）と名づける」

王舎城の耆闍崛山《ぎしゃくっせん》で説かれた『無量寿経』の教えによれば、往生を願う上・中・下の三種類の人びとのうちで、修行に優劣の差があるけれども、すべてこの上ないさとりを求める心を起こさない者はいない。この上ないさとりを求める心とは、仏になろうと願う心である。仏になろうと願う心は、衆生を救おうとする心である。衆生を救おうとする心は、衆生を救いとって仏の在《まし》ます国土に生まれさせる心である。それ故に、阿弥陀仏の安楽浄土に往生したいと願う者は、この上ないさとりを求める心を起こすべきである。もしも人がこの上ないさとりを求める心を起こさず、安楽浄土では絶え間なく楽しみがえられると聞いて、かかる楽しみのみを享受するために往生しようと願っても、まったく不可能なことである。それで、「自身のさとりに安住すること（住持楽）を求めず、あらゆる衆生の苦を抜くために施そうとするからである」といわれる。「さとりに安住すること」とは、かの安楽浄土は阿弥陀如来の本願力によって建立され支持されていて、そこにおいて絶え間なく楽しみを享受することができるということである。

およそ、「めぐらし施す」（廻向）ということばの意味を解釈すると、菩薩が修行して集積したあらゆる功徳をすべての衆生に施して、ともどもに仏のさとりを求めて向かうことである。

「巧みな手だて」（巧方便）というのは、菩薩が自己の智慧の火で、あらゆる衆生の煩悩の草木を焼こうとして、衆生のうち一人でも仏とならないならば、みずから仏とはなるまいと誓う。ところが、すべての衆生が仏とならないうちに、菩薩がさきに仏となることである。これを譬えていうと、火種のつけ木を使って、摘みとった草木をすべて焼き尽そうとして、草木がまだ焼き尽されないうちに、つけ木のほうがさきに焼き尽されるようなものである。わが身を後にして、しかも衆生を救うためにわが身がさきに仏となるから、「巧みな手だて」という。そのうち「手だて」（方便）とは、あらゆる衆生を救いとって、ともどもに阿弥陀仏の安楽浄土に生まれようと願うことである。なぜならば、かの安楽浄土は、とりもなおさず、衆生が仏となる究極のさとりの道であり、この上ない手だて・方法だからである。

この一段に挙げる「菩薩」は浄土願生者のそれであって、前段の「菩薩」が浄土の聖衆を指したのとは異なる。ところで、ここにいう菩薩を、注記にも示したように、親鸞は法蔵菩薩とみなし、法蔵菩薩が因位のとき、五念門の行を修め、これによって衆生の往生を実現する巧方便廻向を成就したと解釈する。

なお、ここに挙げる「巧方便廻向」とは、法蔵に限らず、一般に浄土願生する菩薩にとっても、われ・ひとともに浄土に往生しようとする願心の現われであって、それは種々さまざまの手だて・方法を示すものであるといえよう。しかも、それは「自身の住持の楽を求めず、一切衆生の苦を抜かんと欲する」という、自利・利他の完成を目指す菩薩道の実践を指していることが知られよう。

本来、菩薩は自利よりも衆生を救う利他を先きとするから、「自未度先度他《じみどせんどた》」（みずからいまだ度《わた》らざるに、まず他を度《わた》す）といわれる。いまこの一段に出す火㮍《かてん》の喩えは、一見、利他を否定し自利を優先するかのように思われるであろう。だが、そうではなくして、わが身の自利を後にして衆生救済の利他行に生きることが、そのまま自利の達成となるから、衆生より先きに仏となるというのである。このことは、衆生をして仏道へ一層かりたて精進せしめる力を与えるからでもあろう。

得道者が得道者をうみ出す。念仏者がつぎつぎと念仏者をうみ出すということは、道すなわち念仏のもつ力用に外ならない。菩薩の「巧方便廻向」も、弥陀の本願海から流露するものである。浄土が往生人を願生せしめ、往生せしめて、仏たらしめるというのも、さとりの世界の力用であるから、「彼《か》の仏国は即ち是れ畢竟《ひっきょう》成仏の道路、無上の方便なり」と曇鸞は述べている。

第六節　障菩提門

障菩提門者。

菩薩如是善知迴向成就。即能遠離三種菩提門相違法。何等三種。一者。依智慧門不求自樂。遠離我心貪著自身故。

知進守退曰智。知空無我曰慧。依智故不求自樂。依慧故遠離我心貪著自身。

二者。依慈悲門抜一切衆生苦。遠離無安衆生心故。

抜苦曰慈。與樂曰悲。依慈故抜一切衆生苦。依悲故遠離無安衆生心。

三者。依方便門憐愍一切衆生心。遠離供養恭敬自身心故。

正直曰方。外己曰便。依正直故生憐愍一切衆生心。依外己故遠離供養恭敬自身心。

是名遠離三種菩提門相違法。

障菩提門とは。

「菩薩、是の如く善く廻向成就を知れば、即ち能く三種の菩提門相違の法を遠離す。何等か三種なる。一には智慧門に依って自楽を求めず。我が心、自身に貪著《とんじゃく》することを遠離するが故に」

進むを知り退くを守るを智と曰《い》い、空・無我を知るを慧と曰う。智に依るが故に自楽を求めず、慧に依るが故に我心の自身に貪著するを遠離す。

「二には、慈悲門に依って一切衆生の苦を抜く。衆生を安んずることなき心を遠離するが故に」

苦を抜くを慈と曰い、楽を与えるを悲と曰う。慈に依るが故に一切衆生の苦を抜き、悲に依るが故に衆生を安んずることなき心を遠離《おんり》す。

「三には、方便門に依って一切衆生の心を憐愍《れんみん》す。自身を供養し、恭敬《くぎょう》する心を遠離するが故に」

正直を方《ほう》と曰い、己を外にするを便と曰う。正直に依るが故に一切衆生を憐愍する心を生じ、己を外にするに依るが故に自身を供養し恭敬する心を遠離す。

「是れを三種の菩提門相違の法を遠離すと名づく」

《障菩提門》さとりに至る時の障害となるもの。先には「離菩提障」と題されていた。《苦を抜く……》一般には『大智度論』等にもとづいて「抜苦を悲、与楽を慈」ということが多い。『論註』の説は『大般涅槃経』と同じ。《己を外にするを便と曰う》「便」は便宜の意であるから、自分の都合に合わせず、対象である衆生の機根等の条件に従うという意味。

〔訳〕解義分の第六「障菩提門」（さとりを妨げる心）について、『浄土論』は説く。

「以上のように菩薩が巧みな手だてをめぐらして、衆生に施すという行の完成を知るならば、そのとき菩薩はさとりの妨げをなす三種の心を遠ざける。三種の心とは何であるか。

一には、智慧門によって自身の楽を求めない。なぜならば、自己の心が自身に貪著《とんじゃく》することを遠ざけるためである」

さとりの道に進み入ることを知って、声聞・縁覚の二乗に退き堕《お》ちることから身を守るのを「智」

といい、すべて生起している事象は無自性で実体がない（空・無我）とさとるのを「慧」という。

「二には、慈悲門によってあらゆる衆生の苦を抜く。なぜならば、衆生をなぐさめ安んずることのない心を遠ざけるためである」

ここにいうように、苦を抜くのが「慈」であり、楽を与えるのが「悲」である。慈心によるからあらゆる衆生の苦を抜き、悲心によるから衆生をなぐさめ安んずることのない心を遠ざけることができる。

「三には、方便門によってあらゆる衆生の心をあわれむ。なぜならば、自分自身を尊重し敬愛する心を遠ざけるためである」

ここにいう「方便」の語について、正しく真直《まっすぐ》であることを「方」といい、他人を先きとして自己を後にすることを「便」という。正しく真直であるからあらゆる衆生をあわれむ心が生じ、自己を後にするから自分自身を尊敬し敬愛する心を遠ざけることができる。

「これらの智慧門と慈悲門と方便門の三種を、さとりの妨げをなす三種の心を遠ざける教えと名づける」

前節「善巧摂化」の中で、浄土に生まれた菩薩はただちに奢摩他《しゃまた》・毘婆舎那《びばしゃな》を得、衆生救済の巧方便廻向を成就して、慈悲と帰依と巧方便を起こすという。いま、智慧門等の三種は、それを説明するものである。してみれば、智慧等の三種の門は、浄土のさとり自体が浄土の菩薩に薫習《くんじゅう》し、菩薩の徳性となったものに外ならない。浄土の菩薩が利他教化に向って発動する源泉は、実は浄土の土徳たる涅槃の証果に基づくのである。このことを善導は『観経疏』（定善義）の中で、偈頌《げじゅ》をもってこう詠んでいる。

西方寂靜無爲樂　（西方寂静無為のみやこには）
畢竟逍遙離有無　（畢竟、逍遥して有無を離れたり）
大悲熏心遊法界　（大悲、心に熏じて法界に遊ぶ）
分身利物等無殊　（分身の物を利すること、等しくしてことなることなし）
歸去來魔郷不可停　（いざいなん、魔郷には停《とど》まるべからず）
曠劫來流轉六道盡皆逕　（曠劫《こうごう》よりこのかた六道に流転して、ことごとくみなへたり）
到處無餘樂唯聞愁歎聲　（いたるところに余の楽しみなし、ただ愁歎の声を聞く）
畢此生平後入彼涅槃城　（この生平《しょうびょう》をおえて後、かの涅槃のみやこに入らん）

後の偈頌は陶淵明のことば「いざいなん」を使って、往生浄土をすすめる。だれ一人として六道に輪廻し苦悩しない者はいないから、この人間としての生存をおのが輪廻の終結となすべく、次生には西方浄土に生まれ、さとりを開くようにと願っている。

前の偈頌の「西方寂静無爲樂」とは、まよいの有為《うい》の世界にたいして、西方極楽浄土がさとりの無為の世界であるという。その浄土が「畢竟、逍遥して有無を離れたり」というのは、われわれの住むまよいの世界が輪廻の世界、有無相対の世界、分別知の世界であるのにたいして、絶対無差別の世界、無分別知の世界であるという。

そして、浄土に生まれた人びとは、生まれるや否や、娑婆《しゃば》世界に還相《げんそう》して衆生救済の利他行に従事する。その根拠は「大悲、心に熏じて法界に遊ぶ」に基づく。つまり、浄土に生まれるや、阿弥陀仏の大悲心が菩薩の心に薫習し、菩薩の大悲心となる。阿弥陀仏の大悲心の薫習によって、菩薩の利他行が生まれるのである。

親鸞は右の偈頌を『教行信証』の証巻と真仏土巻に重ねて引用している。その引用のこころを伺うとき、われわれの往生浄土が浄土における自利・利他の完成、すなわち仏果の証得に外ならないことを告げるとともに、往相の自利も還相の利他もすべて本願力廻向によることを明らかにしようとされていることがわかる。

第七節　順菩提門

順菩提門者。

菩薩遠ニ離如レ是三種菩提門相違法一。得二三種隨順菩提門法滿足一故。何等三種。一者。

無染清淨心。以レ不下爲二自身一求中諸樂上故。

菩提是無染清淨處。若爲レ身求レ樂。卽違二菩提一。是故無染清淨心。是順二菩提門一。

二者。安清淨心。以レ拔二一切衆生苦一故。

菩提是安二穩一切衆生一清淨處。若不下作心拔二一切衆生一離中生死苦上。卽便違二菩提一。是故拔二
一切衆生苦一。是順二菩提門一。

三者。樂清淨心。以レ令三一切衆生得二大菩提一故。以下攝二取衆生一。生中彼國土上故。

菩提是畢竟常樂處。若不レ令三一切衆生得二畢竟常樂一。則違二菩提一。此畢竟常樂。依レ何而得。

依二大乘門一。大乘門者。謂彼安樂佛國土是也。是故又言。以下攝二取衆生一。生中彼國土上故。

是名二三種隨順菩提門法滿足一。應レ知。


順菩提門とは。

「菩薩、是の如く三種の菩提門相違の法を遠離して、三種の随順菩提門の法、満足することを得るが故に。何等か三種なる。一には、無染《むぜん》清浄心なり。自身のために諸楽を求めざるを以ての故に」

菩提は是れ無染清浄の処なり。若し身のために楽を求めば、即ち菩提に違《たが》う。是の故に無染清浄心は、是れ菩提門に順ずるなり。

「二には安清浄心なり。一切衆生の苦を抜くを以ての故に」

菩提は是れ一切衆生を安穏ならしむる清浄の処なり。若し作心《さしん》して一切衆生を抜いて、生死の苦を離れしめずんば、即便《すなわ》ち菩提に違う。是の故に一切衆生の苦を抜くは、是れ菩提門に順ずるなり。

「三には楽清浄心なり。一切衆生をして大菩提を得しむるを以ての故に。衆生を摂取して、彼の国土に生ぜしむるを以ての故に」

菩提は是れ畢竟常楽の処なり。若し一切衆生をして畢竟常楽を得しめずば、則ち菩提に違う。此の畢竟常楽は、何に依りてか得る。大乗門に依る。大乗門とは、謂わく彼の安楽仏国土是れなり。是の故に又た言えり、「衆生を摂取して、彼の国土に生ぜしむるを以ての故に」と。

「是れを三種の随順菩提門の法満足すと名づく。知るべし」

《**菩提は是れ無染清浄の処なり**》「菩提」は bodhi の音写で、さとりの意。道とも訳す。原始仏典では、このさとりの境地を涅槃 (nibbāna)、不死あるいは不死の道 (amata-pada, accuta-pada)、寂静 (santi, santa)、安穏 (yogakkhema) などの語によって表わす。『ミリンダ王の問い』(東洋文庫3・一〇〇頁以下) は、涅槃(平安の境地) を種々の譬えによって説明しているが、まず無染の意に近い説明を挙げると、蓮華が泥水のために汚されないごとく、涅槃はすべての煩悩によって汚されない。涅槃は無垢にして煩悩の汚れを滅尽している、という。《**安清浄心**》苦を抜き安穏ならしめる清浄心。『ミリンダ王の問い』(前掲) では、食物が生けるものの憂いをしずめ、飢えと衰弱をとり除くごとく、涅槃は生けるもののあらゆる煩悩の憂いをしずめ、飢と衰弱をとり除く、という。　《楽清浄心》常楽を得しめる清浄心。『ミリンダ王の問い』（前掲）では、涅槃は「一向に安楽で苦のまじらぬもの」とされ、また大海が量りしれず、種々の広大な波の花が咲くごとく、涅槃は種々の広大・清浄・明知の解脱の花が咲く、という。　《大乗門》上巻、観察門の⒃大義門功徳成就（一四二頁）に「大義者大乗所以也……若人得レ生ニ安楽一者是則成ニ就大乗之門一也」とある。大乗の究竟のさとりは安楽浄土における得証のことであるという。いまの文は大義門功徳成就をうけている。

〔訳〕　つぎに、解義分の第七「順菩提門」（さとりに随順する心）を明かす理由について、『浄土論』は説く。

「菩薩は以上のような、さとりを妨げる三種の心を遠ざけると、さとりに随順する三種の心が完全に具わるからである。これら三種の心とは何であるか。

　一には、無染清浄心である。なぜならば、菩薩は自分自身のためにもろもろの欲楽を求めず、心が汚されていないからである」

およそ、さとりは汚れなき清浄（無染清浄）の境地である。もしも菩薩が自身のために欲楽を求めるならば、さとりにたがうことになろう。それ故に、無染清浄心はさとりに随順する心である。

「二には、安清浄心である。なぜならば、あらゆる衆生の苦を抜き、安らかにするからである」

およそ、さとりはあらゆる衆生を安穏ならしめる清浄な境地である。もしも菩薩が心を用いてあらゆる衆生を救って輪廻の苦からのがれさせないならば、さとりにたがうことになろう。それ故に、あらゆる衆生の苦を除いて救うことは、さとりに随順する心である。

「三には、楽清浄心である。なぜならば、あらゆる衆生に大いなるさとりを得させるからである。すなわち、衆生を救いとって安楽浄土に生まれさせるからである」

およそ、さとりは究極の常住・安楽の境地である。もしも菩薩があらゆる衆生に究極の常住・安楽の境地を得させなかったならば、さとりにたがうことになろう。では、いかにしてこの究極の常住・安楽の境地を得ることができようか。それは大乗の道による。大乗の道とは、阿弥陀仏の安楽浄土である。それ故に、「衆生を救いとって安楽浄土に生まれさせるからである」といわれたのである。

「このことを指して、さとりに随順する三種の心が完全に具わると名づけるのである。了解すべきである」

障菩提門を離れる三種の心すなわち三つの遠離心と、随順菩提門の三種の清浄心は、それぞれ体は同じであることが知られる。そして、これらは智慧と慈悲と方便の三門から菩薩の菩提心を把えているが、帰するところ、菩薩の自利と利他の完成、すなわち仏果を得るのは往生浄土においてであって、大乗菩薩道とはこの往生浄土の実践にきわまるということが、第六、第七の両節の趣旨でもあろう。

智慧門	不レ求二自楽一	無染清浄心	——自利
慈悲門	抜二一切衆生苦一	安清浄心	——利他
方便門	遠下離供二養恭三敬自身一心上	楽清浄心	

これらの三種の門ないし三種の心は、「さとりにたがう」心とは正反対に、「さとりにかなう」心に外ならない。これらのさとりにかなう三種の心を菩薩が体得し、その心で自利と利他をまっとうし、

つまり、われ・ひとともに仏果を開く身となるには、阿弥陀仏の仏力による以外のなにものでもない。つまり、阿弥陀仏の智慧門、慈悲門、方便門が、そのまま菩薩に加被《かび》されねばならない。そこに、離障菩提門が随順菩提門となって、菩薩の三種の心が示される。しかも、これら三種の心は、みな清浄心と名づけられるのは、如来の真実心の廻向されたすがただからである。

第八節　名義摂対

(イ)　般若と方便

名義攝對者。

向説智慧慈悲方便三種門。攝二取般若一。般若攝二取方便一。應レ知。

般若者。達レ如之慧名。方便者。通レ權之智稱。達レ如則心行寂滅。通レ權則備省二衆機一。省レ機之智。備應而無知。寂滅之慧。亦無知而備省。然則智慧方便。相緣而動。相緣而靜。動不レ失レ靜。智慧之功也。靜不レ廢レ動。方便之力也。是故智慧慈悲方便攝二取般若一。般若攝二取方便一。應レ知者。謂應レ知下智慧方便是菩薩父母。若不レ依二智慧方便一。菩薩法則不中成就上。何以故。若無二智慧一爲二衆生一時。則墮二顛倒一。若無二方便一觀二法性一時。則證二實際一。是故應レ知。

名義摂対とは。

「向《き》きに説く智慧と慈悲と方便との三種の門は、般若《はんにゃ》に摂取し、般若は方便に摂取す。知るべし」

「般若」とは、如《にょ》に達するの慧《え》の名なり。「方便」とは、権《ごん》に通ずるの智の称なり。如に達すれば則ち心行寂滅し、権に通ずれば則ち備《つぶ》さに衆機を省みる。機を省みるの智は、備さに応じて無知なり。寂滅の慧も、亦た無知にして備さに省みる。然れば則ち智慧と方便と、相縁《よ》りて動じ、相縁りて静なり。動の静を失せざるは、智慧の功なり。静の動を廃せざるは、方便の力なり。是の故に智慧と慈悲と方便とは般若を摂取し、般若は方便を摂取す。

「知るべし」(応知)とは、謂わく、まさに智慧と方便とは是れ菩薩の父母なり。若し智慧と方便とに依らざれば、菩薩の法、則ち成就せずと知るべしと。何を以ての故に。若し智慧なくして衆生のためにせん時は、則ち顚倒《てんどう》に堕し、若し方便なくして法性を観ぜん時は、則ち実際を証す。是の故に「知るべし」(応知)となり。

《般若》prajñā の音写。真実の智慧、さとりの智慧。個々の現象を分析して知る認識ではなく、すべては空なりと全体的、直観的にさとる智慧。《権に通ず》権は実に対する概念で、一時的、かりそめのもの。《実際》bhūta-koṭi の訳。虚妄を離れた涅槃のさとり。存在の究極のすがた。ここでは慈悲、方便などを欠いた声聞や縁覚のさとりを指している。

〔訳〕 解義分の第八「名義摂対」(第六、第七に説いた智慧・慈悲・方便の三門と、遠離我心・遠離無安衆生心・遠離供養自心の三遠離心と、無染清浄心・安清浄心・楽清浄心の三清浄心との九が、それぞれ名称と意義に関して智慧心・方便心・無障心・勝真心の四心に収まるということ)とは、まず智慧などの三門が般若と方便に収まるということについて、『浄土論』はこのように説く。

「第六の障菩提門に説く智慧・慈悲・方便の三心は般若に収まり、般若は方便に収まる、と知るべきである」

このうち「般若」とは一如・平等の理を体得する慧に名づけたものである。「方便」とは平等の理が具体的ことがらとなって現われた差別相に通達する智に名づけたものである。一如・平等の理を体得すれば心の作用が止滅《しめつ》し、差別相に通達すればもらさずあらゆる人の心を知る。あらゆる人の心を知る智は、すべての人に応じて分別するところがない。一如をさとり心の作用の止滅をうる慧もまた、分別するところがないが、しかもあらゆる人の心をよく知る。したがって、智慧と方便とあいよって動となり、またあいよって静となっている。つまり、あらゆるものに働いていながら、静けさを失わないのは智慧のてがらである。静けさをたもちながら、あらゆるものに働きかけているのは方便の力である。そこで、智慧と慈悲と方便は般若に収まり、般若は方便に収まるのである。

「知るべきである（応知）」というのは、智慧と方便とは、菩薩の父であり母である。もしも智慧と方便とによらなかったならば、菩薩の修めるべき自利・利他の行は完成しない、と知るべきであるというのである。なぜならば、もしも智慧がなくて衆生救済のために働くときは、顚倒《てんどう》の見解に陥り、もしも方便がなくて法性の真理を観察するときは、利他の伴わない声聞・縁覚のさとりをさとるだけである。それ故に「知るべきである」というのである。

(ロ)　無障心

向説遠二離我心一。不レ貪二著自身一。遠下離無レ安二衆生一心上。遠下離供二養恭三敬自身一心上。此三種法。遠下離障二菩提一心上。應レ知。

諸法各有二障礙相一。如下風能障レ靜。土能障レ水。濕能障レ火。五黒十惡障二人天一。四顛倒障中聲聞果上。此中三種不遠離。障二菩提一心。應レ知者。若欲レ得二無障一。當レ遠二離此三種障礙一也。

「向《さ》きに説くところの、我心を遠離して、自身に貪著《とんじゃく》せざると、衆生を安んずることなき心を遠離すると、自身を供養し恭敬する心を遠離すると、此の三種の法は、菩提を障《さ》える心を遠離す。知るべし」

諸法に各の障礙《しょうげ》の相あり。風は能く静を障《さ》え、土は能く水を障え、湿は能く火を障え、五黒十悪は人天を障え、四顛倒《てんどう》は声聞果を障うるが如し。此の中の三種の不遠離は、菩提を障うる心なり。

「知るべし」（応知）とは、若し無障を得んと欲せば、まさに此の三種の障碍を遠離すべしとなり。

《五黒》白は善を、黒は悪をたとえる。五悪のこと。《四顛倒》無常を常、苦を楽、無我を我、不浄を浄と見誤る四種のさかさまな見解。《声聞果》四種の聖者の位（預流・一来・不還・羅漢）。

〔訳〕 つぎに、遠離我心・遠離無安衆生心・遠離供養自心の三遠離心が無障心に収まることを、このように『浄土論』は説く。

「第六障菩提門に挙げた、①我執のこころを遠離し自身に貪著《とんじゃく》しない心（遠離我心）と、②衆生を安慰しないこころを遠離する心（遠離無安衆生心）と、③自身を供養し自心を尊重する心を遠離する心（遠離供養自心）の三種の心は、仏果を妨げる心を遠離する。このことをよく知るべきである」

すべて、存在するものには妨げる働きがある。風は静けさを妨げ、土は水の流れを妨げ、湿気は火のもえるのを妨げ、五悪・十悪は人間や神々に生まれる果を得させない妨げをなし、四種の顚倒《てんどう》の見解は声聞のさとりを妨げるようなものである。それで、これら三種の不遠離の心は、仏果を妨げる心に外ならない。

「知るべきである（応知）」というのは、もしも仏果を妨げることのない心（無障心）を得ようと思えば、上述の三種の妨げる心を遠離すべきである。

(八)　妙楽勝真心

向説無染清淨心。安淸淨心。樂淸淨心。此三種心。略一處成㆓就妙樂勝眞心㆒。應㆑知。

樂有㆓三種㆒。一者外樂。謂五識所生樂。二者内樂。謂初禪二禪三禪意識所生樂。三者法樂樂五角反樂魯各反。謂智慧所生樂。此智慧所生樂。從㆑愛㆓佛功德㆒起。是遠離我心。遠離無安衆生心。遠離自供養心。是三種心。淸淨增進。略爲㆓妙樂勝眞心㆒。妙言其好。以㆓此樂緣㆑佛生㆒故。勝言勝㆔出三界中樂㆒。眞言不㆓虛僞㆒。不㆓顚倒㆒。

「向《さ》きに説くところの、無染清浄心と、安清浄心と、楽清浄心と、此の三種の心は、略して一処にして妙楽勝真心を成就するなり。知るべし」

楽に三種あり。一には外楽《げらく》、謂わく五識所生の楽なり。二には内楽《ないらく》、謂わく初禅二禅三禅の意識所生の楽なり。三には法楽楽《ほうがくらく》、謂わく智慧所生の楽なり。此の智慧所生の楽は、仏の功徳を愛するより起これり。是れ、遠離我心と、遠離無安衆生心と、遠離自供養心となり。是の三種の心、清浄にして増進するを、略して妙楽勝真心となす。

「妙」の言は其れ好なり。此の「楽」、仏を縁じて生ずるを以ての故に。「勝」の言は三界の中の楽に勝出せり。「真」の言は虚偽ならず、顚倒ならざるなり。

《五識所生の楽》眼耳鼻舌身の五識から生ずる楽。《意識所生の楽》第六の意識から生ずる楽。《法楽楽》香月院は『維摩経』の菩薩品における天女への説法を引き、悪魔パーピーマントに率いられた天女が「鼓《く》楽絃歌《がくげんか》」して持世菩薩を誘惑しにやってきたことに基づき、「法楽楽」のうちの「法楽」とは、「法の音楽」と解し、天女の「天の音楽」と対応させている。しかしながら、維摩居士の「汝等、すでに道意を発せば、法楽の以て自ら娯しむべきあり。応にまた五欲の楽を楽しむべからざるなり」ということばは、世俗の五欲を斥けて、各自が真理の味を楽しむという自受用法楽をすすめているといってよい。それ故に、曇鸞のいう「法楽楽」は、法味楽としての楽と見るほうが素直であろう。

〔訳〕つぎに、無染清浄心・安清浄心・楽清浄心の三清浄心が妙楽勝真心に収まることを、このように『浄土論』は説く。

「第七の順菩提門に説く無染清浄心と安清浄心と楽清浄心の三種の清浄心は、総じて一つの妙楽勝真心に収まり尽きる、と知るべきである」

「妙楽勝真心」とは、そのうち「楽」の意味に三通りある。第一は外楽《げらく》である。これは、眼耳鼻舌身の五つの感官が外界の対象たるいろ・かたちあるもの、音声、香、味、触れられるものに働いて感受する楽しみをいう。第二の意味は内楽《ないらく》である。これは初禅・二禅・三禅の禅定を修めている意識内の楽しみをいう。第三の意味は法楽楽《ほうがくらく》である。これは法楽（真理の教えを味わい楽しむこと）の楽しみで、智慧から生ずるものである。この智慧から生ずる楽しみは、阿弥陀仏の功徳を愛楽《あいぎょう》することから起こるのである。この愛楽の心が自我への貪著を遠ざける心（遠離我心）であり、衆生をなぐさめ安んずることのない心を遠ざける心（遠離無安衆生心）であり、そして、自身を尊重し敬愛する心を遠ざける心（遠離自供養心）なのである。これらの三種の心がさとりの妨げを離れて清浄となったところを一つにまとめて、「妙楽勝真心」と名づける。

「妙」の語は「好《よ》い」という意味である。なぜならば、ここにいう「楽しみ」が阿弥陀仏を愛楽する心から起こるものだからである。「勝」の語は迷いの三つの世界における楽しみよりも超え勝れているという意味である。「真」の語は虚偽でないこと、顚倒していないという意味である。

このように、三種の心清浄が妙楽勝真心という一清浄心に収まってしまう。そして、この一清浄心は阿弥陀仏の仏心であり、仏智のあらわれであることはいうまでもない。安楽浄土が名まえと荘厳の両面からして、「安楽」であるというのは、法蔵菩薩の智慧清浄の願心に基づくからであるが、いまここで、このことをもってさとりを得しめるところの妙楽勝真心の説明としていることは、浄土が「畢竟成仏の道路」であるからである。

第九節　願事成就

願事成就者。

如レ是菩薩智慧心。方便心。無障心。勝眞心。能生二清淨佛國土一。應レ知。

應レ知者。謂應レ知下此四種清淨功德。能得レ生二彼清淨佛國土一。非中是他緣而生上也。

是名下菩薩摩訶薩。隨二順五種法門一。所作隨レ意自在成就上。如二向所說一身業口業意業智業方便智業。隨順法門故。

隨レ意自在者。言此五種功德力。能生二清淨佛土一。出沒自在也。身業者禮拜也。口業者讚歎也。意業者作願也。智業者觀察也。方便智業者迴向也。言下此五種業和合。則是隨二順往生淨土法門一。自在業成就上。

願事成就とは。

「是の如く、菩薩の智慧心と、方便心と、無障心と、勝真心とは、能く清浄の仏国土に生ず。知るべし」

「知るべし」（応知）とは、謂わく、まさに此の四種の清浄の功徳、能《よ》く彼《か》の清浄の仏国土に生ずるを得しむ。是れ他縁もて生ずるにはあらずと知るべしとなり。

「是れを、菩薩摩訶薩、五種の法門に随順して、所作、意に随いて自在に成就せりと名づく。向《さき》の所説の如き身業・口業・意業・智業・方便智業は、随順の法門なるが故に」

「意に随いて自在に」（随意自在）とは、言わく、此の五種の功徳力をもって、能く清浄の仏土に生ずれば、出没自在なり。「身業」とは礼拝なり。「口業」とは讃嘆なり。「意業」とは作願なり。「智業」とは観察なり。「方便智業」とは廻向なり。此の五種の業、和合すれば、則ち是れ往生浄土の法門に随順して、自在の業、成就すと言う。

《願事成就》願事とは浄土願生という菩薩の事業の意で、五念門を修め、浄土に生まれて阿弥陀仏を見たてまつるという往生の業事のこと。《智慧心と方便心と無障心と勝真心と》親鸞は『入出二門偈頌』に「無礙光佛因地時　發斯弘誓建此願　菩提已成智慧心　成方便心無障心　成就妙樂勝眞心　速得成就無上道」（真聖全二―四八二）と述べているように、これらの四心を無礙光仏の因地である法蔵菩薩の四心と解している。

〔訳〕解義分の第九「願事成就」（菩薩の願いの完成）とは、『浄土論』にこういう。

「このように浄土に生まれようと願う菩薩は、智慧心と方便心と無障心と勝真心をもって、阿弥陀仏の清浄な仏国土に生まれることができるのである。これをよく知るべきである」

「知るべきである」というのは、これら四種の清浄な功徳が菩薩をしてかの清浄な仏国土に生まれさせるのであって、他の原因によるものではないと知るべきであるという。ついで『浄土論』にいう。

「この浄土に生まれるということを、菩薩が五種の往生浄土の行を修め、浄土に生まれるや、こころの思うままになす自在の振舞いを完成すると名づける。なぜならば、これまで説いてきた身業・口業・意業・智業・方便智業の五念門の行が、往生浄土のために修める教えだからである」

「意に随いて自在に」とは、この五念門の行のもつすぐれた働きは、次生に菩薩をして清浄の仏国土に生まれさせ、そして衆生救済のためにあらゆる国へ現われること自由自在ならしめるということである。

「身業」とは礼拝のことであり、「口業」とは讃嘆のことであり、「意業」とは作願のことであり、「智業」とは観察のことであり、「方便智業」とは廻向のことである。これらの五念門の行が円かに修められたとき、このことを指して、往生浄土の教えを修めて利他行をなす業因を完成したという。

第九節と第十節において、菩薩とはこれまでの浄土の菩薩とちがって、此土における願生の行者たる菩薩である。

願生の菩薩のもつ願生心は、智慧心と方便心と無障心と勝真心との四心であるが、これらはその体、清浄功徳にして、菩薩をして清浄仏国土に生まれさす働きをもつという。このことは、清浄仏国土の土徳が智慧心などの四心となって菩薩の願生心を形成することを意味していると思われる。親鸞が信心を他力廻向のそれであると把握したのも、この辺りの事情によることは確かであろう。

また、本節で五念門の行を修め、彼土往生が確約されたとき、それは浄土において得る自利・利他の完成という仏果の約束として示され、「自在成就」(『浄土論』)、「自在業成就」(『論註』)という。つまり、浄土願生者の因位における五念門が自利・利他の行を内容としており、かつまたその五念門の行が浄土の土徳からなる願生心に基づくから、浄土に生まれるや、おのずと得るところの自利・利他の行の完成が含まれる。大乗菩薩道における自利・利他は、自利がそのまま利他となり、利他がそのまま自利となっていくものであって、本節にいう「自在」とはそのような意味での「利他自在」である。いま、古来の注釈家たちによると、「利他自在」といっても、浄土における菩薩ないし仏としてのそれであり、かかる「利他自在」の果をとって初めて往生の因行としての五念門が完成するということであり、「自在成就」という、とする。

思うに、五念門の第五・廻向門は、礼拝などの前四門が自利行であるならば、これは利他行である。願生の菩薩みずからが往生浄土を得て仏果を開くのみならず、広く一切衆生をして、ともに安楽浄土に往生せしめて仏たらしめるのが利他行である。したがって、菩薩の自利行は、一切衆生への利他行をその内容となすものである以上、願生の菩薩にとって、此土における五念門の修行の始終が、利他行を目指すものであるといってもよいであろう。われ・ひとともに往生浄土への道行きを、全生活となすこと、すなわち曇鸞のいう「豈《あ》に是れ如来、本願を満たしたまえるにあらずや。仏願に乗ずるを我が命《いのち》となす」（『論註』下、二六二頁）という念仏生活の在り方を、改めて問い直すことが大切ではなかろうか。

第十節　利行満足

(イ)　五種門

利行滿足者。

復有二五種門一。漸次成二就五種功德一。應レ知。何者五門。一者近門。二者大會衆門。三者宅門。四者屋門。五者園林遊戲地門。

此五種示二現入出次第相一。入相中。初至二淨土一。是近相。謂入二大乘正定聚一。近二阿耨多羅三藐三菩提一。入二淨土一已。便入二如來大會衆數一。入二衆數一已。當レ至二修行安心宅一。入レ宅已。當レ至二修行所居屋寓一。尤舉反。修行成就已。當レ至二教化地一。教化地卽是菩薩自娯樂地。是故出門稱二園林遊戲地門一。

利行満足とは、

「復《ま》た五種の門ありて、漸次《ぜんじ》に五種の功徳を成就すと。知るべし。何者か五門なる。一には近《ごん》門、二には大《だい》会《え》衆《しゅ》門、三には宅門、四には屋門、五には園林《おんりん》遊《ゆ》戯《げ》地《じ》門なり」

此の五種は入出の次第の相を示現す。入相の中、初めて浄土に至るは、是れ近の相なり。謂わく、大乗正定聚《しょうじょうじゅ》に入れば、阿耨多羅三藐三菩提《あのくたらさんみゃくさんぼだい》に近づくなり。浄土に入り已《おわ》れば、便《すなわ》ち如来大会衆の数に入る。衆の数に入り已りて、まさに修行安心の宅に至るべし。宅に入り已りて、まさに修行所居の屋寓《おくぐう》に至るべし。修行成就し已りて、まさに教化地に至るべし。教化地とは即ち是れ菩薩の自娯楽の地なり。是の故に出門を園林遊戯地門と称す。

《利行満足》自利・利他の行が完成すること。ここでは、五念門の行を往生浄土の因として修めるとき、浄土において自利・利他の完成者としての仏のさとりを開くことができるから「満足」という。《宅門》「宅」は、敷地・屋敷のこと。《屋門》「屋」は、家屋のこと。

〔訳〕解義分の第十「利行満足」について、『浄土論』は説く。

「また、五種の門があり、漸次に修めることによって五種の功徳を完成することができる。五種の門とは何か。第一門は近《ごん》門、第二門は大会衆《だいえしゅ》門、第三門は宅門、第四門は屋門、第五門は園林《おんりん》遊戯《ゆげじ》地門である、と知るべきである」

この五種の門は、「入」（自利の行）と「出」（利他の行）との次第の相を示したものである。まず「入」の相のうち、初めに浄土に生まれるというのが、近の相である。すなわち大乗菩薩道の正定聚に入り、この上ない仏のさとりに近づくことである。第二に、浄土に入ると、それは阿弥陀仏の教えを聞く大会衆の数に入ることである。第三に、大会衆の数に入ると、当然、禅定修行の宅《やかた》に至る。第四に、禅定修行の宅に入ると、種々の真理観を修める屋寓《おくぐう》に至る。

第五に、このようにして自利行が完成すると、教化地すなわち衆生を教化する地位に至る。教化地というのは、菩薩がみずから楽しむ地位である。それ故に、衆生教化のため浄土から出かける「出」の第五門を、園林遊戯地門と呼ぶのである。

ここに出す五種の門すなわち五功徳門は、浄土に生まれて得る利益であって、此土における願生の菩薩が修める因行たる五念門にたいして、その浄土における果徳に外ならない。以下、曇鸞は五功徳門が五念門と果と因の関係にあることを説き、もって往生浄土の行業たる五念門が、自利・利他の二利行を完成して仏果を獲得せしめることを明らかにして、「利行満足」する所以《ゆえん》を詳述する。

(ロ) 五功徳相

此五種門。初四種門成㆓就入功徳㆒。第五門成㆓就出功徳㆒。

此入出功徳門。何者是。釋言。

入第一門者。以㆘禮㆓拜阿彌陀佛㆒。爲㆖生㆓彼國㆒。故得㆑生㆓安樂世界㆒。是名㆓入第一門㆒。

禮㆑佛願㆑生㆓佛國㆒。是初功徳相。

入第二門者。以㆘讃㆓歎阿彌陀佛㆒。隨㆓順名義㆒。稱㆓如來名㆒。依㆓如來光明智相㆒修㆖行。故得㆑入㆓大會衆數㆒。是名㆓入第二門㆒。

依㆓如來名義㆒讃歎。是第二功徳相。

入第三門者。以㆘一心專念作㆓願生㆘彼。修㆗奢摩他寂靜三昧行㆖。故得㆑入㆓蓮華藏世界㆒。是名㆓入第三門㆒。

爲㆑修㆓寂靜止㆒故。一心願㆑生㆓彼國㆒。是第三功德相。

入第四門者。以㆘專念觀㆓察彼妙莊嚴㆒。修㆗毘婆舍那㆖。故得㆘到㆓彼處㆒。受㆗用種種法味樂㆖。是名㆓入第四門㆒。

種種法味樂者。毘婆舍那中。有㆓觀佛國土清淨味。攝受衆生大乘味。畢竟住持不虛作味。類事起行願取佛土味㆒。有㆓如㆑是等無量莊嚴佛道味㆒。故言㆓種種㆒。是第四功德相。

出第五門者。以㆓大慈悲㆒。觀㆓察一切苦惱衆生㆒。示㆓應化身㆒。迴㆓入生死園煩惱林中㆒。遊㆓戲神通㆒。至㆓敎化地㆒。以㆓本願力迴向㆒。故是名㆓出第五門㆒。

示㆓應化身㆒者。如㆓法華經普門示現之類㆒也。遊戲有㆓二義㆒。一者自在義。菩薩度㆓衆生㆒。譬如㆓獅子搏㆑鹿。所㆑爲不㆑難。如㆓似遊戲㆒。二者度無所度義。菩薩觀㆓衆生㆒。畢竟無㆓所有㆒。雖㆑度㆓無量衆生㆒。而實無㆘一衆生得㆓滅度㆒者㆖。示㆓度衆生㆒。如㆓似遊戲㆒。言㆓本願力㆒者。示㆘大菩薩於㆓法身中㆒常在㆓三昧㆒。而現㆗種種身。種種神通。種種說法㆖。皆以㆓本願力㆒起。譬如㆘阿修羅琴。雖㆑無㆓鼓者㆒而音曲自然㆖。是名㆓敎化地第五功德相㆒。

「此の五種の門は、初の四種の門は入の功徳を成就す。第五門は出の功徳を成就するなり」

此の入出の功徳門、何者か是れなるや。釈して言わく。

「入の第一門とは、阿弥陀仏を礼拝するに、彼の国に生ぜんとするを以てす。故に安楽世界に生ずることを得。是れを入の第一門と名づく」

仏を礼し仏国に生ぜんと願ずる。是れ初の功徳の相なり。

「入の第二門とは、阿弥陀仏を讃嘆するに、名義に随順して、如来の名を称し、如来の光明智相に依りて修行するを以てす。故に大会衆の数に入ることを得。是れを入の第二門と名づく」

如来の名義に依りて讃嘆す。是れ第二の功徳の相なり。

「入の第三門とは、一心専念に彼《かしこ》に生ぜんと作願するに、奢摩他《しゃまた》寂静三昧の行を修するを以てす。故に蓮《れん》華蔵《げぞう》世界に入ることを得。是れを入の第三門と名づく」

寂静の止《し》を修せんがための故に、一心に彼《か》の国に生ぜんと願ず。是れ第三の功徳の相なり。

「入の第四門とは、専念して彼の妙荘厳を観察するに、毘婆舎那《びばしゃな》を修するを以てす。故に彼の処に到りて、種種の法味楽を受用することを得。是れを入の第四門と名づく」

「種種の法味楽」とは、毘婆舎那の中に、観仏国土清浄味と、摂受衆生大乗味と、畢竟住持不虚作味と、類事起行願取仏土味とあり。是の如き等の無量の荘厳仏道味あり。故に「種種」と言う。是れ第四の功徳の相なり。

「出の第五門とは、大慈悲を以て、一切苦悩の衆生を観察して、応化身を示して、生死の園、煩悩の林の中に廻入《えにゅう》して、神通に遊戯《ゆげ》し、教化地に至るに、本願力の廻向を以てす。故に是れを出の第五門と名づく」

「応化身を示し」とは、『法華経』の普門示現の類の如し。遊戯に二義あり。一には自在の義なり。菩薩の衆生を度すること、譬えば獅子の鹿を搏《う》つが如く、なすところ難からず、遊戯するがごとし。二には度無所度の義なり。菩薩の衆生を観ずるに、畢竟じて所有なし。無量の衆生を度すると雖も、実に一衆生として滅度を得る者なし。衆生を示度《じど》すること、遊戯のごとし。

「本願力」と言うは、大菩薩、法身の中に於て常に三昧に在りて、種種の身、種種の神通、種種の説法を現ずるを示す。皆な本願力を以て起こせり。譬えば阿修羅の琴《こと》の、鼓《たた》く者なしと雖も、音曲自然《じねん》なるが如し。是れを教化地の第五の功徳の相と名づく。

《蓮華蔵世界》『華厳経』巻三（大正九巻四一二上等）では、盧舎那仏の世界を表わす言葉として用いられているが、ここでは阿弥陀如来の国土を表わしている。『浄土論』の著者である世親の『摂大乗論釈』には、法界真如の徳を示すのに花の中の最高のものとして蓮華の譬えを用いて説明している（大正三十一巻二六四上）。寂静三昧の行を修する点に関して、世親は此土においてとするが、曇鸞は彼土である浄土と解している。親鸞も曇鸞と同様に解し、加点本で、「入の第三門とは、一心に専念し、作願して彼の国に生じて、奢摩他寂静三昧の行を修するを以ての故に……」と読んでいる。いまは、これに従う。《法味楽》二十九種の荘厳を受用すること。深励によると、「観仏国土清浄味」とは清浄功徳、「摂受衆生大乗味」とは大義門功徳、「畢竟住持不虚作味」とは不虚作住持功徳、「類事起行願取仏土味」とは菩薩の荘厳功徳の四種を総括した語。「類事起行」とは衆生の機類に随って教化の仏事をなし、諸仏を供養し衆生を利益する行をなす意で、四種のうちの前三、すなわち①不動応化、②一念遍至、③無余供養を指す。「願取仏土」とは、願って仏土をとるということで、④示法如仏を指す。

《本願力》第二十二願中に示されている菩薩の本願のこと。親鸞はこれを阿弥陀如来の本願力と解釈している。　《普門示現》『妙法蓮華経』の普門品（大正九巻五六下）では、観世音菩薩があらゆる手だてで苦難をかかえた衆生を護り救うことが説かれている。　《阿修羅の琴》阿修羅（修羅ともいい、八部衆の一）は帝釈天（インドラ神）と戦う鬼神であるが、阿修羅のもつ琴は、阿修羅の福徳によって、だれもひかないのにおのずと音をかなでるという。極楽浄土の楽器も、「鼓《う》たざるにおのずから鳴る」（不鼓《ふく》自鳴《じみょう》）といわれる（『観無量寿経』）。

〔訳〕『浄土論』に説く。

「この五種の門は、初めの四種の門は、『入の果徳』の完成であり、第五の門は『出の果徳』の完成である」

ここにいう入と出の果徳の門とは、何であるか。『浄土論』はこのことを説明していう。

「入の第一門とは、安楽浄土に生まれるために阿弥陀仏を礼拝するならば、安楽世界に生まれることができる。これを入の第一門という」

阿弥陀仏を礼拝して、その仏国土に生まれようと願うのが、これが入に関する第一の果徳である。

「入の第二門とは、阿弥陀仏をほめたたえ、その名まえのいわれにかなって仏のみ名を称え、仏の智慧の光明に照らされて修行していくから、阿弥陀仏をとりまく大会衆の仲間に入ることができる。これが入に関する第二の果徳という」

如来の名まえのいわれにかなってたたえるのが、これが入に関する第二の果徳である。

「入の第三門とは、一心に専念してかの安楽国土に生まれようと願い、〔浄土に生まれて〕寂静三昧の行を修めるから、蓮華蔵世界に入ることができる。これが入に関する第三の果徳という。

浄土において寂静三昧を修めるために、この世において一心にかの浄土に生まれたいと願うのである。これが入に関する第三の果徳である。

「入の第四門とは、毘婆舎那（智慧の働きによる観察、正観）をくりかえし修めて、浄土の妙なるしつらいを専念して観察するから、かの浄土に生まれて種々の法味楽を享受することができる。

これが入に関する第四の果徳である」

このうち「種々の法味楽」というのは、智慧の観察力たる毘婆舎那《びばしやな》は、観行者をして仏国土のしつらいのうちの清浄という特相（清浄功徳）を享受させ、衆生を救いとって大乗の一味に入らしめる特相（大義門功徳）を享受させ、阿弥陀仏が仏力をもって往生人を住持しつづけるという特相（不虚作住持功徳）を享受させ、また浄土の菩薩のなす種々の利他行という特相（不動応化などの四種の功徳）を享受させる。このように数えきれない浄土のしつらいに具わる〝さとりの楽味〟が得られる。それ故に、「種々」という。これが入に関する第四の果徳のすがたである。

「出の第五門とは、仏の具える大慈悲心をもって、あらゆる苦悩の衆生を観察して、かれらを救うべく応身や化身に身を代え、輪廻の種々なる生存に趣き、進んで煩悩もえて盛んな人びとの中に身を挺し、神通力において遊戯《ゆげ》し、衆生を教化する地位に至る。これは、阿弥陀仏の本願力の廻向によるものなのである。これを出の第五門という」

そのうち、「応身や化身に身を代え」というのは、『法華経』の普門品に説かれる、観世音菩薩の示現のごときものである。「遊戯」に二つの意味がある。一つには、自由・自在という意味で、浄土の菩薩が衆生を済度すること、譬えば獅子が鹿を捕えるように、行動になんらの難しいところなく遊びたわむれるようなものである。二つには、済度するといっても済度する想いのないという意味である。浄土の菩薩が衆生を見るとき、究極的に衆生という実体の存在することを認めない。数限りない衆生を済度しながら、一人としてさとりを得させたという想いがない。菩薩にとって衆生を済度することは、あたかも遊びたわむれるようなものである。

「本願力」というのは、上位の菩薩がさとりを体得して、つねに禅定三昧に入り、それから出ては種々さまざまの身を現わし神通を示し説法を行なう。これらはみな、阿弥陀仏の本願力の薫習をうけた結果、起こったことなのである。譬えば、阿修羅の琴は、これを弾《ひ》く者がいなくても、おのずと音曲が奏でられるようなものである。これを出に関する第五の教化地の果徳のすがたという。

(八) 自利行と利他行を完成する

菩薩入四種門。自利行成就。應レ知。成就者。謂自利滿足也。應知者。謂應レ知下由二自利一故。則能利他。非中是不レ能二自利一而能利他上也。

菩薩出第五門廻向。利益他行成就。應知。成就者。謂以二廻向因一。證二教化地果一。若因若果。無レ有下一事不上レ能二利他一。應レ知者。謂應レ知下由二利他一故。則能自利。非中是不レ能二利他一而能自利上也。

「菩薩は入の四種の門もて、自利の行成就す。知るべし」

「成就」とは、謂わく、自利満足するなり。「知るべし」（応知）とは、謂わく、まさに自利に由るが故に、則ち能く利他す。是れ自利にあたわずして能く利他するにはあらざるを知るべしとなり。

「菩薩は出の第五門の廻向もて、利益他の行成就す。知るべし」

「成就」とは、謂わく、廻向の因を以て、教化地の果を証す。若《も》しは因、若しは果、一事として利他にあたわざることあることなし。「知るべし」（応知）とは、謂わく、まさに利他に由るが故に、則ち能く自利す。是れ利他にあたわずして能く自利するにはあらざるを知るべしとなり。

《出の第五門》親鸞は「菩薩は出第五門の廻向利益他の行成就したまへりと」と読み、法蔵菩薩の修めた行とする。

〔訳〕五種の功徳の完成とは、菩薩道の目的たる自利と利他の完成に外ならないとして、『浄土論』はこういう。

「菩薩は入の四種の門を修めることによって自利の行を完成する、と知るべきである」

そのうち、「成就」とは、自利が完全に具わることである。「知るべし」とは、自利が得られているからこそ利他を全うすることができる。自利が具わらないのに、利他をなすことはできないということを、知るべきであるというのである。

ついで『浄土論』にいう。

「菩薩は出の第五門を廻向することによって、利他の行を完成する、と知るべきである」

そのうち、「成就」とは、五念門の第五の廻向門を修めることによって、五功徳門の第五の園林遊戯地門を証得する。このことは、菩薩行の因も果も一つとして利他の行でないものはないという。「知るべし」とは、利他の行が果されるからこそ自利の行なのである。利他の行がなされなくて自利の行の完成はない、ということを知るべきであるというのである。

㈡ 仏のさとりを開く

菩薩如レ是修二五念門行一。自利利他。速得レ成二就阿耨多羅三藐三菩提一故。

佛所得法。名爲二阿耨多羅三藐三菩提一。以レ得二此菩提一故。名爲レ佛。今言二速得阿耨多羅三藐三菩提一。是得二早作レ佛也。阿名レ無。耨多羅名レ上。三藐名レ正。三名レ遍。菩提名レ道。統而譯レ之。名爲二無上正遍道一。無上者。言此道窮レ理盡レ性。更無二過者一。何以言レ之。以レ正故。正者聖智也。如二法相一而知。故稱爲二正智一。法性無相。故聖智無知也。遍有二二種一。一者聖心。遍二知一切法一。二者法身。遍二滿法界一。若身若心。無レ不レ遍也。道者無礙道也。經言。十方無礙人。一道出二生死一。一道者一無礙道也。無礙者。謂知二生死卽是涅槃一。如レ是等入不二法門。無礙相也。

「菩薩、是の如く、五念門の行を修す。自利利他して、速やかに阿《あ》耨多羅《のくたら》三藐三菩提《さんみゃくさんぼだい》を成就することを得るが故に」

仏の所得の法、名づけて阿耨多羅三藐三菩提となす。此の菩提を得るを以ての故に、名づけて仏となす。今、「速やかに阿耨多羅三藐三菩提を得る」と言うは、是れ早く仏と作《な》ることを得るなり。「阿」を無と名づけ、「耨多羅」を上と名づけ、「三藐」を正と名づけ、「三」を遍と名づけ、「菩提」を道と名づく。統《す》べてこれを訳して、名づけて無上正遍道となす。「無上」とは、言わく、此の道は理を窮め性を尽して、更に過ぐる者なし。何を以てかこれを言う。「正」を以ての故に。「正」とは聖智なり。法相に如《かな》いて知る、故に称して正智となす。法性は無相なり、故に聖智は無知なり。「遍」に二種あり。一には聖心、一切の法を遍知す。二には法身。法界に遍満す。若しは身、若しは心、遍せざることなし。「道」とは無碍道《むげどう》なり。経に言わく、「十方の無碍人、一道より生死を出づ」と。一道とは一無碍道なり。無碍とは、謂わく生死即ち是れ涅槃なりと知る。是の如き等の入不二の法門は、無碍の相なり。

《菩薩……故に》この一段を親鸞は、菩薩とは法蔵菩薩と特定し、かれが不可思議兆載永劫の長年月にわたって修めた修行の結果、みずから自利・利他円満の阿弥陀仏となり、かつその仏国土たる極楽浄土を建立したから、「菩薩、是の如く五念門の行を修して、自利利他して、速やかに阿耨多羅三藐三菩提を成就したまえることを得たまえるが故に」と読んでいる。《阿耨多羅三藐三菩提》anuttara-samyak-saṁbodhi の音写。a は否定を表わす接頭語。uttara は「上の」「高い」「すぐれた」という意の形容詞。samyak は「正しい」という意。saṁ は「完全な」という意味の接頭語。bodhi は悟りの智慧。《経に言わく》『華厳経』菩薩明難品に「文殊《ヨ》法《ハ》常《ニ》爾《シカナリ》、法王唯《ハ》一法《ナリ》、一切《ノ》無礙人、一道《ヨリ》出《デタマヘリ》生死《ヲ》」（大正九巻四二九中）とある。親鸞はこのうち、「文殊の法は常に爾なり」（『教行信証』行巻）と読んでいる。《入不二の法門》入不二とは、「二（差別）が二ではない、不二（平等）であるとさとること。『維摩詰所説経』入不二法門品（大正十四巻五五〇中～五五一下）には、三十三人の菩薩が不二法門を説く中に、善意菩薩は生死の本質を見るとき、それがそのまま涅槃であることを説いている。

〔訳〕『浄土論』に説く。

「菩薩はこのように五念門の行を修める。それは自利行と利他行が完成し、もって速やかに阿《あ》耨多羅三藐三菩提《のくたらさんみゃくさんぼだい》の仏果をさとることができるからである」

仏のさとったさとりを名づけて、阿耨多羅三藐三菩提《あのくたらさんみゃくさんぼだい》という。このさとりを得るから仏というのである。いま「速やかに阿耨多羅三藐三菩提を得る」というのは、菩薩が浄土に生まれて、すみやかに仏となることである。「阿」は無と訳し、「耨多羅」は上、「三藐」は正、「三」は遍、「菩提」は道と訳す。まとめて訳すと、無上正遍道となる。「無上」とは、仏が真如法性をきわめ尽してさとっており、他の仏に勝る者がないことをいう。なぜかといえば、「正」であるからである。「正」とは聖なる智慧(仏智)である。それはあらゆるものをありのままに知るから、正智という。あらゆるものは、その本性がかたちを離れた無相のものであるから、これをさとる聖なる智慧は分別知を離れた無知に外ならない。「遍」に二種の意味がある。一つには、仏心がすべての事象をあまねく知ることであり、二つには、仏身(法という身)が全宇宙にあまねく満ち満ちているということである。仏の身も心も遍満しないところがないというのである。

「道」とは無碍道《むげどう》をいう。『華厳経』に「十方の無碍人たる仏たちは、一道によって生死輪廻を超えてさとりを開かれた」と説かれている。「一道」とは一無碍道をいう。「無碍」とは生死の外に涅槃なく(生死即涅槃)、迷いと悟りは不二のものであるとさとることである。このように、不二のさとりに入る教えは無碍を説くのである。

第五節「善巧摂化」の末尾に、「かの仏国は、すなわち是れ畢竟成仏の道路、無上の方便なり」と述べている。これをうけて、ここでは、浄土往生は浄土成仏であり、しかも往生道こそが速やかなる成仏を実現する道であるとして、「是れ早く仏と作《な》ることを得るなり」と明言している。無上正遍道を親鸞は無上正真道と呼び、信の一念に仏のさとりを得る身となることのすみやかなるを横超と表現して、「一念須臾《しゆゆ》の頃《あいだ》に、速やかに疾《と》く無上正真道を超証す。故に横超と曰うなり」（『教行信証』信巻末』）と自釈している。

ところで、仏のさとりを訳した無上正遍道の「道」の原語は bodhi であるが、曇鸞は『華厳経』の取意訳を掲げ、この「道」とは、十方のあらゆる仏たちが、それによって仏のさとりを開いたものであると示した。原始仏教いらい、仏とは正法（saddhamma）をさとって仏となり、そして正法に住しつづけるのが仏の性格であると説かれている。それ故に、正法といっても道といっても同じである。大乗の諸経典はさまざまな教説や表現によって、「道」そのものをわれわれに開示しようと努めた。例えば『維摩経』は入不二の法門をもってしたのである。

親鸞は曇鸞のいう「一道」を、「念仏」と把えた。このことは、曇鸞に傾倒し、その著『浄土論註』を味読して得た結論であったと思う。道が得道者をうみ、得道者によって道を知るということを、親鸞は念仏と信心の行者（念仏者）の関係として把えている。このことは、唯円に語ったことば——『歎異抄』第七章からも知ることができよう。

「念仏者は無碍の一道なり」の冒頭の句について、「念仏ト八」「念仏トイフ八」と読むために、念仏の語のつぎに「者」の一字を置き、「八」の送り仮名をそれに付けて「念仏者は」としたのであって、現在われわれが念仏する人を指して、念仏者と呼ぶのとは全くちがうのである。つまり、この一句は「念仏」そのものについて述べるのである。

ついで、その理由を示していう。「そのいはれいかんとならば、信心の行者には、天神・地祇《ちぎ》も敬伏し、魔界・外道も障碍《しょうげ》することなし。罪悪も業報《ごうほう》を感ずることあたはず、諸善もおよぶことなきゆへなりと云々」

「信心の行者」すなわち得道者たる念仏者の姿を通して、念仏がさとりの道であるということが知られる、というのである。天地の神々も畏れ敬う念仏者であると知られれば、念仏は凡夫が仏となる道であるという趣旨である。

このような親鸞の理解を助けたものは、恐らく『大般涅槃経』の信不具足の文であったと思われる。この文は『教行信証』信巻本と化巻本の二ヶ所において、同文で引用されている。すなわち、

「一には道ありと信ず。二には得者を信ず。是の人の信心、ただ道ありと信じて、すべて得道の人ありと信ぜず。是れを名づけて信不具足となす」

この文にいう信不具足の説明によって、信具足の人（完全な信心の人）とは何かといえば、道ありと信ずるとともに、得道の人ありと信ずる人のことである。一般に、名号のいわれを聞いて信ずれば、そのことだけで完全な信心を得たと思われようが、実はそうではないのである。わたくしの往生浄土は念仏一つであると信ずると同時に、この念仏によって亡き母も亡き父も現に浄土に生まれて弥陀同体のさとりを開かせて頂いていると信じられていなければ、その人の信心は不完全（信不具足）であるというのである。親鸞が信不具足の文によって、道と得道者の両者の存在をしっかと信ずるのが信心の本義であると示されたことは、まことに尊いことといわねばならない。

生死出づべき道、それは念仏であり、念仏は念仏者の姿を通して把握されるとうけとめられたのである（Iの5「道の大系としての仏教」、早島鏡正『ゴータマ・ブッダ』人類の知的遺産3　講談社　昭和五十

四年）。

なお、本節で因の五念門（三業二利）が果の五功徳門（入出二利）を成就するのは、願生の菩薩一般とする。しかしながら、親鸞の加点本やその著『入出二門偈頌』によれば、五念門の行は法蔵菩薩因位の行とし、その法蔵菩薩所修の五念門の行をもって、衆生往生の果の五功徳門を成就したもうたことを明かしている。つまり因行は法蔵菩薩が修せられ、果徳は衆生に得せしめたもうとされたのである。かかる法蔵因位の修行は、不可思議兆載永劫という長年月にわたり、漸次に修せられ、それを衆生の五功徳門として廻施し、衆生をして自利と利他の完成者たる仏たらしめていく。これを親鸞は、「菩薩は五種の門を入出して、自利利他の行成就したまへり。不可思議兆載劫に、漸次に五種の門を成就したまへり」（『入出二門偈頌』）と述べている。

(ホ) なぜ速やかに仏のさとりを開くというのか

問曰。有何因縁。言速得成就阿耨多羅三藐三菩提。答曰。論言。修五門行。以自利利他成就故。然覈求其本。阿彌陀如來爲増上縁。他利之與利他。談有左右。若自佛而言。宜言利他。自衆生而言。宜言他利。今將談佛力。是故以利他言之。當知此意也。凡是生彼淨土。及彼菩薩人天。所起諸行。皆縁阿彌陀如來本願力故。何以言之。若非佛力。四十八願。便是徒設。今的取三願。用證義意。願言。設我得佛。十方衆生。至心信樂。欲生我國。乃至十念。若不得生者。不取正覺。唯除五逆誹謗正法一。縁二佛願力一故。十念念佛。便得二往生一。得二往生一故。卽免二三界輪轉之事一。無二輪轉一故。所以得レ速。一證也。願言。設我得レ佛。國中人天。不下住二正定聚一。必至中滅度上者。不レ取二正覺一。縁二佛願力一故。住二正定聚一。住二正定聚一故。必至二滅度一。無二諸迴伏之難一。所以得レ速。二證也。願言。設我得レ佛。他方佛土諸菩薩衆。來二生我國一。究竟必至二一生補處一。除下其本願自在所レ化。爲二衆生一故。被二弘誓鎧一。積二累德本一。度二脫一切一。遊二諸佛國一。修二菩薩行一。供二養十方諸佛如來一。開二化恒沙無量衆生一。使レ立二無上正眞之道一。超二出常倫諸地之行一現前修中習普賢之德上。若不レ爾者。不レ取二正覺一。縁二佛願力一故。超二出常倫諸地之行一現前修二習普賢之德一。以レ超二出常倫諸地行一故。所以得レ速。三證也。以レ斯而推。他力爲二增上縁一。得レ不レ然乎。當三復引レ例。示二自力他力相一。如下人畏二三塗一故。受二持禁戒一。受二持禁戒一故。能修二禪定一。以二禪定一故。修二習神通一。以二神通一故。能遊中四天下上。如レ是等名爲二自力一。又如下劣夫跨レ驢不レ上。從二轉輪王行一。便乘二虛空一。遊二四天下一。無レ所二障礙一。如レ是等名爲二他力一。愚哉。後之學者。聞二他力可レ乘。當レ生二信心一。勿二自局分一也。

問うて曰わく。何の因縁ありてか「速やかに阿耨多羅三藐三菩提《あのくたらさんみゃくさんぼだい》を成就することを得」と言うや。

答えて曰わく。論に言う、「五〔念〕門の行を修して、自利利他成就するを以ての故に」と。

然るに、覈《まこと》に其の本《もと》を求むるに、阿弥陀如来を増上縁となす。他利と利他と、談ずるに左右《さう》あり。若し仏よりして言わば、宜しく利他と言うべく、衆生よりして言わば、宜しく他利と言うべし。今、まさに仏力を談ぜんとす。是の故に、利他を以てこれを言う。まさに知るべし。此の意なり。

凡《およ》そ是れ、彼の浄土に生ずると、及び彼の菩薩人天の所起《しょき》の諸行とは、皆な阿弥陀如来の本願力に縁《よ》るが故なり。何を以てかこれを言う。若し仏力にあらずんば、四十八願便《すなわ》ち是れ徒設《とせつ》ならん。今的《あきら》かに三願を取りて、用《もっ》て義意を証せん。

願に言わく、「設《も》し我れ仏を得たらんに、十方の衆生、至心《ししん》に信楽《しんぎょう》して、我が国に生まれんと欲して、乃至十《ないしじゅう》念《ねん》せんに、若し生まるることを得ずんば、正覚《しょうがく》を取らじ。唯だ五逆《ごぎゃく》と正法を誹謗《ひぼう》するをば除く」と。仏の願力に縁《よ》るが故に、十念の念仏もて、便ち往生を得。往生を得るが故に、即ち三界輪転《さんがいりんでん》の事を免る。輪転なきが故に、所以《ゆえ》に速やかなることを得。一の証なり。

願に言わく「設《も》し我れ仏を得たらんに、国中の人天、正定聚《しょうじょうじゅ》に住し、必ず滅度《めつど》に至らずんば、正覚を取らじ」と。仏の願力に縁《よ》るが故に、正定聚に住す。正定聚に住するが故に、必ず滅度に至りて、諸の廻伏《えぶく》の難なし。所以《ゆえ》に速やかなることを得。二の証なり。

願に言わく、「設《も》し我れ仏を得たらんに、他方仏土の諸の菩薩衆、我が国に来生《らいしょう》せんに、究竟《くきょう》して必ず一生補《いっしょうふ》処《しょ》に至らん。〔但し〕其の本願、自在にして化《け》する所、衆生のための故に、弘誓《ぐぜい》の鎧《よろい》を被《き》て、徳本《とくほん》を積累《しゃくるい》し、一切を度脱《どだつ》し、諸仏の国に遊んで、菩薩の行を修し、十方の諸仏如来を供養し、恒沙《ごうじゃ》無量の衆生を開化《かいけ》して、無上正真の道に立たしめ、常倫諸地《じょうりんしょじ》の行に超出し、現前《げんぜん》に普賢《ふげん》の徳を修習せんものを除く。若し爾《しか》らずんば、正覚を取らじ」と。仏の願力に縁《よ》るが故に、常倫諸地の行に超出し、現前に普賢の徳を修習す。常倫諸地の行に超出するを以ての故に、所以《ゆえ》に速やかなることを得。三の証なり。

斯《ここ》を以て推するに、他力を増上縁《ぞうじょうえん》となす。然らざるを得んや。

まさに復《ま》た例を引きて、自力他力の相を示すべし。

人、三塗《さんず》を畏《おそ》るるが故に、禁戒《ごんかい》を受持す。禁戒を受持するが故に、能《よ》く禅定《ぜんじょう》を修す。禅定を以ての故に、神通《じんづう》を修習す。神通を以ての故に、能《よ》く四天下《してんげ》に遊ぶが如き、是の如き等を名づけて自力となす。又、劣夫《れっぷ》、驢《ろ》に跨《また》れども上《のぼ》らず、転輪王《てんりんのう》の行《みゆき》に従えば、便《すなわ》ち虚空に乗じて、四天下に遊ぶに、障碍《しょうげ》する所なきが如き、是の如き等を名づけて他力となす。

愚《おろか》なるかな。後の学者、他力の乗ずべきを聞かば、まさに信心を生ずべし。自ら局分《きょくぶん》すること勿《なか》れ。

《覈《まこと》に其の本を求むるに》阿弥陀仏の本願力に基づくが故に、われわれ衆生が浄土に往生し（往相）、また衆生救済のために穢土に立ち戻る（還相）ことができる。それ故に、衆生の往相も還相も仏の本願力すなわち他力によるから利他というべきであるという。四十八願中の三願をその証しとするから、「三願的証《さんがんてきしょう》」といい、この一段を「覈求其本釈《かくぐごほんじゃく》」という。**《増上縁》**縁とは間接原因。一般にはこれを四種（因縁・等無間縁・所縁縁・増上縁）に分ける。そのうち増上縁とは、果に対してはたらく特に強い力をいう。阿弥陀仏の本願は衆生が浄土に往生するための増上縁となることを指す。**《若し仏よりして言わば》**親鸞は加点本で「若しおのづから仏をして言はば」と読む。**《凡そ是れ……》**このうち「彼の浄土に生ずる」は、因の五念門と果の五功徳門の前四を指し、「菩薩人天の所起の諸行」は五功徳門の後一を指し、それぞれ往相廻向と還相廻向という。つまり、衆生往生の因も果もみな本願力によるというのである。**《今的《あきら》かに》**「的」の字を親鸞は「ひとしく」と読む。四十八願の要旨をつぎの三願にまとめての意か。**《三塗》**三悪趣ともいう。地獄・餓鬼・畜生という生存の状態。悪業によって生まれるという。**《驢》**ろば。**《四天下》**インドの宇宙説で、中央の高山である須弥山の四方にある四大洲のこと。インドあるいは人間世界全体である閻浮提はその中の南方にある洲に当たる。

〔訳〕問う。どういうわけで、『浄土論』に「速やかに阿耨多羅三藐三菩提を成就することを得」といわれたのか。

答える。『浄土論』に、「五念門の行を修める。それによって、自利行と利他行の二利を完成するからである」と述べている。

それにしても、浄土を願生する人が五念門の行を修め、浄土に生まれて衆生救済の利他行に従事し、自利・利他の完成者たる仏になるという、その根本を明らかに求めるならば、阿弥陀仏を不可欠にして最強の力となすものである。

そのうち、「利他」のことばについて考えると、他利という表現と利他という表現とでは相違がある。仏の側からいえば、仏が他なる衆生を利益するのであるから利他というべきであり、衆生の側からいえば、衆生が仏の利他の働きを蒙るから他利というべきである。いま、ここでは阿弥陀仏の仏力について語ろうとするのであるから、『浄土論』の文に「利他」といわれたのである。この意味をよく知るべきであろう。

およそ、衆生がかの安楽浄土に生まれることも、また浄土に生まれてさまざまの働きを現わすのも、みな阿弥陀仏の本願力によるものだからである。なぜならば、仏の本願力によるのでなければ、法蔵が因位のときにたてられた四十八願は、役にたたないものとなるであろう。いま、このことに相応する四十八願中の三つの願（第十八願、第十一願、第二十二願）をとり挙げて、そのことの意味を証明しよう。

第十八願（念仏往生の願）にいう。——「もしも、わたくしが仏のさとりを開いたのちに、あらゆる仏国土の衆生が——そのうち、無間地獄におちる五逆罪を犯した者と、正法を誹《そし》る者を除いて——

至心に信じ喜び、安楽浄土に生まれたいという心を起こすことがたとい十遍に過ぎなかったとしても、わが安楽浄土に生まれないならば、その間は、わたくしは仏のさとりを開くことがないように」

このように誓った法蔵菩薩が、願・行ともに完成して仏果を開き阿弥陀仏となったのだから、あらゆる衆生は阿弥陀仏の本願力によって、十遍さえも念仏すれば安楽浄土に生まれることができる。浄土に生まれるから、迷いの三界に輪廻することをまぬがれる。輪廻することがなくなるから、すみやかに仏のさとりを得る。これが第一の証拠である。

第十一願(必至滅度の願)にいう。――「もしも、わたくしが仏のさとりを開いたのちに、わが安楽浄土に生まれた者たちが、仏のさとりに達するまでの間、まさしく仏の位を得るに決まっている人びとの中に入ること(正定聚)がないようであるならば、その間は、わたくしは仏のさとりを開くことがないように」

阿弥陀仏の本願力によるから、まさしく仏の位を得るに決まっている人びとの中に入ることができる。まさしく仏の位を得るに決まっている人びとの中に入ることができるから、必ず仏のさとりを開いて、再び輪廻に退転する難がない。それ故に、すみやかに仏のさとりを得る。これが第二の証拠である。

第二十二願(必至補処の願)にいう。――「もしも、わたくしが仏のさとりを開いたのちに、他の仏国土の菩薩たちがわが安楽浄土に生まれて、浄土において次生は必ず仏の位につくという最高位の菩薩となるであろう。ただし、それは衆生を思うがままに救うため、大いなる誓願の鎧《よろい》を身にまとい、功徳を積みかさね、あらゆる者たちを救い、諸仏の国に赴いて菩薩の行を修め、あらゆる仏たちを供養し、数限りない衆生を教化して、この上ない正しいさとりを得しめ、つねなみの順序を経ずに十地の行が身に現われ、普賢菩薩の慈悲の徳である利他行を修めようとする者を除く。もしも、この願いが果たされないならば、その間は、わたくしは仏のさとりを開くことがないように」

阿弥陀仏の本願力によるからこそ、浄土の菩薩はつねなみの順序を経ずに十地の行が身に現われ、普賢菩薩の慈悲の徳である利他行を修める。つねなみの順序を経ずに十地の行が身に現われるから、それで、すみやかに仏のさとりを開くことができる。これが第三の証拠である。

以上、三つの願によって他力の本義を推し尋ねると、衆生がすみやかに仏のさとりを開くというのは、阿弥陀仏の本願力を最強の力とするのである。どうして、そうではないということがいえようか。

さらにまた、例を挙げて、自力と他力の特相について述べてみよう。

人が悪業をなして三悪道におちることを恐れるから、五戒などの戒めをたもつ。戒めをたもつから、禅定を修めることができる。禅定を修めるから、神通力を修めることができる。神通力を得ているから、全宇宙を自由に行くことができる、このような働きを自力という。

また、能力の劣った男がろばに乗れても空中にのぼることはできないが、転輪聖王の行幸《みゆき》に加われば空中にのぼって全宇宙を自由に行き、何ものにもさまたげられない。このような働きを他力という。

ああ、愚かなことではないか。自力に執われる後代の念仏者たちよ。他力（阿弥陀仏の本願力）に乗托すべきであるということを聞いたならば、まさしく信心を起こすべきである。みずからのはからいをはさんではならない。

親鸞は『教行信証』行巻の他力釈において、「他力と言うは、如来の本願力なり」と定義し、本節に掲げる「なぜ速やかに阿耨多羅三藐三菩提を成就するか」という設問と、それに答える三願的証《さんがんてきしょう》の三つの願文を引いている。ついで、他力釈の助顕として、元照《がんじょう》律師の『観経疏』の文を掲げている。それは、つぎの文である。

「或於二此方一破レ惑証レ真　則運二自力一故　談二大小諸経一　或往二他方一　聞レ法悟レ道　須レ憑二他力一故説二往生浄土一　彼此雖レ異　莫レ非二方便一　令レ悟二自心一」

（あるいは此の方にして、惑を破し真を証すれば、自力を運ぶが故に、大小の諸経に談ず。あるいは他方に往いて、法を聞き道を悟るは、すべからく他力をたのむべきが故に、往生浄土を説く。彼此異なりといえども、方便に非ざることなし。自心を悟らしめんとなり）

此土における「破惑証真」の道は自力の修行であり、これは大乗・小乗にわたって広く説かれている。他方、彼土における「聞法悟道」は他力によるもので、これは往生浄土の教えである。自力・聖道にせよ、他力・浄土にせよ、彼此の教えに相違があっても、いずれも方便すなわち真実の力用に外ならない。それは、われわれの自心をさとらしめるてだての教えだからである、という意味である。

元照律師はこのように、仏教全般の上から聖浄二門の説かれている所以を明かして、「令悟自心《りょうごじしん》」こそが仏教の目的に外ならず、とりわけ末代の凡夫にとっては、阿弥陀仏の本願力によって得せしめられるとした。親鸞が元照律師の意をうけて、右の文を他力釈の助顕の文となしたのは、曇鸞が後代のわれわれを誡めて「他力はわれわれがおまかせすべきものなのであって、各自のはからいをまじえてはならない」と述べた『論註』末尾のことばを、敷衍しようとしたのであることは確かであろう。

第四章　結　び

無量壽修多羅優婆提舎願生偈。略解レ義竟。

經始稱二如是一。彰二信爲二能入一。末言二奉行一。表二服膺事已一。論初歸禮。明二宗旨有一レ由。終云二義竟一。示二所詮理畢一。述作人殊。於レ茲成レ例。

無量壽經優婆提舎願生偈註巻下

「『無量寿修多羅優婆提舎願生偈』略して義を解し竟《おわ》る」

経の始めに「如是」と称するは、信を能入とするを彰《あら》わし、末に「奉行」と言うは、服膺《ふくよう》の事已《おわ》るを表わす。論の初めに帰礼とするは、宗旨に由あるを明かし、終に「義〔を解し〕竟る」と云うは、所詮の理畢《おわ》るを示す。

述作の人殊《こと》なれども、茲《ここ》に於て例を成ず。

『無量寿経優婆提舎願生偈註』巻下

〔訳〕『浄土論』は結びのことばとして、こういう。

「『無量寿修多羅優婆提舎願生偈』の意義を大略、解釈し終わった」

およそ、経典の序文に「如是我聞、一時、佛住舍衛国」とあるうち、「如是」といわれるのは、仏教に悟入するには信心が大切であることをあらわし、結語に「聞佛所説、歡喜奉行」とあるうち、「奉行」といわれるのは、仏の説かれた教えを信受しおわったことをあらわしている。

また『浄土論』の冒頭、帰敬偈《ききょうげ》の第一偈に「世尊我一心　歸命盡十方　無礙光如來」とあり、「帰命・礼拝」となしていることは、所説の本旨に根拠のあることを示しており、また末尾に「願生の偈の意義を解釈しおわった」というのは、説き明かさるべきことわりを説きおえたということを示している。

以上のことは、仏の説きたもうた経と祖師たちの論釈とでは述作者の点で相違するけれども、いずれも初めと終りにおいて首尾一貫しているということを示す例である。

『無量寿経優婆提舎願生偈註』巻下

《経の始めに》「如是」と「奉行」の例として、いま求那跋陀羅訳『勝鬘経』（大正十二巻）を用いた。《述作の人……例を成ず》仏の説かれた経典と祖師たちの論釈とでは、述作の人においての違いがあるけれども、人びとが正法に帰依し正法に住することを目的としているから、経にせよ論釈にせよ、いずれも序文と結語にそのことを表わすことばを記して、首尾一貫させている。いま、このことの意味を示すために例を挙げて述べたのである、という意味である。なお、親鸞の加点本では「述作の人、殊に玆において例を成す」と読む。

文献案内

一、浄土論註関係　主要文献目録

叢書・刊本のうち、主なもののみを挙げる。

I　曇鸞伝及び背景

野上俊静…中国浄土三祖伝　文栄堂　一九七〇

曇鸞、道綽、善導の伝記を基本資料をふまえて、詳しく、わかりやすくまとめたもの。続高僧伝中の三祖についての記述を原文、読み下しで掲げてある。巻末には、迦才浄土論中の曇鸞伝、道綽伝、瑞応删伝の善導伝、浄土往生伝の善導伝を掲載。

大谷派教学研究所編…真宗宗祖伝　教学研究所　一九六一

中国仏教史に関する書物はたいてい曇鸞に触れているが、主なものを挙げる。

道端良秀…中国の浄土教と玄中寺　永田文昌堂　一九四九

小笠原宣秀（〜一九八四）…中国浄土教家の研究　平楽寺書店　一九五一

現代仏教講座　第五巻　角川書店　一九五五

塚本善隆（〜一九八〇）…支那仏教史研究　北魏篇　弘文堂　一九四二

横超慧日編…北魏仏教の研究　平楽寺書店　一九七〇

佐々木月樵（〜一九二六）…支那浄土教史　無我山房　一九一三

望月信亨（〜一九二六）…中国浄土教理史　法蔵館　一九七八
望月信亨（〜一九二六）…浄土教の研究　金尾文淵堂　一九三〇
石田充之…浄土教理史　サーラ叢書一五　平楽寺書店　一九六二
塚本善隆・梅原猛…不安と欣求〈中国浄土〉仏教の思想8　角川書店　一九六八
曇鸞大師研究特輯　宗学院論輯第三五輯　一九四二
本願寺派宗学院に関係する研究者の論文集。巻末に文献目録がある。
龍谷大学真宗学会編…曇鸞教学の研究　永田文昌堂　一九七一
龍谷大学関係者による研究論文集。巻末に詳しい文献目録がある。ただし龍谷大学の図書カードによっているため、原書では「浄土論註」となっているものも「往生論註」で統一されたものがある。
初め雑誌『真宗学』第二十七・二十八合併号（一九六二）として発行されたものを一部改訂してある。

II

論註の原典

無量寿経優婆提舎願生偈　大正新脩大蔵経　第四十巻　No.一八一九
底本は徳川時代刊・大谷大学蔵本。本書はこれを原典として使用。
親鸞聖人真蹟集成　第七巻　観経・阿弥陀経集註・浄土論註　法蔵館　一九七三
本派本願寺蔵の真蹟の影印本。鎌倉時代の版本に親鸞が訓点・送り仮名等を付したもの。
親鸞聖人全集刊行会編…定本親鸞聖人全集　十五　加点篇二　浄土論註　一九七三　法蔵館
親鸞聖人真蹟本（奥書に親鸞八十四歳の加点の識語がある）を活字にしたもの。巻末に稲葉秀賢氏の詳しい解説がある。

勧学寮編…浄土論註校異　一九二五

親鸞の加点本を底本に、建保等の九種の異本と対校している。教行信証での引用部を出し、同所での訓点も並挙する。

往生論註　真宗聖典編纂委員会編　本願寺出版部（本派本願寺）一九八五

真宗聖教全書一　三経七祖部　興教書院　一九四九

浄土宗全書一（一九一一・一九七〇）

Ⅲ

論註の和訳

国訳一切経　和漢撰述部五　諸宗部五　一九四〇・一九七八　藤堂恭俊訳（読み下し）

初めに簡潔な解題がある。訳文の各所に語句の注釈があり、関連した思想を知ることができる。巻末に原本の日本における伝承が記されている。

聖典意訳　七祖聖教　上　浄土真宗本願寺派　一九六四

穏健で明解な現代語訳。本書の現代語訳をなすに当たって参照した。

意訳真宗聖典刊行会　往生論註　法蔵館　一九五六

上杉思朗…解読　浄土論註　為法館　一九五五

意訳と語句の解説　親鸞の加点をいかしている。

西山邦彦…意訳・浄土論註　法蔵館　一九八三

意訳は著者独自の表現を使うが、ひとり合点のところがある。

Ⅳ　論註の索引

真宗教学研究所編…浄土論註総索引　東本願寺出版部　一九七二

論註のあらゆる文字を索引とした一字索引であり、どの文字でも捜すことができる。本文は論を上段、論註を下段にいれてある。原文は真宗勧学寮編「論註校異」によっているが、大正蔵経・親鸞聖人全集・真宗聖教全書の対応ページ数を入れてあり、便利である。

Ⅴ　論註の解説及び研究

①明治時代末まで

―鎮西派―

良忠（～一二八七）…無量寿経論註記　五巻（一二六九製作）　浄土宗全書一（一九一〇・一九七〇）

論註の文にしたがい逐次解釈したもの。

了慧（～一三三〇または一）…論註略鈔　二巻　浄土宗全書一（一九一一・一九七〇）

了慧が自分の師である良忠の無量寿経論註記に基づいて解説したもの。

了慧（～一三三〇または一）…浄土論註拾遺抄　三巻　浄土宗全書一（一九一一・一九七〇）

良栄（～一四三三または八）…論註記見聞　五巻　浄土宗全書一（一九一一・一九七〇）

良忠の無量寿経論註記により問題点を出して解説したもの。

聖聰（～一四四〇）…註記見聞　十巻　浄土宗全書一（一九一一・一九七〇）

良忠の無量寿経論註記により問題点を出して解説したもの。

輪超（〜一六七八）…論註字選　二巻　続浄土宗全書五（一九七二）　続浄土宗全書二（一九一五）
　音韻の研究と重要語句の解釈。

輪超（〜一六七八）…論註捃詒書　二巻　続浄土宗全書五（一九七二）　続浄土宗全書二（一九一五）
　論註の重要な点を解説したもの。同じ著者の論註字選に詒《のこ》したところを捃《ひろ》う、という意味。

湛奕（〜一六六〇）…論註音釈　二巻　続浄土宗全書五（一九七二）　続浄土宗全書二（一九一五）
　難解文字の訓釈。

伝秀（十八世紀）…浄土往生論註精華集　五巻　続浄土宗全書五（一九七二）　続浄土宗全書二（一九一五）
　詳しい解釈がある。

雲洞（〜一七四三）…往生論註正義叙説　一巻　続浄土宗全書五（一九七二）　続浄土宗全書二（一九一五）
　大意を述べたもの。

雲洞（〜一七四三）…往生論註正義　二巻　続浄土宗全書五（一九七二）　続浄土宗全書二（一九一五）
　注釈したもの。

賢洲（〜一八一三）…浄土論註研機鈔　二巻　続浄土宗全書五（一九七二）　続浄土宗全書二（一九一五）
　綱要と字句の解説。

以上、すべて漢文。

—真　宗—

恵（慧）然（〜一七六四）…浄土論註顕深義記　五巻　一七五五年の講義。漢文。真宗大系六・七（一九一七初版　一九三〇改版）

慧琳（〜一七八九）…浄土論註顕深義記伊蒿鈔　八巻　一七五八〜九年講義。和文。真宗大系六・七（一九一七初版・一九三〇改版）
真宗大系六・七は、恵然の浄土論註顕深義記とその注釈である慧琳の浄土論註顕深義記伊蒿鈔とを段落ごとに並列して編集したもの。

慧雲（〜一七八二）…往生論註服宗記　六巻　真宗全書十（一九一三・一九七四）
論註の文を順を追って注釈したもの。漢文。

深励（〜一八一七）…註論講苑　十二巻　続真宗大系二・三（一九三六・一九三七）
大谷派の優れた学匠である深励が仏教学その他の広い学識により論註を解説したもの。一八〇七〜八年の講義。本書の執筆に当たって指南を得た好著。和文。

深励（〜一八一七）…浄土論註講義　法蔵館　一九七三
続真宗大系に収められている註論講苑に新たに索引を加え、一九七三年に出版されたもの。

宣明（〜一八二一）…往生論註聞書　六巻　真宗全書十一（一九一三・一九七四）
論註全体を詳しく注釈している。やや独特の解釈が多いといわれる。漢文。

大瀛（〜一八〇四）…往生論註原要　六巻　真宗全書十（一九一三・一九七四）
慧雲の教えを受けて注釈したもの。上巻、不虚作住持功徳の注釈までしかない。漢文。

道振（〜一八二四）…往生論註翼本決　五巻　真宗叢書五（一九二九・一九七八）和文。

了祥（〜一八四二）…浄土論註耳喰　永田文昌堂（一九六八）
かなり詳しい注釈。和文。

宝雲（〜一八四七）…往生論註筆記　二巻　真宗全書十（一九一三・一九七四）

全体を順を追って簡潔に注釈したもの。和文。

東陽圓月（〜一九〇二）…往生論註略解　二巻　真宗全書十六（一九一四・一九七四）

文を追って比較的簡略に解説したもの。和文。

②大正時代から現在

―著　作―

是山恵覚（〜一九三一）…往生論註講義　二巻　真宗叢書別巻（一九二九・一九七八）

非常に詳しい講義録。一九一七年から一九一九年にかけて執筆されたもの。

柏原祐義（〜一九七四）…浄土論註通解　真宗通解全書巻一　無我山房　一九一五

各段落ごとに原文、読み下し、語句の解説、内容の要目（科文）、解説から成っており、まとまった解説書である。

桂　利剣（〜一九四四）…論註要闕（八番問答）　法雷社出版部（兵庫県）　一九三三

総論と八番問答の解釈。

豊水楽勝（〜一九五五）…往生論註講讃　聖典講讃全集十三　小山書店　一九三五　国書刊行会　一九七六

大谷光瑞（〜一九四八）…往生論註講義　大谷光瑞全集十三　大乗社　一九三五

論註の要旨を述べたもの。

源　哲勝（〜一九七四）…講本・往生論註序説　本願寺派安居事務所　一九五四

稲葉圓成（〜一九五〇）…往生論註講要　西村為法館　一九五七・一九七七

一九三七年度、大谷派夏安居の講録。曇鸞の概説と論註の科段ごとの概要と字句解説及び要点解説。

藤堂恭俊…無量寿経論註の研究　仏教文化研究所　一九五八

篠田龍雄（〜一九七八）…往生論註の真宗思想　百華苑　一九六二

教行信証に引用された浄土論と論註の文を列挙し、引文の意義を論ずる。

高松悟峰（〜一九三九）…往生論註撮要　真宗学寮（広島）　一九六三

神子上恵龍…往生論註解説　永田文昌堂　一九六九

一九六九年度、本願寺派安居の講本。第一部総説と第二部本文解説は簡略。巻末に文献目録を付す。

舟橋一哉…曇鸞の浄土論註―それを構成する仏教学的基礎―　真宗大谷派宗務所出版部　一九七二

福原亮厳…往生論註の研究　一九七八　永田文昌堂

前半は論註の文に従って重要な点を逐次解説検討してある。後半は仏身、仏土等の重要な項目を詳しく解説。巻末には本願寺派聖典意訳、七祖聖教の意訳を転載。

大江淳誠（〜一九八五）…往生論註大綱　永田文昌堂　一九七九

論註の大綱を極めて簡略にのべたもの。

幡谷　明…浄土論註　真宗大谷派宗務所出版部　一九八〇

磨墨岱山（〜一九七六?）…浄土論　論註の手引き――初心者のために――　熊本県荒尾市　元正寺　一九八二

西山邦彦…龍樹と曇鸞――浄土論註研究序説――　法蔵館　一九八二

美濃部薫一…浄土論註に聞く　（一）（二）（三）　教育新潮社　一九八五〜一九八六

引文・語註・大意から成り、親鸞の論註観に立って平易に解説する。

なお本願寺派・大谷派の安居のために作られた講本は、明治以後かなりの数になるが、必ずしも入手しやすくないので省いたものが多い。

——論　文——

曇鸞当時の浄土教　椎尾辨匡　宗教界　八巻七―九　一九一二、九巻三　一九一三
本典に顕はれたる論・論註　小山法城　六条学報二三八　一九二一
曇鸞伝賛（本派本願寺蔵論註御加点本の奥書）　梅原真隆　親鸞聖人研究四〇　一九二四
曇鸞に現はれたる仙方と老荘思想　名畑応順　仏座二九　一九二八
曇鸞の四論教学と其教系　三井淳辯　高田学報一　一九三二
曇鸞大師の教学管見　源　廣宣　大谷学報二〇―一　一九三九
曇鸞に於ける止観とその背景　山田亮賢　宗教研究一八　一九三九
曇鸞大師の浄土思想考　恵谷隆戒　支那仏教史学三―三・四　一九三九
曇鸞大師伝の研究　多屋　弘　大谷学報二一―二　一九四〇
浄土論註と外典との交渉　藤野立然　宗学院論輯三五　一九四二
曇鸞大師の人間観　石田充之　宗学院論輯三五　一九四二
鎌倉中葉以前に於ける論註研究の一班　伊藤真徹　仏専学報二五　一九四二
曇鸞の撰述中に引用されたる書目の調査　多屋　弘　大谷学報二三―六　一九四二

曇鸞大師の教義と親鸞聖人の仏教　常盤大定　宗学研究二七　一九四四
無量寿経論註に説示せられる仏身土に関する見解　藤堂恭俊　仏教文化研究二　一九五二
論註に於ける往生思想について（空思想の展開より）　高木昭良　印仏研三―二　一九五五
親鸞の曇鸞教義受容の問題　雲村賢淳　印仏研四―一　一九五六
僧肇と曇鸞――「論註」に於ける僧肇の役割　藤堂恭俊　印仏研四―二　一九五六
往生論註の阿弥陀仏観　大江淳誠　龍大論集三五三　一九五六
「無量寿経優婆提舎願生偈」の本義とそれに対する曇鸞の註解との比較　工藤成性　日仏年報二三　一九五七
論註「他利利他釈」考――殊に「談有左右」について――　加茂仰順　印仏研八―一　一九六〇
曇鸞伝の一節　野上俊静　大谷学報四〇―三　一九六〇
浄土論註法身説の背景　三桐慈海　大谷学報四一―四　一九六二
曇鸞教学における十念の意義　信楽峻麿　龍大論集三七一　一九六二
曇鸞大師の伝歴に関する二、三の問題　小笠原宣秀　真宗学二七・二八　一九六二
曇鸞大師撰述の解題　深川倫雄　真宗学二七・二八　一九六二
曇鸞教学における信の考察　信楽峻麿　真宗学二七・二八　一九六二
曇鸞教学と宗祖教学との交渉　池本重臣　真宗学二七・二八　一九六二
『安楽集』に於ける曇鸞教学の展開――特に行論を中心として――　山田行雄　龍大仏教文化紀要二　一九六三

曇鸞教学序説　幡谷　明　大谷年報一七　一九六五
「我一心」の教理史的研究――曇鸞教学の展開――　山田行雄　大原浄土教研究　一九六七
『往生論註』の念仏思想について　岡　亮二　龍大論集三八六　一九六八
曇鸞教学の基礎的研究――空有の問題　山田行雄　印仏研一七―二　一九六九
「往生論註」と「教行信証」――宗祖の五念門観とその成立背景　普賢晃寿　真宗研究一四　一九六九
曇鸞の奢摩他・毗婆舎那観　藤堂恭俊　福井東洋文化論集　一九六九
曇鸞と道教との関係　道端良秀　福井東洋文化論集　一九六九
曇鸞教学における真実の問題　山田行雄　印仏研一八―二　一九七〇
北魏仏教における称名とその社会背景――特に曇鸞浄土教を中心として――　藤堂恭俊　北魏仏教の研究　一九七〇
論註における往生の因果――入出と往還について――　山田行雄　印仏研一九―二　一九七一
論註における「依」の思想　山本仏骨　真宗学四四　一九七一
中国浄土教と涅槃経――曇鸞・道綽・善導を中心として――　横超慧日　浄土教の思想と文化　一九七二
親鸞和語聖教にあらわれたる曇鸞教学――現生正定聚の一考案――　山田行雄　龍大論集四〇〇・四〇一合併号　一九七三
親鸞における曇鸞教学の受容と展開――親鸞教学の形成過程を中心とする一考案　幡谷　明　大谷年報二七　一九七五

浄土論註の「仮」　徳永道雄　印仏研二三—二　一九七五
曇鸞・道綽両師の著作とその末註〔第一巻〕　塚本善隆　浄土宗典籍研究　一九七五
浄土論註における仏土観　福原亮厳　印仏研二四—二　一九七六
『教行信証』における『論註』の引用について　林　智康　宗学院論集四五　一九七六
智光の往生論註観　神子上恵龍　宗学院論集四六　一九七七
禅と浄土——曇鸞とその周辺——　中山正晃　印仏研二七—二　一九七九
一遍教学と論註　河野憲善　時宗研究八八　一九八〇
曇鸞の生死観　佐藤成順　日仏年報四六　一九八一
現生正定聚——『浄土論註』に依って——　延塚知道　真宗教学研究五　一九八一
曇鸞と華厳思想　大谷光真　石田浄土教の研究　一九八二
『往生論註』の思想的背景——八番問答　三在釈　業の軽重——　加藤宏道　真宗研究二七　一九八三
曇鸞の信仰論理——大集経の浄土教理——　橋本芳契　印仏研三二—一　一九八三
曇鸞の時機観　尾畑文正　日仏年報四九　一九八四
『往生論註』の思想材としての『大智度論』　服部純雄　印仏研三四—一　一九八五

二、浄土論註以外の曇鸞の著作および浄土論関係　主要文献目録　ただし、近代のもののみを挙げる。

I　浄土論に関するもの

—著　作—

工藤成性（〜一九八一）…世親教学の体系的研究　永田文昌堂　一九五五

山口　益（〜一九七六）…世親の浄土論　法蔵館　一九六六

唯識の大成者としての世親の立場で、浄土論を解明したもの。

稲城選恵…浄土論序説——願生浄土の主体的意義——　百華苑　一九七六

真宗の立場で広く浄土論の周辺と浄土論とを解明したもの。

—論　文—

『浄土論』の本義と曇鸞・親鸞両聖人の釈義…工藤成性　龍大論集三五三　一九五六

Ⅱ　讃阿弥陀仏偈に関するもの

—著　作—

金倉圓照（〜一九八七）…讃阿弥陀仏偈講讃　聖典講讃全集三　小山書店　一九三五　国書刊行会　一九七六

柏原祐義（〜一九七四）…讃阿弥陀仏偈通解　真宗通解全書二　平楽寺書店

灘本愛慈…讃阿弥陀仏偈要解　永田文昌堂　一九七九

—論　文—

燉煌出讃阿弥陀仏偈幷に略論安楽浄土義に就いて…矢吹慶輝　宗教界一三—六・一四—六　一九一七

讃阿弥陀仏偈研究に於ける方法的反省…土井忠雄　宗学院論輯三五　一九四二

Ⅲ　略論安楽浄土義に関するもの

―著　作―

柏原祐義（～一九七四）…略論安楽浄土義通解　真宗通解全書二　平楽寺書店

―論　文―

略論に関する一考察…藤原凌雪　真宗学一三・一四合併号　一九五五

略論安楽浄土義における教義の一考察…浅野教信　真宗学二七・二八合併号　一九六二

『略論安楽浄土義』の一考察――十念思想を中心として――…岡　亮二　龍大仏教文化紀要五　一九六六

「略論安楽浄土義」の性格…池田勇諦　印仏研一五―一　一九六六

『略論安楽浄土義』の一考察―曇鸞撰述説をめぐりて―…岡　亮二　宗学院論集三八　一九六七

〈文献目録追加〉

蓑輪秀邦編纂…解読浄土論註　上・下　真宗大谷派宗務所出版部　一九八七

久堀　弘　義…往生論註入門講話　教育新潮社

幡　谷　　明…曇鸞教学の研究　同朋舎

索　　引

本索引は要語を人名・典籍，術語に分類して採録した。
配列順序は，人名・典籍，術語の順に，ヂ・ヅはジ・ズに統一した上で，各々五十音順に配列した。
記号説明　〔　〕文字省略のある部分　→　〜を見よ
　　　　　『　』典籍　⇨　〜をも見よ

◇ 人名・典籍 ◇

◇術　語◇

ア　行

サ 行

タ　行

マ　行

ヤ・ラ行

サンスクリット

著者略歴

早島鏡正　はやしま　きょうしょう

大正11年9月21日　北海道昆布に生まれる。
昭和22年9月　東京帝国大学文学部印度哲学梵文学科卒業。
東京大学名誉教授（仏教思想史）。平成12年4月28日逝去。
〔著　書〕『初期仏教と社会生活』（岩波書店），『浄土三部経』上・下（共訳 岩波文庫），『ミリンダ王の問い』3巻（共訳 平凡社），『ゴータマ・ブッダ』『仏弟子の詩』『親鸞入門』『歎異抄を読む』（以上，講談社）外。

大谷光真　おおたに　こうしん

昭和20年8月12日　京都市に生まれる。
昭和46年3月　龍谷大学大学院（真宗学）修士課程修了。
昭和49年3月　東京大学大学院（印度哲学）修士課程修了。
現在　浄土真宗本願寺派門主。
<現住所>　京都市下京区堀川通り花屋町下ル

一九八七年四月二〇日　初版発行
二〇〇三年二月二〇日　新装初版

《仏典講座23》
浄土論註

検印廃止

著者　早島鏡正
　　　大谷光真
発行者　石原大道
印刷所　富士リプロ株式会社
〒150-0022　東京都渋谷区恵比寿南二－十六－六
サンレミナス二〇二
発行所　大蔵出版株式会社
TEL〇三(六四一九)七〇七三
FAX〇三(五七二四)三五〇三
http://www.daizoshuppan.jp/

ISBN 978-4-8043-5442-5 C3315

仏典講座

遊行経〈上〉〈下〉	中村元
律蔵	佐藤密雄
金剛般若経	梶芳光運
法華経〈上〉〈下〉	田村芳朗 藤井教公
維摩経	紀野一義
金光明経	壬生台舜
梵網経	石田瑞麿
理趣経	宮坂宥勝 福田亮成
楞伽経	高崎直道
倶舎論	桜部建
唯識三十頌	結城令聞
大乗起信論	平川彰
浄土論註	早島鏡正 大谷光真
摩訶止観	新田雅章
法華玄義	多田孝正
三論玄義	三枝充悳
華厳五教章	鎌田茂雄
碧巌集	平田高士
臨済録	柳田聖山
一乗要決	大久保良順
観心本尊抄	浅井円道
八宗綱要〈上〉〈下〉	平川彰
観心覚夢鈔	太田久紀